Paul Faure:
Magie der Düfte
Eine Kulturgeschichte der Wohlgerüche
Von den Pharaonen zu den Römern

Mit 19 Abbildungen
Aus dem Französischen von
Barbara Brumm

Deutscher
Taschenbuch
Verlag

Ungekürzte Ausgabe
August 1993
Deutscher Taschenbuch Verlag GmbH & Co. KG, München
© 1987 Librairie Arthème Fayard, Paris
Titel der französischen Originalausgabe:
Parfums et aromates de l'Antiquité
© der deutschsprachigen Ausgabe:
1991 Artemis & Winkler Verlag, München und Zürich,
Verlagsort München
ISBN 3-7608-1923-0
Umschlaggestaltung: Klaus Meyer
Satz: Ludwig Auer GmbH, Donauwörth
Druck und Bindung: C. H. Beck'sche Buchdruckerei, Nördlingen
Printed in Germany · ISBN 3-423-30370-0

Das Buch

Der Magie der Düfte erliegen unsere Nasen noch heute: den verführerischen Kompositionen findiger Parfümeure oder den köstlichen Aromata, die neuerdings wieder von Duftlampen sanft im Raum verströmt werden. Auch unsere Vorfahren ließen sich von der Magie der Düfte verzaubern: Salbei, Balsam, Weihrauch und andere wohlriechende Essenzen – die Menschen der antiken Hochkulturen verwendeten sie nicht nur zu kultischen und heilenden Zwecken, sie setzten sie auch als Verführungsmittel ein. Paul Faures Streifzug durch die Parfümeurskunst – die »Achte Kunst« – der Antike beginnt bei den Ägyptern, führt weiter in König Salomos Reich und in die Hängenden Gärten Babylons, wendet sich dann über Kreta und Mykene den Griechen und Römern zu, die den duftbetonten Sinnenfreuden des Orients keineswegs abgeneigt waren. Der Leser erhält faszinierende Einblicke in die Physiologie der Düfte, in die Techniken zur Gewinnung der wichtigsten Duftstoffe und in deren Verwendung im kultischen, medizinischen und profanen Bereich. Paul Faures ungewöhnlicher kulturgeschichtlicher Zugang eröffnet eine gänzlich neue, sinnliche Perspektive auf unser bislang »geruchsfreies« Bild von der Antike.

Der Autor

Paul Faure, 1916 geboren, seit 1967 Professor für Klassische Philologie und Geschichte an der Universität von Clermont-Ferrand, hat dreißig Jahre lang Forschungen auf dem Gebiet der historischen Geographie in den Mittelmeerländern und im Nahen Osten betrieben. Auf deutsch sind von ihm erschienen: »Kreta. Das Leben im Reich des Minos« (1976) und »Die griechische Welt im Zeitalter der Kolonisation« (1981).

Inhaltsverzeichnis

Vorwort 7

ERSTES KAPITEL

Das Goldene Zeitalter des alten Ägypten 21

Lebensbäume und heilige Säfte 22 – Eine Botschaft an den Himmel 23 –
Weißer Weihrauch und orangefarbene Myrrhe 27 – Räucherungen und
Einbalsamierungen 32 – Heilige Rezepturen 39 – Vom Heiligen zum
Profanen 42 – Der Zauber ägyptischer Wohlgerüche 48

ZWEITES KAPITEL

Salomo in all seiner Herrlichkeit 51

Die semitische Parfümeurskunst 52 – Inventarisation und Buchführung
55 – Die sieben Aromata der Mesopotamier östlich von Kanaan 58 –
Gewürze und parfümierte Öle 63 – Orientalische Rezepturen 66 – Die
Aromata der Königin des Südens 70 – Das Bdellium 72 – Weihrauch,
Myrrhe und Kaneel 74 – Die Handelswege von einem Staudamm zum
anderen 77 – Die Aromata aus dem Norden und Westen 81 – Die acht
Wohlgerüche in Salomos Tempel 85 – Jerusalems profane Düfte 91 – Der
Messias, der Gesalbte Gottes 94

DRITTES KAPITEL

Im Zeitalter der schönen Helena 98

Die kretischen Öle 100 – Die prähellenische Parfumherstellung 102 – Die
mykenische Buchführung 106 – Die Parfums von Knossos 108 – Der
geheimnisvolle Ponikijo 110 – Parfums für die Götter 113 – Die kretische
Parfümeurskunst 115 – Kretische Aromata und Aromatherapie 118 – Die
Parfums von Mykene 124 – Die Parfums von Theben 127 – Die Parfums
von Pylos 130 – Das Salbeiöl 135 – Das Rosenöl 136 – Das Zypergrasöl
137 – Das Öl mit dem Lilienduft 138 – Fünf weitere pylische Aromata
138 – Zypern, das Land der Düfte 141 – Helenas Parfum 144

VIERTES KAPITEL

Von Sappho zu Kleopatra 146

Homers Wohlgerüche 147 – Nektar und Ambrosia 152 – Irdische Speisen und Wohlgerüche 155 – Die Vorliebe der Griechinnen für exotische Düfte 157 – Das Orakel von Delphi 163 – Duftende Kränze und Blumengirlanden 165 – Liebesdüfte 169 – Aromatherapie 175 – Die achte Kunst im klassischen Griechenland 176 – Naturwissenschaftliche Reflexionen 178 – Theophrasts gelehrte Abhandlungen 183 – Der Zauber des Orients 186 – Mit Alexander in Asien 188 – Kaneel, Costus, Zitronenkraut und Benzoeharz 192 – Castoreum, Moschus, Zibet und Amber 195 – Hellenistische Finessen und bukolische Dichtung 198 – Die Entstehung der Alchimie 202 – Der Anbruch einer neuen »Weltzeit« 206

FÜNFTES KAPITEL

Düfte und Gerüche im alten Rom 208

Der Beitrag der Etrusker 210 – Der Beitrag der Griechen 212 – Orientalische Paradiese und römische Gärten 216 – Die Mißbilligung der Parfums in der republikanischen Zeit 218 – Fließendes Wasser, Bäder und Seife 223 – Hygienemaßnahmen 225 – Die Aromata in der römischen Küche 226 – Gewürze und Aromata für hundert Millionen Sesterzen 231 – Eine neue Handelsstraße für Parfums und Gewürze 234 – Über sechzig Aromata zur Zeit Vespasians 237 – Die Parfums am Ende des 1. Jahrhunderts 244 – Die Parfumpreise in Rom im 1. Jahrhundert 250 – Rosen und Safran 252 – Diokletians Preisedikt aus dem Jahre 301 253 – Schönheitsmittel 257 – Heilmittel und Gegengifte 260 – Philosophische und religiöse Bedenken 262 – Der göttliche Duft des Christentums 266

Epilog 269

ANHANG

Sieben Aromata im Spiegel antiker Schriftsteller 281

Glossar 297

Anmerkungen 299

Auswahlbibliographie 330

Bildnachweis 343

Namenregister 344

Sachregister 348

Vorwort

Ein verschlossener Garten ist meine Schwester Braut,
ein verschlossener Garten,
ein versiegelter Quell.
Ein Lustgarten sproßt aus dir,
Granatbäume mit köstlichen Früchten,
Hennadolden, Nardenblüten,
Narde, Krokus, Gewürzrohr und Zimt,
alle Weihrauchbäume,
Myrrhe und Aloe,
allerbester Balsam.
Die Quelle des Gartens bist du,
ein Brunnen lebendigen Wassers,
Wasser vom Libanon.

Das Hohelied 4, 12 – 15[1]

Das nunmehr bald 3000 Jahre alte *Hohelied* gilt als Liebeslied von König Salomo an seine Geliebte Schulamith. Es ist eine aus einzelnen Sinnabschnitten ohne logische Aufeinanderfolge locker gefügte lyrische Dichtung in Form einer Wechselrede, in der zwei Liebende sich suchen, finden, fliehen und vereinigen. Nach nahezu allgemeinem Konsens liegt im *Hohenlied* eine von einem einzigen, hochbegabten Dichter vermutlich um das Ende des 4. Jahrhunderts v. Chr.[2] überarbeitete Sammlung einzelner Lieder und Liedfragmente vor, denen das Thema Liebe gemeinsam ist. Dem Wortlaut nach besingt das *Hohelied* die Sehnsucht, Wünsche und Hoffnungen zweier Brautleute und beschwört ihre künftige Treue. Über die faktisch-realen, sinnlich-gegenstandsbezogenen Aussagen hinaus ist diese Dichtung, allegorisch ausgelegt, aber auch ein heiliger

Dialog. Das Bild der Liebe zwischen den Brautleuten versinn-
bildlicht für die einen die Liebe Gottes zum Volk Israel bzw. die
Liebe, die die Heilige Stadt Jerusalem mit ihrem Herrn verbindet, dessen Name nicht ausgesprochen werden darf. Die katho-
lische Theologie deutet das *Hohelied* hingegen als die geistige
Vereinigung von Christus und der Kirche bzw. des Logos mit
der Seele des Gläubigen, die sich nach ihm sehnt. Bei keinem
alttestamentlichen Buch klaffen die Auslegungen so weit auseinander wie bei dieser hochrangigen Dichtung, in der Auge
und Ohr, Geschmacks- und Geruchssinn unaufhörlich ange-
sprochen werden und in welcher der liebliche Duft, der Geruch
der Heiligkeit, von tragender Bedeutung ist.

Welche Rolle spielten die Wohlgerüche und Aromata, die im
Hohenlied dreißigmal erwähnt werden, in Zivilisation und Kultur, Religion und Moral der Menschen, die einst die Küsten des
Mittelmeers bevölkerten? Hatten sie, wie im *Hohenlied*, einen
ästhetischen, wirtschaftlichen und sozialen Nutzwert als Gewürze und Aphrodisiaka? Oder waren sie je nach Zeit, Ort und
Volk für heilige oder profane Zwecke bestimmt? Allein schon
die zitierten Verse zeigen, daß die Gewürze und Aromata im
Leben der semitischen Völker eine größere Bedeutung hatten
als beispielsweise bei den benachbarten Griechen.

Es ist allgemein bekannt, daß die reichen Ägypter die Toten
einbalsamierten, den Göttern Weihrauch spendeten, die Frauen
und Gäste mit Wohlgerüchen umgaben und die Speisen mit
tausend Gewürzen verfeinerten; daß es mehrere Gewürzstraßen
von Indien ans Mittelmeer gab; daß das Bad von Darius voller
wertvoller Kännchen und Fläschchen[3] und die Küche seiner
Untertanen ziemlich scharf gewürzt war; daß Arabien, die Heimat der Aromata, des Balsams, des Weihrauchs und der
Myrrhe, das »glückliche Arabien« genannt wurde; daß uns der
Islam im Mittelalter den Alambik, die Alchimie des hellenisierten Ägyptens, Alkohol, Amber, Benzoeharz, Alkali und die Elixiere gebracht hat, all diese Wörter sind vermutlich arabischer
Herkunft. Fragt man hingegen nach dem Namen eines einzigen

Gewürzes oder Aromastoffs der alten Griechen, so ist man ratlos. Das Bild, das wir von der Antike haben, ist durch die Lektüre und die Kunstbetrachtung geprägt und daher bar jeden Geruchs. Haben die griechischen Dichter von Homer bis Menander vierhundert Jahre lang geschwiegen, weil das Thema tabu war, oder liegt dem eine andersgeartete Sorge zugrunde?

Die Römer waren bekanntlich große Baumeister von Aquädukten, Thermen und öffentlichen Bädern, wir wissen aber nur wenig über ihre Schönheitsmittel und die Zusammensetzung ihrer Seifen. Den Geschmack ihrer mit Pfeffer und Garum, einer Fischsauce, gewürzten Speisen können wir uns nur schwer vorstellen. Unsere Kenntnisse über die Raffinessen des Luxus sowie über die römischen Orgien sind sehr lückenhaft. Bestimmt haben auch die Spartaner ihre Suppe gewürzt. Gewiß hat man die Kranken auch nicht erst seit dem Christentum oder dem Islam mit herben oder bitteren Pflanzen und mit herzstärkenden, tonischen, aromatisierten Getränken zu heilen versucht.

Für unsere Unkenntnis gibt es viele Gründe, aber auch viele Entschuldigungen. Daß die Verfasser von Sittengeschichten und die Soziologen sich bislang nicht mit dem befaßt haben, was die Alten rochen und schmeckten, hat verschiedene Gründe. Zuallererst liegt es am eigentümlichen Charakter unserer Geruchs- und Geschmacksempfindungen. Diese Empfindungen, bei denen die Geruchs- und Geschmackssinneszellen chemische Substanzen in Nase und Mund wahrnehmen, die vom sekundären Riechzentrum im Gehirn koordiniert werden, sind sehr viel gröber und undifferenzierter als die der Tiere – und zwar nicht nur, weil sich die verschiedenen Gerüche der Nahrungsmittel überlagern, sondern auch weil im Laufe der Evolution die anderen Sinne geschärft wurden und das Gehirn relativ weniger Geruchs- und Geschmackswahrnehmungen verarbeitete.[4]

So ist der Geruchssinn bei Städtern abgestumpfter als bei Landbewohnern, in der modernen Gesellschaft weniger entwikkelt als in traditionellen bzw. archaischen Gesellschaften, beim Menschen weniger als beim Tier. Ein Schmetterling kann ein Weibchen mindestens auf einen Kilometer riechen. Große Tierherden auf Nahrungssuche setzen sich in Bewegung, sobald sie aus kilometerweiter Entfernung Saures oder Salziges, Verfaultes und Alkalisches riechen. Man braucht nur den Raubvögeln und Insekten zuzusehen, wenn sie auf Beutefang ausfliegen.[5] Der Mensch, der unmittelbar nach der Geburt nur atmen und saugen kann, ist dagegen nicht einmal in der Lage, am Geruch zu erkennen, wohin er sich wenden soll, und am Geschmack zu unterscheiden, welche Nahrungsmittel für ihn bekömmlich sind und welche ihm schaden. Er muß erst lernen, die Botschaften zu entziffern, die sein Geschmacks- und Geruchssinn ihm übermitteln, die Geschmacksrichtungen und Düfte richtig aufeinander abzustimmen, den Bratenduft von dem eines Blumenstraußes zu unterscheiden und all dies im Gedächtnis zu speichern.

Tausende von Jahren haben die Gebildeten, die Philosophen und Gelehrten wie jedermann schmackhafte Getränke geschätzt und sich die Haare parfümiert. Aber selbst Wissenschaftler wie Theophrast, der 300 Jahre v. Chr. die erste *Abhandlung über die Gerüche* geschrieben hat, selbst der gelehrte Plinius der Ältere, der Autor der ersten *Naturkunde*, oder die Verfasser der *Enzyklopädie oder kritisches Wörterbuch der Künste und des Handwerks* vor nur zweihundert Jahren haben für die Sklaven oder Dienstboten, die über ihren Kesseln schwitzten, nur Verachtung übrig gehabt. Erst Baudelaire erkannte: »Und wie Gesänge... Entsprechen Töne sich mit Farben und mit Düften.« (Charles Baudelaire, *Die Blumen des Bösen*) Vor ihm galten Küche und Parfumherstellung als Formen des Luxus, über die sich die Moralisten ereiferten und die höchstens die Historiker oder Ethnologen interessierten. Beide ›Künste‹ konnten für sich nicht den Anspruch erheben, mehr zu liefern als Rezepte oder Handgriffe.

Das Informationsdefizit rührt auch daher, daß der von der Antike überlieferte Wortschatz für Geschmack und Geruch dürftig ist. Dabei geht es nicht so sehr um die wenigen indoeuropäischen Wurzeln unserer Sprache: *dhu-, qualmen, *smer-, einfetten, *od-, riechen, *sap-, schmecken, *lei-, das Öl, sondern vor allem um unsere Unfähigkeit, unsere Wahrnehmungen in diesem Bereich genau zu artikulieren. Wir sind bestenfalls in der Lage, grundlegende Geschmacksrichtungen und Gerüche zu unterscheiden: auf der einen Seite salzig, bitter, süß und sauer – Wahrnehmungen, für die unsere Zunge verschiedene Rezeptoren hat; auf der anderen Seite unterscheiden wir, was gut riecht, von dem, was schlecht riecht – rein subjektive Wahrnehmungen. Physiologen und Chemiker haben in Erfahrung gebracht, daß es fünf Grundtypen von Parfums gibt[6]: die nach Blumen duftenden oder ätherischen, die fruchtig duftenden, die holzig duftenden, die animalischen (cuirs, lederartige Nuancen), die würzigen, darüber hinaus die verts oder verdurés, die grünen Noten, die aldehydigen, die agrumigen, die nach Moschus duftenden und die Chypre-Parfums (Coty, 1917), die in der Antike unbekannt waren.

Was haben die Menschen damals gerochen, wenn sie ihre Speisen mit uns unbekannten Gewürzen und Aromata verfeinert haben? Wenn sie Weihrauch oder balsamisch duftende Gummiharze wie Costus, Galbanum, Myrrhe, Narde und Styrax verbrannten? Es gibt nur drei Möglichkeiten, einem Menschen, der eine bestimmte Wahrnehmung noch nie gehabt hat, diese zu vermitteln:

– Man rekurriert auf ähnliche Sinneswahrnehmungen, auf bekannte Phänomene, die als Bezugspunkte taugen. So kann man zum Beispiel sagen, dieses Gewürz schmeckt nach Knoblauch, jener Aromastoff nach Honig, der Styrax ist eine Art Benzoeharz (natürlich muß der Betreffende dann wissen, wie das riecht!). So heißt es z. B. in Genesis 27, 27: »Ja, mein Sohn duftet wie das Feld, /das der Herr gesegnet hat.«

– Man bezieht sich nach dem Prinzip der Entsprechungen auf eine andere Sinneswahrnehmung, zum Beispiel auf den

Tastsinn oder die Motorik, und spricht von einem zärtlichen, aufdringlichen, penetranten Parfum (Metapher).

– Man erinnert an ein intensives Erlebnis aus dem Bereich des Körpergefühls oder aus dem Liebesleben, was gar nicht abwegig ist, da viele Speisen und Parfums als Aphrodisiaka gelten. So schrieb z. B. der Symbolist Remy de Gourmont:

> *Du duftest wie das frische Brot am Morgen,*
> *Du duftest wie Ginster und Farn ...*
> *Du duftest nach Liebe und Feuer:*
> *Simone, im Wald deiner Haare*
> *Ist ein großes Geheimnis verborgen.*[7]

Sinnliche Wahrnehmung und Erkenntnis haben etwas gemeinsam: Bezeichnenderweise ist der Wortstamm des hebräischen Verbs ›verstehen‹ *akawl* identisch mit dem des Verbs ›verdauen‹ *akel*, so wie im Lateinischen das Verb *sapere* die beiden Bedeutungen ›Geschmack haben‹ und ›wissen‹ hat und im Französischen das Verb *comprendre* nicht nur ›verstehen‹, sondern auch ›aufnehmen‹, ›assimilieren‹ bedeutet.

Die Nachschlagewerke, Kataloge und Wörterbücher der Parfumeurskunst und Gastronomie, Synonym-Wörterbücher, Listen aromatischer Kräuter oder Gewürze, Abhandlungen der berufsmäßigen Parfumhersteller, die es seit dem 16. Jahrhundert[8] gibt, sowie der Aufsatz von Danièle Bott und Martin Monestier *Dis-moi quel est ton parfum* (Editions du Pont-Neuf, Paris 1981) sind unentbehrlich, um sich die antiken Begriffe mit Hilfe von Vergleichen, Metaphern und Symbolen zu vergegenwärtigen und die fehlenden Wörter aus dem Bereich des Geschmacks und der Düfte durch Bilder aus dem Bereich des Tastsinns und der Motorik zu ersetzen.

Aus dem kleinen Lexikon der Gerüche, das ich in den letzten dreißig Jahren angelegt habe, seien im folgenden einige allgemeingebräuchliche Adjektive angeführt, die sowohl Eigenschaften der Düfte als auch deren Wirkung bezeichnen: ätherisch, aggressiv, lang anhaltend, flüchtig, unbeständig, aufdringlich, duftig, aufreizend, sich beißend, erregend, abstoßend, fein, intensiv, kontrastreich, kräftig, leicht, lieblich, mild, ölig, penetrant, pikant, samtig, sanft, süß, stark, streng, stechend, scharf, schwach, schwer, voll, weich, zart. Einige Düfte und Gerüche sprechen auch den Geschmackssinn an und wirken appetitanregend. Man bezeichnet sie als herb, bitter, sauer, scharf, ambrosisch, ekelhaft, würzig, köstlich, animalisch, verschwommen, ineinander übergehend, betäubend, ekelerregend, opiumhaltig, ranzig, tonisch. Weit entfernt ist man da noch von Baudelaires[9] Düften: »wie die Jugend klar und kühl und grün wie Wiesen, süß wie der Hoboen Singen« – Vergleiche, die den antiken Autoren nie in den Sinn gekommen wären! Sie sagten höchstens »honigsüß« oder »scharf wie Kresse«.

Die Getränke und Wohlgerüche, die im wahrsten Sinne des Wortes erlesen waren, weisen darauf hin, daß die Künstler der Antike all ihren künstlerischen Erzeugnissen sozusagen eine Seele verliehen haben, so wie Pygmalion Aphrodite dazu gebracht hat, seine elfenbeinerne Statue zu beleben, oder wie sich das Blut der Myrrha, der personifizierten Myrrhe, in einen Gott verwandelte. Deshalb genügt es auch nicht, die orientalischen Märkte, auf denen Puder, Öl und Gummiharz verkauft werden, zu beschreiben, man muß sich vielmehr in den Bereich des Imaginären begeben. Man kann die wenigen Dokumente sammeln, die uns in der Hieroglyphen-, Keil-, Silben- und Buchstabenschrift, den arabischen, lateinischen und italienischen Kommentaren des Mittelalters und der Renaissance überliefert sind, man kann alle um das Mittelmeer, das Rote Meer und den Persischen Golf gelegenen Länder durchstreifen, alles kosten, was die Völker dort zu essen pflegen, und sich mit ihren Aromata vertraut machen, in Grasse und Paris die Chemiker und Botaniker befragen, Traditionen und Analogien beschwören – der Anteil der Vorstellungskraft ist und bleibt dennoch notwendigerweise ziemlich groß.

Eingehende Forschungen der Physiologen haben bewiesen,

daß fast alle pflanzlichen, tierischen und mineralischen Substanzen, die seit der Vor- und Frühgeschichte als Aphrodisiaka verkauft oder getauscht wurden, keinerlei Wirkung auf die Geschlechtsdrüsen haben, angefangen vom Horn des Rhinozeros über den *zob el zohar* (das Glied der Schildkröte), die Ginseng-Wurzel bis hin zum schwarzen Kaviar, der braunen Alraune und dem farblosen Rübensaft. Die vielversprechenden Namen, mit denen Parfums und Gewürze angepriesen, die Verpackung und die phantasievollen Flaschen, in denen sie angeboten werden, deuten darauf hin, daß ihre Wirkung vorwiegend auf den Suggestionen beruht, die sie hervorrufen.

Ähnlich verhielt es sich auch schon zur Zeit Plinius' des Älteren – also vor rund neunzehnhundert Jahren –, der die Vorzüge der Narde oder des Malobathrum, des arabischen Weihrauchs, des zypriotischen Ladanum wie des ägyptischen Henna rühmte. Und genauso weitere fünfzehnhundert Jahre früher, als die Königin Hatschepsut in die Felsen von Deir el-Bahari die dreißig Myrrhenbäume meißeln ließ, die sie bei zwei Expeditionen ins geheimnisvolle Land Punt, das Gottesland, hatte holen lassen. Nicht anders verkaufen heute die großen Parfumhersteller ihre Kreationen mit Namen wie »Soir« oder »Gloire de Paris«, »Pervenche de Chine«, »Vertige« oder »Fleurs d'amour« in bezaubernden Flakons. Wer weiß schon, daß das Parfum »Opium« von Yves Saint-Laurent (1977) vierzehn Ingredienzien[10] und kein einziges Gramm Opium enthält? Allein der Name beschwört romantische, geheimnisvolle und sinnliche Vorstellungen. Die Werbung verlockt mit symbolträchtigen Namen zum Kauf von Produkten, die am »New Look«[11] teilhaben lassen.

Daß nur so wenige Äußerungen der griechischen und lateinischen Schriftsteller über die sogenannte achte oder neunte Kunstform überliefert sind, rührt daher, daß, was wohlriechend und wohlschmeckend war, großenteils in den Bereich des Heiligen fiel, also nur wenigen vorbehalten war und man darüber nicht ungestraft sprechen durfte. In der Hierarchie der Funktio-

Antike Parfumflakons

nen und Organe wurden Nase und Zunge als häßlich, schänd-
lich und lächerlich erachtet; man behauptete sogar, sie verun-
stalteten das menschliche Gesicht, weil sie jeglicher Symmetrie
entbehrten. Das Herausstrecken der Zunge, wie Medusa oder
Bes es taten, wird heute immer noch als Beschwörungsmittel
angesehen, das Unheil abwehren soll oder mit dem man sich
über jemanden lustig macht. Noch im 17. Jahrhundert meidet
Racine konsequent den Gebrauch des Wortes »Nase«. In Gesellschaft gilt es als unschicklich, über die Nase zu sprechen,
einen Körperteil, der oft mit dem Penis verglichen wird, *ut
concludamus de mentula naso.*

Die geringe Zahl der Äußerungen über Gerüche erklärt sich
sowohl aus gewissen Nahrungsmittelprivilegien, die eine Min-
derheit in der Antike genoß, als auch aus sexuellen und sozialen
Tabus. Die Wohlgerüche, der Weihrauch und der Rauch anderer aromatischer Pflanzen sowie der Duft der geweihten Opfer-
tiere waren den Göttern vorbehalten, wobei sich die griechischen Götter an Nektar und Ambrosia, die ägyptischen an einem geheimnisvollen Parfum erfreuten. Im Buch *Exodus* 30, 37
verkündet der Gesetzgeber: »Wer solches um des Duftes willen
herstellt, soll aus seinen Stammesgenossen ausgemerzt werden.« Im Ägyptischen steht vor dem Wort Weihrauch (*sonte*)
jeweils die Gotteshieroglyphe *ntr.* Und das ist alles andere als
erstaunlich, denn der Weihrauch kommt aus »dem Gottesland«,
trägt die Sehnsüchte der Menschen gen Himmel und erhebt
alles, was er umgibt, in den Rang des Göttlichen. Erst im Verlauf von Jahrtausenden hat das Volk Wohlgerüche und wohlschmeckende Substanzen für profane Zwecke verwendet und so
die Geheimnisse preisgegeben, die Essenzen »erfaßt«.

Es bedarf einer gewissen Vorstellungskraft, sich die Welt der
antiken Wohlgerüche zu vergegenwärtigen. Über die Methoden
der Schönheitspfleger, der Salbensieder und Einbalsamierer ist
nämlich wenig bekannt, weil diese ihre Geheimnisse ebenso
sorgfältig gewahrt haben wie die Färber und Goldschmiede.
Eines steht aber fest: Bis zum Beginn des christlichen Zeitalters

kannte man den destillierten Alkohol nicht und folglich auch kein Parfum im eigentlichen Wortsinn. Allein die Ikonographie gibt Aufschluß über etwa zehn Arten, wie in der Antike aus Pflanzen ätherische Öle gewonnen und flüssige oder halbfeste wohlriechende Substanzen hergestellt wurden. Harze gewann man durch Einritzen der Rinde und Verarbeitung der Exsudate, der Gummiharze. Darüber hinaus waren folgende Methoden üblich: Expression, Eindampfen, Ziehenlassen und Abschöpfen, Diffusion oder Mazeration à chaud, Auslaugen oder Enfleurage à froid, Kondensation an einer kalten Oberfläche, eine primitive Form der Destillation (was wahrscheinlich beim persischen Rosenwasser der Fall war), Dissolution in Wein, Öl und vielleicht auch in Erdöl, schließlich die Komposition verschiedener Duftnoten, worin die Ägypter als erste im Mittleren Reich gegen Ende des 3. Jahrtausends Meister waren.

Dabei handelt es sich um heute nicht mehr übliche Verfahren, mit denen wahrscheinlich nur sehr geringe, kaum anhaltende Wirkungen erzielt wurden. Unberücksichtigt bleiben die animalischen Düfte, die es im Mittelmeerraum erst nach Alexanders Feldzügen, also erst tausend Jahre nach den ersten mykenischen Rezepten, gab. Von den vier Arbeitsschritten bei der Herstellung eines modernen Parfums – Aufteilung des Rohstoffs, Trennung von Fasern und ätherischem Öl durch Expression, Destillation mit Dampf oder im Wasserbad, Gewinnung des »Konkrets« mit Hilfe von Lösungsmitteln, Trennung der »essence absolue« durch Verdampfen des Lösungsmittels und Ausscheiden des Wachses – kannte man in der Antike nur die beiden ersten, was zur Folge hatte, daß die damaligen Parfums für den heutigen Geschmack doch recht derb wären.

Und damit ist auch schon der nächste Grund genannt, warum es so sehr auf die Vorstellungskraft ankommt. Geschmacksrichtungen und Gerüche sind sehr subjektiver Natur. Jeder Mensch räumt den Wohlgerüchen und Aromata in seinem Leben den Platz ein, der ihm angemessen erscheint. Insofern verhält sich der Mensch wie jedes andere Lebewesen auch, ob Pflanze oder

Tier, er bedient sich der eigenen Geruchssubstanzen zum Angriff oder zur Abwehr. Geruch und Geschmack spielen – wie bei
den Bienen oder Ameisen – eine wesentliche Rolle für den
Zusammenhalt der Gesellschaft. Sie sind die Signale zur Er-
kennung der Gruppenzugehörigkeit, wobei die Gruppe auch
nur aus einer im gleichen Haus wohnenden Familie bestehen
kann.[12] Jede Wohnung hat einen eigenen Geruch. Der bei-
ßende Geruch des Holzfeuers ist für einen Erwachsenen angenehm, weil es ihn an seine Kindheit erinnert. Allerdings wird
man nie erfahren, wonach Alexander d. Gr. (356 – 323 v. Chr.)
duftete, dessen Haut seinen Biographen zufolge höchst angenehm gerochen haben soll[13], weil unbekannt ist, mit welchen
Ölen er sich einrieb und wie die Zellen seiner Epidermis auf die
ätherischen Öle reagierten.

Nicht jeder Duft harmoniert mit jeder Haut. Die wohlriechende Substanz kann als sexuelles Lockmittel sowie zur Abwehr dienen. Ein anschauliches Beispiel für ersteres ist das
Große Nachtpfauenauge: Die Weibchen verströmen einen derart intensiven und eigentümlichen Duft, daß sie damit 25 Prozent der Männchen im Umkreis von mehr als zehn Kilometern
anziehen. Repräsentativ für die zweite Funktion sind die zahlreichen Schaben, Wanzen, Ohrwürmer und Raupen, die sich
durch die eigenen Ausdünstungen vor ihren natürlichen Fein-
den schützen. Genauso verhält es sich mit den Blumen: Einige
locken bestimmte Insekten an, andere schrecken mit ihren Farben, Formen, mit musikalischen Schwingungen, mit ihrem süßen oder herben Duft die Pflanzenfresser ab.

Der Meeresgott Proteus, der schon früh als ägyptischer König
vermenschlicht wurde und nach der Sage inmitten von Robben
(den Kindern der Halosydne) lebte – Homer zufolge den übel-
riechendsten Tieren der Welt –, besaß Seherkraft und die Fä-
higkeit, sich in beliebige Gestalten zu verwandeln: in ein Tier, in
Wasser, Dampf oder Feuer. Wer seine Weissagung suchte,
mußte ihn daher, wenn er auf der Insel Pharos ruhte, überfallen
und im Ringkampf festhalten. Seine Tochter Eidothea überli-

stete ihn zusammen mit Menelaos, der den Heimweg suchte, indem sie vier Robbenfelle aus dem Meer holte, unter denen er und seine Gefährten sich verstecken konnten, um Proteus aufzulauern. Daraufhin vertrieb sie den widerlichen Gestank der Robben. »Da wäre es die fürchterlichste Lauer geworden, denn fürchterlich zerrieb uns der ganz verderbliche Geruch von den im Salzmeer aufgenährten Robben. Wer möchte sich bei einem Meeresungeheuer schlafen legen? Jedoch sie rettete uns und ersann eine große Hilfe, brachte Ambrosia herbei und tat sie, die gar angenehm duftende, einem jeden unter die Nase und vernichtete den Geruch des Ungeheuers.« (*Odyssee* 4, 440 – 445) Nachdem die Griechen dann Proteus, den Meeresgreis, all seinen Verwandlungskünsten zum Trotz gefangengenommen, d.h. ihn mit magischen Wohlgerüchen umhüllt und in den unsichtbaren Fängen der Aromata festgehalten hatten, verschwand die Göttin wie eine Weihrauchwolke (*Odyssee* 4, 384 – 461). Keine andere Sage bringt die magischen Kräfte der antiken Wohlgerüche besser zum Ausdruck, die nicht nur Ausdrucks- und Informationsmittel der Menschen untereinander, sondern auch Kommunikationsmittel der Menschen mit den Göttern waren.

Wie sehr es in der Sphäre der Gerüche auf individuelle Vorlieben ankommt, zeigt eine Anekdote aus der Biographie Napoleons, der sich ausgiebig mit Eau de Cologne zu besprühen pflegte, seiner frisch Angetrauten aber schrieb: »Wasch dich nicht. Ich eile herbei, in acht Tagen bin ich bei dir.«[14] Und wenn schon ein Individuum so gegensätzliche Vorlieben in sich vereint, dann ist es durchaus möglich, daß man heutzutage Aversionen gegen bestimmte Gerüche hat, die in früheren Zeiten eine Faszination ausübten! Dagegen ist es eine Illusion, wenn die Romantiker und der Symbolist Baudelaire behaupten, die antiken Parfums würden unvermindert ihre Wirkung ausüben und hätten nichts von ihrer Anziehungskraft eingebüßt.

In früheren Zeiten war es weder in den Städten noch auf dem Lande üblich, sich zu parfümieren, man wusch sich dort nur anläßlich der Feier- und Bußtage. Den Mittelmeervölkern der Antike waren vermutlich die meisten unserer Gartenblumen und unserer Obst- und Zierbäume unbekannt, und selbst die Rosen duften heute nicht mehr so wie damals. Am Anfang von *La Pierre d'Horeb* schrieb Georges Duhamel 1924: »Der Duft der Welt ist auch nicht mehr, was er früher war. Genau genommen hat sich der große Wandel 1903 vollzogen.« Darauf erklärt er, daß er den Duft von früher nur manchmal, eine Sekunde lang, in den Schwertlilien an den Ufern des Ourcq und zwischen den Seiten eines alten Buches bei den Bouquinistes an der Seine erahnt: »Dem Zwischenraum zwischen zwei Zeilen entströmt ein kaum wahrnehmbarer Duft, der genau der alte Duft der Welt ist.«

Die Kunst der Verführung durch Wohlgerüche, die Sehnsucht nach Betörung und Ekstase sind so alt wie das Menschengeschlecht, ebenso der Toten- und Götterkult und der »Geruch der Heiligkeit«[15]. Und schließlich gab es den Handel mit Gewürzen und Aromata auf den alten Karawanenstraßen schon in vorchristlicher Zeit.

Anhand der schriftlichen und mündlichen Überlieferung und der bildlichen Darstellung, der Auseinandersetzung mit den Forschungsergebnissen von Botanik, Zoologie, Geographie und Chemie sollen nun die Kulthandlungen einiger Mittelmeerländer von den Pharaonen bis zum Ende der Römerzeit im Hinblick auf die Verwendung von Wohlgerüchen und Aromastoffen analysiert werden. Die auf diesem Weg gewonnenen Erkenntnisse über den sakralen Charakter der Düfte erleichtern das Verständnis der alten Kulturen und entschlüsseln auch für den heutigen Menschen die mystisch-symbolische Sprache der Parfums und Aromata.

ERSTES KAPITEL

Das Goldene Zeitalter des alten Ägypten

Vor dem Erscheinen der Hieroglyphen haben die Bewohner Unterägyptens bereits ihre relativ geschmacksneutralen pflanzlichen Nahrungsmittel – Hülsenfrüchte, Portulak, Zypergras, Mangold, Fenchel, Papyrus, Wassermelone, stärkehaltige Wurzeln und Lotusfrüchte – gewürzt und ihren Frauen und Göttinnen Blumen als Liebessymbole dargebracht. Schon in der Jungsteinzeit, fünftausend Jahre v. Chr., wußten sie, daß die Gummiharze, die die Akazien, Terpentinpistazien und Nadelbäume der umliegenden Berge ausschwitzen, wie Honig und Meersalz wirken, Nahrungsmittel konservieren und ihnen zugleich Geschmack verleihen. Überdies kochten sie ihre Nahrungsmittel in eigens dafür hergestellten feuerfesten Gefäßen. Jedermann kennt den aufdringlichen Geruch, den Lauch, Spargel, Rüben oder Kürbis beim Kochen verbreiten, und deswegen natürlich auch das Bedürfnis, sie pikant zuzubereiten, damit sie angenehm riechen und lecker schmecken.

Schon die alten Ägypter wußten den Rauch über den Dächern ihres Heimatdorfes zu schätzen. Vielleicht werden die Paläobotaniker eines Tages bestimmen können, ab wann und zu welchem Zweck die Bewohner von Tasa im Süden, die von Merimde und Omari im Norden Ägyptens Meerettichwurzeln, Anisfrüchte, Rizinussamen, Knoblauchzehen, die Blätter der Gartenkresse und das Gummiharz der Terebinthen gesammelt haben, ob beim Übergang vom Jäger- und Sammler-Dasein zu dem halbnomadisierender oder später zu dem seßhafter Viehzüchter, die auch Haustiere hielten. Die Harze, die nicht nur den schlechten Geruch der Lebenden, sondern vor allem auch den Leichengeruch überdecken sollten, wurden zum Räuchern verwandt, und wahrscheinlich versuchte man auch schon, Körper zu konservieren. Jedenfalls gehören die Harze in allen Epochen Altägyptens, seit der Badari-Kultur im 4. Jahrtausend v. Chr., noch bevor man die Kunst der Mumifizierung beherrschte, zu den üblichen Grabbeigaben.

Lebensbäume und heilige Säfte

Waren es Glaubenshandlungen oder wohldurchdachte Experimente? Da in ganz Afrika das Schicksal der Menschen nach wie vor vom Wachstum der Bäume, Dattelpalmen oder Sykomoren, abhängt, ist wohl anzunehmen, daß die ersten Ackerbauern sich nicht aus wirtschaftlichen oder utilitaristischen Erwägungen mit Parfums und Aromata beschäftigt, sondern daß auch sie den Pflanzen überirdische Eigenschaften, magische Kräfte, einen Willen und eine Seele beigemessen haben. So war für sie jeder Baum mehr als Holz und Blätter; sein Wachstum war eine Entscheidung über Leben und Tod der Menschen.

Lebensbaum und Baum der Erkenntnis sind in den altägyptischen Totenbüchern und im *Buch vom Atmen*[16] gleichgestellt. Sobald der Verstorbene sich in einen Vogel verwandelt hat, setzt er sich auf die Sykomore (*nht*), den Baum von Hathor und Nut, unter dem die Götter sitzen, und ißt wie sie deren Früchte, die ihm den göttlichen Schutz (*nht*) gewährleisten: »Die [Sykomore] aus dem Haus der Herrin der Sykomore kommt zu dir! Sie erweckt deinen Körper dank [ihres großen] Schutzes, sie schützt dich im Haus des Lebens ... da sie zu deiner Mutter gelangt ist, gibt sie dir die Milch, die aus ihr hervorkommt. Du trinkst die Muttermilch ... [Du trinkst dich satt] an dem, was aus der Nut kommt.« (J.-Cl. Goyon, Livre II des sarcophages 7, S. 241)

Das hebräische Volk, das lange in Ägypten gelebt hat, schrieb um 1200 v. Chr., es habe zu den Zeiten der Götter, wie es in den ägyptischen Chroniken zu lesen steht, einen Baum gegeben, mit dessen Frucht der Mensch die Beschränkungen seines Daseins überwinden könne: »Gott weiß: sobald ihr davon eßt, gehen euch die Augen auf; ihr werdet wie Gott und erkennt Gut und Böse.« (*Genesis* 3,5) So auch in den Versen über den Garten Eden, der für die Israeliten der Inbegriff der »Freuden und Wonnen« ist: »Dann gebot Gott, der Herr, dem Menschen: Von allen Bäumen des Gartens darfst du essen, doch vom Baum der Erkenntnis von Gut und Böse darfst du nicht essen.« (*Genesis* 2, 16 – 17)

Diesen Überlieferungen zufolge soll es am Beginn der Zeiten einen kosmischen Baum mit angenehm duftendem Saft und wohlschmeckenden Früchten gegeben haben, und die Gerechten sollen am Ende der Tage in das Paradies, den Garten Gottes, kommen. Alles beginnt und endet jenseits des sinnlich Wahrnehmbaren. Gott läßt sich weder fassen noch hören noch sehen, aber im Duft der göttlichen Blume oder im Geschmack des heiligen Saftes gelingt es noch am ehesten, die Vorstellung von Ihm wachzurufen. Über Weihrauch, Balsam und heilige Öle, durch die tonischen und herzstärkenden Pflanzenextrakte sprechen die Ägypter unmittelbar mit den Göttern, sie beginnen zu atmen, zu sprechen, öffnen den Mund und leben. Und Osiris und Thot richten die Seelen der Toten nicht nur nach ihrem Gewicht. Bevor die Taten des Toten gewogen werden, heißt es: »Mach, daß der Geruch meines Namens nicht übel befunden wird in den Nasen der Richter.« (Pierre Montet, *Das alte Ägypten*, S. 332)

Eine Botschaft an den Himmel

Die unmittelbare und vollständige Verbindung zum Himmel ist die erste Funktion der Räucherungen. Das Räucheropfer ist wie der Tabakrauch bei den Indianern zugleich graphische Arabeske, musikalische Kadenz, Tanz, betörender oder stechender Geruch und Gebet. Um dem Himmel eindrucksvolle und verlockende Opfer darzubringen, mußte eine Auswahl getroffen werden. Die Wahl der Ägypter fiel auf die Pistazie, insbesondere auf ein Gummiharz, das in den Texten *sntr* und im Koptischen *sonte* heißt. Ab dem Neuen Reich (also nach 1550 v. Chr.) steht vor diesem Wort die Gotteshieroglyphe (*ntr*), so daß es mit »der göttliche Duft« oder »der Duft, der den Göttern gefällig ist« übersetzt wird. Nach umfangreichen botanischen und philologischen Studien hat Victor Loret 1940 den *sonter* der alten Ägypter als Terpentinharz[17] identifiziert, das heißt als Harz von sechs Arten der Gattung *Pistacia*. Wahrscheinlich handelt es sich um die unbehaarte *Pistacia khinjuk* (den Khinjuk) aus den Wüsten des Nahen Ostens, die somalische Mastixpistazie, einen Strauch, der 2 bis 5 Meter hoch wird und einen aromatischen Kaugummi liefert, schließlich die Terpentinpistazie, die bis zu 15 Meter hoch wird und vor allem in Syrien, Libyen und dem Maghreb wächst; die Mohammedaner nennen letztere *betum*, *botm* und *betma*.

In Lehrbüchern der Botanik ist über die Pistazie folgendes zu lesen: Die Anacardiaceen sind häufig Seitenwurzeln treibende Bäume oder Sträucher; die biegsamen Zweige haben wechselständige Blätter ohne Nebenblätter und einen traubenförmigen Blütenstand; die geschlossenen Blütenstände erinnern an Weidenkätzchen, die kleinen, zweihäusigen Blüten haben keine Blütenkrone. Die männlichen Blüten der Pistazie haben fünf Staubblätter, die weiblichen werden zu einer Steinfrucht mit wenig Fruchtfleisch. Die Mastixpistazie trägt runde, schwarze Früchte, die Terpentinpistazie kleine, erst rote, dann schwarze Steinfrüchte. Durch die im Sommer auftretenden Risse in der Rinde und durch die Einritzungen, die meist im Frühjahr gemacht werden, tritt das Terpentinharz oder Mastix in Tropfen aus. Chemiker haben festgestellt, daß die harzigen Bestandteile, in einer flüssigen mono- und bizyklischen Kohlenstoffverbindung gelöst, Terpene, Säuren und Alkohole von hohem Molekulargewicht enthalten. Mediziner empfehlen die Terpentinharze als Expectorans, das schleimlösend auf Atemwege und

Merit reicht Sennefer eine Schale mit Duftingredienzien
(Theben-West, Grab des Sennefer, Sargkammer)

Bronchien, balsamisch und antiseptisch auf Lunge, Harn- und Geschlechtsorgane wirkt, als Kaugummi frischen Atem schenkt und die Mundhöhle reinigt.[18]

Die Zeitgenossen von Thutmosis, Amenophis, Tutanchamun und Ramses haben weder Mühen noch Kosten gescheut, um auf dem Landweg über Somalien in die Sahara-Oasen und in den Sudan zu gelangen und dort die weißlichen, nahezu farblosen Harztröpfchen zu ernten, weil sie diese als Räucherwerk, als Lebenshauch, zur Reinigung des Atems brauchten, um mit den Göttern zu kommunizieren, und nicht etwa aus Neugier oder um wissenschaftliche Analysen anzustellen. Während sie selbst die tonischen und würzigen Düfte tief einatmeten, gerieten sie sozusagen in Verzückung. Wenn man Terpentindämpfe einatmet, verliert man vorübergehend das Gefühl für Raum und Zeit; der Blick wird trübe, die Welt kommt einem verändert vor. Der aufsteigende Geruch verändert die sinnliche Wahrnehmung, die Welt erscheint einem plötzlich in schillernden Farben. Atmet man zuviel ein, leidet man unter stechenden Nerven- und Kopfschmerzen; läßt die Wirkung nach, fühlt man sich niedergeschlagen. Kurzum, das süßliche, berauschende Terpentinharz wirkte auf Gläubige und Priester wie eine Droge, im doppelten Wortsinn, euphorisierend und betäubend.

Die Gottheiten konnten sich nicht beklagen, denn in den Tempeln Ägyptens gab es kein einziges Ritual und kein Begräbnis ohne Weihrauchfaß und Räucherungen. »Ich pflanzte Weihrauchbäume im Hof«, erklärt Ramses III. im Großen Papyrus Harris, »man hatte (dergleichen) nicht gesehen seit der Zeit des Gottes.« Im Essay »Über die Gerüche« (I, 55) hat Montaigne die tiefere Bedeutung des Weihrauchgebrauchs treffend erfaßt: »... daß das Räuchern in den Kirchen, welches eine sehr alte und in allen Religionen und bei allen Nationen eingeführte Gewohnheit ist, dazu erfunden sei, die Andächtigen zu erfreuen, ihre Sinne aufzuheitern und zu reinigen und *uns zur Kontemplation um so viel fähiger zu machen.*«

Zu Anfang des 16. Jahrhunderts v. Chr. schien der Duft des *sonte* allerdings nicht mehr wirksam, voll und bitter genug, um die Gunst der Götter zu erlangen, die Ägypten beschützen sollten. Die Nomaden aus dem Norden (auf ägyptisch Hyksos, »die Herrscher der fremden Länder«) waren nun schon zweihundert Jahre immer wieder in das ländliche Ägypten eingefallen, und zu diesen Eindringlingen zählten auch die Semiten, Hirtenvölker aus den Wüsten und Steppen nördlich des Roten Meeres. Der Himmel war ihnen gewogen, denn die Herden Jakobs, Josephs und seiner Brüder, der Verbündeten der Ismaeliten, wuchsen und gediehen, sie führten viel bessere Aromata mit sich und boten diese den Göttern dar. Das Buch *Genesis* 37,25 nennt drei Aromata, die die Karawanenführer aus der Wüste, die aus Gilead (dem heutigen Transjordanien) kamen, in Ägypten verkauften: Traga(ka)nt (*nekot, Astragalus gummifer* Labill.[?]), wohlriechendes Harz (*tsori*, wahrscheinlich Styrax, ein Benzoeharz) und *lot* (auf griechisch *lotos*), das gelbliche Harz der syrischen Zistrose. Das waren vollere und lieblichere Wohlgerüche als die, die das Terpentinharz verströmte.

Die Ägypter übernahmen die neuen Aromata, nannten sie *qmjt, jhemet* und *jbr* und verlangten von den Bewohnern Arabiens zwei noch stärker duftende Harze, den weißen Weihrauch (auf hebräisch *lebonah*) und die rötliche Myrrhe (*mor*, wörtlich »bitter«). So nahm während des Neuen Reichs das alte Wort für »göttlichen Duft«, *sntr (sonte)*, bei Opfergaben, Opfer- und Reinigungsritualen allmählich die Bedeutung »Weihrauch« an; es bezeichnete nunmehr die weißen Tröpfchen der *Boswellia Carteri*, des Olibanum. Und auch die Myrrhe der *Commiphora simplicifolia* verbreitete ihren stechenden, bitteren Geruch bei Räucherungen, Salbungen und Trankopfern; die Ägypter nannten sie *anti*.[19]

Schon zur Zeit des Pyramidenbaus galt das Land Punt als der bedeutendste Lieferant von *anti*. Seit dem Feldzug des Sahure, des zweiten Herrschers der 5. Dynastie, und später in der Geschichte des Schiffbrüchigen[20] wird dieses Harz häufig erwähnt. Die Schlange, die eine Insel dieses fernen Landes im Roten Meer (Dahlak, Farasan, Kamaran, Hanish, Fatmah, Perim oder sogar Sokotra?) beherrscht, »gab mir (dem Schiffbrüchigen) eine Ladung von Myrrhen und Salböl, ... (Spezereien) und Schminke, Giraffenschwänze, ein großes Stück Weihrauch, Elefantenzähne, Windhunde, Meerkatzen, Paviane und von allen anderen schönen Schätzen.« (*Altägyptische Märchen*, S. 9) Zwar hat Alexandra Nibbi erst kürzlich in mehreren Artikeln den Versuch unternommen, das Land Punt im Golf von Suez zu lokalisieren, an der Einmündung der Bitterseen nordwestlich der Halbinsel Sinai, aber damit wird die Tatsache geleugnet, daß den Pharaonen eine seetüchtige Flotte zur Verfügung stand. Nun hat aber zu Beginn des zweiten Jahrtausends Mentuhotep V. einen hohen Beamten aus Koptos namens Henu damit beauftragt, »Transportschiffe in das Land Punt zu geleiten, um ihm frisches *anti* zu bringen«. (Couyat und Montet, *Les Inscriptions du Ouadi Hammamat*, Nr. 114)

Aber es gibt noch aussagekräftigere Belege als diese Inschrift an der Felswand des Wadi Hammamat, nämlich die Reliefs und Texte in der linken Säulenhalle des Grabtempels der Königin Hatschepsut (1504 – 1483 v. Chr.) in Deir el-Bahari in der Nähe von Luxor[21]. Aufgrund der Darstellungen der friedlichen Expedition ins ferne Land Punt läßt es sich an der Südküste des Roten Meeres lokalisieren, sehr wahrscheinlich an der natürlichen Einmündung des Hochlandes von Äthiopien, in Eritrea nahe Assab bzw. im gegenwärtig von den Afar und Issa bewohnten Gebiet nahe Obok und Dschibuti: »Beladen die Schiffe sehr voll mit den Wunderdingen des Fremdlandes Punt, allen guten Kräutern des Gotteslandes und Haufen von Myrrheharz, mit frischen Myrrhebäumen, mit Ebenholz und reinem Elfenbein, mit grünem Gold von Amau, mit Edelholz (*tj.schepes.j* und *chesjt*), mit Myrrhen (*jhemet*), Weihrauch und schwarzer Augenschminke, mit Pavianen, Affen und Windhunden, mit Leopardenfellen, mit Hörigen und ihren Kindern. Niemals wurde dergleichen durch irgendeinen König, der seit der Urzeit der Erde existiert hat, gebracht.« (*Urkunden der 18. Dynastie*, S. 18) Neben einer der aromatisch duftenden Topfpflanzen ist außerdem zu lesen: »31 frische Myrrhenbäume, die als Wunder von Punt gebracht wurden, für die Majestät dieses Gottes Amun, des Herrn der Throne der beiden Länder. Man hat dergleichen nicht gesehen seit der Urzeit der Erde.« (S. 20)

In Wirklichkeit scheinen die dreißig (und nicht etwa einunddreißig!) Weihrauchbäume aus dem 1500 km entfernten »Fremdland«, die mitsamt Wurzeln und Heimaterde in runden, flachen Spankörben dargestellt sind und von je sechs Männern in die Gärten des bedeutendsten Gottes von Theben getragen werden, von zweierlei Art gewesen zu sein, die eine mit üppigen Blättern, die andere dornig und fast nackt. Es handelt sich im ersten Fall um echte Weihrauchbäume, eine der dreiundzwanzig Arten der *Boswellia*, die in Ostafrika, Indien und an der ganzen Südküste der arabischen Halbinsel von Dhofar bis nach Aden wachsen. Im zweiten Fall handelt es sich aller Wahrscheinlichkeit nach um eine der zweihundert Arten der *Commiphora*, die von Afrika bis Indien die echte, rötlichgelbliche Myrrhe liefern, insbesondere um die *Commiphora abyssinica* Berg und die *Commiphora simplicifolia* Engl. aus dem Äthiopischen Hochland, aus Nord- und Südjemen, also auch aus Tarim im Land der Königin von Saba.

Die *Boswellia Carteri* Birdw. oder der arabische Weihrauchbaum ist ein zwei bis drei Meter hoher Strauch mit kleinen, aus neun bis fünzehn Blättchen zusammengesetzten, dunkelgrünen Blättern. Aus der braunen Rinde der Äste tritt in der Hitzeperiode, im August und September, in Tröpfchen weißes Harz aus. Zur selben Zeit stehen die außen gold- und innen purpurfarbenen, in Trauben zusammengesetzten Blüten mit ihren sechs Blütenblättern offen. Wenn man die Rinde einritzt, erhält man drei Ernten pro Jahr. Die letzte war immer die begehrteste. Der »milchweiße« Weihrauch (so lautet die wörtliche Übersetzung des arabischen Worts *leban* wie des hebräischen *lebonah*) besteht in getrockneter Form aus Kügelchen, wird in Räucherpfannen, Weihrauchfässern oder auf einer heißen Metallplatte verbrannt und entfaltet so seinen stark balsamischen, leicht blumigen Duft. Die Chemiker haben festgestellt, daß der Weihrauch der *Boswellia* neben harzigen Säuren vier Arten von Terpenen enthält und daß der Rauch auf die Gehirnzellen genauso wirkt wie das Cannabis-Öl.[22] Die alten Ägypter schätzten den weißen Weihrauch seit dem 15. Jahrhundert v. Chr. wegen seines mystischen Aromas; sie nannten ihn das Räucherwerk, »das einen Gott erkennen läßt«, in der Hieroglyphen-Schrift *s-ntr*, wobei das *s* die Ursache der Wirkung markiert.

Über die Bezeichnung der Myrrhe seit der 18. Dynastie sind sich die Ägyptologen bis heute uneinig; die Varianten lauten *anti* oder *antiu, ba, chary, medschet*; wahrscheinlich hatte die Myrrhe deshalb so viele Namen, weil es verschiedene Qualitäten unterschiedlicher Herkunft gab. Einig ist man sich hingegen darin, daß die Myrrhe, in kompaktem oder halbflüssigem Zustand (wie z.B. die *stakte* oder Myrrhe in Tropfenform bei den Griechen), in Öl, Likörwein oder heißem Wasser gelöst, von einer Art Burseraceen stammte, die in Somalien, im Gebiet um Hadramaut (Südjemen) und in Dhofar (Sultanat Oman) häufig vorkommt. Die Burseraceen sind Bäume der Gattung *Pistacia*, die zu den Angiospermen (Bedecktsamern) gehört; sie bringen wohlriechende Harze hervor. Die Harztröpfchen sind in den Pflanzenzellen der Rinde enthalten; wenn diese beschädigt werden, zerreißen sie und setzen so die Wohlgerüche frei. Die Bäume wachsen auf den felsigen Hügeln der Subtropen und ähneln weißlichen, stacheligen Büschen mit winzig kleinen, drei- oder einzipfligen, krausen Blättern mit stacheligen Enden wie die Stechpalme und weißen, schnell welkenden Blüten. Die *Commiphora Schimperi* und die *Commiphora simplicifolia* Engl. sind ein Meter zwanzig bis sechs Meter hoch. Der krumme, gedrungene Stamm ist dicker als der des Weihrauchbaums und hat eine orange-grau gefleckte Rinde; bei aufsteigendem Saft tritt Ende August spontan gelbliches Ölharz aus. Bei den Ägyptern hieß es *medschet*, bei den Hebräern *tsori*, bei den Griechen *stakte*. Dieses Ölharz eignete sich am besten für Salben und Lotionen und zur Abfüllung in Flaschen. Deshalb war es auch das begehrteste und wurde in der Römerzeit dreimal teurer verkauft als der beste Weihrauch. Nach der Blüte am Ende des Sommers vor Beginn der Herbstnebel wird der Myrrhebaum noch heute zweifach eingeritzt. Aus der Rinde fließt das Harz in Tropfen, die auf Matten gesammelt werden oder gerinnen und am Stamm kleben bleiben. In der Sonne werden sie hart und braun, auch lassen sie sich zu Laibern oder wohlriechenden kleinen Platten zusammenpressen. Noch heute wird die Myrrhe gemeinhin auf allen Märkten der arabischen Halbinsel und bei unseren Heilkräuterhändlern verkauft.

»Die Myrrhe«, schreibt Theophrast um 300 v. Chr. in seiner *Abhandlung über die Gerüche*, 32, »ist scharf, beißend und wirkt adstringierend.« Das Wort *morr/murr* bedeutet in den semitischen Sprachen denn auch »bitter«, und man braucht nur einmal Wein zu trinken, dem Myrrhe beigemischt ist, um den herben Geschmack festzustellen. Dioskurides (I, 77) und Plinius der Ältere (XII, 60), die um das Jahr 60 n. Chr. alte Aufzeichnungen aus Bolos von Mendes, der Stadt der ägyptischen Parfümeure, wiedergeben, schreiben, die Myrrhe sei nicht nur bitter, sondern auch herb, würzig, ja sogar brennend. Das klingt nicht gerade verlockend. Myrrherauch riecht leicht nach Lack und gebranntem Harz, strenger als der Weihrauch in der Kirche. Für die Chemiker ist die Myrrhe eine Mischung aus verschiedenen Substanzen, 10 Prozent ätherischen Ölen, 30 Prozent Harzalkohol sowie 60 Prozent Gummiharzen und Enzymen. Der komplexe Duft der Myrrhe, dem alles Liebliche fehlt, rüttelt die Sinne wach, wirkt herzstärkend und adstringierend. Während der Weihrauch ein erhebendes Gefühl vermittelt, hat die Myrrhe eine aufrüttelnde Wirkung.[22] Jesus wird als Kind in der Krippe Myrrhe als symbolische Gabe und am Kreuz Wein mit Myrrhe zur Labung dargeboten (*Evangelium nach Matthäus*

2,11; *Markus* 15, 23). Die Bitterkeit ist doppeldeutig, wie eine Bewährungsprobe, durch die der Mensch auch über sich selbst hinauswachsen kann. Nach einer Überlieferung der Phönizier, die den Ägyptern Aromata lieferten, soll sich die Rinde des Myrrhenbaums gespalten haben, um einen Gott zu gebären, Adonis, »meinen Herrn«.

Räucherungen und Einbalsamierungen

Die Terpentinharze waren nicht die einzigen Aromata, die im alten Ägypten als Räucherwerk Verwendung fanden. Bei den Ausgrabungen und in der schriftlichen Überlieferung stößt man auf Galbanum der Umbellifere *Ferula galbaniflua* Boiss., Ladanum, ein Exsudat verschiedener Zistrosearten, Styrax (*Liquidambar orientalis* aus der Familie der Hamamelidaceen) sowie auf echte Harze, die oft mit Gips oder Natrit vermischt waren, das Harz der *Commiphora africanum* und das der *Gardenia Thunbergia*, das Harz der Koniferen: Kiefern aller Arten, Tannen und nicht zuletzt das der wohlriechenden Zeder und Thuja, wovon im Grab Tutanchamuns kleine Stücke in den Kohlebecken gefunden wurden (siehe A. Lucas und J. R. Harris in Anm. 20), sowie das Harz des Goldregens und des *aru*(?)-Baumes. Bei der Besprechung der mesopotamischen und biblischen Texte werden wir darauf noch zurückkommen. Das bekannte Räucherwerk, *sonte* und *anti*, verweist ebenso wie das unbekannte Räucherwerk, z. B. *menwer* (eine Weihrauchart?), auf deren wesentliche Funktionen: zum einen auf die Reinigung der Körper im Ritual der Mumifizierung und zum anderen darauf, daß die Gebete bei den Salbungen nur die Wirkung des Balsams unterstützen sollten. Die Myrrhe diente in Ägypten nicht nur in Form von Kügelchen oder Platten als Räucherwerk (Plutarch, *Isis und Osiris*, Kap. 52), in Öl oder Wasser gelöst, hatte sie auch ihren festen Platz in den drei Lebensbereichen der Hygiene, Medizin und Magie.

Parfumbehälter des Tutanchamun
(Alabaster, Elfenbein und Gold)

Die Einbalsamierung[23] sollte weniger den scheußlichen Gestank eines verwesenden Leichnams überdecken als ihn in den Geruch der Heiligkeit versetzen, aus ihm einen neuen Osiris machen, ihn in unverweslichen, wohlriechenden Substanzen für ein Leben nach dem Tode und die Wiedergeburt konservieren. In diesem Zusammenhang sollen weder alle Äußerungen der klassischen Autoren, z. B. Herodots und Diodors von Sizilien, über die alten Ägypter wiedergegeben noch die Papyri aus den Museen von Bulak, Kairo oder des Louvre, die Grabmalereien des Neuen Reichs, die Vignetten des Begräbnisrituals oder des *Totenbuchs* reproduziert werden. Die wissenschaftliche Analyse der Mumie von Tutanchamun und Ramses II.[24], die die Gelehrten vom Museum d'Histoire naturelle und vom Musée de l'Homme in Paris 1976 und 1977 durchgeführt haben, gibt Aufschluß über die Einbalsamierung. Man entfernte das Hirn und die Eingeweide aus dem Leichnam, wusch ihn mit gewürztem Palmwein, trocknete ihn mit Natrit (einer Mischung aus Karbonat und Natriumbikarbonat) und machte ihn sodann geschmeidig mit Hilfe aller möglichen Salben und Pomaden, stopfte ihn mit Aromata aus, umschlang ihn mit harzgetränkten Binden, umhüllte ihn mit Stoff und Salbenverband, schminkte ihn, schmückte ihn mit seinen Juwelen und Amuletten. Er empfing die letzten rituellen Ölungen, *jhety* (siehe J.-Cl. Goyon, Anm. 16), bevor er in einen oder mehrere ineinandergeschachtelte Sarkophage gelegt wurde, mit oder ohne Blumensträuße und Girlanden, mit oder ohne Mumientäfelchen. Im Grab war der Tote, wenn er aus einer reichen und frommen Familie stammte, nicht nur von Kanopen umgeben, die seine Eingeweide in Harz, Balsam und Natur-Asphalt konserviert enthielten, sondern auch von Parfumflaschen, im wesentlichen den sieben heiligen Ölen bzw. Salben. Im Louvre-Museum ist seit 1913 die Opfertafel der Neferet-iyit zu sehen, eine rechteckige Alabasterplatte aus der Regierungszeit Pepis I. um 2265 v. Chr., die aus der Nekropole Zaouyet el-Maietin in Mittelägypten stammt.[25] Das ist nur eines von vielen Dutzend Beispielen für

Salbungen der Götter- und Totenbilder; die Ägypter glaubten nämlich, daß die Toten zu Göttern werden.

Auf den Bildern sind neben den Gefäßen einige Namen zu erkennen, die im folgenden vokalisiert und so gut es geht interpretiert werden:

– das *setschj-heb*-Öl oder »der Festduft«, wahrscheinlich das wohlriechendste Öl, es scheint neben anderen aromatischen Substanzen Styrax bzw. Benzoe enthalten zu haben;

– die *hekenu*-Salbe, eine fettige Substanz (mit Henna?), die zur Salbung der Augenlider verwendet wurde;

– das *sefetsch*-Öl, möglicherweise das gleiche Produkt wie das *sefj-en-wan* oder Wacholderbeer- bzw. Cadeöl, das aus den Wacholderbeeren des *Juniperus oxycedrus* (oder des *J. phoenicea* L.?) gewonnen wird; auf ägyptisch heißt der Wacholder, dessen Harz wir als übelriechend empfinden, *wan*;

– die Salbe *nekhenem* ist fast immer in einer Flasche mit langem Hals und einem Henkel an der Seite enthalten, als handle es sich um ein sehr dünnflüssiges Parfum; im Ritual ersetzt sie den direkten Kontakt mit der Sonne, in einem Text aus dem Laboratorium von Edfu heißt es, sie bestehe nur aus *men*-Öl, Akazienblüten und geschmolzenem Fett; sollte es sich demnach um ein bräunendes »Blütenöl« handeln?

– der *tuaut*, der in einem Krug mit breiter Öffnung enthalten ist, war eine feste Pomade aus tierischem (Gänse-?) Fett und einer pflanzlichen Substanz;

– das *hatet-ach* oder Tannen(*ach*)-Öl aus Kilikien (*Abies cilicica*);

– das *hatet-schehenu* oder libysche Öl, wahrscheinlich Behen-Öl (*behen*), in dem zu Beginn unserer Zeitrechnung das Gummiharz aus der Oase Schiwa namens *metopon* gelöst wurde (Dioskurides III, 87 – 88; Plinius XII, 107). Den Ritualen zufolge war dieses Öl speziell dafür bestimmt, die Stirn des künftigen Osiris zu salben. Es ist anzunehmen, daß es sich bei der großen Pflanze um eine Art Steckenkraut handelte, die von der Cyrenaika in Libyen bis nach Marokko verbreitet ist, die *Ferula gummifera* Tr., deren Harz die Mekka-Pilger noch vor kurzem als Weihrauch mitnahmen und die aus derselben Familie wie das berühmte Silphium der Cyrenaika in der klassisch-römischen Epoche stammt, das vielleicht wie Anis oder Kümmel geblüht hat. Vor kurzer Zeit wurde die Luft in einem bis 1985 unversehrten Grab analysiert, sie war voller Zedern- und Weihrauchpartikel.

Von den sieben heiligen Ölen oder Salben läßt sich nur das *hatet-ach* als Tannenöl sicher bestimmen. Die Cilicische Tanne wächst im übrigen nicht nur im Taurus-Gebirge in der südlichen Türkei, wo sie noch heute die Gebirgswelt mit ihrem balsamischen Duft erfüllt, sondern auch in Syrien und im Libanon. Es bleibt zu erwägen, ob die in den ägyptischen Texten erwähnten sieben heiligen Salben in Wirklichkeit nicht einfach dadurch gewonnen wurden, daß die sieben Gummi- oder Ölharze, auf die man bei der Analyse der Sarkophag-Inhalte am häufigsten gestoßen ist – Terpentinharz, Zypresse[26], Zeder, Styrax, Galbanum, Myrrhe und Mekka-Balsam –, in Öl oder geschmolzenem Fett verarbeitet wurden. Während seiner Untersuchung von acht undatierten Proben – vermutlich Parfums – meinte L. Reuter[27] 1914, vier der oben genannten Salben sowie ein mit Henna parfümiertes Bitumen und Mischungen »aromatischer Pflanzen«[?] in verschiedenen Weinsorten identifiziert zu haben. Bei der Untersuchung der Mumie von Ramses II., die im Sommer des Jahres 1224 v. Chr. sorgfältig einbalsamiert worden war, kamen eine Art Bauchschild aus Harz, eine Füllung aus Zypressen- und Tannenspänen, Pfefferkörner, mit Kamillenöl präparierte Zweige und zwei Arten Lotus, Solanaceen (*Nicotiana*), Korbblütler und Amaryllidaceen wie die Tazette (*Narcissus tazetta*) zum Vorschein, die als fäulnishemmend und Insektenvertilgungsmittel bekannt sind. Die Gummiharze waren Traga(ka)nt, Myrrhe und Weihrauch. Welchen dieser Pro-

Salblöffel
(ägyptisch, Neues Reich)

dukte entsprechen die Parfums, die in den ägyptischen Texten *ab(er)*, *absa*, *chesajt*, *schesjt*, *sefer*, *judeneb*, großes »as« körnig oder als Puder, *ant*, *baqit*, *ba*... genannt werden?

Als Beispiel sei die Schilderung einer der bedeutenden Salbungen wiedergegeben, die zum Ritual der Mundöffnung gehört und deren Hauptzweck es war, die Fertigstellung einer Statue zu feiern, ihr Leben einzuhauchen, sie in die Grabkapelle zu überführen und dem Toten dann in den Begräbnisritualen die Mittel beizugeben, die ihm das Leben im Jenseits ermöglichen:

»Worte sprechen durch den obersten Vorlesepriester und den Sem-Priester: auftragen der grünen und schwarzen Augenschminke und salben N [Name des Toten] mit Behen-Öl und Ladanum (?):

Ich habe für dich die *medschet*-Salbe auf dein Gesicht aufgetragen. Ich habe dein Gesicht mit dem Horus-Auge versehen, damit dein Gesicht dadurch wiederbelebt wird, ich habe dir die Augen mit der grünen und schwarzen Schminke geschminkt, damit dein Gesicht dadurch wiederbelebt wird, denn das Horus-Auge wird gestärkt, wenn sein Auge in gutem Zustand(?) zu ihm zurückkehrt. Es macht dich blühend in seinem Namen ›Wadschit‹[die Grüne als Name der Göttin von Buto in Unterägypten] und sein Duft ist angenehm auf dir in seinem Namen ›Angenehmer Duft‹.« (J.-Cl. Goyon 1972, Szene LV, S. 148)

Dann die Formel: » O N [Name des Toten], ergreife dir das Horus-Auge!« Darauf folgt die Liste der heiligen Salben: die *medschet*-Salbe, der Festduft, das *hekenu*-Öl, *sefetsch*, *nekhenem*, *tuat*, Tannen-Öl (*ach*) aus Libyen mit Ladanum, Behen-Öl, Säckchen mit grüner und schwarzer Schminke, also insgesamt zwölf aromatische Substanzen bzw. Schönheitsmittel, die das Gesicht des Verstorbenen wiederbeleben sollten.

Vergegenwärtigt man sich alle Körperteile, die die Einbalsamierer mit größter Sorgfalt mit Ölen und Salben einreiben mußten, sowie die unermeßliche Anzahl von Leichen, die sie im Laufe der dreitausendfünfhundertjährigen Geschichte des alten

Ägyptens einbalsamieren mußten, so läßt sich leicht ermessen, wie viele Rohstoffe allein schon für den Totenkult benötigt wurden. Rechnet man noch den Balsam und Weihrauch hinzu, den die Priester in den Tempeln brauchten, dann versteht man, warum die Pharaonen der 18. und 19. Dynastie so viele Kriege in fernen Ländern geführt haben und warum sie, statt die Harze und Öle der semitischen Völker mit großem Kostenaufwand zu Lande oder zu Wasser einzuführen, diese lieber selbst hergestellt oder zumindest deren Durchfuhr selbst kontrolliert haben. Es ging schließlich um ihr Fortleben im Jenseits. Die Kriege wurden in der Tat aus wirtschaftlichen Gründen geführt. Das Buch *Exodus* (3, 22; 11, 2; 12, 35) berichtet denn auch von den finanziellen Schwierigkeiten des Pharao, denn Moses rät vor dem Auszug aus Ägypten seinem Volk: »Jeder Mann und jede Frau soll sich von dem Nachbarn Geräte aus Silber und Gold erbitten« (*Exodus* 22,2). Die Aromata waren wertvoller als Gold und Silber, denn sie waren der Hauch des ewigen Lebens. Zweitausend Jahre später, im Jahre 323 v. Chr., träumt Alexander d. Gr. als Sohn und Erbe Amuns, als erster Pharao der 31. Dynastie, in seinen letzten Tagen in Babylon den Weltherrschaftstraum noch einmal: die arabische Halbinsel erobern, von der Gold, Weihrauch und Myrrhe kommen. Die wirtschaftlichen Gründe waren also immer mit mystischen Motiven verbunden.

Heilige Rezepturen

Zwei Methoden der ägyptischen Parfumherstellung sind auf Denkmälern[28] als Reliefs oder Malereien deutlich erkennbar. Die erste Methode bestand darin, die aromatischen Teile einer frisch ausgerissenen oder geschnittenen Pflanze, Wurzelstöcke, Stiel, Blätter, Knospen, Früchte oder Beeren, in winzige Stücke zu zerkleinern und zu zerstoßen, dann durch starken Druck einen Saft daraus zu pressen. Normalerweise wurden zu diesem

Zweck die beiden Enden des Sacks ausgewrungen, in dem sich die noch feuchten Fasern und Zellen befanden. Auf diese Weise wird zum Beispiel auf einem Flachrelief aus Kalkstein aus dem 4. Jahrhundert, das im Louvre zu sehen ist[29], Lilienwasser gewonnen. Der wohlriechende Saft wurde danach abgeschöpft. Man schöpfte die auf der Oberfläche schwimmende Ölschicht ab und vermischte sie mit einer Grundsubstanz, entweder mit einem Öl mit konservierenden Mineralsalzen oder mit einer alkoholhaltigen Flüssigkeit wie Palmwein oder Wein. Das fertige Produkt, das eher an ein sehr schwaches Eau de toilette oder einen bitteren Trank erinnerte als an unsere heutigen Parfums, wurde sodann in Fläschchen mit schmaler Öffnung abgefüllt und mit einem Propfen aus Holz, Wachs oder gebranntem Lehm verschlossen. Möglicherweise dienten die porösen Tongefäße in den Gräbern zur Verbreitung der Wohlgerüche. Die pflanzlichen Öle, die aus den ägyptischen und akkadischen Texten bekannt sind und sehr viel später von den Griechen in der Ägäis ausprobiert wurden, waren das Mandel-, das Myrobalane-, das Ben- oder Behen-Öl (der *Moringa peregrina*), das Safloröl, das Öl aus den Samen der Koloquinte, das Olivenöl, das Meerrettich-(*Raphanus sativus*), das Rauken- und das Sesamöl.

Bei der zweiten Methode bediente man sich eines kleinen Ziegelofens. Den Malereien in zwei Gräbern der thebanischen Nekropolen, insbesondere dem von Rechmire um 1430 v. Chr. zufolge, vollzogen die antiken Salbensieder sieben Arbeitsschritte: Während der Meisterparfümeur, auf einem Schemel sitzend, die Laiber des heiligen Harzes zerstößt und sich anschickt, die vor ihm ausgebreiteten Rohstoffe (Gummiharze, Samen, Pflanzen, Öle und Fette) zu verteilen, mahlen oder zerstoßen zwei kniende Gesellen dieselben mit Mahlsteinen oder in Mörsern. Drei weitere Personen rühren die noch kalten Fette und wohlriechenden Substanzen in hohen Behältern mit breiter Öffnung um. Ein Sieder läßt diese Mischung bei 60 bis 65 Grad mehrere Stunden lang in einer dreifüßigen Wanne mazerieren, dabei rührt er ständig mit einem Spatel um, bis die Fette gesättigt sind; von Zeit zu Zeit entfernt er mit einem Sieb den Schaum und vor allem die ausgelaugten Rohstoffe. Das fertige Produkt, eine Flüssigkeit oder Pomade, wurde je nach Konsistenz in verzierte Flaschen abgefüllt, oder der feste Klumpen wurde mit Gips und Stärke zu Kegeln oder Pastillen geformt, und zwar auf flachen Schalen oder Steinplatten.

Kurzum, die Schritte waren: Zerkleinern, Mahlen, Mischen, Mazeration, Filtern, in Flaschen Abfüllen, Verpacken. Diese sieben Aufgaben waren sieben Mitgliedern der Priesterschaft anvertraut, die mit dem Lendenschurz bekleidet und mit Halskragen geschmückt in den Heiligtümern ihre Arbeit verrichteten. Fest steht, daß nicht nur die Toten einbalsamiert wurden, sondern daß der Duft der Harze, der Lotusblüten und der Narzissen auch die Luft im Tempelareal erfüllte und reinigte.

In späteren Zeiten wurden die Verfahren zur Gewinnung von Parfums immer komplizierter und raffinierter. Zunächst weil die »Konsumenten« – Lebende wie Tote – immer anspruchsvoller wurden, dann aber auch, weil die Pharaonen der 18. und 19. Dynastie mit der Ausdehnung ihrer Eroberungen auf jenseits des Orontes im Norden und bis in den Sudan im Süden und Osten für die Enfleurage und die Kondensation verlockende Produkte mitbrachten und damit außergewöhnliche Kompositionen ermöglichten. Durch den Kontakt mit den Parfümeuren von Zypern, der Henna-(*kypros*)Insel, lernten die Gelehrten und Weisen Ägyptens – sie waren es in Personalunion – die Herstellung eines speziellen Öls, möglicherweise des *hekenu*: »Diese (die weißen, wohlriechenden Samen des Hennastrauchs [*kypros*]) kocht man in Öl, und das Ausgepreßte heißt *kypros*«, schreibt Plinius in seiner *Naturkunde* XII, 109. Das impliziert nicht etwa die Diffusion der Essenz in Öl, sondern das Einsaugen des Öls durch die Samen und die Gewinnung durch Auspressen und das Herausfiltern eines Konkrets, das durch den Zusatz von Weinen mit 14 bis 15 Prozent Alkohol teilweise in eine »essence absolue« verwandelt wurde. Zur gleichen Zeit

ein »Rezept zur Herstellung von *doppelt gutem kyphi* für die göttlichen Dinge zum Gebrauch in den Tempeln« handelt.[34]

Von sechzehn Ingredienzien kommen zehn in den ältesten griechischen und ägyptischen Rezepten vor: Zypergras, Wacholderbeeren, fleischige, kernlose Rosinen, gereinigtes Terpentinharz, Kalmus (akkadisch *kanu* »Rohr«, *Acorus calamus* L.), Ginsterblüten (? – auf griechisch *aspalathos*, auf arabisch *dschabait* und *dschalem*), eine aromatisch duftende schilfartige Pflanze (*Cymbopogon schoenanthus* Spreng. oder *Andropogon schoenanthus* L., für die Alten ein nach Rosen duftendes Gras), Myrrhe, Wein und Honig. Plutarch und Galenos verfeinern das Rezept mit den Aromata, die zu ihrer Zeit in Mode waren, Kaneel, Kardamom, Zimt, Narde, Safran und Sesel. In den äyptischen Texten kommen an Stelle von Kaneel und Zimt Lentiske, Minze, Henna und eine Mimosenart vor. Es erscheint sinnvoll, die fünf Arbeitsschritte wie in den ägyptischen Texten wiederzugeben und die von Victor Loret 1887 im *Journal Asiatique*, S. 76 – 132, angestellten Vermutungen auszulassen:

1. Sehr fein zerkleinern, durch ein Sieb passieren, nur 2/5 der Masse verwenden, und zwar die wohlriechendsten und ganz pulverisierten Teile (von sechs aromatischen Pflanzen, darunter Kalmus und wohlriechende Binse, Pistazie oder Lentiske und Ginster). Insgesamt 756 g.

2. Vier Substanzen zerstoßen (Wacholder, Kaneel, Henna, Zypergras?) und sie mit Wein benetzen. Einen Tag ziehen lassen. Gesamtgewicht: 1125 g.

3. Mit den oben genannten elf Ingredienzien 1260 g Rosinenfleisch und 1440 g Oasenwein vermischen und fünf Tage ziehen lassen.

4. 1200 g Terpentinharz und 3 kg Honig vermischen und so lange kochen, bis das Ganze ein Fünftel an Gewicht verloren hat, also nur noch 3360 g wiegt. Dem Rest Aromata hinzufügen und fünf Tage ziehen lassen.

5. 1143 g Myrrhe fein mahlen, sie mit dem Rest der Masse vermischen, was insgesamt 10146 g *kyphi* ergibt.

Parthey, der Herausgeber von Plutarchs Abhandlung über *Isis und Osiris*, ließ 1850 einen Berliner Apotheker *kyphi* nach den drei Rezepten herstellen, die von den Griechen überliefert sind. Parthey hat »das Kyphi in kleiner Quantität dem Weine beigemischt« und gefunden, daß es genauso herb schmeckt wie Retsina. Er hat auch etwas *kyphi* »auf ein heißes Blech gestrichen« und geschrieben: »alle drei Arten von Kyphi (entwickelten) einen scharfen aromatischen, keineswegs widerlichen Geruch.«[35]

Es ist auch nicht erstaunlich, daß *kyphi* nach Harz schmeckt und riecht: 25 Prozent der Verbindung sind Harze, und zwar dieselben, die bereits auf den ältesten Listen mit Balsam und Weihrauch standen. Es war eine Frage der Nuancierung, die durch das Hinzufügen gleicher Quanta an »gereinigten« Harzen – oder der betreffenden ätherischen Öle – von Terpentinpistazie, Myrrhe und Lentiske zustandekam. Da sie der Mischung zuletzt hinzugefügt wurden, waren sie die dominierenden, verführerischen und schwungvollen Duftnoten. Die Alkohole und aromatischen Aldehyde, die durch Wein, Honig, Kaneel, Zimt und Wacholder hinzukamen, brachten die würzige Note, die das Parfum am Ende hatte. Bei Plutarch (Kap. 81) liest man: »Die meisten der zusammengemischten Bestandteile von aromatischer Kraft entsenden einen süßen Duft und wohltätigen Dunst, durch welchen die Luft verwandelt wird, der Körper aber, vom Hauche bewegt, lind und sanft in Schlummer sinkt und eine angenehme Mischung bewahrt, so daß er die lästigen und angestrengten Sorgen des Tages ohne Rausch wie Fesseln löset und nachläßt und den bilderschaffenden und für Träume empfänglichen Teil wie einen Spiegel glättet und reiner macht, ganz wie die Klänge der Lyra, deren sich vor dem Schlafen die Pythagoräer bedienten, um so die leidenschaftlichen und unvernünftigen Triebe der Seele zu beschwichtigen und zu heilen.«

Besser kann man kaum sagen, daß die ägyptischen Parfümeure den *kyphi* als eine harmonische Synthese betrachteten, die den Träumen und der Weissagung den Weg bahnt. So wie die Pythagoräer die Zukunft vorhersagten, waren die Alchimisten, die im alten Ägypten den *kyphi* und viele andere wohlriechende Drogen herstellten, die Wegbereiter der Naturwissenschaft. Das Wort Chemie kommt denn auch von *kemet*, »Land der schwarzen Erde«, wegen der alljährlichen Überschwemmung mit Nilschlamm war dies der Name Ägyptens. Wahrscheinlich haben die Parfümeure dieses Landes zwei- oder dreihundert Jahre v. Chr. die erste »flüchtige Materie«, *al kohol*, mit Hilfe eines (griechischen) Geräts, *al ambiq*, gewonnen. Vielleicht sind sogar die griechischen Wörter *ambix*, *ambikos* wie so viele andere Lehnwörter aus dem Ägyptischen.

Der Zauber ägyptischer Wohlgerüche

Die Aromatherapie, d.h. die Behandlung und Heilung mit aromatischen Pflanzen, hatte zur Zeit der 19. Dynastie unter den Königen Ramses in Ägypten und anderswo einen so guten Ruf, daß die Helden des homerischen Epos berichten, das Land Ägypten, »wo jedermann Arzt sei«, bringe drei Pflanzen hervor, die sowohl euphorisierend als auch einschläfernd wirken: den *moly* (wahrscheinlich eine Solanacea, die Alraune), *lotos* (möglicherweise die Jujube) und den *nepenthes*, »ein Kummer wie Zorn vertreibendes, vergessenbringendes« Kraut, das Helena dem Wein zusetzte, mit dem Ergebnis: »Wer dieses schluckte, wenn es dem Mischkrug beigesetzt war, der ließ den ganzen Tag keine Träne fallen, auch nicht, wenn Mutter und Vater ihm gestorben wären, auch nicht, wenn ein Bruder oder eigner Sohn dicht vor ihm hingemordet würde mit dem Erze, und er es mit den Augen sähe.« (*Odyssee* 4, 229ff.) Homer schreibt außerdem noch, die treulose und zärtliche Helena habe ihre Drogen von einer Ägypterin gehabt, also aus dem Land, in dem sie selbst lange gelebt hatte.

Vergeblich sucht man in der antiken Literatur nach der Zusammensetzung dieses aromatischen Beruhigungsmittels, das noch im ersten Jahrhundert v. Chr. in Theben bekannt ist. Dem

Bericht von Rouyer zufolge, der Mitglied der Kommission für Wissenschaften und Künste Ägyptens war, bevor er 1810 der Apotheker Napoleons wurde, heißt es: »Die Drogen und Verbindungen, deren sich die Bewohner Ägyptens in der Absicht, sich wirkliche oder ideale Genüsse zu verschaffen, bedienen, sind Opiate, die im Lande selbst unter den Namen berch, dyasmuk, bernaui und vielen anderen bekannt sind. Diese Opiate bestehen aus Nieswurz, Hanfblättern, Opium und stark aromatischen Substanzen.« Auch hier wieder dasselbe Geschick in der Auswahl und Dosierung der Ingredienzien, derselbe Sinn für das Zusammenwirken und derselbe Zweck: die Seele harmonisch stimmen durch die Harmonie von Geschmack und Geruch.

Ein weiterer Widerhall des antiken Ägyptens ist das Wort *dschaui*. Es ist eine Verballhornung von *lubanjawi* (ein Kompositum aus semitisch *liban* und der Insel Java) und bezeichnet im Maghreb eine Art Räucherwerk. Aber es hat nur entfernt etwas mit dem Styrax zu tun, in Wirklichkeit ist es eine Mischung aus verschiedenen aromatischen Gummiharzen, weißen, grauen, rötlichen und braunen mit hellen, nagelförmigen Flecken. Wahrscheinlich war das in der Antike genauso, denn im Buch *Exodus* (aus dem 15. oder 13. Jahrhundert v. Chr.) gibt es bereits zwei Mischungen von Gummiharzen für Räucherungen und Salbungen. Da sich die Mischungen von Generation zu Generation, je nach Salbensieder und Mode änderten, ist es nicht möglich, genau zu bestimmen, welche Düfte in Ägypten zu Beginn des Neuen Reichs dominierend waren, obwohl im letzten Jahrhundert einige Forscher (Brummel, Piesse, Maspero) versucht haben, die Seele des ägyptischen Volks aus seinen Gewürzen und Aromata zu erschließen. Sie nahmen an, der Mensch bestehe aus neun Teilen (manchmal auch nur aus sieben): dem Körper (*chet*), der Energie (*ka*), der Seele als Lebensprinzip (*ba*), dem Schatten (*chajbet*), dem inneren Licht (*achu*), dem Herzen (*jb*), dem Geist (*sechem*), dem Eigennamen (*ren*), dem spirituellen Körper (*sach*). Wenn jedem Bestandteil ein Parfum entsprach, dann konnte es nur ganz individuelle und persönliche Gerüche geben, und dann waren sie insofern heilig, als sie gut waren.

In dieser Kultur war der Wohlgeruch vor allem Opfer und Gebet. Einige privilegierte Örtlichkeiten verströmten im Ägypten der Pharaonen den Geruch der Vollkommenheit oder Heiligkeit: die Tempel, der Wabet oder Reine Platz, wo die Einbalsamierung stattfand, die Viertel, in denen die Werkstätten der Parfümeure lagen, die Pilgerstätten und die Orte für Festlichkeiten, die Feste waren nämlich immer einem Gott gewidmet. Im Laufe seiner vieltausendjährigen Geschichte war für den Ägypter Parfum immer gleichbedeutend mit göttlicher Verehrung, selbst dann, wenn galante Männer jungen Mädchen eine Lilie oder eine Lotusblüte überreichten, selbst wenn die schöne Helena, die Gattin des Menelaos, ihren Gästen aromatisierten Wein darbot. Und nicht wenige erlagen diesem Zauber, Alexander d. Gr., Julius Caesar, Marcus Antonius und Mehmed Ali, der Begründer der Dynastie der Khediven: Die ägyptischen Parfums und die aromatisierten Weine machten sie so trunken, daß sie sich für Götter hielten.

ZWEITES KAPITEL

Salomo in all seiner Herrlichkeit

»D er fruchtbare Halbmond«, so nannte J. H. Breasted, der berühmte Ägyptologe und Direktor des Oriental Institute of Chicago (1919 – 1935), den Teil der Erdoberfläche, aus dem die ersten Vorboten unserer sogenannten abendländischen Kultur, im materiellen wie im geistigen Sinne, hervorgegangen sind. Er umfaßt Ägypten, die Ostküste des Mittelmeers – Palästina, Syrien, den Golf von Alexandrette – und Mesopotamien, heute im übrigen Länder, in denen der Halbmond des Islam dominiert.

Der Handelsverkehr florierte zwischen allen Teilen des »fruchtbaren Halbmonds«. In gewissen, besonders günstigen Epochen war er noch intensiver als sonst. Allerdings hat der mittlere Teil, unabhängig von klimatischen und geologischen Gründen, offenbar immer die Rolle des Vermittlers gespielt. In der besonderen Sorgfalt, mit der man sich im Lande der Bibel, zwischen dem Euphrat im Norden und der Landenge von Suez im Süden, seit Abrahams Wanderung um 1800 v. Chr. den Parfums und Aromata widmete, sind mindestens drei Traditionsstränge miteinander verwoben: der mesopotamische – Abraham kam über Haran aus Ur in Chaldäa –, der kanaanäische – die Hebräer mußten die Bevölkerung der Länder assimilieren, die sie am Ende der Bronzezeit erobert hatten –, der ägyptische – zwischen Jakob und Moses unterhielten die Hebräer selbst vierhundert Jahre lang wirtschaftliche und politische Beziehungen zu den Bewohnern des Nil-Deltas (*Genesis* 15, 13, 18; *Apostelgeschichte* 7, 6).

Hinzu kommt sicher noch die persönliche Initiative des Gesetzgebers Moses, selbst wenn man allen Grund zu der An-

nahme hat, daß er einen rein ägyptischen Namen trug wie
Achmose, Thotmes oder Ramses, selbst wenn vieles dafür
spricht, die Wunder zu bezweifeln, die in den hundertzwanzig
Jahren seines Wirkens (*Deuteronomium* 3, 4, 7) geschehen sein
sollen. Weder die Zehn Gebote noch der Bund noch der Rauchopferaltar (*Exodus* 30, 1) ähneln dem, was anderswo gang und
gäbe war. Liest man den sehr späten Text der Bibel und die
allzu seltenen ägyptischen Inschriften, die die Apiru, den Namen Mosche, die Beduinen Y h w h (so im Grabtempel von
Amenophis III. in Soleb aus dem Jahre 1380 v. Chr.) und
schließlich Israel erwähnen, dann gewinnt man den Eindruck,
daß die Hebräer mehrere Male mit den Hyksos (»den Anfüh-
rern der fremden Länder«) nach Ägypten kamen und es auch
mehrere Auszüge aus Ägypten gab, und zwar um 1580, 1450,
1375, 1250 und 1215 v. Chr., daß die Nachfahren Abrahams
aber ihre ursprüngliche Eigenart, ihre monotheistische Religion
und ihre eigenen Düfte beibehielten.

Die semitische Parfümeurskunst

Ob man nun den Exodus zu der Zeit, als Ramses II. (1290 -
1224 v. Chr.) von den Eingewanderten die Städte Pi-Thom und
Pi-Ramses östlich des Nil-Deltas zwischen Faqus und Pelusium
erbauen ließ, als Flucht, um sich dem Steuerzahlen, der Ver-
sklavung und Zwangsarbeit zu entziehen, als Weigerung, seßhaft zu werden oder einfach als Vertreibung betrachtet (*Exodus*
12, 33), die biblischen Geschichten sind im allgemeinen die
Synthesen verschiedener Ereignisse und Allegorien. Drei Arten
von Kulturen, wenn nicht gar Siedlungsweisen, standen sich
hier gegenüber, repräsentiert von den drei Söhnen Noahs: Sem,
Ham und Jafet.

Auf der einen Seite kannten die Semiten als Nomaden nur
das Gemeineigentum der Ziegen-, Schaf-, Esel- und Kamel-
züchter, dauernd waren sie auf der Suche nach Weidegründen

und betrachteten die Aromata als Pflanzen, die man nicht anzu-
bauen, sondern nur zu ernten brauchte, und als Tauschobjekte.
Auf der anderen Seite waren die die Flußtäler vom Nil bis zum
Tigris bewohnenden Hamiten (*Genesis* 10, 6 – 20) eine Gemeinschaft seßhafter Ackerbauern, sie bemächtigten sich des Grund
und Bodens und entwickelten eine Vorliebe für den Besitz, das
heißt für die ausschließliche Nutzung ihrer Ernte. Die Nach-
kommen Jafets lebten hinwiederum weit verstreut von den
Hochebenen Persiens bis hin zu den Inseln der Ägäis (*Genesis*
10, 2 – 5), sie waren zugleich Ackerbauern, Viehzüchter, Erz-
und Eisenschmiede, so Tubal und Tarschisch in Kilikien und
die Kittim aus Zypern. In keiner der drei Kulturen gab es Privat-
eigentum an Grund und Boden. In den Augen dieser teils no-
madischen, teils seßhaften Völker, die bevorzugt an Quellen
und fließenden Gewässern siedelten, waren die Völker des Südens fett, schmutzig und übelriechend. Der Geruch der einzelnen Völker entsprach dem ihres jeweiligen Ideals. Den Ägyptern
schwebte das Leben des Gottes Osiris, den semitischen Völkern
das des reinen und gerechten Abraham, den Griechen das des
athletischen Helden Herakles vor.

Das Parfum spielte also im jeweiligen Weltbild eine recht
unterschiedliche Rolle. In den Augen des frommen und besorgten Ägypters galt es als Gebet und Opfergabe des Habenden an
den Seienden. Für Salomos Zeitgenossen war es das Kommunikationsmittel eines Seins mit einem anderen Sein. Für die Vorfahren der Griechen, die sich um ihr Werden sorgten, war es
eine Erfindung, ein Erlebnis, eine Gefahr oder ein Anlaß zu
forschen. So waren Haben, Sein und Werden die drei für die
Priester und Philosophen dieser drei Kulturen maßgeblichen
Kategorien.

Unter diesen Bedingungen wiesen die Parfums der semitischen Völker und der Israeliten im besonderen spezielle Merkmale auf. Von dem Augenblick an, als Abraham, und in seiner
Nachfolge Moses, die Bezichungen Gottes zu seinem Volk als
einen Bund, als einen Akt wechselseitiger Liebe betrachtete,

war das Leben auf Erden nicht wie bei den Ägyptern voll und ganz auf das ewige Leben ausgerichtet, sondern auf den Schutz der kleinen Gruppe, die bedroht und verfolgt wurde, umherirrte oder auch bloß nomadisierte, auf das diesseitige Leben und das irdische Glück der durch Gott starken Nation Israel. Nicht um Gott zu etwas zu zwingen – das wäre verdammenswerte Magie –, sondern aus Liebe zu Gott wurden die Opfer dargebracht, brannte der Weihrauch und floß das Salböl. Die Parfums, Gewürze und Aromata, die nicht Gott vorbehalten waren, garantierten dem auserwählten Volk Gesundheit, Reichtum und Glück. Das Profane war nicht bedeutender als das Sakrale, es nahm nur die ihm gemäße Stelle ein. Schon damals ging es um die Realisierung dessen, was der Gesalbte später sagen sollte: »So gebt dem Kaiser, was dem Kaiser gehört, und Gott, was Gott gehört« (*Matthäus* 22, 21; *Markus* 12, 17; *Lukas* 20, 25).

Daraus ergeben sich drei Schlußfolgerungen:

1. Die Aromata waren bei den semitischen Völkern im allgemeinen zunächst ein Handelsobjekt, sie verbanden die Menschen miteinander.

2. Sie waren wertvoll, Luxusgegenstände, deren Herkunft, Herstellung und Weitergabe geheimgehalten wurden.

3. Sie waren schließlich vor allem dazu bestimmt, auf die Sinne zu wirken, sei es auf die des Holofernes, den Judiths schweres Parfum betörte, oder sei es auf die Wahrnehmung Gottes, der manchmal erklärte, er rieche den Rauch der Opfer nicht oder er wolle ihn nicht mehr riechen. Der blinde Isaak roch an Jakobs Kleidern und erkannte ihn als seinen einzigen Erben (*Genesis* 27, 27).

Die Bibel bietet einen praktischeren und realistischeren Überblick über die Parfümeurskunst des auserwählten Volkes und zugleich einen vor allem in religiösen Dingen tieferen Einblick als das Schrifttum des alten Ägyptens, des Landes, in dem die Toten besser rochen als die Lebenden.

Bereits bei der Gründung des Reiches Israel gegen Ende des 11. Jahrhunderts v. Chr. und wahrscheinlich schon beim Bau des Jerusalemer Königspalastes auf dem Ofel südlich des Tempels um 970 tat der König, was alle Staatsoberhäupter des »fruchtbaren Halbmonds« schon seit fünfzehnhundert Jahren taten. Er betraute Schreiber mit der Aufgabe, seine Einkünfte und Ausgaben zu registrieren, Botschaften zu versenden und zu übersetzen, er schuf sich eine Buchführung, eine Kanzlei, ein Archiv, eine Bibliothek, lauter Institutionen, die in Ninive und allen *tells* Syriens florierten. Seit 1920 haben die Archäologen in Nuzi, Mari, Emar, Ebla, Alalach und Ugarit Tausende von Täfelchen ausgegraben. Wahrscheinlich bestand der einzige Unterschied zwischen den Schreibern von Ninive und den Verfassern der Fünf Bücher Mose oder des Pentateuch darin, daß letztere auf Pergament und Papier (dem ägyptischen Papyrus) schrieben, während erstere ihre keilförmigen Zeichen in Tontäfelchen einritzten.

Salomo war ein ausgezeichneter Verwalter, seine Macht beruhte auf Ackerbau und Tauschhandel. Alle Zahlen und alle Personen- und Ortsverzeichnisse im Deuteronomium, in den Büchern Numeri, Josua, Richter, Samuel und Könige beruhen auf Zählungen und Verwaltungsdokumenten. Daß in all diesen Büchern heute nur wenig über Gewürze und Aromata zu lesen ist, liegt zum einen an den vielen Katastrophen, die die Stadt Jerusalem heimgesucht haben – siebenmal wurde sie im Sturm genommen, geplündert und in Brand gesteckt –, zum anderen aber auch an der Auslese, der die hebräischen Dokumente im alexandrinischen Zeitalter unterzogen wurden. Zu dem erhabenen Bild des auserwählten Volkes paßten weder Gewürze für den Küchengebrauch noch Mittel für die Schönheitspflege. Allein die in den Archiven der Palastheiligtümer Syriens und des Irak[36] aufbewahrten Dokumente können uns die mesopotamische Tradition im Lande Kanaan zu Zeiten Salomos vergegen-

Orientalische Würdenträger bringen dem Perserkönig
Salben und Aromata
(Wandrelief in dem Apadana des Königspalastes in Persepolis, 5. Jh. v. Chr.)

wärtigen. Überraschenderweise spielten die Gewürze und Parfums dort im Alltagsleben der Priesterschaft, der Regierenden wie der Regierten, im Tempel, im Palast und in der Stadt eine bedeutende Rolle.

Im Unterschied zu den zur selben Zeit in Ägypten üblichen Gepflogenheiten verraten die Lagerverwalter und Schreiber der semitischen Völker eine besondere Vorliebe für die Auflistung von Produkten, vor allem wenn ein sumerischer Name oder ein sumerisches Ideogramm dazugehörte, das als Gütesiegel galt. Solche Aufzählungen erwecken den Eindruck des Reichtums und der Vielfalt, wie heute noch die zur Schau gestellten Waren der Gewürzhändler in den arabischen Ländern. Daß die Beamten im Nahen Osten im ganzen zweiten Jahrtausend v. Chr. den Gewürzen und Aromata so viel Beachtung schenkten, ist außer-

56

dem ein Zeichen dafür, wie sehr die Parfumherstellung unter amtlicher Kontrolle stand. Priester, Weissager, Magier, Heilkundige und Masseure waren die Abnehmer dieser lebenswichtigen Produkte.

Als Produzenten und Hersteller werden oft Frauen aus dem Palast genannt, zweifelsohne weil zur Bereitung der meisten Salben dieselben Geräte verwendet wurden wie in der Küche: Handmühlen, Stößel, Töpfe, Schüsseln, Ton- oder Kupferkessel, Ziegelöfen. Da in den Offizinen oder Werkstätten mehrere Tage lang ständig Feuer brennen mußte und eine gute Lüftung nötig war, und da durch das Sieden viel Dampf und Rauch entstand, ist anzunehmen, daß die darauf spezialisierten Werkstätten und Läden fernab von den Wohnhäusern lagen, wie die Schmieden, Färbereien und Gerbereien.

Ausführliche Listen von Gummiharzen (*riqu*) sind auf den Keilschrift-Täfelchen zu lesen, und zwar sowohl in Wörterbüchern als auch in den Aufstellungen über die Weihrauch-Lieferung der Händler an die Tempel oder Paläste, über die Lieferung von Opfergaben für die Gottheiten oder von mehr oder weniger an Magie gemahnenden medizinischen Präparaten. Im folgenden seien nur die akkadischen Wörter erwähnt, die sich mit Sicherheit entziffern lassen[37]: *asu* (die Myrte), *arganu* und *margusu* (der Balsam von zwei Arten Balsambäumen), *baluchchu* (das Galbanum, ein Steckenkraut), *balukku* (der Styrax officinalis?; auf sumerisch *riq* BAL), *buraschu* (das Kiefernharz), *dapranu* oder *dupranu* (der Wacholder), *erinnu* oder *erenu* (die Zeder), *imdu* (eine Zypressenart), *tsuri* und *tsiru* (das Harz im allgemeinen und der Styrax im besonderen), *kanaktu* (der Weihrauchbaum; auf sumerisch *GIG*), *kukru* (die Terpentinpistazie), *murru* (die Myrrhe; auf sumerisch *schim-sis*), *suadu* (das Henna oder der Schwarze Holunder?), *schurmenu* (die Zypresse, der »Lebensbaum« schlechthin), *ladunu* (das Ladanumharz, die Zistrose), *budhulchu* (der indische oder afrikanische Balsambaum, wahrscheinlich das *bdellium* bei Plinius, *Naturkunde* XII, 35).

Drei Pflanzen erfreuten sich besonderer Wertschätzung: die Zeder, von deren Wohlgeruch die Wälder des Amanos-Gebirges und des Libanon erfüllt sind und deren harziges Holz, aus dem das Gebälk, Türen und Fenster der Tempel und Paläste waren, einen warmen, intensiven Geruch verströmt; die Zypresse, die sowohl zum Räuchern als auch zur Reinigung diente, insbesondere wegen ihrer ätherischen Düfte, die die Atemwege rasch frei machen; die Myrte mit den lanzettförmigen, immergrünen Blättern, dem leicht balsamischen Geruch, dem kleinen, weißen Blütenkelch aus acht Blütenblättern und den kleinen, schwarzen Beeren diente zugleich als Aromastoff und als Ingrediens bei der Komposition parfümierter Öle und Essenzen. Sie wurde auch als Medikament verwendet. In einem Archiv des Palasts von Mari, das aus dem 18. Jahrhundert v. Chr. stammt, also der Zeit von Abrahams Wanderung, wird der Kauf einer großen Menge Myrtenöls (*asu*) erwähnt, das für Salbungen des Tempelpersonals anläßlich des Fests des Sonnengottes Schamasch bestimmt war.

In Ägypten waren diese wunderbaren Düfte entweder unbekannt, oder sie mußten importiert werden. Dort waren die Harze der Kiefern, des Wacholders, der Weihrauch-, Myrrhe- und Balsambäume sowie der Terpentinpistazie gebräuchlich. In Kleinasien, Zypern und Mesopotamien gibt es aber darüber hinaus ein Steckenkraut, das Galbanum, eine Styracacea, den Storaxbaum, und drei Arten Ladanum produzierende Zistrose.

Das Galbanum (auf hebräisch *chälbenah*) ist der gelbliche Saft eines hoch wachsenden Doldenblütlers, der *Ferula galbaniflua* Boiss., die von Syrien bis in die Gebirge Afghanistans wächst. Diese Umbellifere hat einen hohlen, gerillten Stengel mit wechselständigen Blättern und zahlreichen kleinen Blüten, die in einer Dolde zusammensitzen. Die Wurzel, der Stengel, die Blätter und der untere Teil der Früchte sind von Adern durchzogen, die ein flüchtiges Pinen-Öl ausscheiden. Im Unterschied zum persischen Steckenkraut oder *Asa foetida*, das ein Gummiharz für therapeutische Zwecke liefert, dessen Geruch allerdings so unangenehm ist, daß er den griechischen Autoren zufolge selbst Schlangen in die Flucht schlägt, riecht das Galbanum des syrischen Steckenkrauts intensiv nach Anis wie die anderen bekannteren Arten des Steckenkrauts, der Dill, der Echte Kümmel und der Fenchel.

Der Storaxbaum, wörtlich »ein Räucherharz liefernder kultivierter Baum« (arabisch *libwan*, hebräisch *libnäh*), der das Styrax (*tsori*)[38] hervorbringt – zwei weitere semitische Wörter – ist mit dem Quittenbaum vergleichbar, 6 bis 7 Meter hoch, oft buschförmig, mit dicht wachsenden, krummen, – wenn sie jung sind – weißen und flaumig behaarten Zweigen und mit graubrauner Rinde, die sich in Platten ablöst, wenn die Bäume alt werden. Die Zweige tragen ovale Blätter mit stumpfer Spitze, die oben grün und unten weiß und flaumig sind und jedes Jahr das Laub abwerfen. Sie blühen im Mai und ähneln mit ihren fünf Blütenblättern und den zehn bis zwölf Staubgefäßen den reinweißen Orangenblüten, allerdings wachsen sie in Büscheln. Die Frucht ist eine fleischige Steinfrucht, die in getrocknetem Zustand einer Eichel ähnelt. Der Storaxbaum wächst wild in Kleinasien und vor allem im Libanon, auf Zypern und Rhodos.

Zu Beginn unserer Zeitrechnung berichtete der Geograph Strabo (XII, 7, 1 – 3) in aller Ausführlichkeit über die Gewinnung des äußerst wertvollen Styrax oder Storaxbalsams in der Umgebung von Selge, dem jetzigen Zerka im Süden Kleinasiens. Ein Holzwurm mußte von innen die Rinde durchbohren, wobei eine Art Sägemehl zu Boden fiel, bald darauf floß gelblich-braunes Gummiharz heraus, das sich leicht verhärtete. Dann vermischte sich das eine mit dem anderen, so gewann man einen erstklassigen Weihrauch. In Wirklichkeit wurde regelmäßig der Stamm des Storaxbaumes angeritzt, wie beim Myrrhenbaum, und die kompakten Laibe des *Liquidambar* wurden wegen der Vorzüge, die man ihm zuschrieb, an Parfümeure, Priester und Heilkundige verkauft. Diese Art von Benzoeharz, das wegen seines Gehalts an Benzoin und Zimtsäure herb riecht, enthält auch aromatisches Vanillin, das anregend auf die Schleimhäute wirkt und in der Parfumherstellung ein gutes Fixiermittel ist.

Die Karawanen aus Kilikien, Syrien und dem Libanon brachten das wohlriechende Holz der Styraxbäume in Spänen oder kleinen Holzscheiten bis nach Arabien, wo es die Schlangen vertreiben und die Atmosphäre der Häuser reinigen sollte (Herodot III, 107; Dioskurides I, 79; Plinius XII, 81 und 124 – 125). Diese Legenden bergen einen realen oder eher kommerziell realistischen Kern. Heutzutage läßt man das Benzoeharz aus Siam und Malaysia in Alkohol mazerieren, um ein duftendes Färbemittel zu gewinnen; als Adstringens zur Gesichtspflege ist es in Lotionen enthalten; darüber hinaus wirkt es auch antiseptisch.

Die Ladanum hervorbringende Zistrose, die auf trockenen, sonnenbeschienenen Hügeln in der Steppe (*araba*) und um den Ostteil des Mittelmeeres wächst, ist ein Halbstrauch mit einfachen, gegenständigen, leicht klebrigen Blättern. Die einzeln wachsenden, großen, breiten, sehr honigreichen Blüten bestehen aus einem Kelch, der fünf immergrüne, oft verschieden große Kelchblätter hat, einer Blütenkrone aus fünf sehr schnell welkenden, weißen, rosa oder roten Blütenblättern, dazwischen zahlreichen freien, hohen und reizbaren Staubgefäßen und einem kugelförmigen Fruchtknoten, der eine kapselartige Frucht ergibt.

Die Blätter und Stengel von drei Zistrosen aus der mehr als dreihundert Arten umfassenden Gattung, die in Syrien in der Gegend von Damaskus, auf Zypern und Kreta wachsen, schwitzen reichlich Gummiharz aus, das Ladanum oder *ledanon* – ein Wort, das nichts mit unserem Laudanum zu tun hat. Das Lateinische und das Griechische haben es vielmehr der syrisch-phönizischen Parfümerie entlehnt, wo *ladan* »das klebrige Kraut« heißt. Über seine Herkunft kursierten ebensoviele Legenden, wie Autoren darüber schrieben. Man gewann es, indem man den Ziegenböcken den Bart oder den Schafen das Vlies kämmte, indem man die Pflanzen mit einer Art Peitsche drosch oder den Extrakt systematisch mit Seilen von der Oberfläche abkratzte, auch wurde es auf vielfältige Weise verfälscht oder mit Zusätzen versehen. Man meinte, es dufte mal kräftig nach Amber, mal erdig, mal animalisch, auf die Dauer sei der Geruch jedoch angenehm. »Der Geruch der reinen Ware muß herb sein und auf gewisse Weise den der Einöde verbreiten.« (Plinius, *Naturkunde* XII, 76) Die schwarzen Laiber des kretischen *aladanos* riechen denn auch nicht nach Ziegenbock, sondern nach Weihrauch, betörend und nahezu sinnlich. In der Antike benutzte man ihn sowohl zur Heilung zahlreicher Krankheiten der Inneren Medizin als auch für Inzensationen, wie später bei der Behandlung des *po-ni-ki-jo*, des »phönizischen Produkts«, auf den kretischen Täfelchen in Linear B-Schrift aus dem 13. Jahrhundert v. Chr. noch dokumentiert wird.

Mit dem siebten Aromastoff, der Narde, auf neubabylonisch *lardu*, auf hebräisch *nerd*, auf griechisch *nardo* (*stachys*), hat es eine eigene Bewandtnis, und zwar nicht nur weil das Wort verhältnismäßig spät auftaucht – im 4. Jahrhundert v. Chr. im *Hohenlied* Salomos und in der Mitte des 1. Jahrhunderts n. Chr. in den *Evangelien* –, sondern auch weil dieses Kraut mit Ähren bald als Baldrian, bald als Gras mit zwiebelförmigen Wurzeln, bald als Lippenblütler analog dem Lavendel aus der Provence beschrieben wird. Unumstritten ist, daß die Händler des »fruchtbaren Halbmonds« die Narde für eine exotische Pflanze und zu allen Zeiten für äußerst wertvoll hielten, so daß dieser Name schließlich der für Luxusparfum, welcher Zusammensetzung auch immer, wurde.

Der Nachdruck, mit dem die griechischen Botaniker, von denen Plinius der Ältere seine Informationen bezog, behaupten, die Narde stamme aus Indien oder aus den umstehenden Bergen (Theophrast, *Naturgeschichte der Gewächse* IX, 7, 2; Dioskurides I, 7, 1 – 4; 6ff.; Plinius, *Naturkunde* XII, 42 – 46), legt den Gedanken nahe, daß die Soldaten Alexanders d. Gr. bei ihrem katastrophalen Rückzug im Herbst 325 v. Chr. im Südwesten Pakistans überall auf Nardenbüschel traten und daß die Steppe mit dem intensiven, frischen Geruch dieses Krauts erfüllt war. Über die Narde schreibt Plinius (XII, 42 – 43): »Sie ist eine Staude (*frutex*) mit schwerer und dicker, aber kurzer und schwarzer Wurzel, die, obgleich fett, zerbrechlich ist, wie die Wurzel des Zypergrases nach Schimmel riecht und herb schmeckt; ihre Blätter sind klein und dicht. Der obere Teil breitet sich in Ähren aus; ... Die echte (*sincerum*) wird jedoch an ihrem geringen Gewicht erkannt, an der roten Farbe, dem angenehmen Geruch und besonders an der im höchsten Grade austrocknenden Wirkung im Munde und am angenehmen Geschmack. Der Preis eines Pfundes Ähren beträgt hundert Denare.« Fürwahr ein stolzer Preis. In Buch XV, 30 fügt Plinius noch hinzu, daß man die keltische Narde mit ihrem Saft in Öl mazerieren läßt und sie dann ausspreßt, um die Essenz zu gewinnen.

Diese Beschreibungen treffen nur annähernd auf den *Nardostachys jatamansi* zu, der heute noch in Nepal vorkommt und dort *naladam* (das antike * *narda*?) heißt. Es handelt sich um ein Baldriangewächs mit knolligem Stamm, einfachen, gezähnten, gegenständigen Blättern und einem Blütenstand aus dicht gehäuften Blüten; der Kelch ist bloß ein Wulst unter einer knotigen Blütenkrone mit drei, vier oder fünf Blütenblättern und vier Staubgefäßen; diese Pflanze hat aber gar keine echte Ähre, die bei den Gräsern die süßen Düfte verbreitet. Dafür ist der *Andropogon nardus* oder *citratus* ein wohlriechendes Gras mit Ähren, wie die Quecke, aber mit den ätherischen Ölen Geraniol, Citral und Citronellal. Vielleicht war der Geruch der antiken Narde genauso flüchtig und durchdringend wie der des Zitronenöls. In der Tat heißt es über das »echte Nardenöl«, mit dem Maria in Bethanien die Füße Jesu salbte: »Das Haus wurde vom Duft des Öls erfüllt.« (*Evangelium nach Johannes*, 12, 3) Einstmals nannte man die Narde die indische Verbene.

Der Beitrag, den die Mesopotamier leisteten, läßt sich also

folgendermaßen zusammenfassen: Die Karawanen aus allen vier Himmelsrichtungen, insbesondere aus dem fernen Pakistan brachten zusätzlich zu den duftenden Gummiharzen aus dem »glücklichen Arabien« und von der Küste Somaliens vier neue Arten ätherischen Öls: das Öl, das nach Anis roch, das Öl mit Benzoesäure, das Öl mit dem animalischen Geruch und das nach Pomeranzen duftende Öl. Rein oder als Zusatz zum Weihrauch – beides war den Sumerern bereits bekannt – eröffneten diese Essenzen ganz neue Möglichkeiten zu beten, zu heilen, zu bezaubern und zu genießen.

Gewürze und parfümierte Öle

Einige Aromata fanden als Gewürze in Nahrungsmitteln Verwendung, insbesondere die Myrrhe und die Beeren von Myrte und Wacholder. Zur gleichen Zeit bauten die Chaldäer, Assyrer und Aramäer daher in großen Mengen aromatische, wohlschmeckende Kräuter an, sie nahmen sie zusammen mit den fünf »bitteren« Kräutern zu sich, die bei den Massenauswanderungen[39] oder bei Hungersnöten verzehrt wurden: dem Echten Wermut, der Wegwarte, der Weißen Taubnessel, dem Löwenzahn, dem Meerrettich, die den Gerichten Geschmack verliehen. Einige dieser wohlriechenden Gewürzpflanzen haben sogar ihren Namen im Griechischen und Lateinischen beibehalten. Genannt werden das wohlriechende Rohr oder Schilf (akk. *kanu*), Safran (akk. *kurkanu*), Kümmel (akk. *kamunu*), Andorn (hebräisch *marob*), Ysop (*ezob* oder das heilige Kraut der Hebräer), Rosmarin (akk. *u-MA-RA*), Sesam (akk. *schamaschammu*). Hinzuzufügen wären zweifelsohne noch verschiedene Lippenblütler wie das Basilikum, der Dost, der Majoran, die allesamt in Persien und Kleinasien wild wachsen, sowie die Mohnsamen aus dem Orient.

Während viele Doldenblütler aus dem Nahen und Mittleren Osten wegen der aromatischen Essenzen in ihrem Gewebe in

Medizin und Magie verwandt wurden, waren – und sind heute noch – viele auch einfach als Gewürze zum Kochen und Backen gefragt: Dill bzw. Fenchel (akk. *uranu*), Bärenklau, Kerbel, Koriander, Kümmel, Petersilie. Verschiedene Gewürze wurden auch dem Mehl und dem Honig zugesetzt, die den Göttern dargebracht wurden; der Pfeffer- oder Lebkuchen ist nicht erst eine Erfindung unserer Zeit. Auf einem babylonischen Täfelchen im Louvre-Museum, das aus der Zeit der babylonischen Gefangenschaft der Juden (597 – 538 v. Chr.) stammt, werden sechsundsechzig wildwachsende Pflanzen aufgezählt, die bei der Herstellung pflanzlicher Heilmittel verwandt wurden – waren es Gewürze oder Aromata? Etwas später, unter den Seleukiden (nach 312 v. Chr.), schreibt ein Schreiber der Stadt Uruk (Warka) in Südmesopotamien ein antikes Reinigungs-Ritual ab, das des Priesters, *kalu*, der mit seinen Gesängen »das Herz der Götter besänftigen« soll. Für die Räucherungen und die aromatischen Aufgüsse braucht er »x Minen (Mine = altgriech. Gewichtseinheit) Zypresse, ½ Mine (250 g) Myrte, x Minen Buchs, ½ Mine wohlriechendes Rohr, x Sekel Rose (?), 10 Sekel ›Hasenpflanze‹ (*annabu*),... ½ qa Zedernöl (420 g); sechzig Räucherfässer werden benötigt.[40]

Auf Zypern fand man in Heiligtümern aus dem 14. Jahrhundert v. Chr. Erdkügelchen, in die der Name des Spenders eingeritzt war (*Studies in Medit. Archaeolog.*, 31, 1, Göteborg 1971). Sie enthielten aromatische Essenzen, deren Duft sich entweder von selbst oder erst bei Räucherungen entfaltete. Meist waren die Essenzen jedoch in Ölen oder fettigen Substanzen enthalten, die für Salbungen, Massagen, Reinigungsrituale der Götterstatuen, der Verwalter der Kultstätten und der »Großen« bestimmt waren.

Im ersten Jahrhundert n. Chr. konnten die Hersteller von Katalogen »orientalischer« Parfums bereits etwa dreißig Öle aufzählen, die durch Auspressen, Verdampfen oder Absetzenlassen gewonnen wurden (Plinius, *Naturkunde* XII; XIII, 9 – 12; XV, 28 – 30, u.a.). Und es gibt gute Gründe für die Annahme, daß bereits tausend Jahre zuvor die assyrisch-babylonischen, phönizischen und kanaanäischen Dokumente aus dem alten Reich Israel beschrieben, wie die meisten damals bekannten aromatischen Essenzen hergestellt wurden, das Mandel-, das Saflor-, das Leinöl, das Behennußöl, das Mohnöl, das (importierte) Olivenöl, das Meerrettich-, Rizinus- und Sesamöl. Dazu nahm man die Wurzelstöcke des Kalmus oder wohlriechenden Rohres, des Ingwer, der indischen Narde, die Blätter der Minze (*urnu*), die Blütenblätter der Rose (*kasi*), des Zypergrases (*kungu*), die Rinde der Kassia oder des Zimtbaums. Und dies ist alles andere als eine erschöpfende Aufzählung.

Abgesehen davon, daß die Frauen heute noch »das Öl aus Chaldäa« verwenden, einen weißen Balsam aus Fett und Zedernöl, einen ausgezeichneten Sonnenschutz, gibt es im Irak keine Ausgrabung, die in Erstaunen versetzen könnte. Mitte August 1985 meldete die Presse die Entdeckung eines »außerordentlichen Täfelchens mit bernsteinfarbener Patina, das sich aufgrund der Graphie um das Jahr 2300 v. Chr. datieren lasse und auf beiden Seiten vollständig beschriftet sei«. Der Antiquar Antonovich (vom Louvre des Antiquaires auf der Place du Palais-Royal in Paris) erinnert sich, es zu Beginn dieses Jahrzehnts verkauft zu haben; es beschreibt die diversen Rationen Öl (darunter auch weißes Zedernöl) und Schweineschmalz, die an zwölf namentlich genannte Persönlichkeiten des öffentlichen Lebens verteilt wurden, Schreiber, Hüter der heiligen Eselsherden, Werkmeister und Priester des Tempels der Stadt Nippur, der bedeutendsten Stadt Mesopotamiens zur Zeit des Königs Naram Sin. Ein Professor aus Cambridge war bei seinen Untersuchungen des Täfelchens zu dem Ergebnis gelangt, daß dort ein Typus sakrales Öl erwähnt werde, der bislang auf keinem der uns aus dieser Frühzeit der Zivilisation überlieferten Stücke beschrieben worden sei.[41]

Die wichtigsten Schritte der Zubereitung und Extraktion der »orientalischen« Parfums sind uns in den einfachen akkadischen und aramäischen Texten überliefert. Zur Zeit Salomos[42] trockneten die Spezialisten, meistens Frauen, die in besonderen Bezirken der Palastheiligtümer bei ihrer Arbeit tausendjährige Techniken anwandten, die aromatischen Pflanzen, hackten oder zerschnitten sie in winzig kleine Stücke, zerstießen, pulverisierten, zerrieben, was geröstet werden (*scha wum*) oder als Räucherwerk dienen sollte. Andere preßten die ölgetränkten Substanzen, drückten den Saft aus (*magagu, maschadu, sachatu*), filterten ihn (*parasu*) oder ließen ihn sich absetzen (*surrupu*), füllten ihn in Gefäße und stellten Mischungen her (*balalu, labaku*). Wieder andere erhitzten (*sekeru*) und siedeten (*baschalu*) die aromatischen Teile der Pflanzen vom Wurzelstock bis zu den Blütenblättern oder ließen sie vielmehr in Wasser, Wein oder Öl mazerieren. Daß Aloe und Zypergras in Verbindung mit Harzen erwähnt werden, belegt, daß man darüber Bescheid wußte, wie die flüchtigen Essenzen durch adstringierende Mittel in Fett zu bannen sind und wie man sie miteinander verbinden kann (*summuchu*). Gewöhnlich benutzte man dabei als Gefäß den *diqaru*, eine Art Ton- oder Kupfer-Kessel mit abgerundetem Boden, den *charu*, eine Art Zuber, den *chersu*, einen Topf, und den *kasu*, einen Meßbecher. Siebe und Stoffilter werden oft erwähnt.

Etwas früher, zur Zeit des Assyrer-Königs Tukulti Ninurta (1244 – 1208 v. Chr.), beaufsichtigte gleichfalls eine Frau, die *murakkitu*, die Herstellung der aus verschiedenen Stoffen gemischten Parfums für den Palast. Sofern die von E. Ebeling[43] in den *Orientalia* veröffentlichten Texte der Täfelchen überhaupt zu verstehen sind, erfolgte die Herstellung in folgenden sieben Arbeitsschritten: Zuerst wurden die wohlriechenden Pflanzen und Harze ausgewählt, sortiert, gesäubert, getrocknet, dann wurden sie zerstoßen und gesiebt, diese Ingredienzien ließ man sodann einen Tag lang quellen in heißem (aber nicht kochendem?) Wasser (bei geschlossenem Deckel?). Am Abend konnte man dann einige Gewürze und Salze hinzufügen. Die Mischung ruhte die ganze Nacht über. Am Morgen wurde das Ganze gefiltert, eventuell fügte man der wohl durchtränkten Masse weitere Ingredienzien hinzu und stellte den Kessel noch einmal auf den Herd. Man goß das Öl oder Fett, das als Grundsubstanz diente, zu den verschiedenen Essenzen und rührte die Mischung mit einem Spatel um, man deckte den Kessel zu, behielt die Hitze bei, »bis sich Schaum bildete«, und ließ dann alles abkühlen. Die wohlgesättigten Öle kamen an die Oberfläche der Brühe. Am nächsten Tag wurden sie abgeschöpft und gefiltert, manchmal aber auch erst drei bis vier Tage später, denn wenn man glaubte, daß die zurückbleibenden Rohstoffe noch viele Duftstoffe enthielten, wurde der Saft (oder möglicherweise eine andere fettige Grundsubstanz) nochmals umgerührt und wiederum in einem Topf bei geschlossenem Deckel erhitzt. Sobald das Feuer erloschen war, setzte sich die Mischung langsam, der Prozeß dauerte mehrere Tage.

Dieser Vorgang ließ sich zwei- bis dreimal wiederholen. Die so gewonnenen fettigen Substanzen wurden wiederum gefiltert und je nach Gehalt an ätherischem Öl und Konsistenz in verschiedene Gefäße gefüllt, runde Schachteln, kugelförmige Fläschchen oder schmale Phiolen. Was die Dauer des Prozesses, die genaue Dosierung der Produkte, die Temperaturen, die Fixiermittel und die zeitweilige Verwendung eines Deckels anbelangt, tappen wir im dunkeln.

Es ging um die Herstellung von drei Arten Parfum. Am Ende des ersten Tages sammelten sich die Dampftröpfchen entweder in einem wollenen Filz oder an der kalten Oberfläche eines Deckels;[44] dies war eine Art primitiver Destillation mittels Wasserdampf nach der Enfleurage oder Mazeration à chaud. Bei keiner der zahlreichen Grabungen in Israel stieß man auf einen echten Alamabik, weder in En-Gedi noch im alten zerstörten Tempel in Jerusalem. Und doch kannten die persischen Könige, die lange vor den Griechen und Römern über Mesopotamien und Palästina herrschten, beispielsweise verschiedene Sorten Rosenöl und tranken hochprozentigen Wein, was die Parfumhersteller indirekt zur Herstellung regelrechter Konkrete aus ätherischen Ölen und flüchtigen Lösungsmitteln anregte.

Paolo Rovesti, der sein Leben lang auf der Suche nach verschollenen Parfums und Schönheitsmitteln war, schreibt, der erste Alambik aus gebranntem Ton sei sehr viel früher hergestellt worden, als dies die vagen Andeutungen bei Plinius (*Naturkunde* XV, 31 und XXIII, 96) und die Gestalten im Tempel von Memphis bislang vermuten ließen. Der erste Alambik, der gegenwärtig im Museum von Taxila (Nordpakistan) zu sehen ist, sei bei den Ausgrabungen von Mohenjo Daro entdeckt worden und stamme aus dem 3. Jahrtausend v. Chr. Es handelt sich um eine runde Schüssel mit aufgesetztem Dampfdom, aus dem ein waagerechtes Rohr in eine Art Glocke mündet, die auf einer Wanne liegt. Vermutlich stand die Schüssel auf dem offenen Feuer, die Wanne dürfte mit kaltem Wasser gefüllt gewesen sein. Datierung und Rekonstruktion der Kühlwanne sind nicht unumstritten. Im wesentlichen ist das Gefäß jedoch nach dem gleichen Prinzip gebaut wie die kleinen Alambiks ohne Kühlrohr, die sogenannten Alambiks mit Mohrenkopf, die in Westeuropa vom Mittelalter bis ins 18. Jahrhundert hinein gebräuchlich waren. Es ist auch nicht ausgeschlossen, daß das Prinzip zwischen der Bronzezeit und der Neuzeit mehrfach wiederentdeckt worden ist.

Das kochende Wasser läßt die Zellen der Pflanzen anschwellen und platzen, die dadurch freigesetzten ätherischen Öle werden vom Wasserdampf mitgerissen und auf die eine oder andere Weise am Entweichen gehindert. Allerdings lassen sich nur die Pflanzen destillieren, deren Essenzen sich durch die Hitze nicht spürbar verändern, zum Beispiel Thymian, Orangenblüten oder Sandelholz.

In der Antike unterschied man außerdem die durch Mazeration der Blütenblätter im Wasserbad und Absetzenlassen (vgl.

Plinius, *Naturkunde* XIII, 9) gewonnene Rosenessenz von dem durch Aufgießen oder Enfleurage à froid gewonnenen Rosenöl (vgl. Theophrast, *Abhandlung über die Gerüche*, 25) und dem Rosenwasser, das durch Diffusion à froid und Auspressen gewonnen wurde (vgl. Plinius, *Naturkunde* XV, 31 über das Lilienparfum). Die assyrische *murakkitu* produzierte ab dem zweiten Tag mittels Enfleurage à chaud und durch Mischen Salben und Pomaden, die ganz anders beschaffen waren als die ätherischen Öle, die sie mit dem ersten Kochvorgang gewann.

Die Götter waren darauf ebenso begierig wie die Menschen. Im Jahr 9 der dritten Ur-Dynastie in Chaldäa um das Jahr 2080 v. Chr. stellt Ur-abba aus Lagasch (Tello) dem Händler Ir eine Quittung aus über parfümiertes Öl, aromatische Pomade, Zypressen- und Wacholderharz sowie Honig. Ein paar Jahrzehnte zuvor rühmt sich der Prinz dieser Stadt, Gudea, er habe »die Terrasse des Tempels mit Pomade salben lassen.« Jedermann kennt das Wallfahrtslied, das David zugeschrieben wird und in dem es tausend Jahre später heißt: »Das ist wie köstliches Salböl, / das vom Kopf hinabfließt auf den Bart, auf Aarons Bart, / das auf sein Gewand hinabfließt.« (*Psalm* 133, Vers 2).

Zeitlich dazwischen liegt das Gilgamesch-Epos mit der folgenden Erklärung von Utanapischtim, des Überlebenden der Sintflut: »Ein *Schütt*opfer spendete ich auf dem Gipfel des Berges:/ Sieben und abermals sieben Räuchergefäße stellte ich hin, / In ihre Schalen schüttete ich Süßrohr, Zederholz und Myrte. / Die Götter rochen den Duft, / Die Götter scharten wie Fliegen sich um den Opferer.« (Elfte Tafel, Vers 156 – 161) Und wir wissen von Plinius (*Naturkunde* XII, 81), daß die Bewohner von Saba aus Widerwillen gegen den Geruch der Weihrauch- und Myrrhebäume, deren Holz sie zum Kochen verwandten, den Storax (aus Phönizien!) importierten und damit ihre Häuser parfümierten: »Es gibt ja keinen Genuß, der nicht durch Gewöhnung Ekel hervorruft.« Aus allen vier Himmelsrichtungen kommen zu Salomos Zeiten die Harze, Aromata und Gewürze nach Mesopotamien, und die Parfumherstellerinnen und andere Spezialisten verstanden es, sie in Räucherwerk, Salben und Heilmittel für alle Klassen der Gesellschaft zu verwandeln.

Die Aromata der Königin des Südens

»Die Königin von Saba hörte vom Ruf Salomos und kam, um ihn mit Rätselfragen auf die Probe zu stellen. Sie kam nach Jerusalem mit sehr großem Gefolge, mit Kamelen, die Balsam, eine gewaltige Menge Gold und Edelsteine trugen, ... Sie gab dem König hundertzwanzig Talente Gold (7 Tonnen?), dazu eine sehr große Menge Balsam und Edelsteine. Niemals mehr kam so viel Balsam in das Land, wie die Königin von Saba dem König Salomo schenkte. ... König Salomo gewährte der Königin von Saba alles, was sie wünschte und begehrte. Dazu beschenkte er sie reichlich, wie es nur der König Salomo vermochte. Schließlich kehrte sie mit ihrem Gefolge in ihr Land zurück.« (1 *Könige* 10, 1 – 2; 10; 13) Im zweiten Buch der *Chronik* 9, 9 heißt es weiter: »Balsam, wie ihn die Königin von Saba dem König Salomo schenkte, gab es nicht wieder.«

Ob dieser Bericht, der von mindestens vierhundert Jahre zurückliegenden Ereignissen kündet, nur die Erzählung von einem der Feldzüge der ägyptischen Königin Hatschepsut ins Königreich Punt ist, ist ebenso irrelevant wie die Frage, ob es in Nordjemen wirklich eine Königin namens Balkis, Bilqis, Melqis oder Makeda oder vielmehr eine Göttin namens Baalat gegeben hat. Einige sehen in der Königin von Saba nur einen Dämon des Südens.[45] In der Volksüberlieferung Mesopotamiens werden auch die Abenteuer von Semiramis, Sammuramat – der Königin von Assyrien (810 – 807) –, von Esther – der jüdischen Gattin des Königs Xerxes (486 – 465) –, und der Sultanin Scheherazade – der Märchenerzählerin in *Tausendundeiner Nacht* – gerühmt.

Welche Aromata wurden König Salomo um das Jahr 970 v. Chr. dargebracht? Und auf welchen Handelswegen gelangten sie an seinen Hof? Denn im Grunde genommen war das einzige Problem, das der König von Jerusalem und Israel auf dem Gebiet Kanaans zweihundert Jahre nach der Eroberung zu lösen hatte, wirtschaftlicher Natur: Wie sollten die friedlichen, aber doch gewinnbringenden Beziehungen zu seinen Nachbarn aussehen? Der Austausch von Gesandten, Frauen und Waren sollte das bewerkstelligen. Salomo, »der Friedenskönig«, wandte sich nicht von ungefähr an die Phönizier, für den Bau des Tempels und des Palastes brauchte er Zedern und Wacholder aus dem Libanon sowie Metalle aus Zypern und Tarsos, und er brauchte die Phönizier für die Bewaffnung seiner Flotte am Roten Meer, die ihm Gold aus Ofir, Elfenbein aus dem Sudan und Aromata aus Saba bringen sollte. Dort fand er das, womit er Hiram von Tyros bezahlen konnte: »Der König machte das Silber in Jerusalem so häufig wie die Steine und die Zedern so zahlreich wie die Maulbeerfeigenbäume in der Schefela.... Ein Wagen, der aus Ägypten kam, kostete sechshundert und ein Pferd hundertfünfzig Silberschekel. Ebenso trieb man Handel mit allen hethitischen und aramäischen Königen.« (1 *Könige* 10, 27 – 29) »Das Gewicht des Goldes, das alljährlich bei Salomo einging, betrug sechshundertsechsundsechzig Goldtalente. Dabei sind nicht eingerechnet die Abgaben der Kaufleute und die Einnahmen, die von den Händlern, von allen Königen Arabiens und von den Statthaltern des Landes kamen.« (1 *Könige* 10, 14 – 15) Während Ödipus der griechischen Sphinx keine andere Antwort geben konnte als »der Mensch«, lautete die des Friedenskönigs an die ägyptische Sphinx: »ein Mädchen« – natürlich mit Mitgift.

Gold, Weihrauch, Myrrhe und die Geschmeide des *mukarrib* oder Oberhaupts von Saba interessierten den *melek* oder König von Jerusalem mehr als die Frau und die Kamele der Karawane. Es sei denn, die Frau war eine *murakkitu*, d.h. eine Parfumherstellerin! Als Gegenleistung bot er seinen Rat oder seine Ratgeber an, d.h. besonders günstige diplomatische und Handelsbeziehungen, phönizische Glaswaren, Waffen, Pferde mit Sattel und Saumzeug, die er bei seinen luwitischen, hurritischen und hethitischen Schwiegervätern erstanden hatte. Die legendären siebenhundert Frauen, die Salomo gehabt haben soll, sind nur das Symbol seiner erfolgreichen Außenpolitik. Seine »Weisheit« bestand eher in wirtschaftlichen Erwägungen als in moralischen oder philosophischen Prinzipien. Im ersten Buch der *Könige* und im zweiten Buch der *Chronik* werden nämlich auch die Schattenseiten der Regierung Salomos erwähnt: »Salomo tat also, was böse ist in den Augen Jahwes, und folgte nicht gänzlich Jahwe wie sein Vater David. Damals baute Salomo für Kemosch, den Gott der Moabiter, ein Höhenheiligtum auf dem Berge, der gegenüber von Jerusalem liegt, ebenso für Milkom, den Gott der Ammoniter. Dasselbe tat er für alle seine ausländischen Frauen, die ihren Göttern Rauchwerk und Schlachtopfer darbrachten.« (1 *Könige* 11, 6 – 9) Der zu Reichtum gelangte Salomo dachte nicht mehr an seinen Bund mit dem Gott Israels, sondern nur noch an die Idole seiner Frauen.

Das Bdellium

Weihrauch und Aromata wurden nicht ausschließlich aus Südarabien nach Jerusalem eingeführt. Bei ihrer allererersten Erwähnung in der Bibel zur Zeit Salomos, in der *Genesis* 2, 10 – 12, werden sie im fernen Land Hawila »östlich des Assur«, wahrscheinlich in Indien angesiedelt: »Ein Strom ging von Eden (wörtlich: der Steppe oder dem Paradies?) aus, um den Garten zu bewässern, und von dort teilte er sich in vier Arme. Der Name des einen ist Pischon (der ›Emporsprudelnde‹); er umfließt das ganze Land Hawila, wo Gold vorkommt. Das Gold dieses Landes ist vorzüglich; dort gibt es auch Bedolah (Bdelliumharz) und den Schoham-Edelstein.«

Da die anderen drei Flußarme sich geographisch als der Blaue Nil (aus südlicher Richtung), der Tigris (aus nördlicher Richtung) und der Euphrat (aus westlicher Richtung) identifizieren lassen, kann der geheimnisvolle Fluß Pischon, der von Osten ausgeht, nur der Indus sein. Das ist auch die gängige Interpretation der jüdischen Tradition, spätestens seit Flavius Josephus, dem Autor der *Jüdischen Archäologie* (93 – 94 n. Chr.). Überdies fuhren die Seefahrer auf das Indus-Delta zu, wenn sie, vom Persischen Golf oder den Küsten Arabiens kommend, gen Osten fuhren. Nicht minder erstaunlich ist es, daß das vom Indus umflossene Land Hawila, das heutige Pakistan einschließlich des Hindukusch, als das Ursprungsland alles Wertvollen bezeichnet wird, was die Karawanen der Königin von Saba Salomo brachten: Gold, Weihrauch und Edelsteine. Mit großer Wahrscheinlichkeit lag das Land, das das Bdellium, eines der meistgeschätzten Harze der Antike zum Beweihräuchern der Götter und zum Parfümieren der Paläste, hervorbrachte, zwischen Kabul und Karatschi.

Dem Buch *Numeri* 11,7 zufolge ähnelt das Bdellium dem Manna in der Wüste, das als »etwas Feines, Körnerartiges, fein wie Reif auf der Erde« (*Exodus*, 16, 14) beschrieben wird. Erst zu Beginn des christlichen Zeitalters erfahren wir, daß es sich in Wirklichkeit um das gelbliche Harz der *Commiphora* Mukul oder Jacq. handelt, die sehr viel Balsam enthält. Bei Plinius heißt es: »In der Nähe (von Hyrkanien, der iranischen Provinz Gorgan) liegt Baktrien (Afghanistan und Nord-Pakistan), dessen *bdélliun* sehr gerühmt wird. Der Baum ist schwarz, von der Größe des Ölbaums, mit Blättern der Eiche und der Frucht des wilden Feigenbaumes. Das Harz selbst hat die Beschaffenheit des Gummis. ... Es muß aber durchscheinendem Wachs ähnlich sein, wohlriechend und, wenn man es reibt, fett, von bitterem Geschmacke und ohne Säure. Beim Opfer mit Wein begossen, ist sein Geruch stärker. Der Baum gedeiht auch in Arabien und Indien, Medien und Babylon. ... Das baktrianische Harz hat einen trockenen Glanz und viele nagelförmige weiße Flecken, außerdem sein eigentümliches Gewicht, das nicht zu schwer oder zu leicht sein darf. Vom echten beträgt der Preis für ein Pfund drei Denare.« (*Naturkunde* XII, 35 – 36)

Die Reisenden der Neuzeit haben festgestellt, daß in der durchsichtigen Schale des indischen Bdellium ein paar kleine, harzige, glänzende Tropfen eingeschlossen sind, die »nagelförmigen weißen Flecken«, von denen bereits Dioskurides (I,80), Plinius und offensichtlich auch Sextius Niger[46] berichten, auf den sich die beiden zuvor genannten Schriftsteller zu Beginn des römischen Kaiserreichs, also tausend Jahre nach Salomo und der Niederschrift der *Genesis*, als ihre Quelle beziehen. Zwischen diesen beiden Epochen brachten die Schiffe der Kaufleute, die von den Küsten Indiens und Belutschistans in den Persischen Golf gelangten, den Karawanenführern der Arabischen Halbinsel den wohlriechenden Ersatz für Myrrhe bei Inzensationen, zum Wohlgefallen der Könige, für die Heilung von Kranken und die Einbalsamierung der Leichname, im übrigen zusammen mit Amomum, Kalmus oder wohlriechendem Rohr sowie Narde und Pfeffer. Die Seeleute von der Piratenküste, die von Maskat bis Oman reicht, kannten schon im Jahre 325 v. Chr., vor dem Feldzug Alexanders d. Gr., den Monsun, auch erhoben die Könige und Fürsten der riesigen Arabischen Halbinsel damals schon Steuern und Wegegelder. Es ist durchaus möglich, daß die Schätze, die die Kamele der Prinzessin oder Göttin von Saba brachten, gar nicht aus Arabien, sondern aus einem ferneren Land stammten, vom Horn von Afrika, aus Sokotra oder vom indischen Subkontinent. Tausend Jahre vor Christi Geburt hätten die Sabäer und Nabatäer dann nur die Funktion von Kommissionären gehabt.

Weihrauch, Myrrhe und arabischer Kaneel

Dennoch exportierten die Gebiete, die heute Süd- und Nordjemen und das Sultanat Oman umfassen, mindestens tausend Jahre vor Salomo von Süden nach Norden Räucherwerk und Aromata, denn die Sumerer in Südmesopotamien nannten bereits im 3. Jahrtausend auf ihren Täfelchen einige Pflanzen, die

Herodot als eine Besonderheit Arabiens bezeichnet: »Das äußerste bewohnte Land im Süden ist Arabien. Dort einzig und allein von allen Ländern (welch reizender Irrtum!) wächst Weihrauch, Myrrhe, Kasia, Kinamomon und Ledanon.« (*Historien* III, 107) Weihrauch heißt auf sumerisch riq GIG, Myrrhe riq SCHISCH und Galbanum riq BAL; Zypressenharz (riq IMDU) und Wacholderharz (riq DUP-RA-AN) besorgten sich die Könige von Sumer im Westen. Seit 1950 haben amerikanische, französische, ägyptische, belgische, deutsche und sowjetische Forschergruppen mit staatlicher Unterstützung umfangreiche Forschungen angestellt, das Gelände exploriert, fotografiert und Ausgrabungen gemacht. Durch die Entzifferung Tausender von Inschriften und vor allem durch die Übersetzung und den Vergleich mit babylonischen, griechischen, lateinischen, abessinischen, syrischen und arabischen Texten haben die Wissenschaftler dem Land zwischen Dschibuti und dem Golf von Oman wieder Ansehen verschafft.[47]

Drei Tatsachen gelten nunmehr als gesichert. Die erste Tatsache ist, daß die Semiten, ehemals Nomaden, um das Jahr 2000 v. Chr., am Ende der sumerischen Vorherrschaft über Südmesopotamien, auch den südlichen Rand der arabischen Halbinsel besiedelten, d. h., daß sie auf einer Art zweitem »fruchtbaren Halbmond« jenseits einer Wüste, die siebenmal so groß ist wie Frankreich, seßhaft wurden. Diese Gegenden waren seit uralten Zeiten bevölkert; einige Spuren aus der Altsteinzeit und zahlreiche Überreste einer Besiedelung in der Jungsteinzeit sind die einzigen uns überlieferten Zeugnisse der arabischen Vorfahren von Abrahams Sohn.

Unter Abrahams Sohn Ismael, d.h. gegen Ende des 18. Jahrhunderts v. Chr., zogen die nomadisierenden Semiten in einer Periode relativer Trockenheit die Westküste der Halbinsel entlang auf der Suche nach Weidegründen, Wasser und dem Land Gottes der Ägypter. Die Bewohner der Region Hedschas nordwestlich von Mekka bezeichnen sich heute noch als die unmittelbaren Nachfahren des Kanaanäers Ismael und der Ägypterin

Hagar. »Den Söhnen der Nebenfrauen, die er hatte, gab Abraham Geschenke und schickte sie noch zu seinen Lebzeiten weg nach Osten, ins Morgenland« (*Genesis* 25, 6). Dieses Land war das Land der Balsam-, Weihrauch– und Myrrhebäume, der Aromata und Gewürze, das »glückliche Arabien«, wo es vor allem im Sommer regnet und das Klima auf den Hochebenen, etwa 3000 Meter über dem Meeresspiegel, belebend wirkt.

Diese Eroberung erfolgte, ohne daß die babylonischen und assyrischen Annalenschreiber von der anderen Seite der Halbinsel im Norden des Rub Al Khali oder Wüsten-Halbmondes es bemerkt hätten. Allerhöchstens erwähnen die *Annalen* der Könige von Assur nach dem im Dienste Salomos unternommenen Feldzug der Phönizier gegen ihre Vettern in Saba und Äthiopien zwei Oberhäupter der Sabäer, den einen für das Jahr 685 v. Chr. unter Sanherib, den anderen für 715 v. Chr. unter Sargon. Die Nachfahren Abrahams brauchten also vermutlich tausend Jahre, um sich das Rund vulkanischer Gebirge und feuchter Ebenen in Südarabien untertan zu machen. Das Gebiet, in dem die zeitweise versiegenden Flüsse entspringen, war auch das der Aromata, des Goldes, der Edelsteine, die nach hundert anstrengenden Tagereisen durch die Wüste in den Norden nach Jordanien gelangten.

Die zweite in der Archäologie unumstrittene Tatsache ist die Entdeckung zahlloser Inschriften in verschiedenen Schriften, die sowohl auf die phönizischen Alphabete als auch auf die protosinaitischen Schriften vor dem 13. Jahrhundert unserer Zeitrechnung zurückgehen. Die ältesten, heutzutage bekannten schriftlichen Dokumente reichen nicht weiter zurück als bis ins 6. Jahrhundert v. Chr. Die besonders zahlreichen Zeugnisse aus dem 5. Jahrhundert belegen, daß in dieser Epoche in Südarabien vier Königreiche in Blüte standen: Main mit der Hauptstadt Barrakisch, Saba (Hauptstadt Mariaba/Marib), Qataban (Hauptstadt Tamna/Timna) und Himyar oder Raydan (Hauptstadt Zafar). Von den etwas mehr als 7000 Texten sind um die 6000 in sabäischem Dialekt geschrieben. Das bedeutet, daß die

Machtbefugnisse der *mukarrib*, der lokalen Oberhäupter von
Saba, bereits im 5. Jahrhundert bis ins reiche Hadramaut im
Südjemen und sogar nach Dhofar im Sultanat Oman reichten
sowie einen Teil von Äthiopien umfaßten, lauter bedeutende
Anbaugebiete von Myrrhe, Weihrauch und Kaneel. Ein *mukarrib* von Saba, Karib Il Watar, vereinigte in seiner sabäischen
Konföderation Qataban, Awsan und die gut bewässerten Ländereien des Wadi Hadramaut mit der Hauptstadt Schabwat,
dem antiken Sabota, in »einer brüderlichen Allianz«. Dieses
außerordentliche Reich überdauerte offenbar nur ein paar Jahrzehnte im 5. und 4. Jahrhundert v. Chr. In dieser Zeit entstanden mächtige, gut befestigte Städte mit zahlreichen Tempeln
und Palästen. Dem Reich oblag vor allem die Organisation der
Ernte und des Verkaufs von Gummiharzen und Aromata.

Die Handelswege von einem Staudamm zum anderen

Infolge dieses Bündnisses wurden mehrere Weihrauch- oder
Gewürzstraßen von Osten nach Westen und von Süden nach
Norden passierbar. Dabei handelt es sich weder um die vier
asphaltierten Straßen, die die Russen, Amerikaner, Deutschen
und Chinesen erbaut haben und die strahlenförmig von Sanaa,
der Hauptstadt von Nord-Jemen abgehen, noch um das 180 km
lange Teilstück Sanaa-Marib, das 1982 für den Verkehr freige-
geben wurde, sondern im wesentlichen um die beiden Pisten,
die Thomas und Lynn Abercrombie für die Zeitschrift *National
Geographic* (Bd. 168, Nr. 4, Oktober 1985) teilweise entlangfuh-
ren.

Die eine beginnt in Tarim im Wadi Hadramaut, führt dann
nach Raybun, Schabwat (das antike Sabota) und Timna in Südjemen, überschreitet die Grenze am Mablaqah-Paß, geht durch
Marib, Dschidfir Ibn Munaykir und Barrakisch, führt um den
Dschabal Al Lawdh herum und am Südrand der Wüste entlang
nach Nadschran in Saudiarabien. Dort teilt sie sich, die östliche

Route führt durch Bir Hima mit seinen Felszeichnungen, Qaryat Al Faw, den Wadi Dawasir und Al Hillah und endet in der Oase Rijad, von wo aus es nach Katar, Kuwait und Mesopotamien weitergeht; ein Kamelritt von Nadschran zum Persischen Golf dauert sechzig Tage.

Die westliche Route verläuft durchschnittlich hundert Kilometer von der Rotmeerküste entfernt, geht über Mekka, Medina, Al Ula, das antike Dedan in der Nähe der Ruinen von Madain Salih und endet entweder am Golf von Akaba oder im antiken Petra bei den Nabatäern im heutigen Jordanien. Die legendäre Königin von Saba ritt vermutlich im 5. Jahrhundert v. Chr. diese westliche Piste entlang. Fest steht, daß die Könige aus dem Norden mit den *mukarrib* aus dem Süden eine Vereinbarung getroffen hatten, so daß die Aromata nicht Plünderern zum Raub fielen.

Der sehr viel riskantere Seeweg wurde erst rentabel, als die Griechen sich nach dem Tod Alexanders in Phönizien und Ägypten niederließen. Dennoch kontrollierte noch im 3. Jahrhundert v. Chr. das minäische Königreich (Main), ein Zusammenschluß von Stämmen gleicher Religion auf den Hochebenen in Nordjemen, den Handel mit aromatischen Gummiharzen.[48]

Das Land Dhofar (oder Dhufar), heute immer noch der größte Weihrauchproduzent, scheint erst spät (im 1. Jahrhundert v. Chr.) von Siedlern aus Hadramaut erschlossen worden und im wesentlichen eine Zwischenstation für den Seehandel der Römer mit Indien gewesen zu sein. Im Jahre 1952 begann die archäologische Erkundung dieses Gebiets in Salalah an der Küste des Sultanats Oman. Die alte Stadt Samhuram in Khor Hori, Hanun, 40 km nördlich von Salalah, und Audun wurden später noch berühmte Stätten, als die Routen entdeckt wurden, die sie mit Maskat im Norden und Tarim im Südwesten verbanden, vor allem, als man erkannte, daß die Karawanen seit der Domestikation des Kamels im 13. Jahrhundert v. Chr. nicht nur die bereits erwähnten Gummi- und Ölharze transportierten,

Gewürzmarkt

sondern auch Kassia, Zimt, verschiedene Nardenarten, bittere
Aloe aus Sokotra, wohlriechendes Rohr und die vierzig anderen
Aromata für mehr oder weniger medizinische Zwecke, die man
heute noch auf den Märkten von Sanaa, der Hauptstadt Nordje-
mens, erstehen kann. Einige besonders scharfe Pimente aus
dem Fernen Osten waren damals noch unbekannt, und in Jemen wurden weder Kaffee noch Tee noch Qat angebaut.

Allein die große Entdeckung der Archäologen im Süden der
weiten arabischen Senke vermag zu erklären, worauf die
»Glückseligkeit« Arabiens beruhte, die bekanntlich mehr als
sechzehnhundert Jahre andauerte; ohne sie bliebe im übrigen
auch der Siegeszug des Islam im 7. Jahrhundert n. Chr. uner-
klärlich. Zwar sehen die Bibel oder der Koran den Grund in
Gottes Segen, der »baraka«, die scheinbar im 20. Jahrhundert
wiederum wirksam ist und weiter im Norden Millionen Tonnen
Erdöl aus dem Erdboden sprudeln läßt. Aber die Historiker

maßen sich nicht an, Gottes Pläne, heiße er Almaqah, Elohim oder Allah, zu kennen. Es ist auch müßig, den Reichtum an Bodenschätzen als Grund ins Feld zu führen, da er erst vor kurzem entdeckt wurde, oder die Fruchtbarkeit des von Natur aus schwer bebaubaren Bodens, der in Terrassen abgestuft wurde. Besser hält man sich da an die Intelligenz eines Volkes, das mit künstlichen Staudämmen die Täler und Hochebenen, die zuvor periodisch von Sturzbächen verwüstet worden waren, wunderbar zu bewässern und aus stacheligen Büschen und Bäumen mit mehr als bitteren Säften gewinnbringende Nutzpflanzen zu züchten verstand.

In vier Zonen wurden bei archäologischen Erkundungen Bewässerungssysteme entdeckt: im Wadi Adhana mit dem riesigen Staudamm etwa zwölf Kilometer südwestlich von Marib, der Hauptstadt der Sabäer, und im Wadi Harib Nihm zwischen der jetzigen Hauptstadt von Nordjemen, Sanaa, und Barrakisch. Bemerkenswert gut erhalten sind die Staudämme im ehemaligen Königreich Himyar nordöstlich von dessen Hauptstadt Zafar, schließlich die ganze Gegend des Wadi Hadramaut und seiner Zuflüsse zwischen Raybun im Westen und Baqutfa im Osten, wobei sich die zahlreichsten und am besten erhaltenen Bewässerungssysteme im Wadi Duan befinden, wo mehrere hundert Kanäle und Schleusen aus Steinen und Mörtel geortet wurden. Das wunderbarste Kunstwerk ist und bleibt jedoch der Staudamm von Marib aus dem 5. Jahrhundert v. Chr. Ein hoher, mit Steinen befestigter Erdwall erstreckte sich auf 600 Meter Länge zwischen zwei Massiven aus sorgfältig behauenen Bruchsteinen, um das Wasser des Wadi zu stauen; wenn die seitlichen Schleusen geöffnet wurden, konnten 5000 Hektar Boden bewässert werden:

»Wahrlich, Saba hatte in ihren Wohnungen ein Zeichen: Zwei Gärten, einen zur Rechten und einen zur Linken. ›Esset von der Gabe eures Herrn und danket ihm. Ein gutes Land und ein verzeihender Herr!‹ Sie aber wendeten sich ab, und da sandten wir über sie die Flut des Dammbruchs und vertauschten ihnen ihre Gärten mit zwei Gärten von bitterer Speise und Tamariske und ein wenig Lotosbäumen.« (*Koran*, 34. Sure, *Sabaa*, 14 – 15)

Nachdem der Damm mehrmals gebrochen und wieder aufgeschüttet worden war, wurde er schließlich im 6. Jahrhundert n. Chr. großenteils von den Wassermassen mitgerissen. Von Stammesstreitigkeiten und religiösen Konflikten völlig erschöpft, von Seuchen dezimiert, hatten die Sabäer es unterlassen, die Schleusen instandzuhalten. All diejenigen, die auf der Suche nach der Weihrauchstraße, von der Westküste des Jemen kommend, oberhalb des breiten Küstentieflandes Tihama entlangfahren, ausgehend von Sanaa auf der 2350 Meter über dem Meeresspiegel gelegenen Hochebene zwischen den zwei 3760 bzw. 3400 Meter hohen Bergen, werden dort also nichts weiter finden als Getreidefelder, Weinberge, Obstbäume und Qat (*Catulus edulis*), das amphetaminreiche Euphorikum, das Hungergefühle vertreibt und den Geist einschläfert.

Heute noch wird Weihrauch in den arabischen Staaten häufig verwandt, allerdings als »angenehmer Duft« und als Heilmittel. Wenn er in Kügelchen auf der heißen Glut brennt, wirkt er wie eine sanfte Droge auf das Unterbewußtsein. Auch die Myrrhe findet in Parfümeurskunst und Medizin als Räucherwerk und als Balsam noch Verwendung. Ihr Duft wirkt euphorisierend und stimulierend. Heutzutage kommt der Weihrauch aber ausschließlich von der Küste Somaliens, während Balsam, Kaneel, Kassia und Ingwer aus Indien bezogen werden.

Die Aromata aus dem Norden und Westen

In der berühmten Totenklage über Tyrus und den Fall seines Königs, vierhundert Jahre nach der Herrschaft von Hiram dem Prächtigen und Salomo dem Weisen, erinnert der Prophet Ezechiel an die Söhne von Dedan und die Prinzen von Kedar in Arabien sowie die Händler von Saba und Ragma im Süden der

Halbinsel: »Für den besten Balsam, für alle Arten von Edelsteinen und Gold gaben sie deine (Tyrus') Waren.... Prunkgewän-
der und Mäntel aus violettem Purpur, bunte Stoffe und mehr-
farbige Tücher, feste gedrehte Seile kauften sie ein für dich.«
(*Ezechiel* 27, 22 – 24) In der Bibel ziehen mit Aromata beladene
Karawanen aber auch von Norden nach Süden: »Als sie (die
Brüder Josefs, die diesen gerade in eine leere Zisterne geworfen
hatten) dann beim Essen saßen und aufblickten, sahen sie, daß
gerade eine Karawane von Ismaeliten aus Gilead (im Nordwe-
sten Jordaniens) kam. Ihre Kamele waren mit Tragakant (*nekot*), Harz (*tsori*) und Galbanum (*lot*) beladen. Sie waren unter-
wegs nach Ägypten.« (*Genesis*, 37, 25) Die rabbinischen Kom-
mentare sehen in den hebräischen Termini übereinstimmend
den Tragant oder Tragakant (*Astragalus gummifer*, einen Fixateur für die ätherischen Öle), das rötliche Harz des Styrax aus
Kilikien und Syrien (*Liquidambar orientalis* Mill.) von bitterem
und würzigem Geschmack, schließlich das, was im Griechischen zu *lotos* geworden ist, das gelbe Harz des Galbanum,
eines Doldenblütlers aus Syrien und dem Amanos-Gebirge (*Ferula galbaniflua* Boissier), dessen runden, leicht klebrigen
Tröpfchen ein starker aromatischer und langhaftender Duft
entströmt – im übrigen lauter Substanzen, die auch in Ägypten
zum Einbalsamieren verwendet wurden.

Ein paar Kapitel weiter in der *Genesis* ziehen die Söhne Jakobs anläßlich einer Hungersnot in Kanaan wieder nach Ägypten, mit »den besten Erzeugnissen des Landes Kanaan« in ihrem Gepäck: »etwas Harz (*tsori*), etwas Honig, Tragakant und
Ladanum, Pistazien und Mandeln« (*Genesis* 43, 11), lauter
wertvollen Produkten, die sie aus der Gegend nördlich von
Jerusalem eingeführt hatten und die gegen Getreideprodukte
ausgetauscht werden sollten. Luxusgegenstände im Austausch
gegen Grundnahrungsmittel, Wohlgerüche und Schmackhaftes
für die Götter und die Toten gegen fades Mehl, ja sogar unge-
säuertes Brot für die Lebenden: Das sind zwei charakteristische
Aspekte des Handels der Nachfahren Abrahams, die auch nach

Hunderten von Jahren weder ihre Heimat zwischen Harran und Gaziantep, der Stadt der Pistazien 700 km nördlich von Jerusalem, noch die Aleppokiefern noch die süßen oder bitteren Öle der syrischen Mandelbäume vergessen hatten.

Ein weiteres Erzeugnis des Landes wurde früher von den Bibelübersetzern schamhaft mit dem Wort »Liebesäpfel« wiedergegeben, die Pflanze war sowohl ein Gewürz und Aromatum als auch ein Aphrodisiakum. Der hebräische Ausdruck *dudaim* ist mit David, »dem Vielgeliebten«, und dem Wort *dodim*, »Liebkosungen«, verwandt. Es handelt sich um die Alraune, ein Nachtschattengewächs mit großen Blättern, weißen Blüten und schwarzen Wurzeln, die dem menschlichen Unterleib ähneln. Zwar riechen sie weder angenehm noch schmecken sie gut, aber von den Alkaloiden, die in der Alraune enthalten sind, hieß es, sie regten den Geschlechtstrieb an. »Als Jakob am Abend vom Feld kam, ging ihm Lea entgegen und sagte: Zu mir mußt du kommen! Ich habe dich nämlich erworben um den Preis der Alraunen meines Sohnes. So schlief er in jener Nacht bei ihr. Gott erhörte Lea. Sie wurde schwanger und gebar Jakob einen fünften Sohn« (*Genesis* 30, 16 – 17). Ähnlich heißt es im folgenden Vers aus dem Salomo zugeschriebenen *Hohenlied* (7, 14): »Die Liebesäpfel duften;/ an unsrer Tür warten alle köstlichen Früchte.«

Nachzutragen bleibt noch, was der Westen des »fruchtbaren Halbmonds« Salomo an Wohlgerüchen zu bieten hatte. Es heißt, »der König hatte eine Tarschischflotte auf dem Meer, zusammen mit den Schiffen Hirams. Einmal in drei Jahren kam die Tarschischflotte und brachte Gold, Silber, Elfenbein, Affen und Perlhühner.« (1 *Könige* 10, 22; vgl. 2 *Chronik* 9, 21) Der mit dem assyro-babylonischen *raschaschu*, »heiß, glühend werden«, verwandte Name Tarschisch bezeichnet nach rabbinischer Tradition das »Land der Gießereien«, insbesondere die Insel Zypern und das phönizische Protektorat Tartessos, also Andalusien (*Jesaja* 23, 2, 6, 11, 14; *Ezechiel* 27, 12). Aus dem Westen des »fruchtbaren Halbmonds« wurden neben Kupfer, Blei und

Zinn auch Ladanum, Wilder Majoran, Kapern, Wacholderbeeren und Kräutertees aus Kreta nach Tyrus und Jerusalem eingeführt sowie ätherische, nach Salbei, Minze, Thymian, Basilikum, Rosen, Iris und Myrte duftende Öle, Pflanzen, die Aphrodite, die Göttin von Zypern, schätzte. Sie war die Königin Athtort, deren Namen die griechischen Siedler Aftoriti (später Aphrodite) und die Frauen Salomos Aschtart (Astarte) aussprachen, ein Name, der den weisen König sogar den heiligen Namen seines Gottes vergessen ließ:

»Als Salomo älter wurde, verführten ihn seine Frauen zur Verehrung anderer Götter, so daß er dem Herrn, seinem Gott, nicht mehr ungeteilt ergeben war wie sein Vater David. Er verehrte Astarte, die Göttin der Sidonier, ... Dasselbe tat er für alle seine ausländischen Frauen, die ihren Göttern Rauch- und Schlachtopfer darbrachten ... so spricht der Herr, der Gott Israels: Ich nehme Salomo das Königtum weg ... Denn er hat mich verlassen und Astarte, die Göttin der Sidonier, ... angebetet.« (1 *Könige* 11, 4, 5, 8, 31, 33) Wer war die Frau, die Salomo ins Verderben stürzte, jene Frau, die »bitter wie der Tod« war oder bitter wie das Henna Zyperns oder die Ginsterblüten Spaniens?

Was roch Salomo selbst auf dem Gipfel seines Ruhmes in dem mit duftenden Hölzern (Zeder, Zypresse und Thuja) getäfelten Tempel oder in seinem aus dem Holz der libanesischen Wälder erbauten Haus? Da die Reinheit »der Lenden und des Herzens« Gott besonders wohlgefällig war, hielt sich der Weise wahrscheinlich ständig im Weihrauchduft auf, einem Rauch, der mancherorts so dicht war, daß es heißt: »Als dann die Priester aus dem Heiligtum traten, erfüllte die Wolke das Haus des Herrn.« (1 *Könige* 8, 10)

In dieser erhebenden, mystischen Atmosphäre schreitet der König voran, Haare und Bart triefen von Balsam. Man erinnere sich nur an den David, Salomos Vater, zugeschriebenen *Aufstiegsgesang*: »Das ist wie köstliches Salböl (*schämän tob*), / das vom Kopf hinabfließt auf den Bart, auf Aarons Bart, / das auf sein Gewand hinabfließt« (*Psalm* 133, Vers 2). Diese Öle wurden nicht aus den bitteren Gummiharzen Arabiens gewonnen, sondern sie waren mit den Essenzen angereichert, die im *Hohenlied* aufgezählt werden – Narde, Weinblüte, wohlriechendes Rohr, Zimt, Lilie, Granatapfel – und aus dem Orient oder Ägypten kamen.

Die acht Wohlgerüche in Salomos Tempel

Zu Salomos Zeit blühte der Handel mit Ölen und Aromata, die bei der Körper- und Schönheitspflege, in der Arzneikunde, in der Koch- und Liebeskunst, also für profane Zwecke verwendet wurden. Ursprünglich hatte der Erbauer des ersten Tempels in Jerusalem mit den Wohlgerüchen aber lediglich die Gebote des Mose über Inzensationen und Salbungen befolgt. Und sei es auch nur um den kanaanäischen Kulten um Baal und Astarte (*Richter* 2, 12 – 13; 1 *Könige* 3, 3; 2 *Könige* 1, 2 – 3) etwas entgegenzusetzen, hatte der Gesetzgeber die Vorschrift erlassen, daß ein besonderes Öl hergestellt werden mußte zur Salbung des Hohenpriesters und seiner Söhne, des Allerheiligsten, der Bundeslade oder des Heiligen Schreins, des Tisches des Herrn, des siebenarmigen Leuchters, der Opfertische und aller Gefäße, die für den Kultus bestimmt waren. Auch mußte eine würzige Salbe zubereitet werden: »Damit salbe das Offenbarungszelt und die Bundeslade, den Tisch und den Leuchter mit ihren Geräten und den Rauchopferaltar, ferner den Brandopferaltar samt allen seinen Geräten und das Becken mit seinem Gestell.« (*Exodus* 30, 26 – 28) Im Buch *Exodus* (30, 1 - 10) wird nicht nur der Rauchopferaltar ausführlich beschrieben, sondern auch die Beschaffenheit von Balsam und Räucherwerk erläutert:

»Der Herr sprach zu Mose: Nimm dir Balsam von bester Sorte: fünfhundert Schekel erstarrter Tropfenmyrrhe (*mor*), halb soviel, also zweihundertfünfzig Schekel wohlriechenden Zimt (*kinnamon*), zweihundertfünfzig Schekel Gewürzrohr (*kaneh boschem*) und fünfhundert Schekel Zimtnelken (*qesia*), nach dem Schekel des Heiligtums, dazu ein Hin (ungefähr 7,5 Liter) Olivenöl, und mach daraus ein heiliges Salböl, eine würzige Salbe, wie sie der Salbenmischer bereitet.... Wer eine solche Mischung herstellt oder damit einen Laien salbt, soll aus seinen Stammesgenossen ausgemerzt werden.« (*Exodus* 30, 22 – 25; 33)

»Der Herr sprach zu Mose: Nimm dir Duftstoffe (*tserim*), Storax oder Styrax (*nataf*), Räucherklaue (*schehelät*), Galbanum (*chälbenah*), Spezereien und reinen Weihrauch (*ketorät*), von jedem gleich viel, und mach Räucherwerk daraus, ein Würzgemisch, wie es der Salbenmischer herstellt, gesalzen, rein und heilig. Zerstoß einen Teil davon ganz fein,... Das Räucherwerk, das du bereiten sollst – in derselben Mischung dürft ihr euch kein anderes herstellen –, soll dir als dem Herrn heilig gelten. Wer solches um des Duftes willen herstellt, soll aus seinen Stammesgenossen ausgemerzt werden.« (*Exodus* 30, 34 – 37)

Wegen der geringen Zahl der Bestandteile und der klaren Mengenangaben scheinen diese Mischungen auf den ersten Blick recht einfach zu sein, in Wirklichkeit ist aber vieles unklar, da die exakte Bedeutung einiger Termini unbekannt ist und es zu jedem mehrere traditionelle Interpretationen gibt. Ein Teil der Schwierigkeiten resultiert daraus, daß die Salbenbereitung und Parfumherstellung in biblischer Zeit zum Teil in der Hand der Priester des Jerusalemer Tempels lag und diese das Vorrecht hatten, ihre Fertigkeiten nur innerhalb ihrer Familie weiterzugeben. In dem Traktat *Mischna Joma* III, 11, werden sie dafür getadelt, daß sie diese für sich behalten. Bei der Salbenherstellung hat man wahrscheinlich Myrrhe teilweise gelöst und vor dem Auspressen mehrere Ladungen der Rinde zweier Lorbeergewächse in heißem Öl mazerieren lassen, und zwar des Echten Zimtbaums – der Zimt wurde aus Assyrien geliefert – und der Kassia, mit ⅙ Kalmus-Fasern; dieses wohlriechende Rohr gehört zur Familie der Aronstabgewächse. Möglicherweise wurde das von Düften gesättigte Öl auch immer dickflüssiger, bis es die Konsistenz von Pomade oder Salbe hatte; wahrscheinlich ergab der Preßvorgang nur wenig Flüssigkeit, zumal etwa 9 Kilo Harze und trockene Pflanzenfasern in wenig mehr als 7 Liter Fettsubstanz verarbeitet wurden. Der Geruch des zuletzt hinzugefügten Aromastoffs, des Kaneels, dürfte dominierend gewesen sein.

Die vier Bestandteile dieser heiligen Salbe stammten aus allen vier Himmelsrichtungen, und die Art und Weise ihrer Gewinnung erinnert sehr an die Arbeit der *murakkitu* im Palast des Tukulti Ninurta, des Königs von Assyrien, zur Zeit Mose. Hatte diese Salbe, die dem unsichtbaren Gott, dessen Name nicht ausgesprochen werden durfte, vorbehalten war, überhaupt einen eigenen Duft? Hier folgen wir dem Beispiel der Talmud-Gelehrten und spielen *pilpul*[49], was soviel heißt, wie eine schwierige Frage mit einer noch verwirrenderen Gegenfrage zu beantworten.

Während die meisten Interpreten der Auffassung sind, daß das *nataf* genannte Gummiharz den Storax oder Styrax vom Storaxbaum bezeichnet – das Wort ist von *tsori*, »das Harz«, abgeleitet, manch einer bringt den *nataf* auch mit dem Mastix der Mastixpistazie in Verbindung –, weiß keiner so recht, was der *schehelät* war. Von dem Dutzend verschiedener Interpretationen[50] sind die unwahrscheinlichsten »Onyx«, Achat und »gesprenkelte Muschel« oder *Unguis odoratus*, eine zweischalige Muschel. Angesichts dieser Vielzahl von Deutungen sollte man sich auf die vier unbestrittenen Tatsachen über diesen außerordentlichen Aromastoff der Bibel beschränken: Es handelt sich um eine stachelige Pflanze (im Assyrischen gibt es die Wörter *secheltu*, »Dorn, Stachel«, und *sachalu*, »stechen«), die ein Gummiharz mit nagelförmigen Flecken liefert (wegen der Übersetzung *sipporän*, »Nagel«, in der talmudischen Literatur), sie ist heilig, das heißt Gott vorbehalten und unantastbar, schließlich geheimnisvoll, d.h. der Sprache der »ägyptisierten« Hebräer fremd. Diese vier Merkmale des *schehelät* hat ein stacheliger Strauch, der dem Weinstock ähnelt und ausschließlicher Besitz des Königs von Juda war: der Balsambaum von En-Gedi, *Commiphora Balsamodendron* Kunth. Dioskurides (I, 77, 80), Plinius der Ältere (XII, 35 – 36; 111 – 120), Flavius Josephus (*Jüdische Altertümer* XIV, 54), Tacitus (*Historien*, V, 6) und sogar Galenos (*De antidotis* II, 2) schreiben, daß der Balsam zahlreiche weiße Tropfen oder Nägel hatte und daß es verboten war, die seltenen Bäume in den königlichen Gärten mit Messern aus Metall einzuritzen. Dazu durfte man nur Messer aus Knochen, Stein oder glasartiger Materie wie Lava oder Obsidian verwenden. Dieses Verbot geht auf einen rituellen Brauch lange vor der Eisenzeit zurück, also auf das Ende des 2. Jahrtausends vor unserer Zeitrechnung, wahrscheinlich noch vor Mose. Plinius schreibt außerdem, daß der Saft des Balsambaums von En-Gedi grün ist und mit der Rinde der unbekannten Pflanze *scordasti* oder *scorti* – die vier Konsonanten ähneln denen des Worts *schehelät* – gefälscht wird.

Die antiken Schätze der Oase En-Gedi westlich des Toten Meeres aus dem 7. vorchristlichen bis 6. nachchristlichen Jahrhundert wurden erstmals im Frühjahr 1949 der Öffentlichkeit zugänglich gemacht. Bei den von der Israel Exploration Society und der Hebräischen Universität auf dem Hügel Tell El Jurn[51] zwischen 1961 und 1964 unterstützten Grabungen wurden Gebäude freigelegt, die ausschließlich der Lagerung des *opobalsamon* oder grünen Safts des Balsambaums sowie der Herstellung des berühmten Balsams dienten, der im Talmud *aparsamon* heißt. In den Höfen dieser Gebäude wurden dicht nebeneinander viele große Tonkrüge, eine Menge Töpferwaren, Wannen, Mörser, Stößel, Siebe, Gewichte aus Stein sowie Überreste von Öfen und Asphaltstücke aus dem Toten Meer gefunden.

Aber schon zur Zeit des Königs Josia (640 – 609) wurde der *schehelät* nicht nur im Tempel und zum Beweihräuchern der Gesetzestafeln verwandt, denn bereits im *Hohenlied* (I,14) vergleicht die Braut ihren Geliebten mit der Blüte des Balsambaums in den Weingärten von En-Gedi. Die erstaunlichste Entdeckung ist aber immer noch die Ringmauer vom Ende des

Chalkolithikums auf der Terrasse über der Quelle. In dieser frühen Zeit, lange vor der Ankunft Mose im Gelobten Land, beschnitt man die Weinstöcke und Balsambäume nur mit Stein-, Knochen- oder Obsidian-Messern. Möglicherweise beherrschten die Kanaanäer bereits im 3. Jahrtausend v. Chr. die Parfümeurskunst wie ihr Brudervolk in Mesopotamien. Ihr Stammvater Noah war ein hervorragender Winzer. Vielleicht würzte er den Wein mit dem lieblichen Saft des Balsambaums, so wie die Winzer von Saba ihn mit Myrrhe und die Griechen mit Kieferharz würzten.

Die beiden anderen Bestandteile des heiligen Räucherwerks Mose sind besser bekannt. Das Galbanum (auf hebräisch *chälbenah*) ist der Saft einer Umbellifere aus Syrien, eines aromatischen Steckenkrauts aus der Familie der wilden Möhre, des Bärenklaus, des Korianders, der Engelwurz und des Fenchels. Die Basis der Teilfrüchte enthält ein flüchtiges Öl; der innen hohle Stengel ist von Adern durchzogen, die ein nach Anis duftendes Ölharz[52] absondern. Einer der Gründe für die magische Anziehungskraft der Myrrhe war zweifelsohne der Glaube, sie würde nicht verwesen und sei daher ein gutes Konservierungsmittel für die Haut von Lebenden und Toten. Viele Doldenblütler dienen sowohl als Heilmittel als auch als Gewürz.

Was den *ketorät* anbelangt, der manchmal als »männlicher Weihrauch« bezeichnet wird, so kann es sich dabei nur um den wertvollsten, reinsten und am stärksten duftenden Weihrauch handeln, d.h. um das weiße Harz (hebräisch *lebonah*, französisch *oliban*) der *Boswellia*, das heute noch Weihrauch genannt wird. In der Antike kannte man so viele Arten Weihrauch, daß die Präzisierung geboten war. Zum Terpentin- und Wachsgeruch kam beim Weihrauch erster Güte der leichte Duft verwelkter Rosen hinzu. Das Salz, mit dem der Weihrauch bestreut wurde, war nicht zur Konservierung gedacht, sondern sollte die Flamme heller leuchten lassen.

Jeder Aromastoff für das heilige Räucherwerk hatte eine eigene Farbe: Der Styrax war gelbrot, der Balsam des Balsambaums grün, der Saft des Steckenkrauts gelb und der Weihrauch weiß. Das war zweifelsohne Absicht, wenn es nicht gar symbolische Bedeutung hatte. Dies wird noch deutlicher, wenn man sich vergegenwärtigt, woher die vier Arten Räucherwerk stammen: Das Harz des Storaxbaums oder Styrax wurde im Norden in Kilikien geerntet, der Balsam von En-Gedi westlich eines der letzten Rastplätze Mose und des israelitischen Volkes während der babylonischen Gefangenschaft, das syrische Galbanum im Osten, der reine Weihrauch im Süden in Arabien. Die ganze Erde mit ihren vier Himmelsrichtungen sollte also den Ruhm des Höchsten, seinen Namen und sein Gesetz preisen.

Der beste Kommentar zu diesen Anleitungen zur Herstellung von Räucherwerk stammt vom Verfasser des *Ekklesiastikus*, der ein um das Jahr 180 v. Chr. auf hebräisch geschriebenes Buch von Ben Sirach ins Griechische übertrug. Die Weisheit selbst spricht dort folgende Worte: »Wie Zimt und duftender Akanthus, /wie beste Myrrhe strömte ich Wohlgeruch aus wie Galbanum, reiner Balsam und Stakte, /wie Weihrauchwolken im eigenen Zelt. Ich breitete wie eine Terebinthe meine Zweige aus, /und meine Zweige waren voll Pracht und Anmut.« (*Jesus Sirach* 24, 15 – 16)

Hier kommen fünf der acht Aromata des Mose wieder vor, zudem weitere drei: Akanthus, Ladanum und Terebinthe, die mit *qesia*, *nataf* und *kaneh boschem* im mosaischen Text gemeint sein könnten. Das Wesentliche steht im letzten Satz: Die Aromata erinnern an die Pracht Gottes und seiner Werke. Allerdings darf man das heilige Räucherwerk nicht mißbrauchen: »Wer damit einen Laien salbt, soll aus seinen Stammesgenossen ausgemerzt werden.«

Das Alte Testament unterscheidet die profane Salbung (*suk*) von der heiligen Salbung (*maschach*), mit der die geweihten Steine, das Allerheiligste, die Opfertische, bestimmte Opfer, der regierende König, der Hohepriester übergossen und besprengt werden. Letztere hat nichts gemein mit der Körperpflege nach dem Bad, mit der Massage, die die Haut geschmeidig machen soll, mit dem Empfang von Verwandten oder anderen Besuchern, deren Haupt oder Füße man zum Zeichen der Freude oder des Wohlstands mit Duftwässern oder aromatischen Ölen übergießt. Die heilige Salbung hat aber auch nichts gemein mit dem Begräbnisritual, bei dem der Leichnam mit Gewürzen und Aromata umgeben wird (*Markus* 16, 1; *Lukas* 23, 56; *Johannes* 19, 40).

Warum bestraft Gott den Weisen Salomo, den Wohlriechenden, dafür, daß er an allen Kulthandlungen teilnimmt, auch an den Weihrauchopfern seiner Frauen an Kemosch, Baal Zebul und die verschiedenen Astartes? Der Grund ist nicht nur in den historischen Büchern des Alten Testaments zu lesen, wie dem Buch der *Könige* oder dem der *Chroniken*, sondern auch in dem Salomo zugeschriebenen Buch der *Sprichwörter* und vor allem im *Buch Kohelet* (»Prediger in einer Versammlung«, auf griechisch *Ekklesiastes*): »Um des Habens willen hat er das Sein aus dem Auge verloren.« Salomo hat zwar Gold, Aromata, Ländereien, Diener und Pferde, aber Gott vergessen. »Je mehr du besitzt, um so mehr verarmst du«, lautet ein jiddisches Sprichwort. Und Victor Hugo schreibt im Fünften Gesang von *Dieu*: »Er (Gott) sagt: Ich bin. Das ist alles. Auf Erden sagt man: Ich habe!«[53] Jesus von Nazareth bezog sich auf eine tausend Jahre alte Vergangenheit, als er das Bild des Königs mit der lebendigen Realität verglich: »Lernt von den Lilien, die auf dem Feld wachsen: Sie arbeiten nicht und spinnen nicht. Doch ich sage euch: Selbst Salomo war in all seiner Pracht nicht gekleidet wie eine von ihnen.« (*Matthäus* 6, 28 – 29; vgl. *Lukas* 12, 27). Von seinem Reich ist nur noch ein Zeichen, ein Symbol übriggeblieben: der Abdruck des königlichen Siegels – kein Stern mit fünf Zacken, sondern das Pentagramm, die schematische Darstellung einer Blume mit fünf Blütenblättern, die ihren Duft und ihre Farbe verloren hat.

Mit Ausnahme der Zeit des babylonischen Exils des israelitischen Volkes (597 – 538) war Jerusalem eine Hauptstadt der antiken Parfümeurskunst. Die Inzensationen und Salbungen dienten in der heiligen Stadt weniger der Verehrung Gottes als profanen Zwecken: zur Körper- und Schönheitspflege, Verführung, als Aphrodisiaka, zur Aromatherapie, als Heilmittel, für Begräbnisse, Libanomantie oder Weihrauch-Wahrsagerei oder aber zum Überdecken von Gerüchen, beispielsweise des abscheulichen Geruchs der fremdländischen Kulte. Baal Zebul, »der Erhabene«, der Fürst von Ekron, mußte einen scheußlichen Gestank verbreiten. Darum machten die Schriftgelehrten und Frommen von Jerusalem aus ihm auch Baal Zebub, »den Herrn der Fliegen« bzw. des Misthaufens.

Das Alte Testament kennt parfümierte Öle, *schämän areb*, und parfümierte Salben, *boschem*, Kompositionen der Salbensieder oder auch bloß das Werk von Frauen im Dienste des Königs (I *Samuel* 8, 13). Ende des 6. Jahrhunderts v. Chr. bildeten die Parfümeure eine Zunft oder Gilde in Jerusalem und hatten dort auch ihre eigene Straße (*Nechemja* 3,8; Talmud, *Joma* 41 d; *Sota* 22, a). Aus dem Talmud ist bekannt, daß sie die pulverisierten Aromata mit kochendem Wasser überbrühten, bevor sie diese in Öl mazerieren ließen. Im Buch *Hiob* 41, 23 heißt es: »Die Tiefe läßt es (das Ungeheuer Leviathan) brodeln wie den Kessel, /macht das Meer zu einem Salbentopf.« Nähere Hinweise auf die Geräte erbrachten auch die bereits erwähnten Grabungen in der Oase En-Gedi westlich des Toten Meeres und im *Bajit hasaruf*, dem »Abgebrannten Haus« des antiken Jerusalem. Es ist 69 – 70 n. Chr. abgebrannt, eine beachtliche Anzahl der dort gefundenen Münzen stammt aus dem Jahr 69. Allem Anschein nach war es kein Wohnhaus, sondern eine Offizin zur Herstellung von Parfums und Räucherwerk.

Man fand dort festgemauerte Herde und solche mit Wasser-
bad, Mörser und Stößel, Waagen, Gewichte, Formen für Kap-
seln oder Pastillen, Behälter mit ein oder zwei Henkeln, die als
Meßbecher fungierten, und vor allem zahlreiche Schachteln,
Tonkrüge, Eimer, Flaschen und Phiolen aus gebranntem Lehm
für den Rohstoff oder das fertige Produkt. Ausgezeichnete Abbildungen finden sich in dem 1980 in Jerusalem erschienenen
Werk des Archäologen Professor Nahman Avigad, *The Upper
City of Jerusalem.* Auf einem der Gewichte war in aramäischen
Buchstaben der Name des mutmaßlichen Besitzers der Gebäude eingraviert: Bar Katros. Über dessen Familie heißt es im
Talmud, Pessachim 57 a, sie habe (den Römern?) verleumderi-
sche Briefe geschrieben. Die Überreste des Skeletts einer jungen
Frau, die offenbar bei lebendigem Leibe verbrannt ist, zeigen,
daß die alte babylonische Tradition der Parfumherstellerinnen
noch bei der Einnahme Jerusalems lebendig war. Das ist gar
nicht erstaunlich, denn die griechischen Historiker berichten, es
habe zur selben Zeit eine Maria mit dem Beinamen »die Jüdin«,
gegeben, die die ersten brauchbaren Destilliergeräte, ferner
Öfen und Kochapparate konstruiert haben soll.[54]

Bei all diesen Ausgrabungen stieß man nie auf einen echten
Alambik mit hohem Aufsatz auf dem Destillationsgefäß und
einem oder mehreren Abflußrohren, obwohl die Destillation,
zumindest dem Prinzip nach, seit Aristoteles bekannt war. Dioskurides, ein griechischer Zeitgenosse von Maria, der Jüdin,
erklärt in Buch V seiner *Materia medica*, wie man in einem
kegelstumpfförmigen Horn (*ambix*), das verkehrt herum auf
einem Tonnapf mit metallener Schnecke (*lopas*) steht, aus
Zinnober Quecksilber macht. Die Dämpfe kondensierten an
den Wänden der Kammer oder des primitiven Aufsatzes (V, 85,
110).

Zur selben Zeit benutzte der Augenarzt Demosthenes ein
solches Gerät, diesmal aus Glas, um Fenchel-(oder Anis-?) Essenz zu extrahieren, und erteilte den Rat, »ebenso zu verfahren,
wie gewisse Leute Rosenöl (*rhodostakton*) und Lilienessenz

(*krinostakton*) herstellen« (Aëtios von Amida in Mesopotamien, *Iatrika* VII, 50). Bei drei steinernen Wannen aus dem Abgebrannten Haus in Jerusalem kann man sich sehr wohl ihre Verwendung als Auffangbecken für kondensierte Dämpfe vorstellen.

Der Messias, der Gesalbte Gottes

Hinzu kommen nun drei berühmte Texte aus den *Evangelien*, einer aus dem *Evangelium nach Markus* (14, 3 – 9), des Interpreten des Apostels Petrus um 64 – 65 n. Chr., ein zweiter aus dem *Evangelium nach Matthäus* (26, 6 – 13), des Jüngers Jesu und Verfassers der ersten Sammlung der *Worte Jesu* auf aramäisch um 50 n. Chr., die zwar verlorengegangen ist, aber später um 66 – 67 n. Chr. in einer griechischen Biographie wieder aufgenommen wurde, und schließlich der ganz persönliche Text des *Evangeliums nach Johannes* (12, 1 – 7), des »Jüngers, den Jesus liebte«, der Ende der siebziger /Anfang der achtziger Jahre auf griechisch folgende Verse veröffentlichte:

»Sechs Tage vor dem Paschafest (gemeint ist der 2. April des Jahres 30) kam Jesus nach Bethanien, wo Lazarus war, den er von den Toten auferweckt hatte. Dort bereiteten sie ihm ein Mahl; Martha bediente, und Lazarus war unter denen, die mit Jesus bei Tisch waren. Da nahm Maria (im griechischen Text Mariam) ein Pfund (336 g) echtes, kostbares Nardenöl (*pistikes*), salbte Jesus die Füße und trocknete sie mit ihrem Haar. Das Haus wurde vom Duft des Öls erfüllt. Doch einer von seinen Jüngern, Judas Iskariot, der ihn später verriet, sagte: Warum hat man dieses Öl nicht für dreihundert Denare verkauft und den Erlös den Armen gegeben? Das sagte er aber nicht, weil er ein Herz für die Armen gehabt hätte, sondern weil er ein Dieb war; er hatte nämlich die Kasse mit den Einkünften bei sich. Jesus erwiderte: Laß sie, damit sie es für den Tag meines Begräbnisses tue.«

Die Übersetzung des griechischen Texts folgt der allgemein-gültigen, nur das Wort *pistikes* wurde eingefügt. Es kommt weder bei Matthäus vor, der nur von einem kostbaren Narden-parfum spricht, noch in einer der ältesten Handschriften des *Evangeliums nach Markus* (14, 3) noch im *Evangelium nach Lukas* (7, 37), in dem die Szene in einer anderen Umgebung spielt. Die lateinischen, syrischen, äthiopischen und armeni-schen Übersetzer begnügten sich entweder mit der Translitera-tion der Silben oder nahmen zu Umschreibungen Zuflucht. Die modernen Kommentatoren[55] schlugen dann ein Dutzend Über-setzungen dieses Adjektivs vor, das im Spätgriechischen im we-sentlichen zur Charakterisierung von Menschen verwandt wird und soviel bedeutet wie »vertrauenswürdig, treu«.

Da die Narde (*Nardostachys jatamansi*), ein Grasgewächs aus dem fernen Indien, sehr teuer war und oft gefälscht wurde (Plinius, *Naturkunde* XII, 42 – 46; XIII, 16), meinen die meisten, Markus und Johannes sprächen von einem echten, absolut rei-nen Nardenparfum. Daher die Fluidität, die Lieblichkeit und der außerordentlich hohe Preis; schließlich ist es zehnmal so viel wert wie das Leben von Gottes Sohn, den Judas für dreißig Silberlinge zu verraten sich anschickt. Da die Geschichte in einem Jahrhundert spielt, in dem man bereits Lilie, Rose, Anis und Fenchel destillierte, könnte es sich auch einfach um Nar-den*extrakt* handeln, also um das ätherische Öl, das man durch die Destillation von Nardenzwiebel und -stengel gewinnt. Eine einfache fette Salbe, eine Pomade hätte nie ein ganzes Haus mit ihrem Duft erfüllen und der Spenderin zu Weltruhm verhelfen können. »Amen, ich sage euch: Überall auf der Welt, wo das Evangelium verkündet wird, wird man sich an sie erinnern und erzählen, was sie getan hat.« (*Markus*, 14, 9; vgl. *Matthäus* 26, 13).

Ein weiteres Problem, das mit der Parfümeurskunst des Na-hen Ostens zu tun hat, werfen ein paar Verse aus dem *Evange-lium nach Matthäus* auf, der bekanntlich zwanzig Jahre nach dem Tod Jesu die *Worte* des Meisters in seiner Muttersprache niederschrieb: »Als Jesus zur Zeit des Königs Herodes (im Jahr 6 oder 7 v. Chr.) in Judäa geboren worden war, kamen Sterndeuter (im griechischen Text *magoi* aus dem Osten, wahrscheinlich aus Babylon) nach Jerusalem.... Danach rief Herodes die Sterndeuter zu sich... Dann schickte er sie nach Bethlehem ... Sie gingen in das Haus und sahen das Kind und Maria, seine Mutter, da fielen sie nieder und huldigten ihm. Dann holten sie ihre Schätze hervor und brachten ihm Gold (auf griechisch *chrysos*), Weihrauch (*libanon*) und Myrrhe (*smyrnan*) als Gaben dar.« (*Matthäus* 2, 1 – 11)

Wem will man eigentlich weismachen, daß Astrologen, Wahrsager je ihrer Kundschaft Gold gebracht haben? Seit Jahrhunderten behauptet man, es handle sich um eine symbolische Opfergabe, das Gold sei der Tribut an den künftigen König der Juden, der Weihrauch eine Huldigung an Gott, die Myrrhe eine Bezugnahme auf sein Menschsein, da sie eines der Aromata bei Bestattungen war und Jesus das Los aller Menschen teilen, d.h. sterben sollte. All das erscheint jedoch zweifelhaft, wenn man auch noch die anderen Interpretationen liest, in denen Weihrauch und Myrrhe wechselseitig ersetzt werden können. Zudem ist der uns vorliegende griechische Text die Übersetzung des verlorengegangenen aramäischen Textes, und das Wort *chrysos* steht für das hebräische *zahab* bzw. das aramäische *dahav* – Wörter, die in zahlreichen Abschnitten der Bibel allegorische Bezeichnungen für etwas ganz anderes als Gold sind, zum Beispiel für den Balsam Bdellium (*Genesis* 2, 12) oder ein parfümiertes Salböl (*Zacharias* 4, 12). »Der goldene Altar« im Heiligtum ist nichts weiter als der Rauchopferaltar. Daher ist es legitim, sich mit G. Ryckmans (*Revue biblique*, Bd. 58, 1951, S. 327 – 376) zu fragen, ob die »Sterndeuter« aus *Matthäus* 2, 11 den Eltern Jesu nicht einfach *goldfarbenes* Harz, weißen Weihrauch und gelbrote Myrrhe, d.h. drei Arten Weihrauch, darbrachten – ob zur Reinigung oder zur Weissagung, ist nicht bekannt.[56] Da in Metaphern vom schwarzen oder grünen Gold die Rede ist, erscheint es nicht ausgeschlossen, daß die Händler der arabischen Halbinsel ihr Räucherwerk als gelbes, weißes oder rotes Gold betrachteten.[57]

Für die Kanaanäer wie für die Babylonier, die Phönizier und die Sabäer waren und blieben die Parfums und Aromata sowohl reines Gold als auch göttliche Botschaft oder Zeichen Gottes. Jahrtausendelang waren sie vorherrschend auf diesem Gebiet und verteidigten diese Position gegen die Römer sogar mit Kriegen. Sicher nahmen die Parfums, Gewürze, Aromata und Salben in der semitischen Welt einen viel breiteren Raum ein als im alten Ägypten, bei den Griechen und bei den Römern. Alle Schichten der aramäischen Gesellschaft – nicht nur die Priester und Könige – hatten daran Anteil. Man trieb Handel mit einem Produkt, das zur Verbesserung der Lebensqualität beitrug.

DRITTES KAPITEL

Im Zeitalter der schönen Helena

Die Wiege Europas liegt in Kreta. Dort entstand gegen Ende des 3. Jahrtausends v. Chr. eine Kultur, Zivilisation und Lebensart, die allmählich alle Länder des nördlichen Mittelmeerbeckens erfaßte und unter der Pax Romana bis zur Nord- und Ostsee verbreitet war.

Diese Kultur entstand im östlichen Kreta durch das Zusammentreffen von Seefahrern aus Kleinasien, Zypern, Rhodos und Phönizien mit Siedlern aus den großen Getreideanbaugebieten am Schwarzen Meer zwischen Donau und Dnjepr. In der klassischen Mythologie findet diese ihren Ausdruck in einer Allegorie: In Gestalt eines Stieres hat Zeus, der höchste Gott der Griechen, die Tochter des Königs von Tyros oder Sidon an einem Küstenstreifen Phöniziens geraubt, nahe Kap Samonion in Kreta abgesetzt und unter der immergrünen Platane von Gortyn am Rande der großen Messara-Ebene in der Mitte der Insel zur Frau genommen.[58]

Den Namen der jungen Prinzessin, die ursprünglich »die Orientalin« – auf phönizisch ›Ereb‹ – hieß, verwandelten zunächst die hellenisierten Inselbewohner in Erops, Helops, dann in Hellopis »die Glänzende« und schließlich die Griechen in Europa, »die weithin Blickende«. Sie ist die Stammutter dreier Dynastien, der des Minos in Knossos, der des Rhadamanthys in Phaistos und der des Sarpedon im Osten von Kreta. Es handelt sich um die berühmten »Prinzen der Keftiu« und um den »Prinzen Menus« in den ägyptischen Texten der 18. Dynastie.[59] Sie gründeten Niederlassungen in Westkreta, Minoa, Kydonia, Tarrha und weitere zwanzig Städte, und besiedelten auch die

Inseln in der Ägäis, der Adria und dem Tyrrhenischen Meer. Ihre Kultur breitete sich auf dem Peloponnes aus, in Attika und Böotien, bis hin zur Küste Kleinasiens, wo man heute noch auf die Spuren des Minos, Rhadamanthys und Sarpedon, Dädalus, Ikarus und des Kreters Odysseus stößt.[60]

In diesen hierarchisch gegliederten, theokratisch regierten Kleinstaaten gab es zumindest vier Gesellschaftsschichten: die mehrheitlich weibliche Priesterschaft, die Aristokratie aus Kriegern, das Volk aus Ackerbauern und Viehzüchtern und die Handwerkerzünfte. Anfang unseres Jahrhunderts begannen die Archäologen, ihre Spuren freizulegen. Sie entdeckten befestigte Paläste, große, um einen rechteckigen Hof erbaute Heiligtümer, städtische Siedlungen und Meisterwerke der Handwerkskunst. Seitdem Tausende von Tonleisten und -täfelchen, mit Hieroglyphen und in Linearschrift beschrieben, korrekt veröffentlicht und interpretiert wurden,[61] sind sogar die Parfums und Parfümeure zumindest teilweise bekannt.

Was die Einwanderer aus dem Balkan um das Jahr 2300 v. Chr. mitbrachten, muß, verglichen mit dem Reichtum an Düften in den Tempeln und Palästen des Orients, recht armselig oder übelriechend gewesen sein. Ablesen läßt sich das an den wenigen Wortstämmen, die die griechische Sprache von ihren ersten Anfängen beibehalten hat: *dhu-, rauchen, qualmen, *lei-, das Öl, *smer-, einfetten und *selp, die Salbe,[62] als hätten die verhältnismäßig reinlichen Völker aus dem Norden, die viel Wasser hatten, an Gerüchen (*od-, riechen) nur den Rauch beim Verbrennen von Hanf, von Eiben- und Kiefernholz, das Haselnuß- und Walnußöl, das Schweine- und Lammschwanzfett gekannt sowie die Sahne der Stuten- und Kuhmilch, die stinkende Butter, die sich die Gallier noch zu Kaiser Julians Zeiten in die Haare schmierten.

Schenkt man Herodot (*Historien* IV, 71) Glauben, hatten die Toten bei den Skythen im Süden der Ukraine mehr Glück: »Nach dem Tod eines Königs heben sie dort eine große viereckige Grube aus. Sodann legt man die Leiche auf einen Wagen.

Der Leib ist vorher mit Wachs überzogen, der Bauch geöffnet und gereinigt und mit gestoßenem Safran und Räucherwerk, Eppich- und Dillsamen gefüllt und wieder zugenäht worden.« Im 5. Jahrhundert waren die Skythen, wie die Hellenen tausend Jahre zuvor, die direkten Nachfahren der frühesten Erbauer der Kurganen oder Grabhügel, von denen die Ebenen vom Kuban bis zum Dnjestr übersät sind. Parfums und Aromastoffe spielten also bei den indoeuropäischen Völkern im 3. Jahrtausend kaum eine Rolle in Religion und Weissagung, als Schmuck und bei der Konservierung von Leichnamen. Diesen aus natürlichen Rohstoffen gewonnenen Produkten wurden allerdings kaum mystische, sinnliche oder erotische Qualitäten beigemessen.

Die kretischen Öle

Als sie auf die frühesten Ackerbauern und Seefahrer der Ägäis trafen, lernten die Hirtenvölker aus dem Norden neben zahlreichen anderen, neuen Techniken auch, zum Kochen Öl zu verwenden. Dieses Öl wurde aus den Früchten des Ölbaums gewonnen, einer Kulturpflanze, die nur bis zu einer Höhe von 800 m wächst und bei Temperaturen unter 3 Grad im Winter eingeht. Die Oliven wurden mehrfach kaltgepreßt, dann wurde das ausgepreßte Fruchtfleisch in Wasser erwärmt, damit sich auch das letzte Öl setzte. Der kretische Ölbaum, der wahrscheinlich von der Südküste Kleinasiens oder aus Syrien stammt, ist, wenn er wild wächst, ein buschartiger, stacheliger Strauch mit winzigen, herben Früchten. Den ersten Siedlern auf Kreta gebührt das Verdienst, aus den wilden Trieben durch Ausschneiden und Veredelung die Kulturpflanze entwickelt, durch mehrmaliges Lockern der Erde von Februar bis April, durch Düngung und Bewässerung den Ertrag gesteigert und die Verfahren zur Gewinnung, Lagerung und Konservierung erfunden zu haben.

Olivenöl wurde nicht nur als Nahrungsmittel verwendet. Es diente auch als Salbe und Grundsubstanz oder Absorptionsmittel (*stumma*) für Parfums und wurde zur Körperpflege, beim Sport, für die Totenwäsche, als Opfergabe, für Salbungen in Medizin und Magie und als Schmiermittel sowie als Brennstoff für die Öllampen verwendet. Kretas wirtschaftliche Vormachtstellung in der Ägäis in der mittleren Bronzezeit, d.h. zwischen 2100 und 1580 v. Chr., beruhte also hauptsächlich auf dem Ertrag der Ölbäume – durchschnittlich 2 bis 6 Liter jährlich pro ausgewachsenem Baum. In der klassischen Mythologie findet dies darin seinen Ausdruck, daß Athene, die Spenderin des Ölbaums, in Kreta geboren ist und der Daktyle Herakles den Anbau des kretischen Ölbaums auf den Peloponnes gebracht hat. So begann der Siegeszug des Parfums durch Europa mit der Züchtung des Ölbaums in Kreta.

Im Osten Kretas, vor allem in Vasiliki und Agia Photia, kamen bei Ausgrabungen in den Villen und Palästen vom Ende des 3. Jahrtausends unzählige Mörser und Stößel aus Stein zum Vorschein – ein Zeichen dafür, daß die Kreter schon damals nicht nur das Fruchtfleisch von Oliven und Gerstenkörnern verarbeiteten, sondern auch halbreife Nußkerne, Stein- und andere Früchte, die viel Öl enthalten.

Auf den mit Hieroglyphen bedeckten Tonleisten und auf den mit den Silbenzeichen der Linear A-Schrift beschriebenen Plättchen oder Täfelchen – beide gehören zur Buchführung sakraler Domänen – wurden die Früchte der Erde bis um das Jahr 1500 v. Chr. zahlenmäßig nach Regeln erfaßt, die die Erben der Dynastie des Minos noch zwei- bis dreihundert Jahre später befolgten.

Besondere Ideogramme stellen dort der Reihe nach die zum Brotbacken verwendeten Getreidearten, Öl, Trockengemüse, eingelegte Oliven, getrocknete Feigen und Wein dar.[63] Das Zeichen für Öl hat die Form eines Ölzweigs. Es entspricht in Schreibschrift dem Zeichen *se*, wahrscheinlich waren es die Anfangsbuchstaben einer einheimischen Art des Ölbaums, den die Lexikographen *sekouana* nennen. Aus den näheren Bestimmungen, mit denen es versehen ist, geht hervor, um welches Öl es sich jeweils handelte. Durch vergleichende, statistische und differentielle Methoden gelang es, aus den stenographischen Zeichen alle diejenigen auszuschließen, die offenkundig das Alter oder den Säuregehalt des Öls angaben und die Behälter bezeichneten, die vom großen Tonkrug bis zum kleinen Topf reichten. Man stellte sodann fest, daß das Olivenöl als Grundsubstanz für mindestens fünf Parfums oder Aromata diente, die mit den Anfangsbuchstaben ME (*mekon*, der Mohn), U (der Ysop?), RA (*rhamnos?*, der Kreuzdorn), TU (*thyon?* die Thuja oder ein Harz), JO (= O, der Oregano oder wilde Majoran) bezeichnet wurden, vielleicht handelte es sich aber auch um die Öle aus den entsprechenden Pflanzen.

Die prähellenische Parfumherstellung

In seiner *Naturkunde* (XIII, 9 – 12; XV, 28 – 38) erwähnt Plinius der Ältere nicht weniger als 22 verschiedene parfümierte Öle, wovon die meisten aus wild wachsenden Pflanzen gewonnen wurden: Zypresse, Mastix, Majoran, Ginster (*aspalathos*), Iris, Narde, Rose, Myrte, Lorbeer, lauter Pflanzen, die heute noch auf Kreta wachsen und gedeihen. Wer hat sich nicht schon einmal im Frühjahr an dem intensiven, süßlichbitteren Duft des blühenden Ginsters, wer nicht schon im Sommer und im Herbst am schweren, wildherben Geruch des Muskatsalbeis, der berühmten kretischen *phaskomilia*, wer nicht zu jeder Jahreszeit am balsamischen Duft der Pinien, Zypressen und Wacholdersträuche berauscht?[264]

Einige der von Plinius genannten neutralen Öle – das Nuß-, Mandel- und Mohnöl – stehen neben dem Olivenöl in den Verzeichnissen der ältesten Tempel- und Palastheiligtümer Kretas: 3 Ideogramme in Linear A, die KA$_2$, NWA und ZE transkribiert werden, könnten sehr wohl das Saflor-, Nuß- und Sesamöl gewesen sein, da die Namen dieser Ölpflanzen auch in den Verzeichnissen von Mykene ausgeschrieben sind. Die

Opferszene aus dem Westhaus in Akrotiri, Thera
(Santorin)

Schreiber vom Ende des Bronzezeitalters unterschieden ihrerseits fünf Sorten Öl;[65] zwei davon sind zusätzlich mit den Buchstaben A und O gekennzeichnet, die bereits im 14. Jahrhundert v. Chr. existierten.

Weitere Rückschlüsse auf die prähellenische Parfumherstellung gestatten die Räucherpfannen, die als Schriftzeichen dargestellt und auf den Gefäßen zu sehen sind, die in den Häusern und Heiligtümern gefunden wurden:[66] Räucherfässer und Töpfe mit konischem Deckel.

Das Räucherfaß ist, ob mit oder ohne Griff, mit oder ohne Henkel, mit oder ohne Fuß, eine an der Seite mit Löchern versehene Halbkugel. Darin konnte man auf glühender Kohle ein paar aromatische Körner oder Weihrauch verbrennen, so wie zum Beispiel die Priesterin der Insel Santorin auf dem berühmten Fresko aus dem 16. Jahrhundert v. Chr. ihre Opfergaben darbringt; und dafür steht auch das Linear AB-Zeichen Nr. 69 *tu* – wahrscheinlich die Anfangsbuchstaben des Wortes *thymiaterion*, Weihrauchfaß –, das von einer leichten Rauchwolke gekrönt ist. Vielleicht stellt auch das Zeichen 24 des geheimnisvollen Diskos von Phaistos (1600 – 1580 v. Chr.) ein solches Gefäß dar, allerdings ohne Deckel mit Löchern.[67]

Das Ideogramm für Aromastoff in Linear B (Nr. 123) ist ein Topf mit steiler Wandung und im allgemeinen mit einer Querverstrebung in der Mündung; manchmal hat er auch einen kleinen Henkel, wie in Zeichen 65 von Linear A, oft oben noch einen konischen Deckel oder eine Kalotte, wobei die beiden Striche darüber den Rauch darstellen sollen. Die Umrisse scheinen denen des Zeichens 45 von Linear AB zu entsprechen, das *de* oder *sde* heißt: Über einem Gestell mit dem Feuer stellt es den Boden eines Gefäßes und einen riesigen, von Rauchschwaden umgebenen Konus dar. In diesem Fall handelt es sich nicht um ein Weihrauchfaß, sondern um einen Kessel, um das Gefäß des Salbensieders, *(arepa-)zoo*, eine Bezeichnung, die von der Wurzel **sde-* (kochen) abgeleitet ist, d.h. um den Vorläufer des Alambiks, einen Kessel mit einem Aufsatz, an dessen Wänden

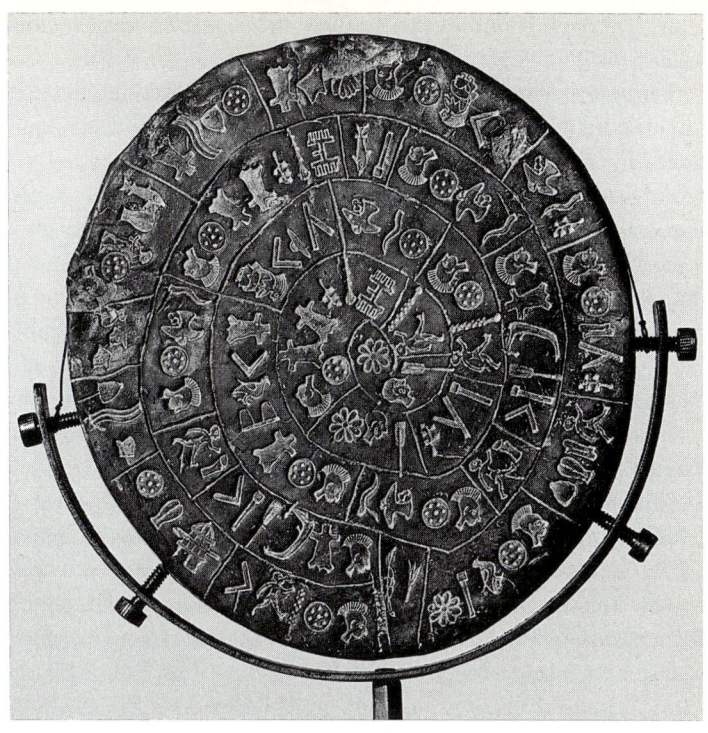

Diskos von Phaistos

die ätherischen Öle kondensieren und herunterfließen. Wir wissen, daß das griechische Wort unbekannter Herkunft *ambikos* ein zylindrisch-kegelstumpfförmiges Gefäß bezeichnete.

Seit der frühen Jungsteinzeit (4. Jahrtausend v. Chr.) ist der Koriander im Ägäisbecken bekannt und wird insbesondere in Sitagri verwendet. Französische Archäologen entdeckten 1932 im Osten Kretas, in Mallia, ein Räucherfaß. Der Athener Professor I. Politis stellte darin Früchte des kleinen Steckenkrauts (eines dem orientalischen Galbanum verwandten Doldenblütlers), Koriander und Wacholder (*Juniperus oxycedrus* L.) fest. Ausgrabungen in Santorin ergaben, daß der Gebrauch von

Anis, Fenchel, Kümmel und Eppich im 16. Jahrhundert v. Chr. allgemein üblich war.[68]

Einige Pflanzen wurden als Räucherwerk verwendet, andere dienten als Gewürze bei der Speisenzubereitung und als Aromata für heißes Öl, Wein und Mazerationswasser. Das bei 60 Grad kochende Oliven-, Mandel-, Sesam- und Mohnöl, die als Grundsubstanz verwandt wurden, entsprechen dem in den mykenischen Texten erwähnten *zoa*-Öl. In Mallia waren damit die kugelförmigen Krüge gefüllt, die die Priester und Priesterinnen nach Ostkreta versandten, versehen mit dem Namen des Spenders und der Gottheit, der es geweiht war. Etwa zwanzig dieser sogenannten »Chamaizi-Töpfe«[69] sind erhalten geblieben, einer davon im My-Viertel, der andere im Palastheiligtum von Mallia.

Außer den wenigen Blumen, die bei der Entzifferung einiger Hieroglyphen zum Vorschein kamen und die die vermeintlichen »Fresken« der Paläste und Villen des Minos zierten – rote und weiße Lilien, Krokusse, Narzissen, Margeriten, Anemonen, *Pancratium maritimum* L.[70] – ist kaum etwas über die Duftwässer und Parfumöle der göttlichen Europa und ihrer Söhne bis zu dem Zeitpunkt bekannt, als sie von Agamemnons Eltern, Menelaos und Helena, gegen 1350 v. Chr. kolonisiert wurden, denen sie ihre Techniken und die Kunst, die Völker mit der Schrift zu dominieren, vermachten.

Die mykenische Buchführung

Bisher wurden etwa 7000 mit den Silben und ideographischen Zeichen der Linear B-Schrift beschriebene Täfelchen oder Tafelfragmente entdeckt, klassifiziert und halbwegs reproduziert und transkribiert.[71] Im Anschluß an die Untersuchungen der Amerikanerin Alice Kober im Jahre 1947 und der Engländer Michael Ventris und John Chadwick im Jahre 1952 erkannten die Gelehrten an, daß die Schreiber, die diese Verwaltungsdokumente in weichen Ton einritzten, die Ideogramme und graphischen Methoden ihrer Vorgänger beibehielten, aber eine Art archaisches Griechisch, das Mykenische, schrieben. Zieht man die homerischen Epen und die Kompilationen byzantinischer Lexikographen hinzu, so ist es heute möglich, fast alle Texte zu verstehen und zu übersetzen. Die meisten stammen aus Knossos auf Kreta, einige Hundert aus Pylos, der Stadt des alten Nestor in Messenien, ein paar Dutzend aus Mykene und Theben, ein paar aus Tiryns und Heraklion, ganz zu schweigen von den Gefäßen für Wein oder Öl, auf denen jeweils der Name des Absenders und des Empfängers steht. Sie werden auf Ende des 14. bis Ende des 13. Jahrhunderts v. Chr., kurz vor oder nach dem Trojanischen Krieg (1250 v. Chr.) datiert.

Erstaunlich an diesen Verzeichnissen, Bestandsaufnahmen und Listen ist, welch breiten Raum die Aromata und parfümierten Öle, die aromatisierten Weine, die verschiedenen Arten von Weihrauch und die Salben, ganz allgemein die wohlriechenden Präparate einnahmen. Die Serie Fh aus Knossos, die gerade rekonstruiert wird,[72] umfaßt mehr als hundert Texte, die Lieferung und Verteilung von Ölen betreffend; die in der Serie Fp genannten Heiligtümer erhalten zehnliterweise Öl zur Salbung und Beleuchtung; mindestens siebzig Täfelchen der Serie Ga erwähnen Aromata. In Pylos verzeichnen die Serien Fr und Un hauptsächlich ein halbes Dutzend Parfumhersteller und zwölf verschiedene Aromata. Von den Tontafeln aus Mykene und Theben handelt ein Dutzend von der Parfümeurskunst. Überall war die Parfumherstellung ein offizielles Gewerbe, das von den Herrschern streng überwacht wurde. So war Thyestes, der Onkel des Agamemnon und Menelaos, der erbitterte Rivale der Atriden, von Beruf Parfümeur (Täfelchen Un 267 aus Pylos).

Da es hier nicht möglich ist, all diese stenographischen Dokumente, nahezu 15 Prozent aller Verzeichnisse, in lateinische Buchstaben zu transkribieren und zu übersetzen, wird im folgenden eine Auswahl der überlieferten Texte mit den eindeutigsten Angaben geboten, beginnend mit denen von Knossos, den vermutlich ältesten Zeugnissen, wahrscheinlich aus der Zeit, als der junge Athener Theseus in Kreta ankam (zwischen 1320 und 1280 v. Chr.) und mit Hilfe von Ariadne den Minotaurus in der Tiefe des Labyrinths tötete. Übersetzt werden einige Täfelchen aus Mykene, Pylos und Theben aus der Zeit zwischen 1275 und 1200 v. Chr. Die Feuersbrunst, die nicht zuletzt wegen der vielen Tonnen Öl im Palast so heftig wütete und die Papyrus-, Stoff- und Pergamentarchive zerstörte, brannte auch die Täfelchen aus weichem Ton, die dadurch erhalten geblieben sind.

Die Serie Fh aus Knossos[73] ist eindeutig das Werk eines einzigen Schreibers. Sie enthält Angaben über Öl, das teilweise für die Kultstätten bestimmt war. Die Serie wurde im Westteil des »Palasts des Minos«, im sogenannten »Säulensaal«, gefunden, direkt südlich des dreiteiligen Heiligtums in der Nähe der heiligen Krypten. Täfelchen Fh 349: »Lyktos (Stadt). Lieferung: 53 Fässer Öl (= 1531 Liter).« Insgesamt mußten die verschiedenen Domänen in diesem Jahr zu Frühlingsanfang mehr als 13 500 Liter Öl abliefern.

Diese Ölmenge wurde von den Verantwortlichen in der Sammelstelle an verschiedene, namentlich genannte Bezieher verteilt oder Handwerkszünften, Verwaltern von Heiligtümern und Gottheiten zur Verfügung gestellt. Auf Fh 353 heißt es beispielsweise: »Dem Heiligtum von Lamna in Lederschläuchen (*demasi*)(?) 9,60 Liter Öl.« Und es gibt mindestens fünf Sorten Öl: *newo* »frischgepreßtes« Öl; *toroqa* »zum Verbrauch« (auf griechisch: *trophai*?); *epikowa* »zum Übergießen« (für Salbungen?); *porokowa* »zum Vergießen« (gemeint für Trankopfer?); *zoa* »zum Sieden« bestimmtes Öl.

Besonders interessant ist die letzte Kategorie Öl, weil sie die Parfumherstellung betrifft. Der Parfümeur ist hier nach dem Namen einer Kulturgemeinschaft benannt. Es ist »der Zypriote«, *kupirijo*, das heißt der Meisterparfümeur; die Insel Zypern, mit der Kreta seit mehr als tausend Jahren Handelsbeziehungen unterhielt, galt nämlich als der Ort, an dem die Parfümeurskunst von Adonis, dem Sohn des Myrrhenbaums und Gott des Weihrauchs, erfunden wurde.

Täfelchen Fh 347: »An Maron, den Zyprioten: 6 Fässer und zwei Amphoren (d.h. Gefäße von je 9,6 Liter) (= insgesamt 192 Liter) Öl. Parfum (daraus herzustellen): 5 Fässer.« Täfelchen Fh 371: »An Orsekodos, den Zyprioten: 13 Fässer und 1 Amphora (= 384 Liter). Parfum (daraus herzustellen): 10 Fässer.« In Fh 5452 produziert ein anderer 7 Fässer mit einem Inhalt von 28,8 Litern. So sind in der Offizin von Knossos vier Geheimnisträger damit »beauftragt«, *o-no*, mindestens 5000 Liter des sogenannten *zoa*-Öls zu sieden und eindicken zu lassen, mehr als ein Drittel des jährlichen Ertrags der zum Palast gehörigen Ölbäume. Einer von ihnen, *wirinewe* genannt, scheint Iris-Parfums herzustellen, seit jeher die Spezialität von Zypern, bis hin zu Theophrast (um 300) und Plinius dem Älteren (um das Jahr 65 n. Chr.). Auf Ga 517 und 676 ist gleichfalls ein Zypriote namens Thuwion mit der Herstellung von Zypergras- und Korianderparfum befaßt.

Fälschlicherweise wurde Täfelchen Fh 386 auch zu dieser Serie gezählt, obwohl es in einer ganz anderen Schrift geschrieben ist. Nach der letzten Zusammensetzung der Fragmente im Jahr 1985 lautet der Text höchstwahrscheinlich: »Dem Schmied, O(regano)-Öl: 11,20 Liter.« Zweifelsohne ist der fragliche Schmied kein irdischer Bronzegießer, der nur seinen Schweiß und Schmutz vergessen lassen möchte. Es handelt sich wohl eher um den Schmied schlechthin, den kretischen Gott der Schmiedekunst, denn auf Kreta erzählte man sich, daß Zeus von den Daktylen und Zyklopen, die Schmiede waren, aufgezogen worden ist.

Man erfährt erstmals, für wen die flüssigen Parfums bestimmt waren, die mit dem Sigel MU, auf griechisch myron, aromatisiertes Öl, bezeichnet waren. Es handelte sich nicht um Myrrhe (*myrrha*), einen harzigen Gummi, den man sich schlecht in 28 Liter-Kanistern vorstellen kann, sondern um eingekochtes, dekantiertes Olivenöl, in dem Pflanzen aus den Bergen Kretas einen Teil ihrer natürlichen Essenzen zurückgelassen haben.[74] Diese Aromata sind uns von den Täfelchen der Serie Ga bekannt, die im Westflügel des großen Heiligtums (»Palastes«) von Knossos gefunden wurden, die einen unmittelbar südlich der Krypten, die anderen im Flur der Ölmagazine.

Drei Schreiber teilen drei aufeinander folgende Vorgänge mit, wie in der zuvor besprochenen Serie: Lieferung der Rohstoffe mit Hinweisen auf die Ausstände, Verteilung an verschiedene Bezieher, Götter oder Tempel, und die Aufgaben des Parfümeurs. Diesmal befassen sich die Schreiber aber nicht mit Öl, sondern mit den sechs bis sieben Aromata, die sowohl für die Beweihräucherung als auch für die parfümierten Salbungen verwendet wurden: mit Korianderkörnern (*korijadono*), die einen ganz leichten Zitrusgeschmack haben, mit Fenchel oder Anis (*marathwon*), Zypergras (*kyparos*), *ki(r)tano* oder *kritanos*, mit der Frucht oder dem Gummiharz der Terpentinpistazie, mit dem dem Gott der Schmiedekunst vorbehaltenen *O(regano)* und schließlich mit dem *ponikijo*.

Der geheimnisvolle Ponikijo

Der *ponikijo*[75], den mindestens zweiundzwanzig Siedlungen von Ackerbauern in Mengen von 1 bis 34 Kilo an Knossos lieferten, ist als »phönizisches Produkt von roter Farbe« überliefert. Man hielt ihn also bisweilen für einen Farbstoff wie Purpur, Ledertang, Schminkwurz, Krapp, das Karmesinrot der Koschenillelaus oder den Saflor. Es könnte auch der phönizische Wacholder mit seinen scharlachroten Beeren gewesen sein.

Es handelt sich auf jeden Fall um einen reinen Aromastoff, da der *ponikijo* auf mehreren Täfelchen neben dem Koriander und dem Ideogramm für Parfum verzeichnet ist. So wie der *kupirijo* den Mann oder das Produkt aus Zypern bezeichnet, so ist der *ponikijo* der »phönizische« Aromastoff schlechthin. So gilt heute in Griechenland der *libanoto* immer noch als das Produkt des Libanon, also Weihrauch. Der *ponikijo* oder »phönizische« Aromastoff kann also als das Ladanum der semitischen Völker, das duftende Exsudat der Zistrose identifiziert werden, die an der Nordküste Kretas wächst.

Plinius schreibt darüber: »Arabien (d. h. die »Steppe« der arabischen Halbinsel) rühmt sich ferner des *ládanon*. Mehrere Gewährsmänner (Herodot III, 112 und insbesondere die Quellen des Dioskurides I, 128) berichten, dies entstehe ganz durch Zufall und durch Verletzung des riechstofftragenden Baumes. Die Ziege, ein auch sonst dem Laub schädliches und vor allem auf wohlriechende Sträucher begieriges Tier, soll, als würde sie den Wert kennen, die von einem sehr süßen Saft strotzenden Stengel der jungen Pflanze benagen und die daraus zufällig tröpfelnde Flüssigkeit mit ihrem zudringlichen Barthaar abstreifen. Diese forme sich mit Staub zu Kügelchen und werde durch die Sonne eingedickt, und daher finde man auch im *ládanon* Ziegenhaare; dies soll aber nur bei den Nabatäern vorkommen. Neuere Schriftsteller (Sextius Niger, Juba, Apollodoros, Alexander Numeniu) nennen dieses *ládanon* vielmehr *stórbon* (oder *strobon?*) und berichten, das Buschwerk der Araber werde durch das Weiden der Ziegen abgeknickt und der Saft bleibe so an den Haaren hängen, das echte *ládanon* komme von der Insel Zypern.« (*Naturkunde* XII, 73 – 74)

Die Botaniker kennen den kretischen *aladanos*[76], das klebrige, ölig-harzige Pflanzenöl mit dem wilden, erdigen Geschmack, das im Gebiet des Mylopotamos zwischen den Dörfern Sises und Bali noch immer mit Lederriemen geerntet wird. Die 50 – 80 cm hohe Pflanze ist eine behaarte Zistrose, *kisthos* oder *kisthanos*, der *Cistus creticus* von Boissier. In Mittelkreta nennt man sie heute noch *aladania*, in Westkreta um Omalos *ankisaros* oder *atzikaros*. Dieses Harz liefert im übrigen einen ausgezeichneten karmesinroten, »phönizischen« Farbstoff.

Man kann das moderne Kreta nur verstehen, wenn man die tausendjährigen Bräuche und die Sprache der Insel kennt. Man muß gesehen haben, wie die Bevölkerung Anfang Juli zwischen sieben Uhr morgens und mittags mit Rechen und Kämmen mit weichen Zacken über das wertvolle Exsudat der Zistrose streicht, man muß selbst das aromatische Pech von den Lederriemen abgeschabt, es mit kochendem Wasser abgewaschen haben, es eine ganze Nacht über absetzen lassen und es zu schwärzlichen Laibern von ein bis zwei Kilo zusammengeballt haben, um zu verstehen, welche Bedeutung die Schreiber im Palast von Knossos einer Ernte beimaßen, an der manchmal bis zu dreißig Menschen unter der Aufsicht der namentlich erwähnten Sammler beteiligt waren (Tafel B 5584; Ga 419, 427, 7367). Vor allem muß man wissen, daß die Kreter heute noch den *aladanos* als Heilmittel gegen die Pest, gegen Rheumatismus, Arthritis und chronische Bronchitis, gegen Durchfall, verschiedene Kinderkrankheiten und zur Bekämpfung der Furunkulose verwenden. Die Hebammen ernten heimlich das duftende Harz, hindern die Männer daran, es zu berühren, und versorgen damit die Säuglinge. Sie geben es den Müttern, die es im Häubchen oder Strampelanzug ihrer Babys verstecken oder ihnen damit bei Erkältungen die Schläfen oder die Brust einreiben. Der *aladanos* gilt allgemein als apotropäisch, er soll den bösen Blick abwenden und Unglück verhüten. Vor ein paar Jahren noch verbrannten ihn die kretischen Frauen bei der morgendlichen Toilette, und die Bäcker legten eine Prise davon in den Backofen, um das Brot zu parfümieren. Timotheos Veneris, der Metropolit von Kreta und frühere Bischof von Mylopotamos, wo man den besten *aladanos* erntet, schickte ihn dem Patriarchen von Konstantinopel zur Beweihräucherung der Ikonen. Die geruchlosen Blüten der kretischen Zistrose welken schnell dahin. Aber das Harz duftet so stark und einnehmend, daß die Maler des Palasts von Knossos die Blüte verewigt haben. Unter anderen Blumen aus Kreta leuchtet noch heute die Zistrose auf dem Fresko des Blauen Vogels.[77]

Parfums für die Götter

Geht man der Bestimmung der zahlreichen Parfums zur Zeit Theseus', Phädras und der schönen Helena nach, verbleibt man im sakralen Bereich. Der Gott der Schmiedekunst, der auf 11,20 Liter Oregano-Öl Anspruch hatte, ist bereits genannt worden. Als bedürfte es noch einer Bestätigung dieses Verwendungszwecks wurden monatlich mehrere Kannen Öl an das Dädaleion, das Heiligtum des Dädalos, geschickt, die auf den Täfelchen der Serie Fp registriert sind.[78] Sie wurden in einem Tonkasten am Eingang eines Peristyliums im Südwesten des zentralen Innenhofes des Heiligtums von Knossos mit zwanzig weiteren Schrifttafeln religiösen Inhalts gefunden, auf denen die monatlich dargebrachten Opfergaben an die verschiedenen Gottheiten und deren Priesterschaft aufgeführt sind.

Die erste Tontafel Fp 1 + 31 gibt Auskunft über: »(Lieferungen) im Monat Deuk(i)os (Polydeukes, d.i. Pollux, einer der Zwillinge, oder der Monat des Mosts, *deukos?*)

an Zeus, den Gott des Berges Dikte (heute heißt er Iouktas, 6 km südlich von Knossos) 1 Amphora Öl (9,6 l),
ans Dädaleion 2 Amphoren Öl,
an Pade (den Hirtengott Pan?) 1 Amphora Öl,
allen Göttern (von Knossos?) 1 Fäßchen Öl (28,8 l),
an die Jägerin (Diktynna-Britomarpis oder Artemis) 1 Amphora Öl,
allen Göttern von Amnisos (des Hafens von Knossos?) 1 (2 oder 3) Amphora(en) Öl,
an Erinys (Beiname der Unterweltgöttin Demeter) 3 Krüge Öl,

an das Heiligtum von Gadas (des Herrn der Erde?) 1 Krug Öl (1,6 l),

an die Priesterin der Winde 4 Krüge.

Insgesamt: 108,8 Liter.«

Angesichts dieser Ziffern dürften die Verwalter eines einzigen Magazins, des »Büros 138«, im Laufe des ersten Halbjahres insgesamt mindestens 650 Liter ölige Salben verteilt haben. In den Serien Fh, Fs, Ga der Buchführung von Knossos stehen weitere Zuteilungen. Neben den bereits erwähnten Gottheiten werden *Malineus* (der Gott mit dem Vlies?) und der Palastherr, der *Wanax*, erwähnt, jeder von ihnen bekommt zehn große Maß Korianderkörner als Weihrauch. Da es sechs oder sieben sakrale Parfums gab, muß man annehmen, daß nicht allen Göttern und Göttinnen die gleichen Düfte gefällig waren und daß jede Beweihräucherung, jeder Balsam einen anderen Wunsch ausdrückte, eine besondere Botschaft enthielt und für den Adressaten mehr oder weniger verpflichtend war. Es versteht sich von selbst, daß man im Rosenmonat Mai nicht allen Göttern von Amnisos die gleiche Opfergabe darbrachte wie *Eleuthia*, der Göttin der Gebärenden, oder *Daburi(n)thoio Potnia*, der Herrin des Labyrinths (von Skotino?); man spendete ihnen eher die eine oder andere Sorte Öl als Honig in 10 bis 12- Liter-Amphoren.

Addiert man alle Zahlen, die die Palastschreiber überliefert haben, und stellt man eine normale Verlustquote von 20 Prozent der Dokumente in Rechnung, kommt man immerhin auf fast 5000 Liter Oliven-, Mandel- und Sesamöl, die die Kontrolleure zum Salbensieden und zur Herstellung von 3500 Litern mehr oder weniger flüssiger Salben abgegeben haben.

Bei den Grabungen wurden nur einige verzierte Scherben, ein paar Bilder und Namen der Gefäße gefunden, in denen das Parfum aufbewahrt wurde. Hier eine Auflistung der Gefäße, die die Texte von Knossos in Form von Ideogrammen darstellen: *apiporewe*, Amphoren oder Gefäße mit zwei senkrechten Henkeln, einem mehr oder weniger breiten Hals und einem sich nach unten verjüngenden Körper; *di-pa*, auf luwisch *tepas*, im homerischen Griechisch *depas*, d.h. ein im allgemeinen recht großes Metallgefäß mit zwei oder drei Henkeln, die über den Rand hinausgehen; *ipono*, die halbkugelförmige Schale; *kararewe*, die Bügelkanne mit Schnabel an der Seite, im klassischen Griechisch *chlaron*, die Ölflasche; *kurusupha*, der Kessel mit hohem Hals, zwei senkrechten Henkeln und drei Füßen; *udoro*, die kegelstumpfförmigen Wassereimer mit seitlichen Henkeln; hinzu kommen zweifelsohne noch die Becken, Krüge, Ölkännchen und Schöpflöffel, die ohne besondere Erklärungen dargestellt sind.

Die weitaus am besten belegten Gefäße sind jedoch die Bügelkannen, allein auf Täfelchen K 700 sind zweimal neunhundert Exemplare verzeichnet. Die Scherben finden sich denn auch zu Tausenden in den Häusern, Palästen, Heiligtümern und Gräbern aus dem 16. bis 12. Jahrhundert v. Chr. Von einer Scheinmündung gehen oben auf der Vase zwei Henkel hinunter zur Gefäßschulter, wie zwei Steigbügel. Durch den sehr engen Hals fließt nur ein feiner, dünner Strahl Öl. Ihr Fassungsvermögen reichte von 1,36 Liter bis etwas mehr als 15 Liter. Die großen Tonkrüge, die als Hohlmaß oder Maßeinheit dienten, scheinen je nach Palast zwischen 10 und 15 Liter Öl gefaßt zu haben, das heißt im Durchschnitt 12,5 Liter. Man mußte sie zum Transport an den zwei Henkeln halten und bequem neigen können. Es scheint erwiesen zu sein, daß die großen, unverzierten Tongefäße reines Olivenöl enthielten, die kleinen, mit umlaufenden Bändern, stilisierten Blumen, Schildern oder Palmen verzierten hingegen parfümiertes Öl oder ein seltenes Öl wie Palmöl.

Auf einem Täfelchen aus Pylos, Fr 1184, ist die Lieferung von 18 Maß Olivenöl an einen Parfümeur verzeichnet, der daraus 38 Bügelkannen parfümierten Öls herstellen soll. Nicht nur beim Sieden und Hantieren trat notwendig ein Gewichtsverlust ein; je weiter der Arbeitsprozeß fortschritt, verloren die Rohstoffe um so mehr an Volumen und Gewicht. Die Behälter, in die sie der Reihe nach gegossen wurden, wurden immer kleiner, vom großen Tonkrug in eine Schüssel und vom kleinen Krug ins Ölkännchen.

Da die Instrumente der Parfümeure von Knossos sich kaum von Küchengeräten unterschieden, ihre Verfahren kaum anders waren als die der Zyprioten und Assyrer derselben Epoche und manchmal der Zubereitung von Latwergen ähnelten, lassen sich die Offizinen nur schwer lokalisieren. Die Notwendigkeit, in den Ziegelöfen ständig Feuer zu unterhalten, der Rauch, die schweren Dämpfe des heißen Öls, das Verlangen nach Abzug und Lüftung – all das verleitet zu der Annahme, daß die Salbensieder (*aleiphazooi*, *ipsewa*, *myrepsoi*), wie die Bronzegießer, Gerber und Färber, etwas abseits vom Palast tätig waren.

Das von Peter Warren zwischen 1978 und 1982 westlich des stratigraphischen Museums von Knossos[79] ausgegrabene Gebäude, das wegen der Verkleidung des zentralen Raumes den Beinamen *The Gypsum House* erhalten hat, könnte Werkstatt und Magazin zugleich gewesen sein, so zahlreich und typisch sind die Behälter, die dort gefunden wurden: ein dreifüßiger Kessel, eine große Bügelkanne, Tonkrüge und Kannen für kleine Mengen seltener Flüssigkeiten, Schalen und Kupellen. Man fand jedoch weder einen Deckel noch einen Aufsatz für einen Alambik. Die ätherischen Öle wurden also vermutlich entweder nach dem Absetzenlassen von der Oberfläche des Siedewassers abgeschöpft oder in einem über das Becken gespannten Tuch oder Vlies aufgefangen – zwei Verfahren zur Gewinnung ätherischer Öle, die bereits in Ägypten und Mesopotamien üblich waren.

Es ist verbürgt, daß die Einheimischen auf Kreta noch bis zum Jahr 1860 Oregano-, Thymian-, Wacholder-, Muskatsalbei-, Minze- und Poleiminze-Essenzen herstellten. Sie gaben die duftenden Pflanzenteile zusammen mit etwas Regenwasser in einen Kessel und schlossen den Deckel; in einem Rohr, das vom höchsten Punkt losging, sammelte sich der Dampf und schlug sich in einer flachen, großen Schüssel an der Seite nieder. Das ätherische Öl, das an der Oberfläche der destillierten Flüssigkeit schwamm, wurde in einem Baumwolltuch aufgefangen, das über einem kleinen Behälter ausgewrungen wurde.

In den achtziger Jahren konnte man noch Lorbeeröl (*daphnolado*) kaufen, das die Frauen von Kavousi (Hierapetras), Krasi (Pediados) und Tzitziphes (Apokoronou) selbst hergestellt hatten; es hatte den türkisch-griechischen Namen *karabachi*, »Schwarzkopf«. Das Rezept lautete: Man zerstampfe Lorbeerfrüchte, lasse sie vierzig Tage lang in Jungfernöl mazerieren, filtere sie dann, presse die Reste aus und lasse beide Flüssigkeiten sich absetzen. Das Öl aus den Früchten und Knospen des Lorbeerbaums mit seinem wilden, strengen, würzigen Duft gilt seit Jahrtausenden bei den Frauen als ein Mittel, um sich ein Leben lang pechschwarzes, langes, glänzendes Haar zu erhalten.

Evangelia Frangaki, eine angesehene Volkskundlerin aus Kalloni in Zentralkreta, lernte 1954 durch eine Frau, die im vorigen Jahrhundert geboren war, ein altes Verfahren zur Gewinnung von Wacholderöl kennen:[80] Man füllte einen Tonkrug mit der Rinde, den Knospen und den noch frischen und feuchten Beeren des Wacholderstrauchs, verschloß ihn hermetisch und klebte an die seitliche Öffnung dieses Tonkrugs den Schnabel eines leeren, aber gleichfalls abgeschlossenen Krügleins. Man grub ein Loch in die Erde, erhitzte sie maximal und legte dann die beiden gut umhüllten Behälter hinein. Man bedeckte das Ganze mit Erde und Zweigen, legte Feuer und gab diesem

drei Tage lang immer neue Nahrung. Sobald das Feuer erloschen und die Erde hinreichend abgekühlt war, grub man die
Töpfe aus, goß das aus den Spänen und Beeren gewonnene
duftende Öl in eine kleine, blaue Flasche, verkorkte und versiegelte sie mit lauwarmem Wachs fernab vom Feuer. Angesichts
der Bügelamphoren, Tonkrüge und Kannen mit Schnäbelchen
in den Museen Kretas liegt die Vermutung nahe, daß die Kreterinnen der Antike bereits auf die gleiche Weise Wacholderöl
gewannen. Fest steht allerdings nur, daß sie schon zu Zeiten
Helenas, die durch ihren Gatten Menelaos, ihren Entführer
Theseus und ihren Ratgeber Odysseus mit Kreta verbunden
war, die Kunst beherrschten, sich heimische Pflanzen, natürliche Öle, Sonne und Feuer für die Schönheitspflege zunutze zu
machen.

Kretische Aromata und Aromatherapie

Während die Offizinen der großen Heiligtümer in Kreta Weihrauch, Salben und aromatische Öle für religiöse Zwecke herstellten, wußten die Privatleute um deren profane Verwendungsweisen. Es ist bekannt, daß die Frauen, um gut zu riechen, Bäder im dampfenden Rauch des *ládanon* oder *ponikijo*,
eines Exsudats der kretischen Zistrose, nahmen; daß die Männer die hochprozentigen Weine mit Anis, wildem Majoran, Koriander und Wacholder würzten; daß die einheimischen Lippen- und Doldenblütler in der Pharmakopöe Verwendung fanden. Diese Pflanzen wurden bis nach Ägypten exportiert. In
mehreren Texten der 18. und 19. Dynastie werden die kretischen Balsame, die kretischen »Saubohnen« und die Zauberformeln erwähnt, die zur Heilung gesprochen werden müssen, so
die geheimnisvolle Zauberformel gegen die sogenannte asiatische Krankheit: *Santaka papiwaya'ayam (a?)ntaraku* und die
Beschwörung der drei Gottheiten Katoura (Katreus), Tiya
(Theia?) und Amai (auf griechisch Hermes?).[81]

Es ist nicht möglich, auf die ganze wohlriechende Flora Kretas mit ihren 200 einheimischen Arten einzugehen. Der Storaxbaum (*astyraka*), der Quittenbaum (*kotonea*), das Bohnenkraut (*thrymbi*), die Tazette, die Hyazinthe (*skordoula*), ein kretisches Knabenkraut, die Salep-Orchis, aus der ein Aphrodisiakum (der *salepi*) gewonnen wurde, der Polykobo oder die aromatisch duftende Nachtviole seien hier wie so viele andere unfehlbare Mittel gegen Schnupfen oder Erkrankungen des Verdauungstrakts außer acht gelassen.[82] Lediglich die drei Allheilmittel Diptam, Heilziest und Salbei sollen eingehender untersucht werden, die wegen ihrer Heilkraft, ihres Duftes und Geschmacks sehr gefragt sind und auch heute noch von Kreta nach Italien, Frankreich und Deutschland zur Herstellung aromatischer Essenzen und Arzneimittel ausgeführt werden.

Ein und dieselbe Substanz diente als Würze, Aromastoff, Gewürz, Aphrodisiakum, Tonikum, Medikament... und Gift. Das griechische Wort *pharmakon*, wörtlich **phar + ma*, »was sich schneiden läßt«, bezeichnete sowohl die Heilpflanzen als auch die tödlich wirkenden Pflanzen. Ein anderes griechisches Wort, *tragema*, wörtlich **trag + ma*, »was sich knabbern läßt«, das heißt das Naschwerk, ist im Abendland zu Droge oder drug geworden. Ebenso kann *broma*, »was (man) annagt«, auf griechisch ein Leckerbissen, Ulkus oder Karies sein, und *osma* ein guter oder schlechter Geruch. Die Pflanzen haben eben nicht nur Vorzüge. Auf das Wort *aroma* werden wir später eingehen.

Der Echte Kretische Diptam, *Origanum dictamnus* L., ist ein Lippenblütler mit türkisfarbenen, runden, leicht fleischigen und samtigen Blättern. Malvenfarben blüht er Mitte Juli. Die braunen, kapselartigen Früchte enthalten vier Nüßchen. Wild wächst er auf den Felsen der höchsten Berge, und manch einer ist beim Pflücken zu Tode gestürzt. Spätestens seit der minoischen Epoche ranken sich um die »Pflanze der Dikte« (oder des heiligen Berges) viele Legenden.

Vierundzwanzig antike und fünfzehn moderne Autoren zitiert Eleutherios Platakis in seiner Monographie über den kretischen

Diptam (Heraklion ²1975), sie alle preisen die Vorzüge dieses Allheilmittels. Der Echte Kretische Diptam galt früher als ein Mittel, das die Entbindung erleichtert und Wunden schnell vernarben läßt. Selbst das Wild machte sich diese Wirkung instinktiv zunutze. Der Arzt Galenos empfahl ihn Mitte des 2. Jahrhunderts[83] als Heilmittel gegen ein Dutzend Krankheiten, von eiternden Wunden bis zu Nervenleiden. Er gilt auch als Mittel gegen Magen- und Leberleiden, Grippe, Haarausfall und das verspätete Eintreten der Regel.

Von den vierzehn Namen, die er in Kreta hat, ist die Bezeichnung *erondas*, d. h. »Liebespflanze«, am weitesten verbreitet. In Westkreta nennt man ihn *stomatochorto* oder »Mundkraut«, weil man einen frischen Atem bekommt, wenn man seine Blätter kaut. Tatsächlich stimuliert das ätherische Öl, das insbesondere in den feinen Härchen auf der Blattoberfläche enthalten ist, das Pulegon, ein Terpen-Keton, das auch in der Poleiminze (*Mentha pulegium*) vorkommt, in geringer Dosierung das Nervensystem. Wie der wilde Majoran enthält er Thymol und Carvacrol, die beide antiseptisch auf die Atemwege wirken. Wie andere Lippenblütler – zum Beispiel Basilikum, Minze, Majoran und Dost – wirkt auch der Diptam als Tee tonisch, magenstärkend, gegen Blähungen und menstruationsfördernd, als Liniment oder Kataplasma antirheumatisch.

Die alten Kreter kannten seine Heilkräfte sicher ebensogut wie seinen ätzenden, scharfen Geruch, der intensiver ist als der des Thymian. Es ist erwiesen, daß die ätherischen Öle der Lippenblütler die Körpertemperatur erhöhen, den Stoffwechsel anregen und die Wirkung einiger Bakterien hemmen.

Der Heilziest (*Stachys Betonica* L.), der in Frankreich heute noch Belle-tête oder Epiaire Bétoine heißt, und dort schon sehr lange, spätestens seit der Zeit, als die Kelten sich in Gallien und auf der Iberischen Halbinsel niederließen, als Heilpflanze gilt, ist auch ein Lippenblütler, mit ährenförmig angeordneten, malvenfarbenen Blüten, mit dreimal so langen wie breiten, fein gezackten Blättern am Fuße des 30 - 60 cm hohen Stengels.

Eine kretische Abart ist die *malotira*, die Pflanze, »die das Böse abzieht« (*Sideritis Cretica* Boissieri). Im Herbst ist die immergrüne Strauchheide im Westen der Insel von ihrem berauschenden Duft erfüllt. Als Absud oder als Puder in einer Latwerge galt das Ziestblatt in Frankreich als Arznei gegen Kopfweh sowie als herzstärkendes und Wundheilmittel. In Kreta bereitet man daraus einen Kräutertee gegen Magenschmerzen und Erkältungen. Bis zum Jahre 1965 wurde das ätherische Öl noch mittels Wasserdampf in einer großen Fabrik in Heraklion destilliert, seine Terpinene werden von der modernen Chemie als Grundstoffe für Parfumkompositionen verwandt. Jetzt wird die *malotira* in italienischen Fabriken verarbeitet.

Der Scharlei oder Muskatsalbei (*Salvia sclarea* L.) ist gleichfalls ein duftender Lippenblütler. Im antiken Kreta spielte er eine große Rolle, die alten Bezeichnungen *sphakos* und *horminon* scheinen prähellenischen Ursprungs zu sein, und mit dem heutigen Namen *phaskomilia* bezeichnet man den Aromastoff und den Kräutertee, die auf der Insel am weitesten verbreitet sind; er gilt auch als eines der besten Heilkräuter. Salbeitee trinkt man allerdings nicht nur auf Kreta, sondern auch auf dem griechischen Festland und in der Provence. Der Salbei war auch die *herba sacra* der Latiner.

Der Muskatsalbei ist ein buschig wachsender, ein bis zwei Ellen hoher Halbstrauch mit leicht klebrigen Ästen. Die länglich-ovalen, graugrünen Blätter sind auf beiden Seiten samtig. Sie verbergen bläulichrote oder blauviolette, sehr honigreiche Blütenstände. Die äußersten Enden der Blütenstengel und die getrockneten Blätter duften stark nach Amber und Moschus zugleich, der Duft ähnelt dem des Lavendels, und man gewinnt ihn durch verschiedene Arten von Mazeration und Enfleurage. Mit Salbei parfümierter Wein wirkt stimulierend. Die therapeutischen Eigenschaften der *phaskomilia* sind großenteils die gleichen wie die des Echten Salbei: Sie wirkt tonisch, antiseptisch, verdauungs- und menstruationsfördernd; der wesentliche Unterschied besteht darin, daß die harzigen Stoffe und das Tannin des Muskatsalbeis ein wirksamer Fixateur für andere Duftstoffe sind.

Wahrscheinlich stellten die Parfümeure in Kreta wie auf dem Peloponnes aus dem Salbei zuerst ein adstringierendes Öl her und mischten es dann mit Rosenblättern und Ginsterblüten, *aspalathos*. Jedenfalls rauchten noch bis vor kurzem ein paar kretische Bauern *phaskomilia*-Blätter in Pfeifen, deren Köpfe aus einem großen Schneckenhaus bestanden – ein Überbleibsel aus uralten Zeiten, als man durch Räuchern die Luft reinigte und damit die passende Stimmung für das Gebet schuf.

Daß die alten Kreter für die Düfte ihrer Berge genauso empfänglich waren wie wir, zeigen neben den Ortsnamen – Varsomonero (das Duftwasser), Varsamakia (die Balsame), Astyraki (der Styrax), Kolokasia (die Seerosen) – auch die gereimten Ständchen oder die rhythmisierte Prosa von Kazantzakis; sie besingen den blühenden Wein oder die Dämpfe, die nach einem Platzregen von der brennend heißen Erde emporsteigen. Sicher brauchten die Verliebten alter Zeiten nicht erst unsere zeitgenössischen Dichter, um Loblieder auf ihre Geliebten inmitten der Hyazinthen-, Jasmin- und Rosenblüten zu singen. Folgendes Lied habe ich in den Weilern Lakoniens, Helenas Heimat, gehört:

Kleine duftende Zitrone
im dicht bewachsenen Garten
dufte nicht so stark
sonst überraschst du mich bei der Nacht...[84]

Die ersten Siedler auf Kreta dürften wohl genauso empfänglich gewesen sein wie ihre Nachfahren für die duftenden und desodorierenden, balsamischen und antiseptischen Eigenschaften der Zypressenarten: des stacheligen Wacholder, der Zypresse, der Thuja und ganz allgemein der Koniferen, die die ganze Südküste der Insel bedecken. Spuren ihrer Asche finden sich noch heute am Eingang der großen Kuppelgräber der Messara-Ebene und im Inneren der Höhlengräber aus der frühminoischen Zeit (2800 – 2100 v. Chr.), zum Beispiel in Trapeza, Tzermiado, Mallia, Pyrgos, Kyparissi.[85] Man nimmt an, daß dort Opferrituale für die Toten abgehalten wurden.

Dem balsamischen Charakter dieser pflanzlichen »Essenzen«, den Wohlgerüchen, die die schlechten Gerüche und das Böse vertreiben, wurde bislang zu wenig Aufmerksamkeit geschenkt. Aromata verleihen dem Leben Luxus und Glanz: *magnum Iovis incrementum!* (Vergil, *Bucolica*, IV, 49) – welche Entfaltung der Seinsmöglichkeiten! Sie erwecken Totgeglaubte zu neuem Leben, so Minos' Sohn Glaukos, der in eine Höhle in Kreta gesteckt wurde und dem eine Schlange das Lebenskraut bringt, den Aromastoff, der Tote wiederauferstehen läßt, wenn sie ihn berühren oder damit eingerieben werden (Apollodoros, *Bibliothek*, III, 1 – 3; 3, 1; Hyginus, *Fabulae*, 49 und 136). Vielleicht war das Kraut, das Glaukos bekam, das gleiche, das die antiken Botaniker *glaukia* oder *glaukion* nannten, der Mohn der Unsterblichkeit, den damals viele kretische Göttinnen – zum Beispiel Demeter oder die Göttin von Gazi – in Händen hielten oder auf dem Kopf trugen.

In Griechenland war der Mohn das Attribut der Gottheiten aus der Unterwelt, die ihre Opfer nach ihrem Gutdünken auch wieder herausgaben, so Glaukos, Herakles, Alkestis und Eurydike. Bekanntlich wirkt Opium in geringer Dosierung vorübergehend tonisch und herzstärkend und aktiviert die Gehirnfunktionen und die Atmung. Im Land der Göttinnen der Gesundheit und der Heilung wurde um 1300 – 1250 v. Chr. Opium inhaliert oder als Räucherwerk verwendet; das beweisen ein Aschehaufen und eine röhrenförmige Vase mit seitlicher Öffnung, auf die man bei den Ausgrabungen von Sp. Marinatos im August 1936 bei den göttlichen Idolen von Gazi gestoßen ist.[86] Mekone, das spätere Sikyon am Golf von Korinth, wo Götter und Menschen sich schieden (Hesiod, *Theogonie*, 535f.), war buchstäblich die Stadt »des Mohns«. Vom Opiumrauch erwartete man die gleiche Wirkung wie später vom Tabakrauch: Heiterkeit, Vergessen oder Ekstase.

Die enge Beziehung zwischen Kultstätten und aromatischen Ölen oder Räucherungen, die Unterscheidung von Offizinen und Magazinen, von Sammlern und Empfängern in Knossos, all das zeugt vom religiösen, ja priesterlichen Charakter der minoischen und mykenischen Paläste. Das Gebäude im unteren Stadtteil von Mykene, das fälschlicherweise das Haus des Ölhändlers genannt wird, ist mit seinen Vorratsräumen voller großer Tonkrüge und Bügelkannen nichts weiter als der Verwaltungstrakt des großen Palastheiligtums der Zitadelle, die um 1250 v. Chr. bei einem Erdbeben zerstört wurde. Die dort zwischen 1950 und 1952 von Alan Wace ausgegrabenen Tontafeln[87] führen siebzehn Arbeiter auf, es werden kleine Mengen Öl (1,6 oder 2 Liter) und zwischen drei und fünfundvierzig Kilo Rohwolle verschiedenen Handwerkern zur Herstellung von Stoffen und Teppichen zugeteilt. In einem benachbarten Gebäude, im Haus der Elfenbein-Sphingen, in dem wahrscheinlich ein Atelier für Einlegearbeiten und eine Offizin zur Herstellung von Ölen untergebracht waren, wurden 1954 sechs Täfelchen entdeckt, die auf Parfums und Aromata verweisen. Auf einer Schrifttafel sind fünfzehn Namen von Handwerkern verzeichnet, auf zwei weiteren ihr Lohn in Naturalien, auf einer anderen sechsundachtzig Gefäße, darunter acht dreifüßige Kessel, acht Mischgefäße verschiedener Größe, zwei Amphoren, zehn Eimer zum Dekantieren (*antla*); all dies läßt die Herstellungsverfahren erahnen.

Die eindeutigsten Täfelchen der Serie Ge mit den Gewürzen und aromatischen Pflanzen umfassen nicht weniger als ein Dutzend abgekürzt geschriebener Termini, einschließlich der Namen der in Rückstand geratenen Lieferanten. Es handelt sich in der Reihenfolge ihres Erscheinens um Sesam, Fenchel (oder Anis?), Kreuzkümmel, Saflor, Poleiminze, zwei verschiedene Arten von Kalmus (*Acorus calamus* = Cymbopogon), Koriander, Feldthymian (*dara[kon]?*), Kresse und Eppich (*Apium graveo-*

lens, eine Art stark riechenden Selleries). Mal wird das Wort »*sapide*« mit Schachteln übersetzt, mal mit Gewürzen; das gleiche gilt auch für Ideogramm *155, das eine Schale oder einen geflochtenen Korb (*kalathos*) darstellt und immer am Ende der Zeile steht, und das Sigel DE, das vielleicht ein Bündel bezeichnet (auf griechisch *desme*). Aller Wahrscheinlichkeit nach ist man auf eine Lebensmittel- oder Kräuterhandlung gestoßen, die mitsamt ihren Rechnungsbüchern abgebrannt ist; da letztere aus Ton waren, wurden sie jedoch gebrannt und blieben so erhalten.

Tatsächlich ist es die Buchführung der königlichen Verwaltung: Zwanzig namentlich genannte Landwirte sind gehalten, als Tribut, *dosimija*, einen Teil ihrer Ernte an aromatischen Pflanzen abzugeben, frisch oder getrocknet oder nur die Körner. Die königlichen Werkstätten sollten daraus Gewürze für die Zubereitung von Fleisch, Brot und Wein herstellen – etwa aus Sesam, Kreuzkümmel, Poleiminze, Liebstöckel und Eppich –, außerdem wohlriechende Produkte für die Inzensationen und Salbungen der zahllosen Idole der Zitadelle, so aus Saflor, Koriander und Kalmus.

In Anbetracht dessen, was über die kretische Buchführung und Ikonographie bekannt ist, gibt es hier drei verblüffende Neuerungen: In Mykene wurde kein einziges Produkt importiert, die Landwirte der Umgebung lieferten ihren Anteil ab; es wurden Kräuter mit einem hohen Gehalt an stimulierend wirkenden Ölen – und nicht die Gummiharze von Bäumen – verarbeitet und endlich Farben erwähnt. Zum Beispiel wurde die *kanako erutara*, eine Art Distel mit orangefarbener Blüte, genau wie unser Saflor als Färberpflanze verwendet, während deren hellgraue Früchte (auf mykenisch heißen sie »weiß«, *leuka*), einzeln abgezählt, nicht nach Gewicht, als Medikament und Parfumingrediens Verwendung fanden.

Plinius dem Älteren zufolge, der die Angaben früherer griechischer Wissenschaftler (z. B. Theophrasts *Abhandlung über die Gerüche* 14; 31) in seiner Naturkunde XIII, 7 wiedergibt, besteht jeder künstlich hergestellte Duft aus fünf Ingredienzien: dem flüssigen, dem festen Anteil, dem Fixateur, Salz und Farbstoff: »Ein dritter Bestandteil ist die Farbe, die von vielen vernachlässigt wird; man fügt deshalb Drachenblut und Schminkwurz hinzu.« Im lateinischen Text heißt es »Zinnober«, aber der griechische Quellentext (vgl. Dioskurides III, 160) lautet *erythrodanon*, Krapp, Färberröte. Jedenfalls handelt es sich wie bei der Schminkwurz (*Alkama tinctoria* Tausch.) um einen leuchtendroten Farbstoff, als sollten die Balsame, Salben und Pomaden dem Blut ähneln und dadurch Leben und Kraft verleihen. Genauso verhielt es sich mit dem roten Ocker, mit dem man von der Altsteinzeit bis zur Bronzezeit in Europa und im Nahen Osten die Toten schminkte. Amüsanterweise stellten die Parfümeure Agamemnons, Menelaos' und Helenas bereits Parfums her, die farblich und in ihrer Zusammensetzung denen ihrer Nachfahren fünftausend Jahre später glichen. Und es mutet wie eine Ironie des Schicksals an, wenn Klytämnestras Liebhaber, der Agamemnon im Bade ermorden sollte, der Sohn des Thyestes war, was soviel heißt wie »Parfümeur«!

Die mykenische Buchführung ist auch deshalb von Bedeutung, weil darin neunhundert Jahre vor den klassischen Zeugnissen des Xenophon, Hippokrates und Aristoteles ein Begriff auftaucht, der zunächst das Kraut, das im Garten gezogen wird, die Würze, das Gewürz bezeichnete, bevor er die Bedeutung Aromastoff, Aroma und Wohlgeruch annahm. Täfelchen Ge 602 aus Mykene beginnt in der Tat mit den Worten: »*jo-oporo, aromo, (dosi?) mijo*«, was soviel heißt wie: »Das schuldeten die (folgenden) Abgabepflichtigen an aromatischen Pflanzen.«

Das griechische Wort *aroma* hat man mit dem Wort *aron*, dem Aronstab, einer geruchlosen Heilpflanze aus Italien, sowie mit den Wörtern *aris* und *arison* in Verbindung gebracht, die im Griechischen toxische Varianten des Aronstabs bezeichneten, allerdings ohne darüber auf eine einleuchtende Etymologie desjenigen Wortes zu kommen, das in der griechischen Parfümeurskunst am häufigsten verwendet wurde. Die Doublette

aro-mo/aro-ma ist ihrer Bildung nach der mykenischen Doublette *(s)pe(r)mo/(s)pe(r)ma* analog, und wenn letzteres Substantiv »was sich säen läßt« bedeutet, dann muß *aromo/aroma* ursprünglich soviel bedeutet haben wie »was sich an-/bebauen
läßt«, das heißt das bestellte Feld wie auch die angebaute Kulturpflanze, in Verbindung mit dem indoeuropäischen Verb *aroo*,
pflügen. Dann wäre es das Verdienst der Griechen, eine Technik – in diesem Fall den Ackerbau – in eine Kunst überführt
und dem Begriff Kultur eine feinsinnige, abstrakte und geistige
Bedeutung verliehen zu haben.

Die Parfums von Theben

Der Palast von Theben, der Stadt mit den sieben Toren, die
Heimat des Dionysos, Herakles, Laios und der Iokaste, des
Ödipus und seiner Kinder, die Stadt des Pindar, Epaminondas
und Plutarch – um nur die berühmtesten Namen zu nennen –
wird seit 1905 nach und nach aus verschiedenen übereinander-
gelagerten Siedlungen auf dem Gipfel des Hügels Kadmeia
freigelegt. Den Archäologen gelang die Identifikation einiger
Elemente eines großangelegten architektonischen Komplexes,
der mit Nebengebäuden schätzungsweise eine Fläche von 180
mal 150 Metern umfaßte und im dritten Viertel des 13. Jahrhunderts v. Chr. durch eine Feuersbrunst zerstört wurde.[88]
  Bei den Grabungen der Jahre 1964/65 am äußersten östlichen
Ende des Gebäudes wurden einundzwanzig Tontafelfragmente
in Linear B gefunden, die allesamt Lieferungen von Parfums
betreffen und das folgende Schema befolgen: der Name eines
Beamten, der Name eines Lieferanten, das Zeichen O – in
Knossos und Pylos der Anfangsbuchstabe eines Aromastoffs
oder der des griechischen Wortes für Geruch *osmos* –, schließlich eine Zahl, die entweder für ein Gewicht oder für ein Hohlmaß, zum Beispiel zwei bis zwölf Fläschchen, steht. Im Westteil
des viereckigen Gebäudekomplexes wurden zwischen 1970 und

1972 neunzehn Textfragmente entdeckt, die die Lieferung und Bearbeitung der Wolle betreffen. Das einzige gemeinsame Wort ist der theophore Name Diujawo oder Diwijawo, »der Schützling der Göttin Diwija«. Dort sind auch die Namen des höchsten Gottes, von Hera, Hermes, Potnia und der Dienerinnen der mykenischen Gottheiten Komawens und Malineus zu lesen, die schon aus Knossos und Pylos bekannt sind. War der architektonische Komplex, an dessen Stelle man dem Reisenden Pausanias im Jahr 175 die Ruinen von mindestens vier Tempeln zeigte, vielleicht eine weitläufige sakrale Anlage, mit zahlreichen Priestern, Kapellen, Nähstuben, Vorratsräumen und mehreren Registraturen wie die angeblichen »Paläste« in Kreta?

Parfumhersteller und Weberinnen standen gleichermaßen im Dienste des Kults, und sie arbeiteten auch zusammen, denn der Aromastoff Koriander ist auch in der Serie über die Wolle zu lesen, er steht hinter dem männlichen Namen Kokaleus. Man begnügte sich also nicht damit, die Idole, Altäre, Priester und Priesterinnen, ja sogar die Mauern der Wohnhäuser zu beweihräuchern, wie heute noch in Griechenland üblich. Man parfümierte darüber hinaus die Kleider, nicht mit dem übelriechenden Lanolin, wie J. T. Killen[89] annahm, sondern mit aromatischen Ölen, durch die die Menschen den Göttern näherkamen. Der Mythologie zufolge wurde in Theben die Hochzeit des Orientalen Kadmos mit der Griechin Harmonie gefeiert. Das Hochzeitskleid, das nach einem glühendheißen Liebestrank gerochen haben soll, war ein Geschenk der Göttin Athene.

An einem Tor von Theben saß die Sphinx – auch auf griechisch ist das Wort weiblich – und hütete das Palastheiligtum so wie die geflügelten Stiere in Assyrien, die Cherubinen in Jerusalem, die Greife in Knossos, die Löwen in Mykene. Sie stellte jedermann, der die Stadt betreten wollte, auf die Probe, indem sie ihm symbolische, unlösbare Rätsel aufgab.

Ödipus, das Findelkind, der hinkende Vagabund, der Verbrecher, der blutschänderische Thronräuber, hielt sich für scharfsinnig, als er die Frage der Sphinx mit einer Tautologie beantwortete, und mußte sich schließlich die Augen ausstechen. Das wahre Wissen war nicht ans Augenlicht gebunden. Teiresias, der blinde Seher, sah die Zukunft nicht vorher, er erfühlte sie. Die Zeit war wie Luft oder Rauch, unsichtbar, ungreifbar, unhörbar, aber sie konnte innerlich erlebt, wahrgenommen werden. Wer weiß, ob Teiresias nicht wie seine Vorläufer, die Schamanen, Aromata als Halluzinogene[90] verwendete! Anis, Absinth, Grüne Minze und Salbei können in hohen Dosen hypersensibilisieren und das Bewußtsein trüben, bevor sie hochgradige Erschöpfung, Geistesgestörtheit oder Bewußtlosigkeit hervorrufen. Weder die Sphinx noch Ödipus erkannten deren Macht.

Überdies wußten die Therapeuten, Seher, Priester und Verwalter der Kadmeia, daß zur Bekämpfung der Pest, die Theben heimgesucht hatte, der Rauch der Opfer und aromatischen Pflanzen gleichzeitig zum Himmel steigen mußte. So beginnt *König Ödipus* mit den Worten: »O Kinder, jung Geschlecht aus Kadmos' altem Stamm! / Wie deut' ich's, daß ihr hier auf diesen Plätzen sitzt, / mit hilfeflehenden Gezweigen reich geschmückt? / Die Stadt indes ist angefüllt von Weihrauchduft, / zugleich von Bittgesängen und von Wehgeschrei.« / Und der Priester erwidert Ödipus: »... doch das andre Volk weilt auf dem Markt, / es hockt geschmückt vor Pallas Doppelheiligtum / und bei des Ismenos weissagender Asche auch. / Denn, wie du selber auch erkennst: es schwankt die Stadt / so schwer schon, daß sie nicht imstand' ist, noch ihr Haupt / zu heben aus den Tiefen mörderischer Flut: / sie schwindet hier im fruchtbarn Keim des Ackerlands; / sie schwindet dort in Rinderherden und der Fraun / fruchtloser Schwangerschaft; der feuersprüh'nde Gott / stürmt her und trifft, wütender Pesthauch, unsre Stadt.«

Da Hippokrates 430 v. Chr. Scheiterhaufen aus wohlriechenden Hölzern errichten ließ, um die übelriechenden Ausdünstungen von Athen zu vertreiben, während die Seher im Weihrauchdunst ihre Weissagungen machten, verwandte man in Theben Parfums und Aromata sicher noch zu ganz anderen

Zwecken als denjenigen, die die Buchführung von Ödipus' Sohn festhält. Es gibt nicht nur den sakralen Bereich. Bestimmte Düfte wirken auf- und anregend, andere heilend, oder sie vertreiben das Böse. Handelt es sich um die Geburt einer rationellen Medizin in eben dem Jahrhundert, in dem in Pylos das Wort *iate(r)*, »der Heilkundige«, der Arzt, auftaucht?

Die Parfums von Pylos

Unvergessen sind die Ausgrabungen des Griechen Kourouniotis (1938 – 39) wie die der Forscher von der Universität Cincinnati unter der Leitung von Carl Blegen (1952 – 62) auf dem Hügel Ano Englianos 17 Kilometer nördlich der heutigen Stadt Pylos in Messenien im Südwesten des Peloponnes. Die Archäologen dachten, den Palast des legendären Königs Nestor und seiner Söhne Echephron, Peisistratos, Antilochos auszugraben, die in Troja kämpften, um die untreue Helena zurückzuholen. In Wirklichkeit legten sie aber einen Gebäudekomplex von 105 Zimmern und Höfen frei auf einer Fläche, die 80 Meter von Westen nach Osten und 60 Meter von Norden nach Süden reicht. Der Hauptteil besteht aus einem großen quadratischen Saal mit vier Säulen um eine Feuerstelle, seit Schliemann mykenisches *megaron* genannt. Man betritt ihn durch eine Säulenvorhalle. Am interessantesten sind die 400 Tontafeln, die bei einer Feuersbrunst gegen Ende des 13. Jahrhunderts gebrannt und von denen sieben 1939 und die anderen 1951 von Emmett L. Bennett Jr. veröffentlicht wurden. Die Täfelchen, die von der Parfumherstellung handeln, stammen aus dem sogenannten Archivkomplex, einem 3,5 mal 4 Meter großen Saal links des Eingangs. Die Täfelchen, auf denen die verschiedenen parfümierten Öle und Salben verzeichnet sind und verteilt werden, kommen aus zwei Vorratskammern nordwestlich und nördlich des *megaron* und aus einem Aufsichtsraum hinter dem östlichen Eingang in der Nähe der Werkstätten.[91]

In dreierlei Hinsicht bringen diese Dokumente, in denen auf Tontafeln in Form linierter Seiten Buch geführt wird, Neues. Sie zählen die Ingredienzien auf, aus denen die Parfums bestanden, und vermitteln eine Vorstellung von bestimmten Herstellverfahren, indem sie den Weg der Produkte von der Offizin bis in die Vorratsräume zeigen. Schließlich wird der Empfänger genannt. So lückenhaft auch die Informationen auf den Schrifttafeln sind, sie ergänzen die bisherigen aus Kreta, der Argolis und Böotien gewonnenen Kenntnisse.

Im folgenden werden die vier Täfelchen mit den eindeutigsten Hinweisen übersetzt, angefangen vom vollständigsten bis zum lückenhaftesten.

»PY Un 267 ›Das hat Alxoitas dem Thyestes (wörtlich »dem Parfümeur«), dem Salbensieder, zum Sieden gegeben, als Ingredienzen für eine Salbe: 6 Maß Koriander, 6 Maß Zypergras, 16 (oder 6?) Iriswurzelstöcke, 2 Maß 5/6 aromatische Früchte (Wacholderbeeren?), 20 Maß Wein, 2 Maß Honig, 2 Maß Fenchel (oder Anis?), 2 Maß Saft unreifer (oder halbgetrockneter?) Trauben (wie im Rezept des ägyptischen *kyphi*?)‹«

»Py An 616 (das Täfelchen mit den Gesamtsummen): ›Zypergras, 13 Maß und 5/6; aromatische Früchte: 4 Maß; Iriswurzelstöcke: 28; Fenchel (oder Anis): 5; Honig: 6 Eimer und 10 Töpfe; Koriander: 21 Maß. An Ireus (oder An den Priester?): x große Tonkrüge und 2/6 Trockenprodukte (Wacholderbeeren oder Trauben?).‹«

»Py Un 249 ›Ausgehändigt an Philaios, den Salbensieder der obersten Herrscherin (Göttin?): Zypergras, 2 Maß und 5/6; Iris: 10 Wurzelstöcke; Fenchel (oder Anis?): 2 (Maß); (Koriander? x Maß); aromatische Früchte (Wacholderbeeren?), 1 Maß und 4/6; ...‹«

»Py Un 592 (Liste der 3 Empfänger, deren Namen verschwunden sind). Erwähnt werden: der Koriander (8 Maß 8/10 und 4 Maß 4/10; 6 (oder 16?) Iriswurzelstöcke, die insgesamt 2 Kilo wiegen; (Wacholder-) Beeren (3 Maß 4/6 und x Maß 5/6); (Honig) (mindestens 14,6 Liter; sodann 16 Liter) Fenchel (oder

Anis) (6 Maß) und 21 Maß Rosinen (*raka*, vgl. *rax* auf griechisch und *racemus* auf lateinisch).« An der Bruchstelle bei der 5. Zeile könnte noch Zypergras gestanden haben.

Vergleicht man diese Tatsachen miteinander, so stellt man fest, daß die Parfümeure des »Herrn« und der »Herrin«, die beide als Gottheiten galten, Parfums aus mindestens acht Ingredienzien herstellten. Nach ihrer Bedeutung geordnet, soweit die Ideogramme und Siglen darüber ein Urteil zulassen, handelt es sich um: Zypergras (*kuparo*), Koriander (*koriadano*), Iris (*wiriza*), aromatische Beeren (*kapo*), offensichtlich vom Wacholderstrauch; Fenchel oder Anis (*maratuwo*), Wein (*wono*), Honig (*meri*), Rosinen (*raka*).

Man braucht sich nur ins Gedächtnis zu rufen, was über die Zusammensetzung der parfümierten Pasten, vor allem des *kyphi* in Ägypten, sowie über die Salben der Parfumherstellerinnen in Assyrien, die Zeitgenossen der Parfümeure von Pylos, dargelegt wurde, um festzustellen, daß die Arbeitsgänge hier wie dort ähnlich abliefen. Die harzreichsten und säurehaltigsten Pflanzen (Koriander, Zypergras, Wacholderbeeren) wurden in winzige Stücke gehackt, im Mörser zerstampft und gesiebt. In kaltem oder nur schwach erhitztem Wasser quollen sie, dann machten sie ein Öl adstringierend, das auf 60 bis 80 Grad erhitzt wurde und mehrere Stunden vor sich hinköchelte; danach ließ man das Ganze abkühlen. Das gegebenenfalls mit weiteren Harzbindemitteln versetzte Öl, das inzwischen absorbierend geworden war, wurde gefiltert und mit den Blütenblättern, Stengelstücken und Wurzelstöcken der Pflanzen, deren Aromata man bewahren wollte, gesättigt. Die Digestion erfolgte im Wasserbad, bei niedriger, gleichmäßiger und genau dosierter Hitze. Um das Ganze körperreicher zu machen, fügte man drei stark zucker- und alkoholhaltige Produkte hinzu, Likörwein der verschiedenen Minoa oder der kretischen Anbaugebiete (den »Malvasier« des Peloponnes und aus Kreta), Honig und das Fruchtfleisch halbgetrockneter Trauben (die berühmten Sultaninen aus Kreta und Kleinasien haben einen Glukosegehalt von

L42	ertragreiche Getreidearten (Weizen, Gerste)		Lc63		Topf
L89	Öl		Lc64		großer Krug
L67	Hülsenfrüchte (Erbsen, dicke Bohnen, Linsen)		Lc45		Kessel
L49	Oliven		L99		Mensch
L60	Feigen		L27		Ochse
L71	weniger ergiebige Getreidearten (Hirse?)		Lc96		Ziegenbock
L6	ölhaltig (?)		L140		Ziege
L82	Wein		Lc97		Schafbock
Lc46	Wolle		L186		Mutterschaf
Lc41/2	Gewebe, Stoff		L113		Schwein

Einfache Ideogramme der Linear-A-Schrift von Haiga Triada
(1450 v. Chr.)

mehr als 60 Prozent). Man filterte und goß alles mehrfach um. Das fertige Produkt, das eher an Melasse oder Marmelade als an eine Salbe oder Pomade erinnert, muß einen schweren, eher fruchtigen als nach Blüten duftenden und rasch verfliegenden Duft verströmt haben. In der Regel dominiert in solchen Zusammensetzungen die Duftnote des Aromastoffs, der der Grundsubstanz zuletzt hinzugefügt wurde.

133

Sollte das Wort *kapo*, auf griechisch *karpos*, »die Frucht«, nicht die Wacholderbeere bezeichnet haben, sondern die Quitte, von der bekannt ist, daß sie aus der Gegend von Heraklion stammt, dann muß man das Rezept des Theophrast lesen (*Abhandlung über die Gerüche*, 26), das tausend Jahre nach den Schreibern von Pylos niedergeschrieben wurde. Bei der »Herstellung von Quitten-Parfum wird das Öl zunächst adstringierend gemacht, und wenn die Quitten hineingelegt werden, ist es kalt. Sie werden herausgenommen, bevor sie schwarz werden und die nächste Ladung hineingegeben wird; denn wenn sie schwarz werden, fangen sie an zu faulen, weil sie sich dann vollgesogen haben – genau wie beim *kypros* (dem Iris-Parfum)«. Heutzutage nennt man diesen Vorgang Enfleurage à froid. Im selben Abschnitt weist der Autor auch noch auf eine mögliche Mazeration in süßem Wein hin. Die Tontafel Un 267 aus Pylos schließt das keineswegs aus.

Drei weitere unverzichtbare Ingredienzien werden von den Salbensiedern des Palastes von Pylos nicht erwähnt: die Fixierharze, das Salz zur Konservierung und die verführerischen Farbstoffe. Über die Qualität der von ihnen verarbeiteten fettigen Grundsubstanz schweigen sie sich gleichfalls aus. Die Zahl der Produkte, die notwendig waren, um eine den zwölf Göttern des Olymps wohlgefällige Komposition zustande zu bringen, würde damit auf zwölf ansteigen. Haben sie nur Olivenöl verwandt? Wenn ja, welcher Sorte und Qualität? Oder waren es wie in Ägypten Behennuß- und Palmöl oder Rinderfett? War es vollkommen reines, weißes und geruchloses Schweinefett wie in Frankreich noch in jüngster Zeit bei der Enfleurage à froid der Blütenblätter von Jasmin, Narzisse und Tuberose? Glücklicherweise konnten die Schreiber von Pylos reines, unbehandeltes Olivenöl von den Fettsubstanzen und Salben (*arepa*, *aropa*) unterscheiden und kannten zumindest vier Aromata: Salbei (*pakowe*), Rose (*wodowe*), Zypergras (*kuparowe*)[92] und weiße Lilie (*etiwe*, *aetito*). Diese einfachen Parfums waren offensichtlich nicht für den göttlichen Herrn und die göttliche Herrin bestimmt.

Das Salbeiöl

Das »für Salbungen« (*wearepe*)[93] bestimmte Salbeiöl wurde nicht aus dem in Griechenland seltenen Echten Salbei hergestellt, der als ätherisches Öl in der Parfümerie bereits in geringer Dosis gefährlich ist, sondern aus dem Wiesensalbei, *Salvia pratensis* L., der auf den Inseln um den Peloponnes und insbesondere auf dem Berg Ithome in Messenien nahe Pylos häufig anzutreffen ist. Die Blütenstände der blau-violetten Blütenkrone, die aus dem graugrünen, samtenen Büschel bis zu 70 Zentimeter über dem Boden emporragen, sind uns schon von der Beschreibung der kretischen *phaskomilia* bekannt. Der Salbei, auf lateinisch *salvia*, der »Heilkräftige«, der »Heilbringende«, galt bei den griechischen Ärzten als ein magisches Kraut, das nicht nur vor dem Tod bewahrte, sondern auch die Entbindung erleichterte und Fäulnisprozesse verhinderte. Man behauptete sogar, er könne Stumme zum Reden bringen. Salbei durfte man nur in einer weißen Tunika, barfuß und frischgewaschen ernten, ohne Werkzeuge aus Eisen zu verwenden.

Das griechische Wort für Salbei *sphakos* ist eng verwandt mit den Wörtern *sphageus*, der Opferpriester, *sphagis*, das Opfermesser, *sphagia*, das Opfer... und mit dem Namen *Sphakiana*, dem »Ort der Opfer« in der Nähe von Pylos. Unter diesen Umständen erstaunt es nicht weiter, wenn auf den Täfelchen von Pylos zu lesen steht, daß man der Großen Göttermutter, der asiatischen, unnahbaren Göttin (*Artemis?*), den Gottheiten von Sphakiana und Lousos, der Stadt der Reinigungen, den »Dürstenden«, die die Totengeister und die Toten selbst sind, mit Salbei parfümiertes Öl darbrachte. Das in den Sälen 23 und 24 des Palastheiligtums von Pylos inventarisierte und gelagerte Öl kann nicht nur zum Salben der winzigen Tonstatuetten gedient haben, sondern muß auch für die Weihe der Tier- und Menschenopfer und für die Salbung und oberflächliche Einbalsamierung der Toten verwandt worden sein.

Aus der Buchführung von Pylos erfährt man weder wie das
Rosenöl zubereitet wurde, noch um welche Rosen es sich handelte. Es gab die leuchtendroten Rosen vom Gebirge Bermion in
Makedonien (Herodot, *Historien* VIII, 138), die Rosen aus Damaskus, die am stärksten duftenden, die Rosen aus Kreta, die
dem Monat *wordewios* ihren Namen gaben, die Rosen von
Rhodos, der Roseninsel, und von Zypern, mit deren Öl Aphrodite Hektors Leichnam einbalsamierte (*Ilias* 23, 186). Wahrscheinlich gehörten die Rosen von Pylos zur Gattung der *Rosa
centifolia* L. Das traditionelle Beiwort der Aurora bei Homer,
»die Rosenfingrige«, und die Fingernägel der Frauen von Santorin, die auf den Fresken aus dem 16. Jahrhundert v. Chr. rosa
angemalt sind, legen die Vermutung nahe, daß die Rosen von
Pylos damals wie heute die Rosen auf Kreta sehr viel blasser
waren als die karmesinroten aus Makedonien. Kräftig und verführerisch war wohl nur ihr Duft.

Zumindest fünfmal erwähnen die Schreiber von Pylos das
Rosenöl »zum Einschmieren« oder »Übergießen«. Es handelt
sich also weder um eine Pomade noch um eine erstarrte, von
Rosenessenz gesättigte, fettige Substanz. Die Parfumhersteller
dieser Zeit praktizierten die Enfleurage à chaud ähnlich wie bei
uns noch zu Beginn des 20. Jahrhunderts; sie erhitzten Öl von
der sogenannten Qualität A, der besten, im Wasserbad und
warfen so viele Rosenblätter hinein, daß deren Gewicht dem des
Öls entsprach. Nach kurzer Zeit nahm man die Gefäße vom
Feuer, ließ die Blüten einen ganzen Tag lang im Öl ziehen und
schüttelte von Zeit zu Zeit die Mischung. Man versetzte das Öl
mehrmals mit neuen Blütenblättern, bis das Öl von der Essenz
gesättigt war. Und natürlich filterte man die öligen Blütenblätter jedesmal durch ein feines Leinentuch, damit kein Tropfen
der wohlriechenden Flüssigkeit verlorenging. Heute weiß man,
daß man 700 Kilo Blütenblätter braucht, um einen Liter ätherisches Öl zu gewinnen. Die *arepazoo* oder Salbensieder, die sich

ihrer Aufgabe verschrieben hatten, als sei sie ein Priesteramt, mußten also eine »himmlische« Geduld aufbringen.

Das Zypergrasöl

Ein- bis zweimal erwähnen die Schreiber von Pylos, daß dem Rosenöl Zypergrasöl hinzugefügt wurde. Das Zypergras, *Cyperus longus* L., auch wohlriechendes Zypergras genannt, ist eine kleine, krautartige, mehrjährige, staudenförmige Pflanze, 40 – 120 Zentimeter hoch, ähnlich dem Papyrus, die im ganzen Ägäisbecken wild wächst. Die Alten interessierten sich weder für ihre Dolden mit den braunen Blüten, die im Sommer blühen, noch für ihre schmalen, scharfkantigen Blätter, sondern für den dicken, wohlriechenden Wurzelstock mit dem bitteren und zugleich adstringierenden Geschmack und dem entfernt an Veilchen erinnernden Geruch. Wenn Theophrast in seiner *Abhandlung über die Gerüche*, 33, vermerkt, daß die Zypergras-Essenz adstringierender ist als die des wohlriechenden Rohrs und der wohlriechenden Binse, dann gibt er damit einen Hinweis darauf, wie sie von den Parfümeuren von Pylos hauptsächlich verwendet wurde. Sie diente im wesentlichen als Fixateur, um das Öl zu präparieren, das die anderen Aromata aufnehmen sollte.

Woher hatten die Mykener diese Technik? Aus Ägypten, wo die Zubereitung des *kyphi* aus Kalmus begann? Oder aus Zypern, das für seine Parfümeure berühmt war? Oder aus Kreta, wo das Wort Aroma noch häufiger vorkommt als in Pylos? Jedenfalls darf das Zypergras, aus dem das gleichnamige Öl hergestellt wurde, nicht mit dem runden Zypergras verwechselt werden, das im Trojanischen Krieg als Pferdefutter und siebenhundert Jahre später als medizinisches Heilmittel (Hippokrates, *Von den Frauenkrankheiten* I, 74 und 78) diente.

Noch geheimnisvoller ist das dreimal genannte Öl *etiwe,* also dasjenige mit *ertis.* Man nahm zunächst irrtümlich an, es sei eine Farbe, das Karmesinrot; sehr viel wahrscheinlicher ist es aber die weiße Lilie, und zwar wegen der Synonyme, die die antiken Lexikographen vorschlagen: *kremnos, krimnos,* »weiße Blume«, *krinon,* »weiße Lilie«, und *krininon muron,* »das Lilienwasser«, das den Ägyptern teuer war. In dem Adjektiv *aetito,* das auf einer Schrifttafel aus Pylos neben *pakowe,* dem »Salbeiöl« steht, ist der Anfangsbuchstabe *a* nicht die Negation *an* (»ohne«), er entspricht vielmehr dem *h* des ägyptischen *hereret,* »Blüte«. Die Blütenblätter der Lilie wurden in der Enfleurage à chaud verarbeitet und das Öl mit einer an beiden Enden zusammengedrehten Stoffhülse ausgepreßt. Da der Duft der Lilie sehr zart bis fade ist, verwandten ihn die Parfümeure von Pylos, um den herben und leicht bitterwürzigen Geruch des Salbeiöls zu mildern. Das bedeutet auch, daß jeder der vier namentlich bekannten Spezialisten – Kokalos, Eumedes, Philaios und Thyestes – nicht gesondert für ein spezielles Öl zuständig war, sondern daß sie zusammenarbeiteten und sich auf die subtile Kunst der Nuancierung verstanden.

Ertis oder Lilienöl scheinen die Priester des Poseidon, des wichtigsten Gottes von Pylos, bevorzugt und vor allem in dem ihm geweihten hochgelegenen Heiligtum Sphakiana verwandt zu haben. Die Priesterschaft der Göttin Athene bat hingegen ihren ständigen Parfümeur, Philaios, eher um reichhaltigere und schwungvollere Kompositionen, mit dem Aroma von Früchten und Blütenblättern.

Fünf weitere pylische Aromata

Die Liste der für Pylos gegen Ende des 13. Jahrhunderts v.Chr. belegten Parfümeure und Aromata ist damit aber noch nicht zu Ende. Wenn wir die Abkürzungen auf der Schrifttafel 219 richtig interpretieren, dann liest sich die merkwürdige Verteilung von Ehrenbezeigungen durch den Schreiber 15 wie folgt: »Für Echelia(wo)n (den göttlichen König) 2 Maß Weihrauch, ein Maß wilden Majoran (und x von etwas anderem?). Für den Priester von Pande ein Maß wilden Majoran (noch einmal). Für den Herold 2 Maß Poleiminze, 1 Maß Saflor, 6 Maß wilden Majoran. Für Tephrion (oder für den für die sterblichen Überreste zuständigen Priester) 1 Maß wilden Majoran. Für die Dienerinnen des Kults 1 Maß Safran. Für Artemis 1 Maß wilden Majoran. Für die Opferdiener 1 Maß Kalmus in winzigen Stücken(?). Für den Lederumhangträger 1 Maß Kreuzdorn, 3 Maß wilden Majoran. Für Kolo-(...) 1 (Maß). Dem Herrn Gott (Poseidon) 1 Maß Gummiharz der Terpentinpistazie. Der Höchsten Göttin (Athene) x Maß von ... Der Göttin Hera 1 Maß Ysop. Dem Gott Hermes desgleichen. Für Per(sephone? x Maß von ...). Für Alkawon 1 Maß Fenchel (oder Anis). Für Pala (...) 2 Maß von (?). Für den Heerführer (Kriegsherrn?) 1 Maß Fenchel (oder Anis), 1 Maß Koriander, (1 Maß Poleiminze?), 1 Maß Mohn, 1 Maß wilden Majoran, 1 Maß Iris, 1 Maß Wacholder.« Die sechs Zeilen am Ende der Seite enthalten keine Eintragungen. Jedenfalls werden auf etwas mehr als zehn Zeilen zwölf verschiedene Aromata genannt, darunter vier neue, der Weihrauch (*thyos*), der Kreuzdorn (*rhamnos*), das Gummiharz der Terpentinpistazie (*terebinthos*) und der Ysop (*hyssopos*), die den wichtigsten Gottheiten von Pylos vorbehalten waren.

Es fällt auf, daß der Heerführer am Ende der Liste die größte Menge und die meisten Sorten Parfum bekommt; es scheint auch, als habe der militärische Oberbefehlshaber in jenen für die Monarchie unruhigen Zeiten als »Führer des Volks unter Waffen« (*lawagetas*) die Macht inne. Er wird nicht beweihräuchert, sondern gepflegt. Trotz der mangelnden Ordnung, der Lücken und Schreibfehler zeichnet diese Buchführung ein deutliches Bild der vier Klassen, aus denen die mykenische Gesellschaft bestand.

Unter der Hoheit eines Priesterkönigs beteten und opferten

religiöse Gemeinschaften, die den zahlreichen Frauen und Männern, die »sich den Göttern gewidmet hatten«, Befehle erteilten. Die militärische Macht lag in Händen der Würdenträger und Offiziere der zweiten Klasse. Die Gemeinden (*damo*) bestanden aus Ackerbauern und Viehzüchtern, sie entrichteten Naturalabgaben an die Priesterschaft und den Adel. Schließlich bildete die Körperschaft der umherziehenden und unabhängigen *Demiurgen* eine besondere Kaste, so wie der Ipsewas und der Kyprios, »der Zypriote«, die nicht genau einzuordnen sind. Wenn man Täfelchen Un 219 liest, könnte man sie ebensogut für Dichter halten wie für Parfümeure.

Auch Täfelchen Fr 215 ist sehr aufschlußreich: »Die Gemeinschaft der Höchsten Göttin schickt dem Herrn Gott Majoran-Öl«, *sambera*, auf makedonisch *sambarou*, auf griechisch *(s)a-*marakon*.[94] Unter dem heutigen Namen *matzourana* ist das eines der fünfzehn antiken Aromata, die immer noch auf dem Kräutermarkt von Heraklion in Kreta verkauft werden, und zugleich das fünfzehnte parfümierte Öl, von dessen Gebrauch zum Wohl der Götter und Menschen die mykenische Buchführung berichtet. Dieser Lippenblütler mit blaßrosa Blüten, die gehäuft an der Spitze des behaarten Stengels wachsen, verbreitet einen aromatischen, leicht herben Geruch, der an Thymian erinnert. In der Tat enthält Majoran Thymol. Obwohl er überall wild wächst, zieht man ihn auf der Insel Kreta in Blumentöpfen, weil man ihn für ein Allheilmittel hält. Man erzählt sogar, daß er in der Antike auf die Gräber gepflanzt wurde, damit die Geister der Toten ihren Frieden fanden.

Offenbar wurden die Öle und die dazugehörigen Ingredienzien im Palastheiligtum von Pylos, dem »Tor« zum Jenseits oder dem Erhabenen Tor, in zwei Werkstätten unter freiem Himmel vor dem Osteingang zum Haupttrakt hergestellt, wie auch Cynthia Shelmerdine-Palaima in ihren Studien 1984 und 1985 festgestellt hat. Dort wurden die gleichen Kessel, Schüsseln und Vasen wie in Knossos und Mykene gefunden. In Werkstatt 47 wurden dreißig Gefäße wieder zusammengesetzt, die insgesamt

66 Liter parfümierten Öls fassen konnten. Die Rohstoffe wurden von Schreibern, die in der Nähe des Südeingangs zum Palast ihr Büro hatten, an die Handwerker verteilt. Die fertigen Produkte wurden unter der Aufsicht anderer Schreiber entweder verschickt oder in den Räumen 23 und 32 im Norden des Gebäudes gelagert. Durch eine wunderbare Fügung hat dieses Öl beim Brand des Sakralbaus dem Feuer immer neue Nahrung gegeben und damit die Tontäfelchen gebrannt, die eine über dreitausend Jahre alte Erinnerung an diese Aromata tradieren.

Zypern, des Land der Düfte

Welche Rolle spielte Zypern in dieser locker gegliederten und erfindungsreichen Welt? Ganz sicher war es ein Stützpunkt, eine Zwischenstation und ein Ankerplatz für die Schiffe des Minos, die bereits in der mittleren Bronzezeit von Kreta aus nach Kleinasien, Syrien und Ägypten fuhren.

Im 15. Jahrhundert v. Chr. ahmte Zypern die kretische Linear A-Schrift nach. Im 13. und 12. Jahrhundert siedelten sich viele Kreter an den Küstenstreifen Zyperns an. Was sie lockte, waren nicht nur die Fruchtbarkeit der Ebenen und der Erzreichtum der Berge, der so groß war, daß Kypros schließlich nicht nur Zypern, sondern auch das Kupfer bezeichnete. Es war auch nicht die Schönheit der Küstenstriche, die die Griechen so deutlich wahrnahmen, daß sie aus der Hauptgöttin von Paphos Athtort – *Aftorit – Aphrodite, das Symbol für Liebe und Herrlichkeit, machten. Es waren vor allem die wohlriechenden Wälder, die vorwiegend aus riesigen Koniferen und grünen Eichen bestanden: »Da von alters die Ebenen so voll dichter Waldungen gewesen, daß man vor lauter Holz keinen Feldbau habe treiben können, so hätten zwar die Bergwerke diesem Übelstande einigermaßen abgeholfen, da man zum Schmelzen des Kupfers und Silbers viele Bäume gefällt habe, auch sei der Schiffbau für die Flotten hinzugekommen, als das Meer schon ohne Furcht selbst mit Kriegsflotten beschifft werden konnte; weil man aber der Wälder doch nicht ganz Meister geworden sei, so hätte man allen, die es wollten und konnten, Holz wegzuhauen und den so gereinigten Boden als steuerfreies Eigentum zu besitzen gestattet.« (Strabo's *Erdbeschreibung* XIV, 5)

Bei diesen Bäumen handelte es sich im wesentlichen um Zypressen (*kyparissos*), die ihren Namen der Insel Zypern (Kypros) verdanken, Zedern und Wacholder, deren Öle damals schon seit tausend Jahren zum Einbalsamieren verwendet wurden, um die Pinie, den Storaxbaum, der das Styrax-Benzoeharz liefert, um die Dattelpalme, die immergrüne Platane und den wilden Wein, aus dem man das *oinanthe* oder Weinblütenparfum gewann. Die traubenförmigen Blütenstände der *Lawsonia inermis* L., eines dem Liguster ähnelnden Strauchs, lieferten ein zartes Parfum; aus ihren Beeren gewann man – wie aus Holunderbeeren – ein Öl, aus ihren getrockneten Blättern ein Färbemittel, das Henna (griechisch *kypros*, wie der Name der Insel).

Seinen Ruf als Land der Wohlgerüche verdankte Zypern auch der Ladanum hervorbringenden Zistrose, der Iris, dem Majoran, der Myrte, dem Mohn und dem Moos seiner Eichen. Sicher waren bereits im 13. Jahrhundert zahlreiche Arbeiter als »*myroworgoi*« in der Parfumherstellung beschäftigt, wie eine in Silbenschrift geschriebene Inschrift sie nennt, die in einem Heiligtum 5 Kilometer östlich von Paphos gefunden wurde.

Bekanntlich war der Zypriote in Kreta und auf dem Peloponnes der Parfümeur schlechthin. Einige importierten Weihrauch, Balsam, Narde und Zimt aus Syrien und Phönizien. Andere, die auch *myrepsoi* oder Salbensieder hießen, verarbeiteten direkt die einheimischen Gummiharze, Späne, Moose, Wurzeln, Blüten und Beeren zu Essenzen. Sie preßten die dampfgesättigte Wolle aus, wrangen die Leinenhülsen aus, die mit ölgetränkten Partikeln gefüllt waren, und wandten die Verfahren der Enfleurage à chaud und à froid an. Vor allem aber verstanden sie es, Parfums zu kreieren, und avancierten zu Meistern in der Kunst der Schönheitspflege.

Einige verließen ihre Heimat und boten ihre Dienste den mykenischen Königen und Königinnen oder den großen Heiligtümern an, in denen die Tempelprostituierten Aphrodite, die Grazien und die Liebesgötter verehrten. In Paphos schmierte man aus rituellen Gründen den Baitylos, den Sitz der Göttin, einen hohen, konisch geformten Stein, der einem Baumstamm ähnelte, mit parfümiertem Rosenöl ein. Außerdem schmückte, schminkte, parfümierte und beweihräucherte man die hölzerne Statue der Göttin; einmal im Jahr wurde sie sogar rituell im Meer gebadet, um ihr die Jungfräulichkeit wiederzugeben.

Diese »Zyprioten« kamen in Kreta und Pylos zu Reichtum. Auf den beschriebenen Täfelchen firmieren sie als Besitzer von Herden und Ländereien, als großzügige Spender an den großen Festtagen der Monarchie, z. B. bei der Bekränzung des den Göttern geweihten Personals (*porenozosteria*) oder bei der mystischen Vereinigung mit der Gottheit (PY, Un 443). Zweifelsohne gab es auch in allen Städten und auf allen Inseln des antiken Hellas, wo sich der Kult der Göttin von Zypern verbreitete – so in Knidos, Kythera, Korinth, Athen, Lemnos –, Parfümeure.

Bald wurde allen Völkern bewußt, daß das Parfum kein Neutrum, *thyon*, *myron* oder *aroma* war, sondern ein weibliches Wesen, das Symbol der Weiblichkeit schlechthin oder gar eine Frau. Zypern brachte ihnen nicht nur bei, daß die Göttin der Liebe, die rosige, goldene, blonde Aphrodite von göttlichem Wohlgeruch war, sondern auch, daß Myrrha, blutschänderischer Beziehungen zu ihrem Vater, Kinyras, dem König von Zypern, schuldig, in einen Myrrhenbaum verwandelt wurde, aus dessen Rinde Adonis, »unser Herr«, der Gott des Parfums und spätere Geliebte der Aphrodite, geboren wurde. Diese Legende war schon zu Zeiten von Hesiod um 675 v. Chr. weit verbreitet. Ovid[95] faßte sie in seinen *Metamorphosen* in folgende Verse: »Da gibt's Risse im Baum, es springt die Rinde, lebendig / Tritt die Bürde ans Licht: es schreit ein Knabe. Najaden / Betten ihn weich ins Gras, mit den Tränen der Mutter ihn salbend.« (Buch X, 512 – 514)

Kein Tontäfelchen gibt Auskunft darüber, ob die kriegslustigen Könige des mykenischen Griechenland je die Myrrhe und deren bitteren Geruch kennengelernt haben. Im Epos weist aber alles darauf hin, daß die orientalischen Legenden aus Zypern schon während des Trojanischen Krieges ins Abendland vorgedrungen waren und daß man die Wohlgerüche wie Frauen betrachtete, als anziehend, ausdrucksvoll, bestrickend, verführerisch, berauschend, aber auch als wandlungsfähig, geheimnisvoll und als etwas, was den Mann, und sei er ein Held, seines Willens beraubt. Schon damals gab es den Dialog zwischen *animus* und *anima*, den Claudel[96] so schätzte. Man braucht nur im Epos nachzulesen, wie Aphrodite selbst, die schöne Wohlriechende, »die Gedanken des Zeus berückt« (*Homerische Hymnen* I, 37) und Ares, Apollo und Hermes die Sinne verwirrt. Homer und seine Nachfahren auf Chios, Hesiod und die Verfasser der *Zypriotischen Gesänge* haben dargestellt, wie stark ihre Salben wirkten.

Helenas Parfum

Mit welchem Duft hat Helena[97] so viele Männer verführt? Die Antwort auf diese Frage ist nicht aus der Etymologie zu erschließen, die den Namen der Tochter des Zeus und der Leda, der Herrin von Sparta, mit dem der Hellenen, der Vorfahren der Griechen in Zusammenhang bringt; letztere lebten schon mindestens vierhundert Jahre vor der Geburt Helenas und ihrer Brüder, der Dioskuren, auf dem Peloponnes. Mehr verraten die Wörter *helene*, *helenos*, *helenion*, die verschiedene, in feuchten Gegenden wachsende Heilpflanzen bezeichnen: den Echten Alant, die Bergminze, die Korbweide, die Asphodele, die Narzisse, wobei die beiden letzteren auch noch Totenpflanzen sind, so daß man den Namen von Helena, der Göttin des Schilfs von Lakonien, sowohl mit dem mykenischen und griechischen Wort *hele-os*, das Moor, in Verbindung bringen kann als auch mit den

Vorzügen der Pflanzen, die in der Umgebung des Moores wachsen. Es heißt, die Heldin sei dem Ei eines Wasservogels, des Schwans oder der Gans, entstiegen. Mit Ausnahme der Bergminze, eines wohlriechenden Lippenblütlers, der der Minze und dem Schilf ähnelt, kommt allerdings keine dieser Pflanzen unter den Aromata der mykenischen Paläste vor. Helena, die Schönheit par excellence, brauchte keine künstlichen Wohlgerüche, um begehrenswert zu sein und zum Anlaß so vieler Kriege zu werden. Ihr genügte ihr natürlicher Wohlgeruch.

Wir brauchen uns nicht zu wundern, sagten die alten Männer
Auf der Stadtmauer von Troja, als sie Helena vorbeigehen
Daß wir wegen dieser Schönheit so leiden müssen.   [sahen,
Ein einziger Blick von ihr ist mehr wert als unser Leid.

Ronsard, *Sonette für Helena* II, 67.

Helenas weibliche List bestand im Wissen um die Vorzüge der Pflanzen, in deren Mitte sie das Licht der Welt erblickt hatte, sowie um die des *nepenthes*, »ein Kummer wie Zorn vertreibendes, vergessenbringendes« Kraut, das sie dem Wein zusetzte: »Wer dieses schluckte, wenn es dem Mischkrug beigemischt war, der ließ den ganzen Tag über keine Träne fallen, auch nicht, wenn Mutter und Vater ihm gestorben wären, auch nicht, wenn ein Bruder oder eigner Sohn dicht vor ihm hingemordet würde mit dem Erze, und er es mit den Augen sähe.« (*Odyssee* 4, 229ff.)

In einer verkommenen, schmutzigen, von Wein und Opium[98] vernebelten und verseuchten Welt hatte Helena den Vorzug, nur nach den Wohlgerüchen der griechischen Landschaft im Frühling zu duften. Ihre Zeitgenossen waren sich also dessen wohl bewußt, daß die süßen und bitteren, leichten und balsamisch schweren, betörenden und berauschenden Wohlgerüche, die all die Harz liefernden Pflanzen, Lippenblütler, Lorbeergewächse und Doldenblütler verströmen und deren Nektar Millionen Bienen im Archipel sammeln, den Reiz ihrer natürlichen Umgebung ausmachten.

VIERTES KAPITEL

Von Sappho zu Kleopatra

Der griechische Kalender begann mit den ersten Olympischen Spielen, bei denen der Athlet Koroibos aus Elis den Stadionlauf über eine Länge von 192,27 Metern gewann. Die Olympischen Spiele sind seit 776 v. Chr. belegt, und zwar um die Tag- und Nachtgleiche am Herbstanfang, um den 23. September. Dieses in dreifacher Hinsicht bedeutsame Datum markiert nicht nur den Wiederbeginn des Kollektivbewußtseins des griechischen Volkes nach dreihundert offenbar geschichtslosen Jahren, sondern auch eine neue Verwendung der Schrift und eine neue Form der Zivilisation, in der die jungen Männer mit nacktem, nur mit Olivenöl eingeriebenem Körper ihre Kräfte im friedlichen Wettstreit messen konnten.

Ende des 12. Jahrhunderts v. Chr. waren auf dem Peloponnes und den benachbarten Inseln die letzten mykenischen Paläste mit den wohlriechenden Ölen abgebrannt. Von diesem Zeitpunkt an bis ins zweite Viertel des 8. Jahrhunderts v. Chr. läßt sich die griechische Geschichte nur aus der Mythologie und der Vasenkunst erschließen.

Thukydides' *Peloponnesischem Krieg* I, 12, 3 zufolge kehrten die Nachfahren der mythischen Helden Herakles, Hyllos, Aristomachos und Temenos um 1100 v. Chr. mit den dorischen Hirten aus dem bewaldeten Pindos- und Ossa-Gebirge in ihrem Gefolge auf den Peloponnes zurück. Damit traten Landwirtschaft, Handel, Handwerk und Künste zurück zugunsten von Viehzucht, Beutezügen und Vergeltungskriegen, die eine schlechte Bedingung für Luxus, Schönheitsmittel und Spiele waren. Im Vordergrund der Geschichte standen damals die

Phönizier, die unumschränkten Herrscher über das Mittelmeer von 1100 bis 750 v. Chr., das Volk Israel, dessen Könige David und Salomo über Palästina herrschten, und die Assyrer, die während des zweiten Reichs (10. – 8. Jahrhundert v. Chr.) die Herren über Ost-Anatolien waren.

Sieht man von einigen Speerspitzen, Dolchen, Nadeln, Fibeln und armseligen Fetischen aus Ton oder Kupfer ab, so haben die Archäologen aus dem drei Jahrhunderte währenden sog. dunklen Zeitalter Griechenlands nur Vasen oder Tonscherben ausgegraben, meistens in Gräbern auf Zypern, auf Kreta in Knossos, auf Santorin, in Athen, Korinth und Argos, sporadisch auch in Böotien und Lakonien. Die Archäologie unterscheidet folgende Stile: den spätmykenischen mit einfacher Bandverzierung zwischen 1100 und 1050, danach den protogeometrischen mit einem Schmuckband mit geometrischer Ornamentik in der Gefäßmitte (1050 – 900) und den frühgeometrischen Stil, weitgehend schwarz überzogene Gefäße mit vielfältiger Ornamentik auf mehreren Bändern, die zueinander in Beziehung stehen können (900 – 750). Was haben die damaligen Bewohner der 2000 »Städte« gerochen? Roch es dort nur nach Ziegenbock, Wollfett, saurer Milch, Pech, dem Rauch frischen Holzes, nach Zwiebeln und Knoblauch?

Homers Wohlgerüche

Etwa um 750 v. Chr. tritt eine einschneidende Änderung ein, da ab diesem Zeitpunkt die schriftliche Überlieferung einsetzt. Das phönizische Alphabet mit seinen zweiundzwanzig Zeichen, das vor allem bei Handelsgeschäften im Nahen Osten seit fünfhundert Jahren gebräuchlich war, wies weder Vokale noch einige andere Laute der griechischen Sprache auf. In dem Maße, wie die Griechen Kleinasiens, der Kykladen, der Inseln Euböa und Kreta, auf ihre Flotte und ihr Handwerk gestützt, Handel trieben, Handelsniederlassungen und Kolonien gründeten, modifizierten und vervollständigten sie auch dieses Alphabet für ihre Zwecke. Sie verwandten fünf phönizische Buchstabenzeichen zur Bezeichnung der Vokale *a, e, i, o, u*, ließen zwei überflüssige Zeichen weg und hängten dafür am Ende des Alphabets vier weitere an: *phi, chi, psi* und das lange *o* (Omega). Die Schrift war eine Art geistiges Gut, ein Mittel, sich mit Freunden zu verständigen und sich vor der Unredlichkeit und Vergeßlichkeit von Handelspartnern zu schützen.

Das Verdienst der namentlich nicht bekannten Erfinder des griechischen Alphabets aus Milet oder Kreta liegt allerdings nicht nur in der Weiterentwicklung des phönizischen Alphabets. In erster Linie schufen sie ein Instrument, das sich für vielerlei Zwecke verwenden ließ und später auch von den Etruskern und den Völkern Kleinasiens übernommen wurde. Die älteste griechische Inschrift ist auf dem sogenannten Nestorbecher eingraviert, der im Hafen der Kolonie Pithekusai, dem heutigen Ischia, gefunden wurde. Man datiert ihn um das Jahr 725 v. Chr. Von rechts nach links, wie bei den semitischen Schriften, ist darauf folgendes Epigramm zu lesen: »Nestor hatte einen Trinkbecher, aus dem angenehm zu trinken war; /wer immer aber aus diesem Becher da trinkt, den wird auf der Stelle/ Verlangen nach der schön bekränzten Aphrodite umfangen.« (*Griechische Inschriften als Zeugnisse des privaten und öffentlichen Lebens*)

Das griechische Alphabet entstand also zu einer Zeit, in der die großen Epen, Klagelieder, Hymnen, Theogonien und Genealogien verfaßt wurden und man die Namen der Sieger der Olympischen Spiele, der Priester und Priesterinnen der großen Heiligtümer, der Gründer der Kolonien verewigen wollte. Zwischen 740 und 690 v. Chr. dichtete Homer die *Ilias* und die *Odyssee*. Er trug die beiden Epen nicht nur mündlich vor, sondern schrieb sie auch nieder und bewahrte sie somit vor dem Schicksal, das den ausschließlich mündlich tradierten Gesängen der gallischen Barden und Druiden beschieden war, vor dem Untergang.

Attische Salbölflasche
Odysseus und seine Gefährten flüchten aus der Höhle des Polyphem
(um 510 v. Chr.)

Ob die Griechen in den dunklen Zeiten des Epos einen verfeinerten Geruchssinn hatten und ob sie sich parfümierten, läßt sich nur aus diesen ersten Denkmälern der griechischen Literatur erschließen. Diese Epen sind zwar erst im letzten Drittel des 8. Jahrhunderts entstanden – darauf verweisen der Aufbau, die Auswahl der Bilder, die Art der Beschreibung und die Unkenntnis bestimmter Techniken –, das veraltete Vokabular, bestimmte Redewendungen, der Stoff und die militärischen Sitten und Gebräuche stammen jedoch, wie bereits in der Antike angenommen, aus einer früheren Zeit, wohl um 850 v. Chr.

Die *Ilias* und die *Odyssee* erzählen von der guten alten Zeit nach der Blütezeit Mykenes. Die Namen einiger Helden sind zwar mit denen des 13. Jahrhunderts identisch, aber die Personen dürften weder die gleiche Luft noch die gleichen Aromen eingeatmet haben. Homers Helden leben nämlich in einem anderen Land – an der Westküste Kleinasiens – und in einem anderen Regierungssystem: eine militärisch ausgerichtete Aristokratie hat die theokratische Monarchie abgelöst, und sie haben nur zum Teil die gleichen Götter, die gleiche Moral, die gleichen Sitten und Gebräuche und den gleichen Geschmack wie ihre Vorfahren aus der Bronzezeit.

Diese Kriegsherren ernähren sich nur von gebratenem Fleisch. Sie trinken weder Met noch Bier noch *kykeon* wie ihre Vorfahren, sondern »funkelnden Ehrenwein« (*Ilias* 4, 259) von den Inseln aus dem Nestorbecher und träumen von den Getränken, die den Göttern vorbehalten sind, weil sie unsterblich machen, von *Nektar* und *Ambrosia*. Sie lieben das Spiel, den Gesang, Tanz und Liebe, kurzum das Leben. Und das impliziert, daß sie ihre fünf Sinne gebrauchen, darunter auch den Geruchssinn.[99] Eine einfache Tatsache verweist darauf, daß die Äolier und Ionier den Wohlgerüchen Asiens nicht abgeneigt waren: Der 760 v. Chr. geborene Homer entstammt einer äolischen Familie, die an die Ufer des Meles ausgewandert war, also nach Smyrna, der Stadt, deren griechischer Name *Smyr-na* seit dem Jahr 1000 v. Chr. »Stadt des duftenden Öls« bedeutet.

Erstaunlicherweise spielen die Düfte jedoch keine große Rolle in Homers Dichtungen, die zu festlichen Anlässen in der aristokratischen Gesellschaft, bei den Aeneaden aus Skepsis in der Nähe von Troja, den Neleiden aus Milet und den Nachfahren des Chersikrates in Korfu vorgetragen wurden. Der Anstand verbot, über Fäkalien oder Gerüche zu sprechen. In den Städten, in denen es an Hygiene fehlte, breiteten sich allenthalben scheußliche Gerüche aus, so daß in den Dichtungen der Schilderung der reinen Luft auf dem Gipfel des Olymp, Ida und Pelion der Vorzug gegeben wird, wo die Götter verweilen, die Nektar und Ambrosia zu sich nehmen.

Die Göttin Hera »salbte sich... mit dem starken, /Süßen ambrosischen Öl, dem duftenden, ...; /Wurd' es kaum nur bewegt im ehernen Hause Kronions, / Dann erfüllte sein lieblicher Hauch gleich Himmel und Erde.« (*Ilias* 14, 171 – 174) Dieses vollkommene Öl nimmt manchmal sinnliche Duftnoten an, die auch den Menschen als wohlriechend bekannt sind. Die göttliche Aphrodite salbte Hektors Leichnam mit einem Öl der Unsterblichkeit, »duftend nach Rosen« (*Ilias* 23, 186), und der göttliche Apollo wusch den Leichnam des geliebten Sarpedon im Fluß, salbte ihn mit Ambrosia, balsamierte ihn also ein, und »umhüllte den Leib mit unsterblichen Kleidern« (*Ilias* 16, 680). Paris, der Entführer der schönen Helena, glänzt vor Öl und trägt gleichfalls unsterbliche Kleider. Die Nymphe Kalypso lebt in einer Höhle auf der fernen Insel Ogygie, die von den balsamischen Düften der Hölzer erfüllt ist, die im Feuer auf dem Herd brennen: »Weithin über die Insel duftete der Duft von Zeder, gut spaltbarer, und Lebensbaum, die da brannten.... Und ein Wald wuchs um die Höhle, kräftig sprossend: Erle und Pappel und auch die wohlduftende Zypresse.« (*Odyssee* 5, 60 und 64) Odysseus, der zwanzig Jahre lang fern seiner Heimat war, sehnt sich danach, »den Rauch nur der Heimat steigen zu sehen« (*Odyssee* 1, 59).

Wenn die antiken Mythen Erläuterungen von Kulthandlungen sind, welche Rituale verbergen sich dann hinter den geheimnisvollen Worten Nektar und Ambrosia, die in der epischen Dichtung über hundertmal wiederkehren? *Ambrotos* bedeutet im Griechischen »unsterblich«; wie *ambrosios* kennzeichnet es alles, was die Unsterblichen betrifft: Haare, Kleider, Sandalen, Öl, die Stimme und das Blut der Götter, das Futter für ihre Pferde, die Nacht, die Träume, die Geschenke, die eine Gottheit macht, schließlich die Schönheit: »Da aber dachte hinwieder auf anderes die Göttin, die helläugige Athene: sie goß auf die Tochter des Ikarios (Penelope) einen süßen Schlaf herab.... Indessen aber gab ihr die hehre unter den Göttinnen unsterbliche Gaben, daß die Achaier sie bewundern sollten: wusch ihr mit dem Schönheitssaft zuerst das schöne Antlitz rein, dem ambrosischen, mit dem sich die gutbekränzte Kythereia salbt« (*Odyssee* 18, 187 – 194).

Ambrosia ist Speise, Heilmittel und Duft für die Götter. Die Göttin Kalypso, die Verhüllte der Unterwelt, bekommt von ihren Dienerinnen Ambrosia, es bleibt ihr vorbehalten, Odysseus bekommt nur das »zu essen und zu trinken, derlei die sterblichen Männer essen« (*Odyssee* 5, 197). »Der (Fluß) Simóeis (in der Ebene von Troja) ließ Ambrosia sprossen zur Weide« (*Ilias* 5, 777) – also als Futter für die Pferde der lilienarmigen Hera. Wenn man das Wort Ambrosia mit »göttlichem, Wunder- oder unvergänglichem Kraut« übersetzt, schwächt man die Bedeutung ab, mehr noch, wenn man behauptet, die Rosse der Krieger würden einfach Dinkel bzw. Spelz oder Zypergras fressen. In Wirklichkeit ist Ambrosia die Speise der Unsterblichkeit. Geschmack und Duft von Ambrosia sind ebenso unbeschreibbar wie seine Zusammensetzung. Die Völker im Norden und Osten stellten sich vor, der »Becher der Unsterblichkeit« sei mit Bier, Met, Butter oder Fett, mit gegorenem Saft, einem Gemisch aus Wacholder, Aromata und halluzinogenen Pflanzen oder auch einfach nur mit alkoholischen Getränken gefüllt, und brachten die Unsterblichkeit mit dem Rausch in Verbindung (im Sanskrit *madhu*, im Griechischen *methy)*.

Homer und seine Zeitgenossen stellten sich die Unsterblichkeit als ein Lebenselixir, als das Wesen des Göttlichen vor. Nicht abwegig war darum auch die Vorstellung, Ambrosia sei in den Tonika oder berauschenden Düften enthalten. Proteus' Tochter hielt den Griechen Ambrosia, »die gar angenehm duftende,« (*Odyssee* 4, 445) unter die Nase, damit sie den entsetzlichen Gestank der Robben ertragen konnten. Das Wort Ambrosia wird auch für Salbe und Balsam für die Lebenden wie die Toten verwendet, weil beide dem Augenblick Ewigkeit verleihen. Etymologisch betrachtet ist Ambrosia die Negation des Todes.

Ambrosia ist die Speise, Nektar der Trank der Unsterblichkeit. Nektar ist allerdings trotz seiner roten Färbung (*Odyssee* 5, 93) weder Wein noch flüssiger Honig, auch wenn er wie Honig rein ist und belebend wirkt, noch ein Heiltrank oder eine Droge, obwohl die griechischen Ärzte das Wort *nektarion* verwenden – es bezeichnet ein »Heilmittel aus der im Moor wachsenden Pflanze *helenion*« – und es in späteren Zeiten einen parfümierten Wein, den *nektarites* gegeben hat – das Wort stammt möglicherweise aus dem Babylonischen *iin niktar* (Vgl. S. Lebin, *Studi Micenei* XIII, 1971, 31 – 50).

Die Philologen haben für das Wort *nektar* bestimmt ein halbes Dutzend etymologische Erklärungen. Die unzureichendsten scheinen jedoch diejenigen zu sein, die den Wortstamm *nek-* mit den Wörtern in Verbindung bringen, die auf griechisch den Tod bezeichnen: *nekys* und *nekros* sowie mit dem »Töten« in verschiedenen indoeuropäischen Sprachen, beispielsweise dem lateinischen *necare* oder dem Sanskrit *nasyati*. Wie Ambrosia schützt Nektar vor Tod und Verfall.[100] Dies erklärt auch, warum Nektar in der *Ilias*, der *Odyssee* und der ganzen literarischen Tradition als gesundmachender Trank bzw. als Heilmittel dargestellt wird.

Weniger bekannt ist, daß Nektar auch eine duftende oder parfümierte Flüssigkeit sein kann, wobei die Grundsubstanz – Öl, Wein oder flüssiger Honig – von untergeordneter Bedeutung zu sein scheint. Im dritten Gesang der *Ilias* entführt die Göttin Aphrodite den schönen, vom Tod bedrohten Paris: »Doch mühelos barg Aphrodite / Diesen als Göttin; sie umhüllte ihn dicht in wallende Nebel / Und versetzte ihn gleich in den duftenden Raum des Gemaches. / Selber ging sie dann Helena rufen,... / Zupfte sie sacht mit der Hand am nektarduftenden Kleide« (5, 382 -385). Letzteres haben die Übersetzer mit »parfümiert, göttlich duftend, einen betörenden Geruch verbreitend« übertragen. Helena und Aphrodite sind bekanntlich die Göttinnen, die an ihrem Duft wiedererkannt werden. Ihr Wohlgeruch entströmt den Gewändern, dem Körper, dem Atem wie ein Hauch, er ist der Prototyp des unwiderstehlichen Aromas. Die unsichtbare und lautlose Gegenwart eines Gottes ist eine Frage der Ausstrahlung.[101]

Die Kulthandlungen, die diese Mythologie impliziert, sind damit offenkundig: Der »gar angenehm duftenden« Ambrosia, von der im vierten Gesang der *Odyssee* die Rede ist, entspricht die Art und Weise, wie die Griechen damals Brandopfer darbrachten. Dem Nektar entsprechen die Opfer ohne Blutvergießen, die entweder Früchte des Feldes oder Trankopfer waren.

Die geringsten Opfer sind die »nüchternen« Spenden, die *nephalia* ohne Wein und Rausch, bei denen Wasser, Milch, Honig oder Früchte geopfert werden, die ebenfalls einen angenehmen, gesunden Duft verströmen. Hesiod, möglicherweise noch ein Zeitgenosse Homers, schreibt: »Zu der Zeit nämlich, als sich Götter / Und sterbliche Menschen schieden, in Mekone (der Stadt des Mohns), / Damals teilte er (Prometheus), gerne bereit, / Ein mächtiges Rind auf und legte es vor, / Gewillt, Zeus' Sinn zu hintergehen. / Vor ihn nämlich legte er die Fleischstücke / Und die fettumgebenen inneren Teile in die Rindshaut / Und bedeckte sie mit dem Magen des Rinds, / Für die Menschen aber schichtete er, in listiger Kunst, / Die weißen

Rindsknochen hoch / Und bedeckte sie mit glänzendem Fett.«
(*Theogonie*, 535 – 541). Den Göttern ist demnach der verlok-
kende Duft des Fetts und der Knochen vorbehalten, die für sie
vollständig verbrannt werden sollen, während die Menschen die
schmackhaften Fleischstücke verzehren.

Opfern heißt auf griechisch *thyein*, d.h. räuchern, verbrennen.
Das für das Brandopfer auf dem Altar bestimmte Opfer kann ein
Lebewesen oder ein Gegenstand sein, der Rauch kann von allen
möglichen wohlriechenden Hölzern stammen, zum Opfer gehören jedenfalls auch Weihrauch, Räucherwerk *thymiamata*,
wohlriechender Wein oder duftendes Öl. Bei dem anschließen-
den Mahl werden den Göttern Trankopfer parfümierten Weines
dargebracht: das ist ihr Nektar. Dieses Opferritual hat vieles
gemein mit einem sehr alten indoeuropäischen Brauch[102], dem
sogenannten Unsterblichkeitsmahl, das die Menschen durch
den Rauch des Opfers und die Dämpfe des gegorenen Tranks in
einen Rauschzustand versetzte und am Göttlichen teilhaben
ließ. Die beiden indoeuropäischen Wortstämme **smur-* »das
Fett« und **lei-* »der Tropfen« Met, Öl oder Wein kennzeichnen
denn auch zwei verschiedene Düfte, den Bratenduft und das
Bukett.

Irdische Speisen und Wohlgerüche

Es wäre falsch zu behaupten, daß für die ersten Dichter Griechenlands zu Beginn der Eisenzeit Gerüche unwesentlich waren. Man muß allerdings zugeben, daß ihre Sinnesempfänglich-
keit noch nicht sehr entwickelt war. So wie sie die Farbnuancen
blau, gelb oder grün nicht wahrzunehmen imstande waren, weil
sie nur zwischen glänzend und matt unterschieden, so kannten
sie auch nur wenige Geruchsnuancen, den Unterschied zwischen den Gerüchen von Leben und Tod, zwischen angenehmen und abstoßenden Gerüchen. In der *Odyssee* bewahren die
Götter zum Beispiel Hektors Leichnam acht Tage lang vor dem

Verfall. Homer und seine Vorgänger interessierten sich nur für die Düfte, die sie als angenehm empfanden, und nicht für die übelriechenden Ausdünstungen. Sie kannten nur zwei Arten von Wohlgerüchen, den ätherischen und den sinnlichen Duft, die duftenden Altäre der Götter auf dem Gipfel des Ida-Gebirges südöstlich der Troas und das duftende Lager der Aphrodite und ihrer Geliebten, Paris, Ares, Anchises. All diese Szenen spielen in Kleinasien oder auf Zypern, wo die balsamisch duftenden Wälder und Blumen seit mehr als tausend Jahren Geist und Sinne betörten.

Auch für die Helden gab es nicht nur den heiligen Wohlgeruch des Brandopfers und des rituellen Banketts sowie die aromatischen Öle, die unsterblich machen. In einer so anthropozentrischen Religion wie der griechischen sind die Taten der Götter nur die verklärte, idealisierte Version dessen, was auf Erden geschieht. Der Balsam, mit dem Aphrodite Hektors Leichnam salbt, duftet nach Rosen. Die Höhle der Kalypso ist von wohlduftenden Zypressen, Veilchen und Eppich umgeben, und im Palastgarten des Königs Alkinoos wuchsen »hohe Bäume und blühten und strotzten von glänzenden Früchten« (*Odyssee* 7, 114). Wenn Ambrosia neunmal lieblicher ist als Honig, dann muß der Honig aus den Wäldern des Ida selbst schon lieblich geduftet haben.

Der Wein aus Maroneia, den Odysseus mit sich führt, ist honigsüß, »duftend drang der Geruch aus dem Mischkrug auf, köstlich berückend«[103]. Der »pramnische Wein«, der Nestor und den Gefährten des Odysseus kredenzt wird, ist ebenfalls aromatisch und sogar mit Schafskäse bestreut, weshalb er wahrscheinlich nach Kaprinsäure geduftet hat (*Ilias* 11, 639; *Odyssee* 10, 235). Jedenfalls wirkt er so stark, daß die Helden nicht nur ihr Unglück, sondern auch ihre Heimat vergessen, er wirkt wie die *lotos*-Blüte (die Jujube oder ein Steckenkraut?) aus dem mythischen Land der Lotophagen (*Odyssee* 9, 93). In der »hochgebauten Kammer« von Penelope und Telemachos in Ithaka lagern »duftende Öle und Fässer voll alter süffiger Weine«

(*Odyssee* 2, 340). Telemachos wird jedesmal mit Salböl eingerieben, wenn er aus dem Bade kommt, sowohl bei Nestor als auch bei Menelaos. Odysseus hat darüber hinaus ein Anrecht auf »duftende Kleider«, *thyodea*, ein Adjektiv, das an die wohlriechenden Hölzer des *thyou*, des Lebensbaums, erinnert, die bei seiner Gastgeberin auf dem Herde brennen (*Odyssee* 5, 60 und 264). Menelaos »stieg hinab in die duftende Kammer« (*Odyssee* 15, 99). Das Adjektiv *keoenta*, das der Dichter hier verwendet, kennzeichnet den anheimelnden Duft brennenden Harzes, aber auch den warmen Duft einer gesunden Frau (Andromache drückt ihren Sohn »an ihren duftenden Busen, / Unter Tränen noch lächelnd«, *Ilias* 6, 483f.) sowie den Duft der Aromata in Puderform, mit denen Machaon, der Sohn des Asklepios, auf dem Schlachtfeld von Troja Wunden versorgt und die Verwundeten heilt.

Dreihundert Jahre nach der Zerstörung der letzten Paläste ist die große mykenische Tradition also noch nicht ganz verlorengegangen. Die nach Kleinasien geflüchteten Griechen haben sich zumindest die Erinnerung an die Wohlgerüche ihrer Heimat, an die Blumen, Wälder und aromatisch duftenden Lippenblütler bewahrt, wenn ihnen schon die Techniken der Parfümeurskunst nicht mehr geläufig waren.

Die Vorliebe der Griechinnen für exotische Düfte

Auf dem Festland und den griechischen Inseln setzen die Frauen im 7. Jahrhundert v. Chr. die Akzente für einen Neubeginn. Der Frauenfeind Hesiod, dem man nicht ohne Grund die *Frauenkataloge (Ehoien)* zuschreibt, rühmt »die samtene Haut des Mädchens... / Das tief drinnen im Haus verweilt, bei der Mutter, der trauten, / Noch nicht kundig der Werke der goldenen Aphrodite; / Wäscht hingebend die Haut, die samtene, reibt sie mit fettem / Salböl ein.« (Hesiod, *Erga*, 519 – 523)

Zur selben Zeit spottet Archilochos, der für seine stürmische Liebe zu den Mädchen von Thasos berühmt ist, über eine Frau, »Brust und Haare hatte (sie) so stark gesalbt (*esmyrismenas*), daß selbst ein Greis noch Feuer fing.« (Archilochos, Fragment 38 in der Ausgabe Lasserre-Bonnard). Und er schreibt auch: »Warum kann ich die Hand meiner Freundin nicht berühren? Sie liebte es, sich mit einem Myrtenzweig und der Blume der Schönheit, der Rose, zu schmücken...« (nach Ammonios, *perihomoion kai-diaphoron lexeon*, »Über gleiche und verschiedene Redewendungen« I, 1 – 2).

Im Wettstreit der griechischen Lyriker gebührt der Sieg jedoch Sappho, der Dichterin aus Lesbos mit den violetten Zöpfen.[104] Sie erwähnt erstmals in griechischer Sprache Myrrhe, Safran, Kaneel, Dill und den geheimnisvollen Duft *brenthos* oder *brenthis*. Auf drei Teilen eines ägyptischen Papyrus aus dem 6. oder 7. Jahrhundert n. Chr. sind die Fragmente von neunundzwanzig ihrer melodiösen Gedichte überliefert. Hier nun die wörtliche Übersetzung einiger Verse, die sich von den phantasievollen Interpretationen bzw. Übertragungen unserer Zeitgenossen sehr unterscheidet: »Du weißt, wie umsorgt du warst. /Oder nicht? Nun, so will ich dich /dran erinnern(,weil du's vergißt), /wieviel Glück und wie Schönes wir hier erlebt. / Viele Kränze von Veilchen hast / und von Rosen, von (Krokos) du / und von......bei mir dir ins Haar gelegt, / viel Girlanden aus duftenden / Blumen dir um den weichen Hals / umgehängt, die geflochten aus Blüten fein, / und mit glänzendem Myrrhenöl / hast du dir deine schöne Haut / eingesalbt und mit Salbe, die fürstlich heißt.« (Sappho, *Lieder*, Das Fünfte Buch, S. 75; Fragment 94 der Page-Ausgabe)

Der Ausdruck *myroi brentheioi* (hier mit Myrrhenöl wiedergegeben) bedeutet genaugenommen »stolze Salbe« oder Salbe von einer Pflanze, die sich stolz erhebt. Die Erklärungen der späteren Lexikographen, *brenthos*, *brenthis*, *brenthys* sei eine unbekannte Blume und die Salbe *brentheion* sei *bakkaris* oder *baccar* aus lydischem Scharlei, eine rosa Schminke oder ein Öl aus einem Korbblütler aus Zypern, der dem wilden Lattich ähnelt, sind nicht besonders aufschlußreich. Die modernen Lexikographen sind der Auffassung, der Name dieser wohlriechenden Pflanze habe etwas mit dem Verb *brenthyomai*, »ich spiele mich auf, gebe mich stolz«, zu tun. Danach ist es eine Pflanze, die sich stolz auf ihrem Stengel erhebt, und *brenthys* oder *brenthis* nur ein Beiname derselben. Ist es die zypriotische Iris oder die Königslilie? Vielleicht ist es aber auch der *bratus* von Plinius (*Naturkunde* XII, 78 und XXIV, 102), der »der weitausladenden Zypresse ähnlich ist« und dessen Duft an Zedernöl erinnert; auf griechisch heißt die Zypresse *brathy* und auf aramäisch *berat*. Die Pomade der Geliebten stammte demnach nicht von einer Blume, sondern von einem Baum aus dem Orient, während die »Salbe, die fürstlich heißt,« an den goldenen Balsam des Herrn von Sardes, Kroisos, erinnerte. Vermutlich haben die Wörter *brentheion* und *basileion* im Text der Sappho die gleiche Bedeutung, sie bezeichnen das *baccar*[105], eine Pflanze, die nach Amber und Lavendel duftet und in Lydien, Zypern, Syrien oder in einem anderen geheimnisvollen orientalischen Land beheimatet ist.

Im 7. Jahrhundert v. Chr. beginnt die Blütezeit der Flakonherstellung sowie des orientalisierenden Stils in der Keramik. Zu den Spiralen, Palmetten, Lotosblüten und Rosetten kommen einander gegenüberstehende oder in Reihen angeordnete Tiere oder Fabelwesen hinzu. Der orientalisierende Stil tritt an die Stelle des geometrischen oder der erzählenden Darstellung aus der Zeit Homers und läßt die zur Ausfuhr von duftendem Öl und Wein in Serienfertigung hergestellten Gefäße aus Rhodos, Ionien, Korinth wertvoll werden. Im Zeitalter der Dichter Archilochos, Alkaios, Alkman (der das Zypergrasöl *kypairos* erwähnt) und Sappho, die die Wohlgerüche des Orients rühmen, gibt es in jedem Grab der hellenischen Welt, vom griechischen Archipel bis in die entferntesten Kolonien am Schwarzen Meer, in Gallien oder Spanien, mindestens ein Parfumflakon oder ein Gefäß mit Wein, beide im orientalisierenden Stil verziert.

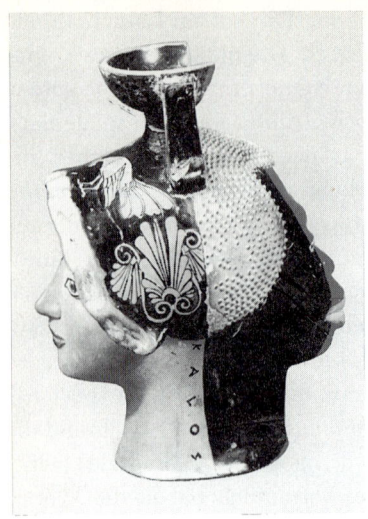

Parfum-Vase
(attisch, Ende 6. Jh. v. Chr.)

Die allmähliche Profanisierung und weite Verbreitung der Düfte und Aromata bedingt einen lebhaften Aufschwung des Handels, der Landwirtschaft und des Kunstgewerbes. Um 630 v. Chr. schafft nicht nur das Geld neue soziale Beziehungen, auch der Besitz des Luxusguts Parfum verändert die Beziehungen zwischen arm und reich, Männern und Frauen, Lebenden und Toten. In der zweiten Hälfte des 6. Jahrhunderts gehen bereits einige Bewohner der Stadt Kolophon zwischen Smyrna und Ephesos »auf den Marktplatz in Gewändern, die ganz mit echtem Purpur gefärbt waren, ... stolz, prunkend mit ihren schön verzierten Haaren, durch künstlich bereitete Salben triefend von Duft«. (Xenophanes, *Die Fragmente*, Fragment 3, Vers 3 – 6)

Die Profanisierung der Wohlgerüche wird vor allem von Frauen, wie beispielsweise Sappho, betrieben. Auf der weiblichen Haut haften die Düfte länger als auf der männlichen, auch sind Frauen bereit, alles zu tun, um anziehend zu wirken und gut zu riechen. Wie die Göttinnen von Zypern, Kythera, Korinth und Eryx (dem heutigen Erice) in Sizilien soll man sie an ihrem Duft erkennen, deswegen baden und schminken sie sich, unter anderem auch, um nicht das Schicksal der Lemnierinnen zu erleiden, die von ihren Männern verlassen worden waren, weil sie schlecht rochen. »Die Lemnierinnen hatten der Aphrodite die gebührende Ehre vorenthalten, weswegen sie ihnen üblen Geruch verlieh. Da nahmen sich ihre Männer kriegsgefangene Frauen aus dem benachbarten Thrakien und verkehrten mit ihnen.« (Apollodoros, *Bibliothek* I, 9, 17)

Bernard Grillet hat in seinem 1975 erschienenen Buch den Gebrauch von Schminkmitteln bei den Griechinnen in der Antike untersucht.[106] Nach der schriftlichen Überlieferung und der chemischen Analyse der in den Gräbern gefundenen Reste haben die Frauen für Wangen und Lippen Bleiweiß, Färbemittel aus Tang, Schminkwurz, roten Ocker, das rote Mineral Realgar, Hennapuder (*kypros*)[107], Brombeer- und Akanthussaft (das Wort *paideros* heißt auch Knabenliebe!) verwendet, wobei sie einige Produkte mit Ölen und Cremes vermengten. Sie schwärzten sich die Augen mit Antimonpuder oder Kochel und mit Ruß. Mit dem herben Öl der Lorbeer- und Zedernknospen machten sie ihr langes Haar geschmeidig.

Der Geruch der diversen fetten Salben war nicht gerade lieblich, sondern eher streng und abstoßend. Der *kypros* (*Lawsonia inermis* L.), dessen rosa bis cremefarbene, wohlriechende Blütentrauben bereits zu Zeiten des *Hohenlieds* (1, 14) eine stark duftende Essenz ergaben, wurde auch wegen seiner Blätter gezüchtet, die der Jujube ähneln. Man ließ sie trocknen, zerstieß sie und vermischte sie mit einem Puder aus Lehm; die Mixtur hatte einen erdigen, für uns heute unangenehmen Geruch, da wir an Puder gewöhnt sind, die nach Vanille, Zitrone, Amber oder Mandeln duften.

Die Myrrhe, deren Verwendung in der Ägäis erstmals Sappho gegen Ende des 7. Jahrhunderts v. Chr. bezeugt, ist ein durch und durch bitter schmeckendes und riechendes Gummiharz aus Arabien, das aber von den Zeitgenossen als wohlriechend empfunden wurde. Mit dem griechischen Wort *myron*, »lieblich duftendes Öl«, das in den Schriften des Archilochos und Alkaios aus derselben Zeit belegt ist, hat Myrrhe nichts zu tun.

In der archaischen Epoche (620 – 480 v. Chr.) bediente man sich eines reichen, entweder aus anderen Sprachen übernommenen oder neu erfundenen Wortschatzes zur Bezeichnung der Geruchsnuancen. Homer verfügte nur über den geringen Wortschatz, den er von den mykenischen Sängern übernommen hatte: *thyos, thyon, thya*, das duftende Holz, und davon abgeleitet: *thyoeis, thyodes*, nach Holz duftend, wohlriechend; *odme*, (Wohl-)Gerüche; *ozein*, riechen; *euodes*, wohlriechend; *chriein*, salben; *rhodoeis*, nach Rosen duftend. Und in seinem *Schiffskatalog* kannte er noch nicht das Volk der Ozolai, der epizephyrischen Lokrer (»unter dem Westwind«) oder einfach »derer, die stinken«, denn die Poesie wollte üble Gerüche schlichtweg ignorieren. Kurzum, bei Homer ging es vor allem um das wohlriechende Holz, das im Herd brennt, und das Olivenöl, da für Magie und Medizin hauptsächlich Räucherungen und Salbungen wichtig waren.

Von den Ägyptern übernahmen die Griechen die Worte, die die Lilie, den Dill, den Ebenholzbaum, das Harz, den Aronstab, die Lotosblume und den Rizinus bezeichnen;[108] zum wichtigsten Exporteur von Flakons und bauchigen, glasierten, mit Palm- oder Benöl gefüllten Aryballoi wird der griechische Handelsplatz Naukratis im Nildelta im 6. Jahrhundert v. Chr. Über die Kontore der Südküste Kleinasiens kommen in Halikarnassos, Herodots Heimat, in Milet, Smyrna und Phokäa die *thymiamata* von der syrisch-palästinensischen Küste an, d.h. die verschiedenen Weihraucharten von der arabischen Halbinsel: der weiße Weihrauch (*libanos, libanotos*), das grünliche Gummiharz des Balsambaumes (*balsamon*) und die rötliche Myrrhe (*myrrha*). Die Wörter *odme*, (Wohl-)Geruch, und *ozein*, duften, bekommen Vorsilben zur Bezeichnung von Nuancen. So kennt beispielsweise der weitgereiste Dichter Ibykos aus Kalabrien, der die Blumen, Vögel und jungen Mädchen rühmt, das Wort *ap-ozein* »von ferne einen zarten Duft verströmen«.

Von der Cyrenaika, dem heutigen Libyen, führen ab dem 6. Jahrhundert v. Chr. alle Kräuterhändler Europas das Silphium ein, ein Steckenkraut mit Anisduft. Die Küstengebiete Liguriens und der Provence liefern keltische Narde und Liebstöckel, vielleicht auch Abarten von Feldthymian, Bohnenkraut, Scharlei und Rosmarin im Tausch gegen die mit Öl gefüllten Tonkrüge und Amphoren aus Ionien, Euböa und Attika. *»Ich rieb mich mit Düften, Balsam und Bakkaris / (oder Öl aus Lydien) ein: der Kaufmann war nicht weit«*, sagt ein Freudenmädchen in einem Gedicht von Semonides aus Amorgos. Hipponax aus Ephesus[109], der in der zweiten Hälfte des 6. Jahrhunderts v. Chr. lebte, schreibt sogar, daß der Duft *bakkaris* aus Sardes war und »von derselben Qualität wie die von Kroisos« (Fragment 104, Masson). Um das Jahr 550 v. Chr. unternimmt damit zum ersten Mal ein griechischer Schriftsteller den Versuch, einen Duft zu beschreiben bzw. eine Vorstellung davon zu vermitteln. Es ist das Zeitalter der Physiologen, der Sieben Weisen und des Pythagoras – außergewöhnliche Männer, die sich nicht mit der Wahrnehmung von Gerüchen begnügen, sondern auch über die Beschaffenheit ihrer Wahrnehmungen nachdenken.

Das Orakel von Delphi

»Erkenne dich selbst«, lautet die erste der etwa um 580 v. Chr. über dem Tempelportal der berühmtesten Orakelstätte der Griechen eingravierten Inschriften. Hundert Jahre später stellt Heraklit von Ephesus klar: »Der Herr, dessen das Orakel zu Delphi ist, spricht nicht aus und verbirgt nicht, sondern gibt ein Zeichen (be-deutet).« (Heraklit, *Fragmente*, Fragment B 93)

Angesichts dieser wohldurchdachten Sentenzen kann die Vorstellung nicht zutreffen, die sich einige spätere, vorwiegend christliche Schriftsteller vom Delphischen Orakel gemacht haben. Weder die Pythia noch der Apollopriester noch die Ratsuchenden waren in einer Art Delirium, Ekstase oder kollektiven Hysterie befangen, und um Vorspiegelung falscher Tatsachen handelte es sich erst recht nicht, es war vielmehr ein begnadeter Zustand oder ein Taumel, ähnlich der dichterischen Inspiration oder dem Zustand des Verliebtseins. Bei den Ausgrabungen, bei denen das Innere des Apollotempels bis zum Erdboden abgetragen wurde, stellte man fest, daß es in dem lehmartigen Flysch, d.h. dem aus Sandstein, Mergel, Schieferton und Kalk bestehenden Gestein, keinen Spalt gab, durch den Dämpfe oder Gase hätten emporsteigen können, die die Pythia in seherische Verzückung versetzt hätten.[110] Nachdem sie sich der rituellen Reinigung unterzogen hatte, saß sie auf ihrem Dreifuß und zog aus dem Becher das Los – eine Bohne, einen Kieselstein oder ein beschriebenes Täfelchen –, das das »Zeichen« des Gottes Apollo war. Die Deutung des Orakels war dann den Ratsuchenden überlassen.

Und doch verbreitete sich ab Diodor von Sizilien um das Jahr 50 v. Chr. immer mehr die Vorstellung, daß sich an der Stätte des Delphischen Orakels ein tiefer Spalt befinde, durch den »ein begeisternder Dunst«, *pneuma enthousiastikon*, hochsteige (Strabo IX, 3, 5; vgl. Diodor XVI, 26 und seine Ziegen, die in wunderlicher Weise herumhüpfen und seltsame Töne von sich geben). Vierhundert Jahre lang waren die Führer durch das Heiligtum, die Priester, die spiritualistischen und materialistischen Philosophen uneins über den Sinn dieses Hauchs, dieser Dämpfe aus der Erde, die allgemein als wohlriechend galten.

Den plausibelsten Grund für diesen Glauben führt Plutarch an, der um das Jahr 96 n. Chr. selbst Apollopriester war und als Zeugen für seine Auffassung »zahlreiche Fremde und alle Diener des Heiligtums« nennt: »Die Örtlichkeit, wo die Menschen Platz nehmen, die das Orakel befragen wollen, erfüllt zwar weder oft noch regelmäßig, aber doch in gewissen, nicht vorhersehbaren Abständen ein angenehmer Geruch und Hauch, als würde ein den lieblichsten und wertvollen Düften vergleichbarer Duft dem Allerheiligsten (*tou adytou*) wie einer Quelle entströmen.« (Plutarch, *Vom Verschwinden der Orakel*, 437 c)

In der Tat kann man, wenn man in Delphi beispielsweise die Ableitung und den Schacht eines im 6. Jahrhundert v. Chr. angelegten Brunnens an der Südseite des Apollo-Tempels untersucht, einen herrlich frischen, nach Orangenblüten duftenden Wohlgeruch wahrnehmen. Woher das Brunnenwasser kommt, weiß man nicht, der Wasserlauf unter dem Tempel ändert mehrfach die Richtung und wechselte über die Jahrhunderte. Ob er unter dem Allerheiligsten verlief, ist unbekannt. Heute schreibt man den Lufthauch den Moospflanzen und Kryptogamen an den Schachtwänden und den Strömungen der darin zirkulierenden Luft zu. Der antike Glaube hielt ihn für das Zeichen der Anwesenheit eines Gottes.

Abgesehen vom Weihrauch, der im Tempel brannte, vom Rauch der Opfer, vom Geruch und Geschmack der Lorbeerblätter, die die Pythia möglicherweise kaute, war die Begeisterung der Griechen oder das Ergriffensein von Gott etwas ganz anderes als ein Delirium, es war eine plötzliche Inspiration, ein schöpferischer »Hauch« oder »Funke«. Jede Ausstrahlung ist im Altertum Zeichen des Göttlichen: Ein Windhauch zieht vorbei, er bedeutet Prometheus die Ankunft der Okeaninen und dem sterbenden Hippolytos die Ankunft der von ihm geliebten Göttin Artemis (Euripides, *Hippolytos*, Vers 1393).

Duftende Kränze und Blumengirlanden

Heiligen Wohlgeruch verbreiteten auch die Kränze, die bereits zu Zeiten von Alkaios und Sappho um 600 v. Chr. die Gäste von Festmählern und die Freudenmädchen trugen und die später unabdingbares Requisit jedes Treffens unter Freunden und Gegenstand hochgelehrter Diskussionen wurden.

Bei den Olympischen Spielen wurden die Sieger mit Ölzweigen, bei den Pythischen Spielen in Delphi mit apollinischem Lorbeer, bei den Isthmischen Spielen mit Kiefernzweigen, bei den Nemeischen Spielen, die alle zwei Jahre im Tal von Nemea nahe Kleonai in der Argolis abgehalten wurden, mit Eppich bekränzt. An all diesen Orten galt der Kranz nicht als Zierde und auch nicht als liebenswürdige Auszeichnung, sondern sozusagen als Diadem, als farbige, duftende Gloriole, durch die der Sieger, anders als die Normalsterblichen, Zugang zu einer Welt von Anmut und Würde bekam, zur Welt der Götter oder unsterblichen Helden.

Diese Wettkämpfe standen bereits in der Antike in Zusammenhang mit dem Ritual der Thronbesteigung des Königs. Der besiegte junge Mann wurde geopfert. Der von den Olympiern auserwählte Sieger erschien als der Gesalbte und Tischgenosse der gekrönten Häupter, »der von Zeus Umhegten«. Die immergrünen Pflanzen galten als Symbol der Ewigkeit, ihr Duft als Symbol der Glückseligkeit. In diesem Sinne wirkte der Eppich, *selinon* (*Apium graveolens* L.), ein Doldenblütler, der auch die Tafel des Totenmahls zierte und in Girlanden über den Gräbern hing, auf magische Weise, indem er den schweren, betörenden Duft wilden Selleries verströmte.

Plinius der Ältere, Plutarch, Clemens von Alexandria und Athenaios[111] widmen mehrere Seiten der Verwendung von Blütenkränzen und anderen Düften nicht nur bei Festlichkeiten oder Leichenfeiern, sondern auch bei einfachen Mahlzeiten in den griechischen Städten von der archaischen Epoche bis hin zur hellenistischen. Im 5. Jahrhundert v. Chr. ist der Brauch schon ein ziemlich profaner Luxus, allerdings nicht für das einfache Volk. Die Blüten, die die Blumenhändler feilbieten, die wohlriechenden Öle und Puder, die die Parfümeure verkaufen, sind im Athen des Perikles und Alkibiades viel zu teuer, als daß sie sich jemand, der nicht der Aristokratie angehört, leisten könnte. Der Bauer Strepiades sagt in Aristophanes' im März 423 uraufgeführtem Stück *Die Wolken*: »Als ich mit der [einer Städterin, der Nichte des berühmten Megakles] das Hochzeitsbett bestieg, / Roch ich nach Hefe, Käs und schmutz'ger Wolle, / Sie nach Pomade, Schmink' und Zungenküßchen, / Hoffart, Verschwendung, Schlemmerei und Buhlschaft.« (Aristophanes, *Die Wolken*, Vers 49 – 52)

Der Salbentopf, der kugelfömige *alabastos* ohne Henkel, gehört zu den Gegenständen, die beim Hochzeitszug mitgetragen werden. Sie werden den vor der Hochzeit verstorbenen jungen Mädchen zusammen mit dem Brautschmuck ins Grab gelegt. Es handelt sich um Gefäße, in denen kostbare Düfte und Salben aufbewahrt werden. In seiner Komödie *Die Leute von Thorikos oder Der Bergmann* zählt Antiphanes um 375 v. Chr. die verschiedenen Düfte auf, mit denen die Dame sich die verschiedenen Körperteile einschmiert: »Nimmt sie wirklich ein Bad? Ja, ... mit Düften aus einem kleinen, goldenen Kännchen. Für die Füße und Beine hat sie einen Duft aus Ägypten, für den Hals und den Busen Palmöl, für einen Arm Bergamottöl (*sisymbron*), für Augenbrauen und Haare Majoran ... und für den Nacken und die Knie Thymianduft.« (John Maxwell Edmonds, *The Fragments of Attic Comedy*, Bd. I, S. 921)

Bei Empfängen gibt es üblicherweise wie bei den Gastmählern zwei Arten von Girlanden, solche aus Blüten und solche aus aromatisch duftenden Blättern: die Kränze und die Blumengirlanden. Jahrhundertelang flocht man aus der Myrte mit ihrem frischen Duft nach Zitrone die Kränze der frisch Vermählten in Attika. Die Myrte war der Aphrodite geweiht, der Göttin der Liebenden, und zuvor der Kreterin Phädra, die sich in ihren Stiefsohn Hippolytos verliebt hat. In ihrem Tempel in Troizen befand sich eine Myrte, deren Blätter ganz durchlöchert waren, als sei sie verzaubert. Bei Lustbarkeiten und bei den athenischen Festen waren die Kränze meist mit Rosen-, Veilchen-, Lilien- oder Narzissenknospen verziert, seltener bzw. nur während der jeweiligen Blütezeit mit Goldlack, Phlox, Anemonen, Hyazinthen, Taglilien oder Winden, Helichrysum oder Immortellen mit den goldenen Blütenblättern (Theophrast, *Abhandlung über die Gerüche* VI, 6 und IX, 19).

Etwa vom Jahr 500 v. Chr. datiert Xenophanes' Schilderung eines Gastmahls, der diesen Brauch bereits kennt: »Denn jetzt sind rein der Boden und die Hände aller und die Becher; geflochtene Kränze legt einer (uns) um, ein anderer reicht in einer Schale wohlduftendes Salböl; ein Mischkrug steht da, voll von Frohsinn, und anderer Wein ist bereit, der niemals auszugehen verheißt, mild, in irdenen Gefäßen, blumenduftend; in der Mitte verstreut Weihrauch heiligen Duft; kühl ist das Wasser, süß und klar; bereit liegen goldgelbe Brote, und der festliche Tisch ist mit Käse und dickem Honig beladen; der Altar in der Mitte ist völlig mit Blumen bedeckt, Gesang erfüllt den Saal und festliche Freude.« (Xenophanes, *Die Fragmente*, Fragment 1)

Wenn die Blüten zu verwelken begannen und der Klang der Oboen und Gitarren die Aufmerksamkeit der Philosophen und anderen Gäste beanspruchte, wurden von Zeit zu Zeit die Sinne geweckt, indem Gefäße mit wohlriechenden Ölen, trockenen Parfums und Pudern herumgereicht wurden, in früheren Zeiten beim ersten Gang, später, zur Zeit der Hegemonie Athens, während des ganzen Mahles. Mit Salböl oder Puder rieben sich die Gäste nach Belieben die Nase, die Schläfen, die Brust oder den Nacken ein, oder sie gossen der Geliebten Salböl übers Haar. Nach dem Essen wurden zur Reinigung der Hände nach Minze oder Zitronenkraut duftende Wasserschalen gereicht. Am Schluß des Mahles wurde mit Myrrhe in Tropfenform (*stakte*) oder mit Bittermandelessenz versetzter Wein, Wein mit Anisgeschmack, Retsina oder mit Honig gesüßter Wein kredenzt.

Den damals weit verbreiteten Gebrauch von Salböl begründet der Arzt Hikesios gegen Ende des 1. Jahrhunderts in einer Abhandlung wie folgt: »Der Rosenduft paßt zum *symposion* (also zum Trinkgelage nach dem Abendessen); das gilt auch für den Myrrhen- und Quittenduft. Letzterer ist gut für den Magen und gereicht lethargischen Menschen zum Wohle. Der Weinblütenduft wirkt magenstärkend und hält den Kopf klar. Majoran- und Feldthymianduft passen zum Trinkgelage, desgleichen Safran ohne zu viel Myrrhe. Die *stakte* oder das Myrrhenöl paßt gut zum Trinkgelage, und auch die Narde. Griechischheu (ein Schmetterlingsblütler) ist süß und zart. Nelkenöl riecht gut und fördert die Verdauung.« (Athenaios, *Das Gelehrtenmahl* XV, 689 cd) Diese schweren und bitteren Düfte sollten euphorisierend und stimulierend auf Intellekt und Phantasie wirken. Ihre erfolgreiche Wirkung ist an den verschiedenen *Gastmählern* der griechischen Literatur abzulesen. Außerdem soll der Fremde durch die Kränze und Salbungen in die Gruppe aufgenommen werden.

Liebesdüfte

Die Festdüfte gehören noch in den Bereich des Kultischen. Die Damen, die normalerweise nicht an den Trinkgelagen teilnahmen und nicht die gleichen Gottheiten wie die Männer verehrten, hatten offenkundig andere Ansichten und andere Bedürfnisse als diese. Die Frauen aller Schichten wollten ganz einfach gefallen und durch die Düfte so verführerisch wie möglich wirken. In der Komödie *Trophonios* bringt Kephisodoros einen kleinen Burschen auf die Bühne, der die Kokette mimt: »Für den Körper kaufe mir, guter Xanthias, dann noch Iris- und Rosenduft und Saubrot (*Cyclamen europaeus*) für die Füße. – Ich dir Saubrot kaufen?« (John Maxwell Edmonds, *The Fragments of Attic Comedy*, Bd. II, S. 209)

In zahlreichen weiteren Texten dienen die Wohlgerüche den Frauen als Lockmittel für Ehemänner, Geliebte und Ehebrecher, auf griechisch *moichoi*, auf lateinisch *moechi*, woraus im Französischen »mec«, »mac«, »maquereau« und im Deutschen »Macker« geworden ist. Man denke nur an die Szene aus Aristophanes' im Jahre 411 v. Chr. uraufgeführter *Lysistrate*, in der die Pazifistin Myrrhina (also Myrrhenzweig) ihren Ehemann, der schon lange unter Liebesentzug leidet (der Unglückliche heißt zu allem Überfluß auch noch Kinesias, »der Erregte«!), an

den Rand des Wahnsinns bringt, indem sie ihn auffordert, sich
vor dem Liebesakt zu parfümieren:

MYRRHINE: Soll ich dich salben?

KINESIAS: Beim Apoll, mich nicht!

MYRRHINE: Bei Aphrodite, komm und sträub dich nicht! *Läuft
fort und bringt dann einen Salbentopf*

KINESIAS: Großmächt'ger Zeus, laß sie den Topf verschütten!

MYRRHINE: Komm, gib die Hand, da nimm und salbe dich!

KINESIAS: Die Salbe duftet nicht gar süß, sie riecht
Nicht hochzeitlich, und doch ist's höchste Zeit!

MYRRHINE: Wie dumm auch! Bring ich da die Rhodossalbe!

KINESIAS: Schon gut, du Schalk, so laß doch!

MYRRHINE: Sei nicht albern! *Ab*

KINESIAS: Der Henker hol den ersten Salbenkoch!

MYRRHINE *kommt mit einem Salbenfläschchen:*
Da, nimm das Fläschchen!

KINESIAS: Ich hab eine Flasche!
Komm, leg dich, Hexchen, schlepp doch nun nichts mehr
Herbei!

MYRRHINE: Bei Artemis, ich folg und löse
Mir die Sandalen! – Aber gelt, mein Liebster,
Du stimmst doch für den Frieden? *Macht sich los und flieht.*
(Aristophanes, *Lysistrate*, Vers 938 – 950)

Haut, Haare und Kleider der Frauen müssen gut riechen, vor
allem am Hochzeitstag. Darüber vergessen die Männer die Leichen auf dem Schlachtfeld, den Pestgestank, die Demagogen
auf der Agora und die Misthaufen in den Hinterhöfen. Und da
die Liebe des Mannes bekanntlich durch den Magen geht,
spielen auch bei der Essenzubereitung Wohlgerüche eine große
Rolle. Ähnlich wie heute wurden im griechischen Altertum zur
Geschmacksverfeinerung und Duftverstärkung vorzugsweise
Oregano, Koriander oder Safran verwendet.

Das Silphium, auf libyisch *schirp*, »das Rohr«, wahrscheinlich
die *Ferula Tingitana*, eine Kümmelart mit Anisgeschmack, hat

den griechischen Königen der Cyrenaika, des heutigen Libyens, seit Battos II. von Kyrene, dem Glücklichen, um 570 v. Chr. ein Vermögen eingebracht. Erstmals erwähnt wurde es von Solon, einem Zeitgenossen Battos' II. Bekannt ist das Silphium von zahlreichen Münzen aus Kyrene, auf denen ab 520 v. Chr. der lange Stengel des Silphium mit der Dolde dargestellt ist. Die genaueste Beschreibung der Pflanze und ihrer vielseitigen Verwendung stammt jedoch vom besten griechischen Botaniker der Antike, dem Aristoteles-Schüler Theophrast:

»Es (das Silphium) hat viele und dicke Wurzeln, und einen Stamm, so groß und fast so dick, als der Narthex. Das Blatt, was man *Maspeton* nennt, ist dem Eppichblatt ähnlich; der Same ist breit und blattartig, daher er *Phyllon* (geflügelte Achäne oder Flügelfrucht) genannnt wird. Der Stamm ist jährig, wie beim Narthex. Zeitig im Frühjahr treibt es das *Maspeton*, durch dessen Genuß die Schafe purgiert und ungemein fett werden, und das Fleisch wird erstaunlich wohlschmeckend. Dann kommt der Stiel, der auf alle Art sehr gut zu essen ist, man mag ihn kochen oder würzen.... Der Milchsaft ist zwiefach, aus dem Stengel und aus der Wurzel, ... der rohe Saft verdirbt und fault mit der Länge der Zeit.... Nachdem sie ihn in Geschirre getan und mit Mehl vermischt haben, so schütteln sie es geraume Zeit. Davon nimmt es die (weiße) Farbe an, und so zubereitet, bleibt es von Fäulnis geschützt.... Man verspeist die jungen Wurzeln, zerschnitten und in Essig gelegt.« (Theophrast, *Naturgeschichte der Gewächse* VI, 3, 1 – 6).

Mehr als fünfhundert Jahre lang war das Silphium aus Libyen wegen seiner goldfarbenen Früchte, seiner Blätter, seines Stengels, des Gummiharzes und der Knolle als Viehfutter, Gemüse, Gewürz und Heilmittel gefragt, dann starb es aus. Als Würze und Gummiharz verlieh das Silphium einen frischen Atem. Über seine verdauungsfördernden und stimulierenden Eigenschaften machte sich Aristophanes lustig. Die gebratenen Vögel, die die Geflügelhändler in Athen verkauften, wurden mit einer siedendheißen, süßen und sämigen Sauce aus geriebenem

Käse, Baumöl, Silphium, Weinessig übergossen (*Die Vögel*, Vers 532 – 537. Siehe auch Vers 1579 – 1590 der 414 v. Chr. uraufgeführten Komödie). In Aristophanes' Komödie *Die Ritter* heißt es, das Silphium sei einmal im Preis gefallen, der stinkende Gerber Kleon habe es »damals recht mit Fleiß herabgedrückt im Preise / Damit ihr tüchtig kaufen sollt und essen *quantum satis*, / Um in der Heliaia euch als Richter tot zu furzen!« (Vers 892 – 901).

In der Geschichte der Aromata kommt es in der klassizistischen Epoche, im Zeitalter von Aspasia, Perikles' Freundin, bis zu Phryne, der athenischen Hetäre des Praxiteles, zu einer weiteren heftigen Intervention der Frauen. In der griechischen Mythologie hat es eine Muse der Parfümeurskunst nie gegeben. Nur der Götterbote Hermes mußte einen guten Geruchssinn haben, um in den Lüften und in der Unterwelt sein Ziel – die Nymphe Kalypso oder die schöne Eurydike – nicht zu verfehlen. In der zypriotischen wie in der syrisch-phönizischen Mythologie suchten und fanden die Frauen Griechenlands die Göttin und den Gott des Wohlgeruchs. Adonis (wörtlich: »Mein Herr«), der Sohn des Phönix (»des Phöniziers«), fand um 600 v. Chr. ganz allmählich Eingang in die Literatur mit den *Frauenkatalogen* des Pseudo-Hesiod (Fragment 139 Merkelbach-West)[112] und Sapphos *Liedern*. Letztere lehrte junge Mädchen auf Lesbos Musik und Dichtkunst in einer Art Thiasos oder kultischen Gemeinschaft unter der Schirmherrschaft von Aphrodite, der duftenden Gartengöttin. Daß Sappho die leidenschaftliche, aber unglückliche Liebe des jungen Herrn aus dem Orient und seiner unter dem Namen Astarte bekannten Angebeteten besungen hat, ist allerdings nicht belegt.

In der Tat ist die Legende von der Nymphe Myrrha oder Smyrna und vom Königssohn aus dem Orient, den die Göttin der Wohlgerüche liebt, der von einem eifersüchtigen Gott oder einem Wildschwein getötet wird und dazu bestimmt ist, einmal im Jahr neben seiner Geliebten wieder auf die Welt zu kommen, erst mit den epischen Dichtungen von Panyassis um 480 v.

Attische Salbölflasche
Totengeleiter Hermes und sich schmückende Frau
(um 440/430 v. Chr.)

Chr. und den *Elegien* von Antimachos um 400 entstanden. Zur gleichen Zeit verbreitete sich in Athen, das bereitwillig Waren, Ideen und Kulte aus der Fremde übernahm (wie z.B. den Kult des phrygisch-thrakischen Gottes der vegetativen Fruchtbarkeit Sabazios, der thrakischen Göttin Bendis, des thrakischen Orpheus und Dionysos), insbesondere nach 430 v. Chr. der Aphrodite- und Adonis-Kult, es wurden immer lärmendere, ekstatischere und sinnlichere Feste gefeiert, die Adonien oder Adonisfeste.[113]

Alljährlich versammelten sich an den Hundstagen, beim Erscheinen der Konstellation des Hundes (Sirius) kurz vor Sonnenaufgang – ab 27. Juli nach der heutigen Zeitrechnung – die Anhängerinnen des Adonis, der aus den bitteren Tränen der Myrrhe hervorgegangen war, und feierten festlich geschmückt und parfümiert mit ihren Geliebten Feste, die oft im Rausch und in Ausschweifungen endeten. Mit Weihrauch und Myrrhe, die in den Räucherpfannen und -fässern brannten oder dem schweren Wein zugesetzt wurden, huldigten sie dem Geliebten der Aphrodite. Die ehrenwerten Athener Bürger empfanden die Adonis-Feiern als befremdlich und empörend. Die Anhängerinnen des Adonis feierten ihre lärmenden Freudenfeste auf den Dächern der Häuser; unter lautem Gebrüll und tanzend feierten sie sodann den Tod ihres Gottes, was äußerst störend war, wenn beispielsweise wichtige Entscheidungen in der Stadt getroffen werden mußten, über die Aushebung von Soldaten oder den Abschluß eines Vertrags: »Nun kommt zutag der Weiber Übermut, / Ihr Paukenwirbel, ihr Sabaziostaumel / Und ihr Adonisheulen auf den Dächern, / Wie's in der Volksversammlung war zu hören! / Da riet Demostratos, der Gottverfluchte / Zur Heerfahrt nach Sizilien! – Tanzend schrie / Das Weib: ›Adonis, weh!‹ – Demostratos / Rief: ›In Zakynthos hebet Mannschaft aus!‹ – / Und auf dem Dache schrie das trunkne Weib: / ›Wehklaget um Adonis!‹« (Aristophanes, *Lysistrate*, Vers 387 – 393) Einzelheiten der Adonis-Feiern im hellenistischen Alexandria um 275 v. Chr. überliefert auch Theokrit in *Die Syrakuserinnen am Ado-*

nisfest. So wurden die Menschen durch die Verehrung der Göttin und des Gottes der Wohlgerüche sensibilisiert, und durch ihr stärkeres Empfindungsvermögen kamen neue zwischenmenschliche Bande zustande.

Aromatherapie

Das Wort *aroma* »aromatisch duftende Pflanze, Gewürz« findet im 5. Jahrhundert v. Chr. Eingang in die Umgangssprache. Belegt ist es in den Werken Xenophons wie in den *Aphorismen* des Hippokrates. Aromastoffe waren also nicht nur Gewürze oder Aphrodisiaka, sondern ein wichtiger Bestandteil der Pharmakopöe dieser Epoche, in der es weder Chemikalien noch regelrechte Antiseptika gab. In der hippokratischen Schule[114] werden beispielsweise Mohn als Narkotikum, Beifuß (griech. *apsinthos*), Schwalbenwurzenzian bzw. Kentaurenwurzel und Weidenrinde als fiebersenkende Mittel gegen das weit verbreitete Sumpffieber oder auch Haselwurz, mit Wein vermischt, als Brechmittel verschrieben. Die Kreter wußten sicher auch tausend Jahre nach Minos noch um die Vorzüge der Lippenblütler mit den starken und langanhaltenden ätherischen Ölen, um die wirkungsvollen Eigenschaften von Diptam, Heilziest, Salbei, Rosmarin, Bohnenkraut und Poleiminze. Die klassische Artemis-Statue war zweifelsohne deshalb mit Diptam bekränzt, weil dieses Heilmittel mit den malvenfarbenen, samtenen Blüten nicht nur den Ziegen guttat. So schrieb Clemens von Alexandria folgende Notiz aus einem medizinischen Lexikon ab:

»Es gibt gewisse Wohlgerüche, die kein Kopfweh verursachen und die Sinnlichkeit nicht erregen, ... die vielmehr ... der Gesundheit zuträglich sind und einerseits dem Gehirn guttun, wenn dies unpäßlich ist, andererseits auch den Magen stärken.... Wir dürfen nämlich den Gebrauch von Salben nicht ganz verwerfen, sondern müssen sie wie Arzneien und Heilmittel verwenden, um die erschlaffenden Kräfte neu zu beleben, und bei Schnupfen und Erkältungen und Übelkeit, wie auch der Lustspieldichter (Alexis von Thurioi, der um 350 v. Chr. schriftstellerisch tätig war) sagt: ›Mit Salbenöl / Bestreicht er sich die Nase; denn gar heilsam ist's, / Wenn dem Gehirn man gute Düfte bringen kann.‹« (*Der Erzieher* II, VIII, 68) Der hippokratische *Corpus* weist denn auch sowohl auf die menstruationsfördernden Eigenschaften der tanninhaltigen Pflanzen als auch auf die Schockwirkung der bitteren Kräuter auf die Drüsen, auf die beruhigenden, magenstärkenden Eigenschaften der Doldenblütler und ihre Wirkung gegen Blähungen hin.

Das Wort *pharmakon* ist im alten Athen genauso doppeldeutig wie unser Wort »Droge«. Der *pharmakopoles* verkaufte sowohl Medikamente in trockener Form, *xera*, (daher die »Elixiere«) als auch in flüssiger Form, Tränke und Salben bis hin zu magischen Steinen, wie etwa dem Bergkristall, von dem Aristophanes in der Komödie *Die Wolken* spricht, die im März 423 v. Chr. uraufgeführt wurde. Alexis, zweifelsohne der Meister der attischen Sittenkomödie im 4. Jahrhundert, hat denn auch aus gutem Grunde der Person des *Apothekers*, der Arzneimittel-, Kräuter- und Gewürzhändler ist, eine ganze Komödie gewidmet. Athenaios, der Verfasser des *Gelehrtenmahls*, zitiert ihn jedesmal, wenn es um Räucherungen, Myrrhe, Weihrauch, Aromatherapie oder duftende Kränze geht. Dagegen scheinen die Verfasser von Sittengeschichten der Bedeutung der Wohlgerüche und Aromata für das Alltagsleben der Stadtbewohner Griechenlands, mit Ausnahme von Sparta, bislang bewußt keine Beachtung geschenkt oder diese unterschätzt zu haben.

Die achte Kunst im klassischen Griechenland

Um das Jahr 330 v. Chr., vor der Eroberung Ägyptens und Asiens bis zum Indus, die die wirtschaftlichen, gesellschaftlichen und politischen Strukturen der antiken Welt grundlegend veränderte, hatten die Aromata und Gewürze in Athen eine religiöse Funktion bei Opfern und Begräbnissen als Opfergaben und Reinigungsmittel, eine magische und medizinische Funktion bei den verschiedensten Therapien, eine Funktion als Nahrungsmittel und schließlich eine erotische Funktion als Schminkmittel. Auch dienten sie als Zierde der weiblichen und männlichen Gäste bei Festmählern.

Bei allen wichtigen Ereignissen im Leben eines Menschen spielten selbst bei weniger begüterten Athenern Räucherwerk oder Salböl eine Rolle. In Athen gab es zur Zeit des Aristophanes und seiner Nachfolger nicht nur die *myropolai* und *myropolides*, die Dufthändler, sondern einen ganzen Markt der Wohlgerüche und aromatisch duftenden Pflanzen, das *myropoleion* östlich der Agora. Dort pflegten die Müßiggänger zu flanieren, zu plaudern und sich vom Gestank des Fischmarkts zu erholen (vgl. die klassischen Autoren von Lysias' *Für den Gebrechlichen*, 20, bis zu Demosthenes' *Gegen Aristogiton*, 786).

Die Düfte wurden von Generation zu Generation immer schwerer und vielfältiger; sie unterlagen aber auch dem Zeitgeschmack. Zuerst waren es Sapphos blumiger *brentheion* und die nach Amber duftende *bakkaris* der lydischen Könige, danach die bitter-süßen Verbindungen, Myrrhe und Styrax, die nach Benzoeharz riechen, Kaneel, Zimt, Narde, Safran, Iris und vier Salben, über die man lediglich weiß, daß sie sehr teuer und signiert waren: das *megalleion* des Sizilianers Megallos, das *plangonion* der Plangon (der »Puppe«), einer Parfumherstellerin aus Elis, die *psagdas* bzw. *sagdas* oder die zinnoberrote Salbe aus Ägypten, die im Laden des Peron verkauft (oder hergestellt) wurde, und das Produkt aus der Offizin des Aischines von Sphettos, eines Sokrates-Schülers, von dem es hieß, daß er »die Salbensiederei betreibt« (Athenaios, XIII, 611f; XV, 689 – 690; Clemens von Alexandria, II, VIII, 64, 2 sowie die Lexikographen Pollux, Hesychios, Photios). Bereits vierhundert Jahre vor Christi Geburt gab es also signierte Parfums.

Diese mit unendlicher Sorgfalt hergestellten Luxusartikel waren regelrechte Kunstwerke. Noch wertvoller und dauerhafter wurden sie dadurch, daß ihre Schöpfer/-innen sie in goldenen Kännchen, Alabasterflakons oder in Tongefäßen verkauften, die mit Figurenszenen bzw. Ornamenten geschmückt waren . Aus dem 4. Jahrhundert sind uns einige Preisbeispiele aus Athen[115] überliefert: Eine »Kotyle«, also etwas mehr als ein Viertelliter duftenden Öls, kostete zwischen fünf und zehn Minen, und die Myrrhe in Tropfenform, die *stakte*, war sicher nicht echt, wenn man sie für zwei Minen erstand. Man stelle sich vor, daß ein Ratsmitglied für einen Sitzungstag nur eine Drachme, den hundertsten Teil einer Mine, erhielt! Ein Viertelliter Luxusparfum kostete also das Entgelt mehrerer hundert Arbeitstage. »Der Henker hol den ersten Salbenkoch!« ruft denn auch Kinesias in Aristophanes' *Lysistrate* (Vers 946) aus.

Der Handel mit Aromata stand in allen großen Städten dem mit aromatisierten Weinen in nichts nach. Athen verkaufte damals schon nur noch Luxusgüter. Die Schaffung neuer Märkte war vielleicht auch der Hauptgrund für den Feldzug Alexanders (336 – 323 v. Chr.). Die Griechen wollten die Rohstoffe preiswert aus Afrika, Zypern und Asien beziehen, um sie als Fertigprodukte hundert- bis zweihundertmal teurer zu verkaufen.

Naturwissenschaftliche Reflexionen

Im Unterschied zu allen früheren Stämmen und Völkern machten die Griechen nicht nur Gebrauch von den Aromata, sondern sie stellten auch Überlegungen über sie an. Die sokratische Philosophie der Wohlgerüche und Aromata umfaßt bereits im Jahre 430 v. Chr., dem Jahr der großen Pest in Athen, zwei Abteilungen: moralische Reflexionen und naturwissenschaftliche oder auf Erfahrung beruhende Betrachtungen.

Sokrates zufolge nützt die Parfümeurskunst weder Frauen noch Männern, sondern sie läßt im Gegenteil verwerfliche Illusionen aufkommen, die Verfehlungen zur Folge haben können. Xenophon läßt Sokrates bei einem Gastmahl bei Kallias sagen,

Hegesios träufelt sich aus einem Alabastron Öl zum Salben auf die Hand;
Lykos legt sein Gewand ab
(Kelchkrater des Euphronios. Darstellungen aus der Palästra mit Namens-
beischriften, um 510 v. Chr.)

daß frisch verheiratete Frauen kein Parfum brauchen, weil sie selbst duften, daß junge Sportler ebenfalls keiner Parfums bedürfen, da zur Erlangung der sittlichen Vollkommenheit nur der Umgang mit rechtschaffenen Menschen vonnöten sei: »Der Ölgeruch der Turnplätze aber, der ist den Frauen lieber und wird, wenn er fehlt, mehr vermißt als Parfüm. Schließlich verströmt ja jeder, der sich mit Parfüm einreibt, ob Sklave oder Freier, sofort einen ähnlichen Duft, wogegen die bei vornehmer Mühsal erworbenen Gerüche zunächst einmal ein tüchtiges Training und viel Zeit erfordern, wenn sie wirklich wohlriechend und dem Freien vorbehalten sein sollen.« (Xenophon, *Das Gastmahl*, S. 13)

Für Sokrates, den stolzen Barfußläufer, den redseligen Bettler, den struppigen Silen oder Satyr, zählt nur der Duft der Tugend. Platon greift Sokrates' Kritik in den großen politischen Dialogen, vom *Staat* bis zu den *Gesetzen*, sowie in den metaphysischen oder moralischen Schriften auf. Weder die Parfümeurs- noch die Kochkunst können seiner Argumentation zufolge ernstgenommen werden, da sie sich nicht mit dem Wesen der Dinge befassen und folglich auch keine echten Erkenntnisse gewinnen. Sie lassen sich höchstens den Techniken oder Verfahrensweisen zurechnen, die die Natur nachahmen, und haben keinen anderen Zweck als die unmittelbare Befriedigung der niedersten Sinne oder der Animalität des Menschen. Die Salben (*myra*) und das Räucherwerk (*thymiamata*) zählen zweifelsohne zu den Raffinessen des zivilisierten Lebens. Doch gehören die Wohlgerüche bei den Gastmählern oder die profanen Salbungen nur zur Lebensführung von Leuten, die sich der Trägheit und dem sinnlichen Genuß verschrieben haben, wie der König von Persien oder die Hetären. Für die ideale Lebensführung der Spartaner oder des weisen Solon kommen sie nicht in Frage.

Für den Sokrates-Schüler Aristipp von Kyrene, der sich hingegen für die irdischen Freuden ausspricht, gewinnt und verliert der Mensch durch die Düfte nichts, das Übermaß bringt sie jedoch in Verruf. Die Gleichgültigkeit gegenüber dem Überflüssigen und die Verdammung des Luxus betonen die Zyniker, die geistigen Erben des Sokrates, durch ihre provozierende Haltung. Der berühmteste Zyniker, Diogenes, sagte einmal zu einem parfümierten, weibischen Jüngling: »Schämst du dich nicht, schlechter für dich zu sorgen als die Natur? Diese hat dich zum Manne gemacht, du aber machst dich mit aller Gewalt zum Weibe.« (Diogenes Laërtius VI, 2, 66)

Fruchtbarer war der Weg, den die griechischen Naturforscher einschlugen. Aristoteles, Sohn eines Arztes, Botaniker, Zoologe und Philosoph, bezog als erster wissenschaftlich Stellung zu den Dämpfen und Wohlgerüchen. Als erster erklärte er die Wolkenbildung am Himmel mit dem Verdunsten des Wassers auf der Erde und an der Meeresoberfläche unter Einwirkung der Wärme und das Phänomen des Regens damit, daß der Dunst, aus dem die Wolken bestehen, zu Tropfen kondensiert. Daraus zog er einen wichtigen Schluß für die Geschichte der Destillation: »Daß aber das verdunstete Wasser trinkbar ist und, wenn es kondensiert, nicht wieder zu Meerwasser wird, das können wir aufgrund unserer Erfahrungen (*pepeiramenoi*) sagen. Auch andere Flüssigkeiten zeigen das gleiche Verhalten; Wein und alle Säfte, die verdunsten, um wieder zu kondensieren, werden zu Wasser. Denn ihre sonstigen Eigenschaften, abgesehen von Wasser, beruhen auf Beimischung, und diese beeinflußt je nach ihrer Art den Geschmack.« (Aristoteles, *Meteorologie*, Buch II, Kap. 3, S. 51) Aristoteles bezeugt, daß die Seeleute um 350 v. Chr. bereits Meerwasser destillierten und es bei Bedarf in Trinkwasser verwandeln konnten. Er selbst gewann Weingeist oder Alkohol aus dem gegorenen Saft der wohlriechenden Früchte seines Landes; allerdings ist nicht bekannt, ob er dazu den Kessel mit Überlaufdeckel oder kegelstumpfförmigen Topf verwendete, der schon seit dreihundert Jahren *ambikos* hieß (daher das Wort »Alambik«). Aristoteles deutet lediglich an, es habe ein Verfahren zur Extraktion ätherischer Öle gegeben.

In Buch IV, Kapitel 7 der *Meteorologie* heißt es: »Zum Beispiel gibt es Weinarten (wie Most), die sich verdicken und verkochen lassen. Alle solche Substanzen verlieren während des Trocknungsvorgangs Wasser. Es ist wirklich ihre innewohnende Feuchtigkeit; Beweis: läßt man den von ihnen ausgehenden Dampf verdichten, so wird er zu Wasser.« (Aristoteles, *Meteorologie*, S. 102) Und in Kapitel 9 stellt er fest: »Süßwein (Traubenmost) dampft; er ist fett und verhält sich wie Öl, Kälte kann ihn nicht verfestigen, wohl aber kann er brennen.... deshalb kann er Flamme entwickeln«. Das griechische Verb *apostazo*, das bereits hundert Jahre vor Aristoteles in der Bedeutung »herabtropfen von« belegt ist, wird in der Umgangssprache später ein Synonym von »destillieren«. Bis heute gewinnt man in Ägypten und im Nahen Osten die ätherischen Öle bestimmter harziger Hölzer durch Verdampfen in ein Stück Filz oder wollenes Vlies.

Zu den zahllosen Werken, die die Nachwelt Aristoteles und seinen Schülern zugeschrieben hat, zählten auch zwei Bücher über Pflanzen, drei über die Natur und viele *Physikalische Probleme*. In einem Fragment, das Athenaios (XV, 692b-c) zitiert, heißt es: »Der vielgelehrte Aristoteles untersucht in den ›Physikalischen Problemen‹ die Frage: Weshalb ergrauen Menschen schneller, die ständig Salben gebrauchen? Vielleicht, weil die Salbe durch die Duftstoffe austrocknend wirkt, wodurch die Benutzer trocken werden. Denn durch Austrocknen werden Menschen schneller grau. Denn ob nun das Ergrauen ein Vertrocknen des Haares ist oder ein Mangel an Wärme, jedenfalls bewirkt Trockenheit Welken. Daher lassen auch Filzhüte die Menschen schneller grau werden, denn sie saugen die natürliche Feuchtigkeit des Haares auf.« (Athenaios, *Das Gelehrtenmahl*, S. 418f.)

Ähnliche Überlegungen über die Wirkungen von Feuer, Trok-
kenheit und Feuchtigkeit, über die Kondensation und Mazeration von Flüssigkeiten finden sich in Theophrasts *Abhandlung
über die Gerüche*. Theophrast von Eresos wurde im Jahre 323 v.
Chr. Aristoteles' Nachfolger als Vorsteher des Lykeion, er betrieb die letzten dreißig Jahre seines Lebens wissenschaftliche
Studien und stellte Kataloge nach den Methoden seines Lehrmeisters auf. Wie Aristoteles nahm er an, daß der Wohlgeruch
aus der Digestion von Flüssigkeiten unter dem Einfluß von
Wärme zustandekommt, und erklärte damit, warum die trockenen und sehr heißen Länder so viele gute Aromata hervorbrin-
gen. Die Sonne Arabiens sauge im Hochsommer die Feuchtigkeit auf, die Fäulnis bewirken würde, wenn die Kaneel- oder
Weihrauchbäume dauernd der Feuchtigkeit ausgesetzt wären.
Darüber hinaus beschrieb Theophrast die Methoden und Rezepte, nach denen die Meisterparfümeure im östlichen Mittelmeerraum ihre Duftkompositionen herstellten.

Die am häufigsten verwendete Grundsubstanz war das Behenöl (*Balanites aegyptiaca*), die meisten Pflanzen wurden im
Wasserbad zusammengebraut, und bei jeder Duftkomposition
lieferte die letzte Komponente die dominierende Note.

»Die Parfums, die gekocht werden, werden zuerst in wohlriechenden Wein oder in Wasser getunkt, weil sie dann weniger
absorbierend sind. Diejenigen, die in kaltem Zustand behandelt
werden, absorbieren dagegen mehr, da sie trocken sind, zum
Beispiel zerstoßene Iriswurzelstöcke. ... Das beste Iris-Parfum
gewinnt man dadurch, daß der Wurzelstock in trockenem Zustand verarbeitet und nicht in einer Flüssigkeit gekocht wird,
dann kommen seine Eigenschaften besser zur Geltung. ...
Wenn die Pflanzen zuerst in eine Flüssigkeit getaucht werden,
verlieren sie ihre Eigenschaften gleichsam in größerem Umfang, weil sie dann schon zu viel eingesogen haben und weniger
absorbieren. Und so läßt man auch die Gewürze nicht lange in

Öl ziehen, wenn man sie adstringierend machen will, sondern nimmt sie heraus, damit sie nicht übermäßig quellen.

Bei der Herstellung jedes Parfums fügt man die passenden Gewürze hinzu. So braucht man für *kypros* (Hennaduft von der *Lawsonia inermis*) Kardamom (*Elettaria Cardamomum*) und *aspalathos* (Ginsterknospen, *Cytisus lanigerus*), die beide zuerst in Likörwein getunkt werden. Um Rosenparfum herzustellen, braucht man Wohlriechendes Bartgras, *aspalathos*, und Gemeinen Kalmus (*Acorus calamus*), die wie beim *kypros* vorher in eine Flüssigkeit getaucht werden. So werden auch allen anderen Parfums die passenden Gewürze beigemengt. Dem Rosenparfum wird darüber hinaus eine bestimmte Menge salziger Substanzen beigefügt. Dieses Rezept ist eigentümlich für dieses Parfum und impliziert sehr viel Verschwendung, denn für 38 Liter Parfum braucht man 103 Liter salziger Substanzen.

Die Herstellung von *kypros* ähnelt der von Rosenduft. Wenn man die Blüten, sobald sie eingeweicht sind, nicht schnell aus der Flüssigkeit nimmt und ausdrückt, zersetzen sie sich, fangen an zu verwesen und machen das Parfum zunichte, indem sie ihm einen unangenehmen Geruch verleihen. Ähnlich wird auch das Quitten-Parfum hergestellt: Das Öl wird zuerst adstringierend gemacht, und es ist kalt, wenn die Quittenstücke hineingegeben werden; sie werden herausgenommen, bevor sie schwarz werden, die eine Ladung, bevor die nächste hineinkommt, denn wenn sie schwarz werden, zersetzen sie sich sogleich, weil sie durchweicht sind – wie beim *kypros*.« (Theophrast, *Abhandlung über die Gerüche*, 23 – 26)

Diesen dunklen Rezepturen zufolge, die Theophrast den Parfumherstellern seiner Heimatinsel Lesbos, Athens, Kleinasiens und Zyperns abgelauscht hat, war der erste Vorgang der, durch Digestion verschiedener pflanzlicher Fasern und besonders bitterer Gummiharze (beispielsweise Zypergras, Ginster, Aloe) die Weine und Öle adstringierend, also aufnahmefähig oder absorbierend zu machen, die als Grundsubstanz für die Aromen dienen sollten. Man ließ die Pflanzenteile, die man zuvor zu

Puder zerstampft hatte, in Wasser oder Wein quellen, wodurch Glykosid gelöst und Gummiharz aufgeweicht wurde; danach erfolgte entweder die Mazeration à chaud, bei der sukzessive Ladungen von Blütenblättern, von Rosenblättern beispielsweise, bei niedrigen Temperaturen in Öl gekocht wurden, oder die Enfleurage à froid wie im Fall des Quittenöls. Den meisten parfümierten Ölen wurde auch noch ein Farbstoff zugesetzt. Die ägyptischen Luxusparfums behielten dagegen die Farbe bei, die sie nach dem Kochen hatten.

In Theophrasts Abhandlung finden sich auch die alten Verfahrensweisen der Extraktion durch Expression, Eindicken von Ölen, der Reduktion zu wohlriechenden Pudern, Pasten, Pastillen, Kegeln und duftenden Säckchen, der Herstellung ätherischer Öle und vielleicht eine primitive Form der Konservierung oder sogar Sterilisierung durch den Zusatz mineralischer Salze. Die beiden häufigsten Öle im klassischen Griechenland, das Oliven- und das Bittermandelöl, wurden sicher sehr schnell ranzig. Außerdem kippten die Parfums schnell um, vor allem, wenn die Behältnisse nicht hermetisch verschlossen waren. Das hatte, wie Theophrast richtig feststellt, zur Folge, daß die Parfumhersteller ständig Wein oder aromatisches Öl nachgossen, damit die Parfums nicht ranzig wurden, oder die schnell verderbenden Produkte rasch verkauften. Da die Parfums im Sommer, wenn sie dem Sonnenlicht ausgesetzt waren, schneller schlecht wurden als im Winter, bewahrten die Händler sie in Bleigefäßen und Alabasterphiolen in dunklen, kühlen Kammern auf. Außerdem wurde das flüchtige Parfum durch die adstringierende Grundsubstanz konserviert.

Bemerkenswert ist auch, was der gelehrte Theophrast in seiner *Naturgeschichte der Gewächse* (*Peri phyton historias*) am Ende des 4. Jahrhunderts geschrieben hat: »Als Gewürze benutzt man ungefähr folgende Dinge: Kasia, Zimt, Kardamom, Naeron (oder eher *maron*, lydischen Gamander), Balsam, Aspalathos, Styrax, Iris, Narde, Kostos (auf Sanskrit *kuschta*, die *Saussurea lappa* Clarke), Panakes, Krokus, Myrrhe, Cyperus

(Zypergras), Schönus (Binse), Kalmus, Majoran, Lotus, Anis. Von diesen sind einige Wurzeln; andere sind Rinden, Zweige, Hölzer, Samen, verdickte Säfte und Blumen. Einige von diesen wachsen an mehreren Orten; aber am vorzüglichsten und wohl-riechendsten geraten sie in Asien und in den warmen Ländern. Denn aus Europa kommt nichts, außer der Iris. Diese wächst am besten in Illyrien, und zwar nicht am Meeresstrand, sondern tiefer landeinwärts und mehr nach Norden.« (*Naturgeschichte der Gewächse* IX, 7, 3 – 4)

Theophrast leugnet natürlich nicht, daß es in Griechenland Rosen, Zypergras und Ginster gibt und die Parfumhersteller diese kostengünstigen Pflanzen in großen Mengen verwenden. Allerdings wiederholt er den letzten Satz des vorhergehenden Abschnitts im Vierten Buch seiner *Naturgeschichte* in Kapitel 5, 2: »Von wohlriechenden Gewächsen kommt keines (im Norden) vor; außer der Iris in Illyrien und am adriatischen Meer.« Und das zeigt die Richtung an, in die sich die Parfumhersteller und -konsumenten nach Aristoteles' und Alexanders Tod (323 v. Chr.) wenden sollten. Alle Blicke waren auf das Asien der Aro-mata gerichtet.

Der Zauber des Orients

Seitdem Sappho und Archilochos in ihrer Lyrik im 7. Jahrhun-dert den Zauber des Orients besungen hatten, waren alle Rei-senden, die ins Land des Großen Königs vorgedrungen waren, entzückt. Alle träumten vom Duft des *baccar* der Fürsten von Lydien, vom nach Safran duftenden Styrax der Satrapen Klein-asiens, vom Balsam aus Judäa, von Myrrhe und Zimt aus Ara-bien und nicht zuletzt vom geheimnisvollen *labyzos*, nach dem die Tiara der Perserkönige duftete (Athenaios XII, 514a) und der wahrscheinlich unter dem ebenso geheimnisvollen Namen *labuja* aus Indien importiert wurde.

Als Herodot um 450 v. Chr. in Babylon weilte, war er vom

Luxus der Priester und der verschwenderischen Fülle von Räucherwerk, das einzig für den Kult bestimmt war, überwältigt und schrieb in seinen *Historien* phantastische Erzählungen über Aromata, die von geflügelten Schlangen und Nattern bewacht werden, auf: »Das äußerste bewohnte Land im Süden ist Arabien. Dort einzig und allein von allen Ländern wächst Weihrauch, Myrrhe, Kasia, Kinamomon und Ledanon. Die Araber gewinnen alle diese Dinge, außer der Myrrhe, recht mühsam. Den Weihrauch sammeln sie, während sie Storax verbrennen, den die Phoiniker nach Griechenland einführen; beim Verbrennen gewinnen sie ihn. Die Weihrauchbäume werden nämlich von geflügelten Schlangen bewacht, die klein und buntfarbig sind und sich in Menge in der Nähe jedes Baumes aufhalten.« (*Historien* III, 107) Etwas später heißt es: »Arabien ist voll wunderbarem Duft.« (III, 113)

Im Jahre 407 v. Chr. führt der Spartaner Lysander eine Gesandtschaft an den Hof Kyros' des Jüngeren an. Der König zeigt ihm sein »Paradies«, den Park seines Schlosses in Sardes. Der gestrenge Grieche bewundert den schönen Garten und »die schönen Gewänder, die kostbaren Wohlgerüche«. (Xenophon, *Oikonomikos. Die Hauswirtschaftslehre* IV, 23) Im November 401 v. Chr. während des Rückzugs von Kyros' griechischen Söldnern nach Armenien in die Nähe von Bitlis, 25 Kilometer südwestlich des Vansees, fällt Schnee, die Soldaten frieren. »Doch als Xenophon sich ermannte und ohne Mantel sich erhob, um Holz zu spalten, erhob sich bald auch der eine oder andere und löste ihn beim Spalten ab. Darauf erhoben sich wieder andere, unterhielten ein Feuer und salbten sich. Denn es fanden sich daselbst viele Salbmittel, die sie statt des Olivenöls verwendeten: Schweinefett, Sesamöl, Öl aus Bittermandeln und Terpentinöl. Auch fanden sie wohlriechende Salben aus allen diesen Stoffen.« (Xenophon, *Der Zug der Zehntausend. Cyri Anabasis* IV, 4, 12 – 13) Asien war durch die Entdeckung des Gold führenden Flusses Paktolos und das Land der Ameisen, die Goldstaub auswerfen, im Altai-Gebirge (Herodot III, 102;

Strabo 2, 1,9) für die Griechen wahrlich ein Eldorado. Nach dem Zug der Zehntausend, des Agesilaos und der Feldherren Philipps von Makedonien waren diese Schätze der Traum jedes Eroberers.

Mit Alexander in Asien

Die nach Wollfett und Ziegenbock stinkenden makedonischen und thrakischen Soldaten machten sich vom Luxus der orientalischen Potentaten die gleichen phantastischen Vorstellungen wie der Athener Dichter Alexis am Vorabend von Alexanders Aufbruch nach Asien im Jahre 336. Danach begnügten sich die Perser, um sich zu parfümieren, nicht mit Alabasterflakons, sondern ließen vier Tauben emporsteigen, die in Rosenwasser gebadet wurden und über ihrem Lager mit den Flügeln schlugen.[116] Alexander und sein Feldherr Parmenion bemächtigten sich der Schätze der Satrapen von Daskyleion in Phrygien und von Sardeis in Lydien: Berge von Gold, Weihrauch und Purpurgewändern wurden nach Makedonien und Griechenland befördert oder den Händlern überlassen, die dem Heer folgten.

Alexander, der nach Aussage der ihm Nahestehenden göttlich duftete und den frischesten Atem der Welt hatte, traute seinen Augen nicht, als er nach dem Sieg bei Issos am 6. November 333 schweiß-, staub- und blutüberströmt in das Bad Darius' III. eindrang: »Als er Eimer, Krüge, Wannen und Salbgefäße sah, alles aus Gold und herrlich gearbeitet, und den köstlichen Duft im Raum spürte wie von den edelsten Spezereien, und als er dann in ein Zelt trat, staunenswürdig durch Höhe, Größe und den Prunk der Betten, Tische und des Tafelgeschirrs, da blickte er auf seine Freunde und sagte: ›Das ist also wohl das Königsein!‹« (Plutarch, *Alexander und Caesar* 20, 13)

Aus den in Damaskus erbeuteten Gütern wählte er für sich ein mit Gold, Perlen und Edelsteinen verziertes Kästchen und beschloß, darin die Werke Homers mit dem Kommentar des

Aristoteles aufzubewahren (Plutarch, *Alexander und Caesar* 26, 1 - 2; Plinius, *Naturkunde* VII, 108). Im November 332, nach der Eroberung von Gaza (der Name der Stadt ist das persische Wort für Schatz), ließ er Leonidas, dem strengen Lehrer seiner Kindheit, »fünfhundert Talente Weihrauch und hundert Talente Myrrhen« schicken, also insgesamt dreizehn Tonnen und zweitausendsechshundert Kilo, mit einer kurzen Mitteilung: »Wir haben dir Weihrauch und Myrrhe im Überfluß geschickt, damit du aufhörst, den Göttern gegenüber zu knausern.« (Plutarch, *Alexander und Caesar* 25, 6 – 8; *Apophtegmata von Königen und Kaisern*, 179 E; Plinius XII, 62)

Von jedem königlichen Schatz wurde auf Befehl Alexanders der Weihrauch beschlagnahmt, so in Susa im Jahre 331. In jeder wichtigen Stadt, in Babylon, Persepolis oder Taxila, schwelgten die makedonischen, thrakischen und griechischen Sieger in den erlesensten Essenzen, im Bad, im Bett und bei Tisch, und sie aromatisierten auch den Wein. Die Eroberung der Städte Arabiens war der letzte Traum des sterbenden Königs im Juni 323 und zugleich der Herzenswunsch aller Händler aus Griechenland, Asien, Phönizien, Kanaan oder Ägypten und aller potentiellen Plünderer, aus denen Alexanders Heer bestand. Etwa die Hälfte der hundertzwanzigtausend Menschen, die im Juni 327 nach Indien vordrangen, waren Zivilisten, und viele von ihnen blieben in Asien, um die eine oder andere Kolonie auszubeuten, einige profitierten dahingehend von dem Feldzug, daß sie die wertvollsten Güter – Gold, Weihrauch und Myrrhe – nach Europa mitnahmen.

Die Händler, die dem Heer auf dem Rückzug im September und Oktober 325 folgten, entwendeten in Gedrosien, einem Wüstengebiet im Süden des heutigen Belutschistan, alles, dessen sie habhaft werden konnten, vor allem aromatisch duftende Gummiharze, die sie »Weihrauch« nannten, auf griechisch *thyos*, »alles was sich in Rauch auflöst«. »In dieser Wüste wachsen nach Aristobul (einem Offizier im Führungsstab) eine Menge Myrrhenbäume, größer als sonst üblich. Die Phöniker, die als Händler dem Heereszug folgten, hätten die Harztropfen dieser Myrrhe gesammelt und eine große Ausbeute davon gehabt, die sie auf ihre Tiere luden und mitführten. Die Stämme dieses Baumes nämlich seien sehr dick und auch niemals angezapft gewesen. Auch gebe es in der Wüste die Nardenwurzel in Fülle und von starkem Wohlgeruch, und auch diese sammelten die Phöniker. Viele dieser Wurzeln seien von dem durchmarschierenden Heer zertreten worden, und davon habe ein angenehmer Duft weithin das ganze Land erfüllt: So zahlreich seien sie.« (Arrianus Flavius, *Der Alexanderzug. Indische Geschichte, Anabasis* VI, 22, 4 – 5)

Angesichts dieses Berichts, dessen Wahrheitsgehalt Theophrast (*Naturgeschichte der Gewächse* IV, 4, 12 – 13), Strabo (XV, 722 – 723) und Plinius (XII, 33 – 34) bestätigen, gewinnt man den Eindruck, als hätten die schlauen Händler wohl bedacht, welche Einnahmequellen sich ihnen aus der Nutzung einer Burseracee wie der *Commiphora* Mukul oder des stacheligen Gummibaums, *gugulon*, und eines bescheidenen Grases von der Gattung *Cymbopogon citratus*, das dem Zitronenkraut sehr ähnlich ist und stark nach Zitrone duftet, erschlossen. Der Rückzug aus Indien war also durchaus nicht für alle Beteiligten eine Katastrophe.

In einer einzigen Generation, von der Gründung der ersten Stadt Alexandria an der Westmündung des Nils im Januar 331 bis zur Schaffung der fünf Diadochenreiche oder zur Gründung von Antiochia am Orontes in Syrien im Mai 300 v. Chr., gab es in Bezug auf Geschmacksrichtungen und Düfte ungeheure Umwälzungen in der Welt der Griechen, vor allem durch die Eröffnung von drei Gewürzstraßen, deren Ausgangspunkte drei Städte waren, die auf Befehl Alexanders gegründet wurden[117]: Alexandreia Eschate, die nördlichste Gründung Alexanders am Tanais (Syrdaria), auf dessen Ruinen heute die Stadt Leninabad in Tadschikistan steht, wurde im Oktober 329, Bukephala oder die Stadt des Pferdes Bukephalos am rechten Ufer des Hydaspes (Dschilam) nahe dem heutigen Dschalalpur in Nordpakistan, im Juli 326 und Alexandreia der Oreitai, nahe der Mündung des Purali im Süden des heutigen Belutschistan (Südpakistan) im September 325 gegründet.

Die erste Route durchquerte Turkmenistan und Nordpersien und gelangte am östlichsten Punkt des Golfs von Alexandrette, gegenüber Zypern, ans Mittelmeer; die zweite umfaßte den Handel aus Nordindien, Afghanistan und Südpersien und führte entlang des Tigris flußaufwärts; die dritte, von Alexanders Admiral Nearchos begründet, umfaßte den ganzen Handel aus Sind und Südpakistan über den Indischen Ozean, den Golf von Oman und den Persischen Golf. Auf diesen zwei Gewürzstraßen zu Lande und der einen zu Wasser gelangten achtzehnhundert Jahre lang Reis, Seide, Früchte, Gewürze, Edelsteine, fernöstliches Gedankengut und vor allem Parfums und Aromata zu bislang unerhört niedrigen Preisen nach Europa.

Etwa fünfzig Gelehrte, Botaniker, Ärzte, Geographen und Philosophen begleiteten Alexanders Feldherren nach Persien und Indien. Bald darauf kamen die Forscher und Händler, die die Ptolemäer und Seleukiden gen Osten sandten, so zum Beispiel Megasthenes, der im Jahre 302 v. Chr. als Gesandter von Seleukos Nikator zum Hof des Radschas Tschandragupta an den Ganges reiste. Von ihren Reisen erzählten sie wundersame Dinge, die später im *Alexanderroman* ihren Niederschlag fanden, so etwa von den *Astomos* oder Menschen ohne Mund an den Quellen des Ganges, »die sich ausschließlich vom Duft der Nahrungsmittel, Früchte und Blumen ernähren«, und von den *Amykteros* oder Menschen ohne Nase, die alles essen, auch rohes Fleisch (Strabo II, 1, 9; VII, 3, 15; und XV, 1, 57). Hier geht es aber nicht um diese Mythen, es kommt vielmehr darauf an, daß die Überlebenden des großen Feldzugs bislang unbekannte Samen von eßbaren und Heilpflanzen, Obstbäume oder Kerne von Früchten an die Gestade des Mittelmeers mitbrachten: Pfirsiche, Pomeranzen, Zitronatzitronenbäume, Zitronenbäume, Bergamotten, Kirschbäume, Brustbeerbäume und darüber hinaus Sandelholz und gesprenkeltes Ebenholz.

Unsere Aufmerksamkeit gilt ausschließlich den Aromata, die für die alexandrinische Parfümeurskunst von Bedeutung waren. Nicht berücksichtigt werden der Rohrzucker, der auf pali, der ältesten indoeuropäischen Sprache, *sakkhara* heißt und den Plinius (XII, 32) erwähnt, die Harze, die Honigsorten, die nach Zitrone duftenden, süßen, adstringierenden und wohlriechenden Säfte, mit denen die ägyptischen und babylonischen Ärzte Alexanders Leichnam[118] im Juni 323 so perfekt einbalsamierten, daß seine Gefährten bei dessen Anblick acht Tage nach seinem Tod glaubten, er sei noch am Leben. Siebenhundert Jahre später soll der Leichnam in dem Sarg aus durchsichtigem Edelstein im Hypogäum von Alexandria immer noch unversehrt gewesen sein.

Die antiken Schriftsteller maßen den Achemeniden-Herrschern eine bedeutende Rolle bei: »Die Salbe muß eine Erfindung des Volks der Perser sein. Diese triefen davon und vertreiben durch Anwendung dieses künstlichen Wohlgeruches den durch Unsauberkeit erzeugten üblen Gestank.« (Plinius XIII, 3) Hierbei denkt der Botaniker Plinius nicht nur an das Rosenwasser, die Zitronenschalen oder den *labyzos* der königlichen Tiara, sondern vor allem an vier »orientalische« Aromata, die später eine bedeutende Rolle in der griechisch-römischen Parfümeurskunst spielen sollten und von denen bislang noch kaum die Rede war.

Kaneel, Costus, Zitronenkraut und Benzoeharz

Der Safran, *Crocus sativus*, diente als Duft, Gewürz und Färbemittel, die semitischen Völker kannten ihn unter dem akkadischen Namen *kurkanu*, die frühen Griechen nannten ihn *krokos*, beide Wörter sind wahrscheinlich einer der vorindoeuropäischen Sprachen Anatoliens entlehnt. Die Stigmen der Staubgefäße des Safrans – für ein Kilo Safranpuder benötigt man 70 000 bis 80 000 – brachten damals den griechischen Siedlern in Pamphylien, Kilikien und Zypern ein Vermögen ein. Safran wurde als Färbe- und Nahrungsmittel, Aromastoff und Heilmittel verwendet. Viel beliebter war jedoch der Kaneel aus Ceylon (*Cinnamomum zeylanicum verum*), auf griechisch *kasia*, vom hebräischen *qesia* abgeleitet, der von den Schriftstellern oft mit dem Amomum aus Nepal und dem Zimt verwechselt wurde.

Der Echte Zimtbaum ist ein immergrüner Strauch aus der Familie der Lorbeergewächse, mit länglichen, harten, glänzenden Blättern und kleinen, runden, gelblichweißen Blüten, die zu dunkelblauen Beeren werden. Aus Sri Lanka stammend wurde er an allen Küsten Indiens angebaut, und zwar wegen der Rinde seiner jungen Triebe, die man alle zwei Jahre erntete. Die Borke wurde abgeschabt und die Rinde abgeschält, die sich dann beim Trocknen einrollte. Die Rindenstücke wurden entweder in Röhren- oder Zylinderform oder in Form feiner Späne oder als Pulver ausgeführt. Der echte Zimt verdankt seinen würzigen, süßlichen Geschmack und sein intensives, kräftiges, leicht angebrannt riechendes Aroma dem in der Rinde enthaltenen ätherischen Öl, das reich an Zimtaldehyden ist. In der modernen Medizin gilt der Zimt als stimulierend, verdauungsfördernd und antiseptisch. In der Antike galt er auch als Aphrodisiakum. Der Zimt oder Kaneel, den Sappho im 7., Herodot im 5. Jahrhundert v. Chr. und die Peripatetiker um 350 v. Chr. erwähnen, war »wegen der Bitterkeit und wegen des scharfen Geruchs« bekannt (Theophrast, *Naturgeschichte der Gewächse* IX, 5, 3).

»Eine Wurzel und ein Blatt stehen bei den Indern in höchstem Ansehen. Die Kostwurz hat einen brennenden Geschmack und einen ausgezeichneten Geruch, im übrigen ist der Strauch nicht verwendbar. Gleich bei der Mündung des Indus auf der Insel Patale (zwischen Karatschi, wo Alexanders Flotte gelandet ist, und dem Tatta-See) gibt es zwei Arten davon: eine schwarze und eine weiße, die besser ist. Der Preis für das Pfund beträgt 5 1/2 Denare.« (Plinius, *Naturkunde* XII, 41)

Dioskurides (*Mat. med.* I, 16), der offenbar eine hundert Jahre zuvor auf griechisch verfaßte medizinische Abhandlung des

Sextius Niger wörtlich übernahm, behauptet, der *kostos* Indiens wachse dichter als derjenige Arabiens, er sei hohl wie ein Stekkenkraut, wärmend und stimulierend, der schwarze Extrakt verbreite einen angenehmen Duft. In der *Abhandlung über die Gerüche* begnügte sich Theophrast mit der Feststellung, der Duft der Kostos-Wurzel ähnele dem des Majoran. Diese Gewürzpflanze, auf sanskritisch *kuschta*, konnte später als Ingwergewächs bestimmt werden. Aus dem Wurzelstock gewinnt man noch heute im Pandschab und in Kaschmir Weihrauch. Es handelt sich um die *Saussurea lappa* Clarke, der Form und dem angenehmen Duft nach artverwandt mit den Kardamomen, deren dicke, adstringierend wirkende Wurzel Cineol und Phellandren enthält. In Indien wird sie heute noch als Heil- und Färbemittel, als Back- und Wurstgewürz und Duftstoff verwendet. Die *costus*-Essenz verströmt einen verführerischen, lang anhaltenden Duft.

Das Zitronenkraut, *Cymbopogon citratus*, zählten die antiken Botaniker zu den Narden oder »Kräutern«. Oft wird sie mit dem Baldriangewächs *Nardostachys jatamansi* verwechselt. Aufgrund der Hinweise des Dioskurides, Plinius und Arrianus, die noch von griechischen Historikern stammen, die an Alexanders Feldzug teilgenommen hatten, läßt sich das Zitronenkraut als ein wohlriechendes Gras bestimmen, das einen Meter fünfzig bis zwei Meter hoch wächst, lange, spitze, schmale Blätter und violett-weiße Blüten in endständigen Ähren hat, zur Zeit des Sommermonsuns wächst und im Herbst, wenn der Boden trokken ist, Früchte trägt.

Bei den Europäern war das Zitronenkraut als Gewürz und Duft sehr beliebt, weil es aufgrund des ätherischen Öls Citral einen starken, frischen Zitronenduft verbreitete. Wie die Zitrone diente es als Magenstimulans und Antiseptikum bei Pedikulose sowie als Mottenschutzmittel (Plinius XIII, 86).

Das Benzoeharz, auf arabisch *luban dschawi* oder Java-Weihrauch, auf altportugiesisch *benjuy*, war in der Antike fast nur unter dem Namen *styrax* oder Gummiharz des Storaxbaums

(*Liquidambar Orientalis*) bekannt. Man kannte verschiedene Arten von Styrax aus dem Mittelmeerraum und dem Nahen Osten, die sich nach Farbe, Konsistenz und Wert unterschieden, und wußte spätestens seit Herodot (*Historien*, III, 107), daß die Pflanze aus Asien, vorwiegend aus der Ganges-Gegend in Indien, aus Siam, dem heutigen Thailand, und Laos kam.

Das echte Benzoeharz wurde durch Einritzungen im Stamm des *Styrax tonkinensis* gewonnen, eines kleingewachsenen, knorrigen Baums mit heller Rinde. Das aromatisch duftende Harz wurde schnell hart und färbte sich dunkel. Die Inder verwandten es als Weihrauch bei Kulthandlungen sowie als Adstringens und Antiseptikum. Während der syrische Styraxbalsam herb und streng riecht, hat das Benzoeharz aus Indien, das hauptsächlich in Form von Resinoiden und als Färbemittel bekannt ist, einen hohen Gehalt an Benzoesäuren und -estern und an Vanillin.

Eine Errungenschaft der alexandrinischen Epoche war zweifelsohne die Verfeinerung des Geschmacks- und Geruchssinns. Nicht zuletzt der wachsenden Bedeutung der Wohlgerüche ist es zu verdanken, daß ab 330 v. Chr. die Straßen Athens von den städtischen Müllsammlern, den *koprologoi*, vom Unrat gereinigt wurden (Aristoteles, *Der Staat der Athener* 50, 2).

Castoreum, Moschus, Zibet und Amber

Allerdings gab es noch erstaunlichere Neuerungen in der Parfümeurskunst des Abendlandes: Plötzlich fand die Aristokratie Gefallen an animalischen Duftnoten, die bislang als unrein galten und genauso tabu waren wie die Exkremente oder die Sekrete der Geschlechtsorgane. Wer wäre denn vor dem Alexanderepos auf die Idee gekommen, *castoreum*, »stinkendes Bibergeil« (Vergil, *Georgica* I, 58 – 59), für etwas anderes zu verwenden als zur Herstellung eines Medikaments oder Schlafmittels?

Für Hippokrates (*Frauenkrankheiten* II, 157) ist *kastor* oder *kastoreion*[119], ein Sekret der Geschlechtsdrüsen des Bibers, ein Arzneimittel zur Behandlung von Erkrankungen der Gebärmutter und gegen Blutungsstörungen. In der hellenistischen Epoche gilt sein Gestank als aphrodisisch. In den Königreichen Indiens und Baktriens, von Kabul bis in das Pandschab, ist er so berühmt, daß das Sanskrit mit dem Wort *kasturi* den Moschus bezeichnet, die braune, in der Konsistenz dem Honig ähnelnde Substanz, die die Unterleibsdrüsen des Moschus-Hirsches aus dem Himalaya absondern. Die Orientalen glauben heute noch an die verführerische Macht des Moschus, im Abendland wurde er dagegen so häufig verwandt, daß man seiner allmählich überdrüssig ist.[120] Über Persien ist das indische Wort *muska*, das den Hoden bezeichnet, zum griechischen *moschos* und später zum lateinischen *muscus*, der Bezeichnung für das Parfum, geworden.

Wie aber sind bei den Griechen die intensiven, sinnlichen, tierisch-lederartig-süßen Düfte in Mode gekommen, wenn nicht darüber, daß die tonischen, aufdringlichen Sekrete sie wirklich erregten, indem sie sie an Stroh, Ställe oder Jagden erinnerten? Aus Furcht, sich zu vergiften, transportierten die Händler die Geschlechtsdrüsen mit dem schweren, langanhaltenden Duft in Blasen, die in hermetisch verschlossenen Blei- oder Steingefäßen eingeschlossen waren. Seit dem 3. Jahrhundert v. Chr. wußten die Bewohner des Mittelmeerraums Moschus- oder Muskatellertrauben und -birnen zu schätzen, lange bevor die Muskatnuß über Indien und Maskat nach Europa kam. Der Scharlei oder Muskatsalbei war ebenfalls schon früh bekannt. (Die Franzosen kennen auch noch den »cerfeuil musqué« – wörtlich: Moschus- oder Muskatsalbei; im Deutschen heißt die Pflanze Myrrhe, Süßdolde bzw. Aniskerbel.)

Sehr wahrscheinlich haben die Händler vom Golf von Oman unter dem Oberbegriff Moschus, auf arabisch *zabad*, in der *lingua franca zibetto*, auch ein weiteres animalisches Sekret, den Zibet, vertrieben, der aus den Zibetdrüsen eines kleinen, fleischfressenden Säugetiers mit graugestreiftem und schwarzgeflecktem Fell gewonnen wird, welches zu den Schleichkatzen gehört und in Ostafrika und Indien beheimatet ist. Der Geruch dieses Drüsensekrets ist in getrocknetem Zustand und als Puder penetrant, lang anhaltend, fäkalartig. Möglicherweise wurde in der Antike die Zibetkatze mit dem Panther, dem »Duftenden«, verwechselt.

Unter Alexanders Admiral sammelten die griechischen und phönizischen Seeleute entlang der Küste des Indischen Ozeans und des Golfs von Oman im Laufe der drei letzten Monate des Jahres 325 v. Chr. ein weiteres animalisches Parfum: den Amber. Aus den von Alexanders Biographen wiedergegebenen Berichten des Nearchos und des Onesikrites geht das Erstaunen der Seeleute über die Begegnung mit den riesigen Pottwalen im Indischen Ozean und den Küstenbewohnern hervor.

Die Ichthyophagen, die sich überwiegend von Fisch ernährten, machten sich alle im Meer befindlichen Rohstoffe für die Dinge des täglichen Bedarfs nutzbar. Als erste entdeckten und verwendeten diese primitiven Völker, die an den Küsten von Gedrosia, Mekran (etwa des heutigen Belutschistan) und Karmanien lebten, die grauen, porösen Blöcke, die dem Darm der Pottwale entstammten und lange im Meer getrieben hatten. Die langen, schmalen, ineinander verschachtelten Amber-Kristalle (auf arabisch *al anbar*) verströmten einen zarten Vanilleduft.

Indien, dem Land, in dem die Parfums eine bedeutende Rolle in den Palästen der Radschahs spielten, verdanken die Makedonier die Verfeinerung ihrer Parfümeurskunst. Dort führten die *gandhika*, die Duftexperten, die alle Bestandteile einer Komposition an deren Dämpfen erkennen konnten, den Besuchern vor, daß die Parfumherstellung zu den vierundsechzig Künsten zählt, die jeder gebildete Mann und jede verführerische Frau gemäß dem *Kamasutra*, dem »Leitfaden der Liebeskunst«, kennen und beherrschen sollte. Aus dem Land der Weda-Sänger (*Ghandarva* bedeutet wörtlich »die Düfte«) hielt die Profanisierung der Wohlgerüche Einzug ins Abendland.

Die hellenistischen Herrscher sahen sich verpflichtet, nach dem Vorbild Alexanders die großen Heiligtümer mit Geschenken zu überhäufen, unter anderem auch mit Düften aus dem Orient. Daher sandte König Seleukos im Jahre 288/287 v. Chr. dem Apollo-Tempel in Didyma bei Milet eine Menge Goldschmiedearbeiten, 360 Kilo Weihrauch, 36 Kilo Myrrhe und 1200 Kilo Kaneel sowie ähnlich große Mengen Ceylonzimt (*Cinnamomum verum*) und *kostos* oder indischen Weihrauch.[121] So wurde auch einigen Gymnasiarchen, den Vorstehern des Gymnasions (der körperlichen Übungs- und Ausbildungsstätte), die die Jugend bei Übungen und Wettkämpfen mit Salböl versorgten, Anerkennung dafür ausgesprochen, daß sie reichlich nach Safran, Rosen und dem tonisch wirkenden Majoran duftende Luxusöle beschafft haben (Plinius, *Naturkunde* XV, 29; Dioskurides I, 48).

Auch Wohlgerüche unterliegen der Mode. Ab 300 v. Chr. waren die Iris von Cyzikos, die Rose von Phaselis, dann die von Neapel, der Safran aus Soloi, der antiken Hafenstadt an der Südküste Kleinasiens, in Mode, dann der Safran aus Rhodos, die Narde aus Tarsos, das Weinblütenparfum aus Zypern, der Majoran und Quittenduft aus Kos, das Henna aus Zypern und Sidon. Den ersten Rang nahm kurz vor Beginn der christlichen Zeitrechnung in der Regierungszeit Kleopatras VII. (69 – 30), der letzten Königin der Ptolemäer, das *metopion* aus der im Nordost-Delta Ägyptens gelegenen Stadt Mendes[122] ein, eine auf Bittermandelöl, Galbanum (*Ferulago Syriae*) und alexandrinischem *kyphi* beruhende Komposition.

Diese chronologischen Angaben sind einem gewissen Apollonios Mys (oder Apollodoros?) zu verdanken, der eine der zahlreichen Abhandlungen über die Gerüche verfaßte (Plinius XIII, 4 – 6); Athenaios XV, 688e – 689b). Am interessantesten sind die Hinweise über den Ölhandel auf den großen internationalen Märkten in Delos und Alexandria. Mit der Herstellung von

Parfumfläschchen
(ostgriechisch, 6. Jh. v. Chr.)

trockenen Parfums, Salböl und Arzneimitteln, der Verpackung
der Salben, Öle und Duftwässer und der Herstellung der wertvollen Gefäße waren ganze Straßen in den quadratisch angelegten, großen Städten beschäftigt, deren Straßennetz bemerkenswert gut ausgebaut war.

Weihrauch und Myrrhe, die bei Kulthandlungen, Hochzeits- und Totenfeiern verschwenderisch benutzt wurden, waren das Monopol des Königs. Aus den Papyri von Tebtunis und Hibeh geht hervor, daß die zur Ausfuhr bestimmten Parfums mit einer königlichen Steuer von 25 Prozent belegt waren.[123]

Staatsbeamte und Geschäftsleute in den antiken Städten Griechenlands strebten danach, den Herrschern in nichts nachzustehen und mit der Mode zu gehen. Sich zu parfümieren und mit Wohlgerüchen zu umgeben, machte für sie nunmehr im Diesseits – und nicht im Jenseits, wie zu Zeiten der Pharaonen – das Leben lebenswert.

Der »Wohlgeruch« hatte für die Griechen in der hellenistischen Epoche eine ähnliche Wichtigkeit wie die Farbe der Gewänder: ein Faktor des gesellschaftlichen Prestiges, ein Symbol für eine höhere Stellung in Wirtschaft und Gesellschaft. Die von den Platonikern und Zynikern geübte Kritik fand kaum Beachtung. Selbst die Stoiker, für die es außer dem Logos kein wirkendes Prinzip gibt, verwerfen weder den Geschmacks- noch den Geruchssinn, sondern halten sie für Mittel der Erkenntnis. Ihr Ideal der menschlichen Haltung ist die Ataraxie, die Seelenruhe, die Leidenschafts- und Affektlosigkeit, ein harmonisches Gleichgewicht zwischen den Sinnen. Aristipp von Kyrene, der Begründer der hedonistischen Lehre, der zufolge der Mensch allein nach Lust strebt, hält Parfums und Wohlgerüche lange vor den Epikuräern für wohltuend und diejenigen, die sie in Verruf bringen, für armselige Kreaturen (Diogenes Laërtius II, 76; Clemens von Alexandria, *Der Erzieher*, II, VIII, 69, 1). »Das Überflüssige, ein höchst notwendiges Ding«, wie Voltaire[124] richtig bemerkt.

Die Parfums aus Indien – und vor allem diejenigen animalischen Ursprungs – veränderten die Beziehungen zwischen den Geschlechtern. In der Neuen Komödie wurden die Frauen als zart und gefühlvoll, aber auch als gefährlich verführerisch dargestellt, ähnlich dem Panther aus der Mythologie, der Dionysos und Adonis begleitet und von dem es heißt, er ziehe seine Opfer durch den Wohlgeruch, den er verbreitet[125], an. Die Aufmerksamkeit der Männer galt weniger der Gattin und Familienmutter als der Hetäre und dem Günstling, für die sie ein Vermögen für exotisch gewürzte Speisen, nach Safran duftende Kleidung, Körper- und Schönheitspflege und Narden aller Art ausgaben.

Die Wohlgerüche feierten ihren Triumph auch in der Literatur. Die Blütendüfte, der Duft der Geliebten, die Wohlgerüche der Gastmähler werden zu Gegenständen der Lyrik. Man vergegenwärtige sich nur die Verse des *Hohenliedes*, die gegen Ende des 4. Jahrhunderts v. Chr. auf einem Papyrus niedergeschrieben und in der Regierungszeit Ptolemäus' II. (282 - 246) aus dem Hebräischen ins Griechische übertragen wurden, oder die Liebes- und Votivgedichte und die Epigramme der *Anthologia palatina* oder die Verse der Dichterin Nossis, über die Meleagros sagte, sie »dufteten wie Iris«, Verse, in denen die Liebe nach Früchten und Rosen schmeckt. Dieser Tradition verpflichtet sind auch die *Idyllen* des Theokrit, wie beispielsweise das Genrebild aus dem Land- und Hirtenleben *Die Thalysien* (7) bezeugt.

»Eukritos aber und ich und der schöne Amyntichos kehrten
Bei Phrasidamos ein und legten freudig auf hoher
Streu von Binsen uns nieder und frisch geschnittenem Weinlaub.
Aber es regten sich da Schwarzpappeln und Ulmen in großer
Zahl zu Häupten hoch über uns, in der Nähe ergoß sich
Aus der Höhle der Nymphen und rauschte heiliges Wasser.
Von der Sonne verbrannte Zikaden in schattigen Zweigen
Gaben mit ihrem Geplauder sich Mühe. Der Lockruf der
Frösche
Ließ von ferne sein Quaken in Brombeerblättern vernehmen.
Hänflinge sangen ihr Lied und Lerchen, es seufzte die
Taube.
Um die Quellen flogen herum die gelblichen Bienen.
Stark nach üppigem Herbst, nach Fruchtzeit duftete alles.

Birnen zu unseren Füßen und Äpfel zu unseren Seiten
Rollten reichlich umher, und bis zur Erde hernieder
Bogen sich unter der drückenden Last der Pflaumen die Äste.
Oben am Kruge gelöst ward ein vierjähriges Siegel.
Ihr, die ihr wohnet auf Höhn des Parnaß, kastalische Nym-
    phen,
War es vielleicht ein so beschaffener Krug, den in Pholos'
Felsiger Höhle Chiron, der alte, vor Herakles stellte?
Und überredete einst vielleicht am Anápos den Hirten,
Der mit Steinen die Schiffe bewarf, Polyphem, den gewalt-
    gen,
Solch ein Nektar, mit Füßen in seiner Höhle zu tanzen,
Wie ihr damals den Trank entströmen ließet, ihr Musen,
Beim Altar der Demeter der Tennen? Könnt ich auf ihren
Erntewagen doch wieder die Schaufel pflanzen, die große,
Sie aber, Garben und Mohn in beiden Händen, mir lächeln!«
(Theokrit, *Die echten Gedichte*)

Als erster abendländischer Dichter bekannte Theokrit in seiner
bukolischen Dichtung seine Empfänglichkeit für das frische,
ungeschminkte Landleben, für erdverbundene Düfte. Die römischen Dichter, Mosaikkünstler, Keramiker und Maler von Nil-
landschaften setzten diese Tradition fort.

Die Entstehung der Alchimie

Ließen sich die alexandrinischen Künstler, die Zeugen einer
neuen Kultur, von den Duftwolken inspirieren, die von Asien
herüberzogen? Befaßten sich nun die Schriftsteller ernsthaft mit
den Düften, weil Alexander der Große für sie ein Vorbild war?
Die meisten Autoren, die Plinius der Ältere am Anfang der
Bücher XII, XIII, XV, XXI und XXIV über die Aromata und die
wohlriechenden Bäume als seine Quellen nennt, sind in der Tat
Biographen Alexanders des Großen. Man kann sich des Ein-

drucks nicht erwehren, daß die Händler in künstlichen Paradiesen zur Verbreitung und zugleich zum Untergang der alexandrinischen Kultur mit beigetragen haben. Nach Darius' Tod im Jahre 330 v. Chr. trank Alexander die schweren, parfümierten Weine des persischen Königreichs, er badete in Aromata, trug die nach Balsam duftende Tiara, spendete mit vollen Händen den aus Indien und Arabien stammenden Weihrauch für die Altäre, träumte von der Eroberung Arabiens, benebelte sich die Sinne und starb bei einer Orgie noch vor seinem dreiunddreißigsten Geburtstag. Genauso die Ptolemäer in Ägypten: Sie eroberten die Welt des Geistes, der Wissenschaft und Literatur mit der Gründung des Museums und der Bibliothek von Alexandria und beherrschten das östliche Mittelmeer. Ptolemäus XIV. endete im Schwachsinn, Kleopatra VII., die hochgebildete, feinsinnige letzte Königin der Ptolemäer, tötete sich im Jahre 30 v. Chr. selbst durch Schlangenbiß.

Ist die Dekadenz des griechischen Volkes ausschließlich auf Drogenkonsum zurückzuführen? Oder spielen auch andere Elemente eine Rolle? Waren nicht vielmehr der Verlust an staatsbürgerlicher Gesinnung, der Skeptizismus, Hedonismus und Individualismus inmitten übervölkerter Städte, die Anbetung des Mammon im 4. Jahrhundert v. Chr. die Vorboten des Kults der Sinne und der Genußsucht der alexandrinischen Epoche?

Die Parfums und Aromata aus Asien haben die Griechen aber auch zu Forschungen angeregt. Nie zuvor hat es so viele große Mathematiker, Astronomen, Geographen, Ärzte und Naturforscher gegeben wie nach dem Tod Alexanders und seines Lehrmeisters Aristoteles. Euklid, Archimedes, Pytheas von Massalia, Eratosthenes von Kyrene sind nur einige dieser berühmten Wissenschaftler. Man neigt heute allgemein dazu, das Ende dieser Entwicklung mit dem mangelnden Interesse der Regierungen an wissenschaftlichen Forschungen und dem Mangel an technischen Hilfsmitteln – der geringen Zahl mathematischer Symbole (zu wenig Zahlen, vor allem keine Null), den rudimentären

Instrumenten zur Analyse physikalischer Gegebenheiten, der mangelnden Beherrschung des Feuers und dem Unvermögen, hohe Temperaturen zu erzielen – zu erklären. Dagegen spricht jedoch einiges.

Vermutlich auf Anregung Kleopatras, der letzten Königin der Ptolemäer, gab es um das Jahr 50 v. Chr. einen Neubeginn: Eine neue Wissenschaft wurde begründet, die Chemie. Als die Araber 640 n. Chr. nach Alexandria kamen und sahen, wie in Offizinen, in denen man Amber, Benzoeharz, Schminkwurz, Myrrhe und Weihrauch verarbeitete, mit Alambiks Elixiere, Alkohol und Alkali destilliert wurden, nannten sie diese satanische Wissenschaft *al kemet*, »die ägyptische«, nach dem koptischen *Keme*, »die schwarze Erde« Ägyptens. Das Wort wurde im 12. Jahrhundert zu *alchemia* und im 14. Jahrhundert zu *Chemie*. In Plutarchs Abhandlung über *Isis und Osiris* (Kap. 33, 364c) ist *chemia* bereits der Name Ägyptens. Die älteste Fassung des *Corpus chemicum* auf Pergament besteht aus Auszügen und Zitaten aus mehr oder weniger esoterischen Werken.[126] Sie wurde Demokrit (in Wirklichkeit war der Verfasser Bolos von Mendes aus der Stadt der Parfümeure in Ägypten um 100 v. Chr.), Kleopatra und im 1. Jahrhundert n. Chr. Maria, der Jüdin, zugeschrieben. Durch die handschriftliche Überlieferung weiß man, daß die drei in Frage kommenden Autoren sich mit der Parfumherstellung und allgemeiner noch mit der Verwandlung wertloser in wertvolle Stoffe – Gold, Silber, Purpur oder ätherisches Öl – befaßten. Diese Chemiker raffinierten die Rohstoffe, als wollten sie die ganze Bandbreite zwischen den beiden homonymen griechischen Lehnwörtern aus dem Ägyptischen *chyma*, Gießen von Metall, und *chymos*, Pflanzensaft, erproben.

Analysieren ließen sich die Flüssigkeiten allerdings nur mit einem besonderen Apparat, dem Vorfahren unserer Alambiks, dem *ambix* oder *ambikos*, einem kegelstumpfförmigen Gefäß aus Glas oder Metall griechisch-ägyptischer Herkunft. Versteht man unter Destillation die Gewinnung einer Flüssigkeit durch Kondensieren von Dämpfen an einem kalten Aufsatz, dann findet sich eine entsprechende Beschreibung bei Dioskurides (*Mat. med.* V, 85, 110. Dort heißt es, Quecksilber werde aus Zinnober in einem kegelstumpfförmigen Gefäß, dem *ambix*, hergestellt, der auf einem Gestell, *lopas*, steht. Da Bolos von Mendes Dioskurides' Quelle ist und der gelehrte Poseidonios von Apamea, ein Zeitgenosse von Bolos, in seinen Forschungen über die Metallgewinnung in Spanien die *ambikes* erwähnt (Athenaios IV, 152c), scheint festzustehen, daß Kleopatras Zeitgenossen ein Verfahren zur Gewinnung von Alkohol und ätherischen Ölen aus Blüten kannten.

Hundert Jahre später schreibt der berühmte Augenarzt Demosthenes, ein Zeitgenosse Neros, in einem Text, den der Arzt Aëtios von Amida (VII, 50) überliefert hat: »Man lege Fenchel- oder Anis-(Blüten-)Köpfchen in einen *ambix* aus Glas, erhitze ihn leicht, so wie gewisse Leute Rosenöl (*rhodostakton*) und Lilienessenz (*krinostakton*) herstellen.« Den beiden griechischen Wörtern ist der Wortstamm des Wortes *apostaktir* gemeinsam; mit diesem Wort wurden seit dem Hochmittelalter in Konstantinopel Destillationsgefäße bezeichnet.

Warum blieben die Griechen auf halbem Weg stehen? Als Octavian und Antonius sich um die Vorherrschaft im Nahen Osten stritten, gab es Wichtigeres für sie als Drogen und Gewürze: Edelmetalle, mit denen sie die Söldner und Unternehmer bezahlten, sowie Edelsteine und Perlen, mit denen die Gunst der Frauen erworben werden konnte. Daher stellten sie nur eine Forderung an die ersten Alchimisten: Sie sollten den Stein der Weisen finden, Erde und Steine in Gold oder Quecksilber verwandeln und aus Meerwasser oder Rohöl genauso farbechte Färbemittel herstellen wie Purpur oder Scharlach. Dämpfe, Rauch und Gase interessierten sie nicht. Indem sie sich nun aber dem Mammon (aramäisch für Reichtum) verschrieben, vergeudeten die Wissenschaftler ihre Zeit und verkauften ihre Seele.

In *Antonius* (Kap. 25 – 26) beschreibt Plutarch den Aufwand, den Kleopatra trieb, als sie sich im Sommer 41 v. Chr. den

Bewohnern von Tarsos in Kilikien präsentierte und wie sie den römischen *imperator*[127] betörte. Auf ihrem »Schiff mit vergoldetem Heck«, »mit ausgespannten Purpursegeln« und »versilberten Rudern« ähnelte die Königin Aphrodite, der Göttin der Liebe. Weihrauchschwaden aus Räucherfässern sandten ihre Botschaft an die beiden Flußufer. Kleopatra, die alle Sprachen des Nahen Ostens sowie Griechisch und Latein fließend sprach, fand in den schweren Düften eine neue Ausdrucksform. Sie führte eine die Zeiten überdauernde Universalsprache, die Sprache der Düfte als Verführungsmittel, ein.

Der Anbruch einer neuen »Weltzeit«

Der Wandel, der allmählich in der Welt eintrat, wurde aber weder von der erotisierenden Wirkung der Wohlgerüche noch von der Alchimie herbeigeführt. Es lag vielmehr eine Sehnsucht oder Ahnung in der Luft. Vergil stimmte im Jahre 40 v. Chr. ein Preislied auf das Konsulat des C. Asinius Pollio an, dem er die Rückkehr des Goldenen Zeitalters voraussagte: »Letzte Weltzeit ist nun da cumaeischen Sanges; /groß aus Ursprungsreine erwächst der Zeitalter Reihe. /Nun kehrt wieder die Jungfrau, kehrt wieder saturnische Herrschaft, /nun wird neu ein Sproß entsandt aus himmlischen Höhen. / Sei der Geburt nur des Knaben, mit dem die eiserne Weltzeit / gleich sich endet und rings in der Welt eine goldene aufsteigt, / sei nur, Lucina, du reine, ihm hold; schon herrscht dein Apollo. /... / Dir aber, Knabe, spendet von selbst als Erstlingsgeschenklein / Efeugeranke, von Baldrian rings durchwuchert, die Erde, /Wasserrosen mischt sie dem lächelnden Reiz des Akanthus. /... und überall wächst assyrischer Balsam.« (*Bucolica* IV, 4 – 10 und 19 – 25)

Weithin im dunkeln bleibt, um die Geburt welchen Knaben es sich handelt, ob auf ein damals erwartetes Kind des Pollio, des Octavianus oder Marcellus angespielt wird, und ob mit der

Geburt des Kindes der Anbruch einer neuen Weltzeit dargestellt wird.

Heilserwartung und Friedensverheißung kommen in Vergils Ekloge zum Ausdruck, die den Mythos des Goldenen Zeitalters wiederaufnimmt, in dem sich etruskische, orientalische und hellenistische Motive mit italienischem Gut verbinden. In dem neu zu erwartenden Goldenen Zeitalter sollten nur paradiesisch duftende Pflanzen blühen und gedeihen. Der Weg dorthin war allerdings noch ungewiß. Sechs Jahre nach dem Selbstmord Kleopatras beauftragte Augustus Aelius Gallus, den Präfekten von Ägypten, mit zehntausend Mann *Arabia felix*, das Land des Glücks, die Insel Panchaia, das Land der Aromata aus der romanhaften Reisebeschreibung des Euhemeros von Messene, zu erobern. Das Paradies tat sich wie ein Trugbild vor ihnen auf. Etwa zwanzig Jahre später brachten die Könige des Morgenlands einem neugeborenen jüdischen Kind goldfarbenen Balsam, weißen Weihrauch und orangefarbene Myrrhe.

FÜNFTES KAPITEL

Düfte und Gerüche im alten Rom

Wann ist Rom zur Hauptstadt des Mittelmeerraums, zur architektonisch wie politisch vorbildlichen Stadt geworden? Nach dem Sieg über Karthago und der Niederlage der letzten griechischen Heere Mitte des 2. Jahrhunderts v. Chr.? Zur Zeit der Feldzüge des Sulla, Lucullus und Pompeius, die zwischen 87 und 63 v. Chr. ganz Kleinasien und Judäa Rom unterwarfen? Oder erst als der Imperator Octavian Antonius und Kleopatra in den Selbstmord trieb und im Jahre 30 v. Chr. Alexandria und Ägypten dem *Imperium romanum* einverleibte?

Was versteht man eigentlich unter der Stadt Rom?[128] Die sieben latinischen (oder sabinischen?) Siedlungen auf dem Palatin, dem Esquilin und dem Caelius, die sich Mitte des 8. Jahrhunderts v. Chr. zur Liga der *Septimontium* zusammenschlossen, waren sicher noch nicht die Stadt Rom. Zur Stadt wurde Rom auch nicht als *Urbs* durch die Befestigung der sieben Hügel, als sie 426 Hektar innerhalb der Servianischen Mauer umfaßte, die der Sage nach von dem Etrusker Servius Tullius um die Mitte des 6. Jahrhunderts, in Wirklichkeit aber erst zwischen 378 und 352 v. Chr. errichtet wurde. Auch die sich nach allen Richtungen ausbreitende Siedlung, die seit 81 v. Chr. die Stadt innerhalb der Befestigung aus dem 4. Jahrhundert und deren Vorstädte umfaßte, den Pincius mons (Monte Pincio), das Marsfeld, die dichtbesiedelte Gegend am rechten Tiberufer, war noch nicht die Stadt Rom, obwohl Rom damals nach der *Chronik* des heiligen Hieronymus bereits 463 000 Einwohner und eine Fläche von 600 Hektar hatte. Rom war damals noch eine Stadt mit Gebäuden aus Ziegelstein, Augustus zufolge wollte

Caesar sie aus Marmor wiederaufbauen lassen. Als er am 15. März 44 v. Chr. starb, war der Plan aber noch nicht verwirklicht. Alexandria war nach Fläche wie Bevölkerungszahl noch doppelt so groß wie Rom.

Erst 5 v. Chr., dem Jahr der großen Volkszählung und der Verteilung von 60 Denaren an alle männlichen Bürger der vierzehn Stadtbezirke (150 000 Teilnehmer!), waren Bevölkerungszahl und Fläche Roms in etwa so groß wie die Alexandrias. Mit den vielen auf engem Raum zusammengepferchten Menschen und den verwinkelten Gassen war Rom bis zum Ende der Republik bei der Stadtplanung weit im Hintertreffen gegenüber den Städten des Nahen Ostens und infolgedessen auch weniger hygienisch. In der hellenisierten Welt galt Rom denn auch als übelriechende Stadt ohne Geschmack und Kultur.

Diese Rückständigkeit hatte folgende Ursachen: Sechshundert Jahre lang, vom 8. bis 2. Jahrhundert v. Chr., war Rom ein Marktflecken, dessen Bewohner – die latinischen, sabinischen und toskanischen Bauern – vorwiegend mit Ernte und Viehzucht beschäftigt waren und sich um Wohlgerüche und Parfümeurskunst nicht kümmerten. Das erste Forum im Velabrum, einer oft von Überschwemmungen heimgesuchten Gegend, war lange Zeit nichts weiter als ein Marktplatz. In der Religion dieser bäuerlichen Urbevölkerung, die gewissenhaft die religiösen Bräuche befolgte und zugleich auf ihren Vorteil bedacht war, spielten Mythen oder religiöse Fragen kaum eine Rolle, es kam mehr auf die praktische Moral an, die Bewahrung der ländlichen Sitten. Die ersten Zensoren traten um 435 v. Chr. auf den Plan und hatten die Aufgabe, das Volk zu zählen und den Luxus, der bereits 450 v. Chr. im Zwölftafelgesetz vor allem bei Leichenbegängnissen unter Strafe gestellt worden war, strafrechtlich zu verfolgen. Da sich die Römer fortwährend im Kriegszustand befanden, befaßten sie sich fast fünfhundert Jahre lang beinahe ausschließlich mit der Waffenausrüstung des Heeres, der Bestückung der Kriegsschiffe, mit dem Hausbau und der Bewirtschaftung der Felder.

Bereits im 6. Jahrhundert v. Chr. sorgten sie unter dem Einfluß der Etrusker dafür, daß Quellwasser in die Stadt kam und das verbrauchte oder stehende Wasser abfloß. Sie waren bemüht, mit Hilfe von Aquädukten und Abwasserkanälen so weit wie möglich Krankheiten und Infektionen zu vermeiden. Die alten Römer waren weder Feinschmecker noch hatten sie viel übrig für Wohlgerüche. Manius Curius Dentatus, der Sieger über Pyrrhos, kochte sich noch selbst seine Gemüsesuppe und aß sie aus einem Holznapf (Valerius Maximus, *Denkwürdige Taten und Aussprüche* IV, 3, 5). Bis zur Mitte des 2. Jahrhunderts v. Chr. waren Friseure, Schönheitsmittel und Rasur unbekannt. Zu dieser Zeit war Rom, »die Stadt am Fluß« (*Rumon*), eine große Hafenstadt am Tiber, die sicher wie alle Hafenstädte nach Fisch, Gepökeltem, Teer und Müll roch.

Der Beitrag der Etrusker

Seit der Gründung Roms durch die Etrusker, die die Latiner aus dem späteren Stadtzentrum gezwungen hatten, mit den Sabinern aus dem Norden und den griechischen Händlern aus dem Süden eine Stadt zu bauen, vielleicht schon zu Zeiten von Tarquinius (Tarcna) dem Älteren (616 – 578 v. Chr.), dem Sohn des Demaratos aus Korinth, der für den Bau der großen Kanalisation (*Cloaca Maxima*), die Trockenlegung des Forums und die Eröffnung von Bazaren verantwortlich war, mußten die Bewohner Roms tagtäglich zwei Aufgaben bewältigen, und zwar die Stadt von üblen Gerüchen freihalten und den Göttern und Toten wohlriechende Opfer darbringen.

Von ihren etruskischen Lehrmeistern lernten die Römer den Bau von Gewölben, das Bronzegießen und das Erkunden des Götterwillens. Was die Räucherungen und parfümierten Weine anbetrifft, wäre es jedoch spekulativ zu behaupten, die Römer hätten dies von den Etruskern übernommen. Obwohl die meisten der um die 7000 überlieferten etruskischen Inschriften lesbar und verständlich sind[129], ist fraglich, ob auf dem längsten religiösen Text – der Zagreber Mumienbinde – mehr zu lesen steht als Opfer von Wein (*vinum*), Honig (*math?*), Öl (*sveler?*), Weihrauch (*thur*), Myrte (*mutin?*) für Gottheiten wie Turan, die Göttin der Liebe, oder Uni (Iuno). Dreierlei weiß man jedoch definitiv über diese Herren, die Lukumnonen, die Tyrannen oder zilath hießen und zwischen 675 und 475 v. Chr. über Etrurien und Rom herrschten:

1. Mit Myrten- und Blumenkränzen geschmückt, tranken sie aus großen Bechern nach Muskateller schmeckende, aromatisierte Weine und veranstalteten oft Gastmähler zu Ehren der Toten und Gottheiten. Davon zeugen die Wandmalereien in den Gräbern, so zum Beispiel dem Leoparden-Grab in Tarquinia, und die Liste der toskanischen Rebsorten und Verschnitte bei Plinius dem Älteren (XIV, 24, 36, 38, 67, 68). Griechen wie Römer beschuldigten später die Etrusker, sie hätten ein ausschweifendes Leben geführt, obwohl sie weder die Sprache noch die Kulthandlungen der Etrusker verstanden.

2. Es sind Parfum-Phiolen und *balsamaria* erhalten, Balsamgefäße in Form eines Frauenkopfes[130]. Sie wurden vorwiegend in den etruskischen Gräbern nach dem 4. Jahrhundert v. Chr. gefunden. Auf den bemalten Relieftafeln im Familienbegräbnis der Familie Matuna in Cerveteri ist eine ganze Reihe von Gegenständen zur Schönheitspflege dargestellt: Kännchen, Phiolen, Spiegel und möglicherweise sogar eine Pinzette zum Auszupfen von Härchen[131]. Man fand Tausende von versilberten Spiegeln, in die das Bild der bedeutendsten Göttin der Etruskerinnen, Turan, in Begleitung ihrer Grazien sowie der Götter der Liebe, Aminth oder Atuni (Adonis), eingraviert sind.

3. Die etruskische Inschrift auf dem Sarkophag des Lars Pulena[132], des Priesters, *maru*, der die Kulthandlungen abwikkelte, in Tarquinia um 200 v. Chr. erinnert an die Überlieferung des Historikers Titus Livius (*Ab urbe condita* XXXIX, 9), nach der ein Grieche namens Polles aus Cumae den Kult des Gottes Bakkhos oder Bakku aus Sardes in Lydien hundertfünfzig Jahre

zuvor in Etrurien unter dem Namen *Pachu* eingeführt haben soll. Von da aus sei er nach Rom gelangt, wo die Orgien und das wahnsinnige Treiben um sich griffen. Dieser Gott war die Seele des Weins und des *baccar*, des von den Griechen verwendeten, betörenden Dufts. Bekanntlich wurden die Bacchanalien in Rom 186 v. Chr. vom Senat verboten. Es gab einen riesigen Schauprozeß, bei dem Tausende von Menschen zum Tode verurteilt wurden. Die tugendhaften Zensoren mißbilligten weniger den Rausch und die Erotik als die fremde Religion, die durch Auswanderer aus Kleinasien über Etrurien nach Rom gelangt sein soll.

Für die Etrusker hatten die fremdländischen Aromata eine religiöse Funktion bei Begräbnissen, eine erotische Funktion und vermutlich auch die Funktion eines Weissagungsmittels, sofern die *Etrusca disciplina* die Weissagung aus Aromata beinhaltete, worauf das Bild eines Priesters in Cerveteri vor einer Flamme, die von einem Häufchen Pflanzenteilen oder Harz zum Altar emporsteigt, zu verweisen scheint.

Zu diesen Zwecken wurden die Aromata auch nach dem Sturz der Tarquinier zu Beginn des 5. Jahrhunderts v. Chr. in Rom weiter verwandt: Mehrere etruskische Familien (wie die Familien Licinius, Perpenna und Maecenas), die in den römischen Adel aufgestiegen waren, haben die etruskischen Bräuche bis ins 1. Jahrhundert n. Chr. bewahrt. Auch gab es in Rom damals noch einen *vicus Tuscus* oder eine Etrusker-Straße zwischen Capitol und Palatin. Allerdings hat nicht die gesamte Bevölkerung des kosmopolitischen Roms die Sitten und Kulthandlungen der etruskischen Aristokratie übernommen.

Der Beitrag der Griechen

Seit dem 6. Jahrhundert interessierten sich die Römer auch für die Griechen, nicht nur in Süditalien, Sizilien und Kampanien, sondern auch in Rom selbst, an den Ufern des Tibers und auf dem Aventin. »Zu den Zeiten des Königs Tarquinius fuhr, aus Asien kommend, Jungmannschaft der Phokäer in die Tibermündung ein und schloß mit den Römern einen Freundschaftsbund.« (Pompeius Trogus, *Weltgeschichte von den Anfängen bis Augustus* im Auszug des Justin XLIII, 3, 4)

Als Händler und Handwerker hatten sie sich in der Stadt angesiedelt und pflegten dort mit Gastmählern, Rauch- und Trankopfern den Herakles- und den Artemis-Kult. Die Altäre für Herakles befanden sich zu beiden Seiten des Rindermarkts, der Altar für Artemis auf dem Aventin oberhalb der Lagerhallen. Die geschickten Händler, Schönredner und gefürchteten Raisonneure, die *Graeculi*, brachten Wein, Öl und Gewürze als Opfer dar – Produkte, mit denen sie auch heute noch Handel treiben. Verglichen mit den nüchternen Riten der ortsansässigen Bevölkerung waren sie die Repräsentanten der Mythen, der Poesie, des fernen Orients mit seinen Wohlgerüchen.

Die Griechen verkauften nämlich nicht nur Flakons, Schalen und Schund, sondern brachten auch Künstler, Gelehrte und Forscher nach Rom. Bekanntlich übernahmen die Etrusker das Alphabet von den Griechen aus Cumae nahe Neapel, führten im Jahre 493 v. Chr. zwei griechische Maler, Damophilos und Gorgasos, die Malereien am Ceres-Tempel aus und verfaßten die ersten römischen Historiker, Fabius Pictor und Cincius Alimentus, im 3. Jahrhundert ihre *Annalen* auf griechisch. Vor zweitausendfünfhundert Jahren gingen die Griechen mit ihren Kindern und Sklaven die Straße unter der jetzigen *Via Graeca* zwischen dem Tiber im Westen und dem Circus Maximus im Osten entlang, suchten die Tavernen und Läden am Aventin auf und erwarteten die Ankunft der Schiffsladungen voller Lebensmittel und orientalischer Spezereien.

Die griechische Lebensart faßte in Italien Fuß mit den Siegen über Pyrrhos und der Eroberung der Magna Graecia (281 – 272 v. Chr.) und mit den Feldzügen gegen das hellenisierte Sizilien (264 – 256; 241; 212 v. Chr.), gegen Philipp V. von Makedonien (200 – 197 v. Chr.), gegen Achaia und Korinth (148 – 146). Am

Ende (146 v. Chr.) waren Makedonien und Griechenland römische Provinzen: »Griechisch Land ward erobert; erobernd den rauhen Besieger, führt' es die Kunst in Latium ein, beim Volke der Bauern.« (Horaz, *Sämtliche Werke, Briefe* II, 1, 156 – 157) Weder Horaz noch seine Vorläufer hielten die Parfumherstellung für eine Kunst, vielmehr tadelten sie den weit verbreiteten Gebrauch von Parfums für profane Zwecke. Bis zum Ende der Republik wagten es in Rom nur wenige reiche, vom Hellenismus beeinflußte junge Leute, sich zu parfümieren.

Es läßt sich nicht genau bestimmen, ab welchem Zeitpunkt in Rom Parfums verwandt wurden. Fest steht nur, daß die Zensoren Publius Licinius Crassus und Lucius Julius Caesar nach der Niederlage des Antiochus III., des Königs von Syrien, und der Eroberung Kleinasiens (189 – 188 v. Chr.) ausdrücklich den Verkauf »exotischer« Parfums verboten. »Es ist bekannt, daß sich L. Plotius, Bruder des zweimaligen Konsuls und Zensors(!) L. Plancus, von den Triumvirn (Antonius, Octavius, Lepidus im Jahre 43 v. Chr.) geächtet, sich in seinem Versteck zu Salernum durch Salbengeruch verriet.« (Plinius, *Naturkunde* XIII, 24 – 25)

Die in Italien, Griechenland und Kleinasien angesiedelten Griechen unterwiesen die Römer nicht so sehr darin, wie Parfums zu verwenden sind, als darin, welche Wohlgerüche für die neuen Gottheiten bestimmt waren. Nachdem der aus dem Süden Italiens stammende Apollo-Kult gegen Ende des 5. Jahrhunderts v. Chr. in Rom eingeführt worden war und dem Gott zu Ehren seit Ende des 3. Jahrhunderts die Apollinischen Spiele veranstaltet wurden, nach dem feierlichen Empfang in Rom der Göttin Kybele (Magna Mater) und ihres Geliebten Attis im Jahre 204 v. Chr. wurden die Mysterien des Bacchus-Dionysos immer populärer. Die Bacchanalien verursachten einen solchen Skandal, daß der Senat sich genötigt sah, sie blutig zu unterdrücken. Zu diesen Kulten gehörten Feste, Spiele, Theateraufführungen und verschiedene künstlerische Darbietungen, Gastmähler und schöne Gewänder. Von 190 v. Chr. an wußten alle Römer, Patrizier wie Plebejer, daß man zu Ehren der zwölf alten italischen Götter Weihrauch zu verbrennen und deren Statuen mit aromatischen Ölen zu salben hat. Den neuen Gottheiten mußte man dagegen Baccar, Safran, Amomum und Balsam vom Balsambaum opfern.[133]

Wenn die Römer im Theater wie auf der Straße über die Prostituierten beiderlei Geschlechts lachten, die sich übertrieben stark parfümierten, dann deshalb, weil sie diese als Fremde oder Sklaven, als Menschen ohne Sitte und Moral betrachteten. Durch Scipios Feldzüge in Kleinasien, bei Smyrna, und gegen Karthago waren Hunderttausende Griechisch sprechender Sklaven nach Italien gekommen. Zum großen Ärger Catos schmückten sich die Römerinnen schon nach dem ersten Sieg über Makedonien im Jahre 197 v. Chr. wie die Griechinnen. Und mit dem Sieg über den König von Syrien bei Magnesia im Jahre 190 wurde »die fremdländische Üppigkeit von dem Heer aus Asien in Rom eingeschleppt. ... Damals ließ man Zither- und Harfenspielerinnen bei Mahlzeiten auftreten und sorgte auch für andere Arten von Kurzweil zur Unterhaltung. Man fing auch an, die Mahlzeiten selbst mit größerer Sorgfalt und größerem Aufwand zuzubereiten.« (Titus Livius, *Römische Geschichte*, Buch XXXIX, 6, 7 – 9)

Im Literaten- und Künstlerzirkel des Scipio Aemilianus gab es sicher auch Blumenkränze und Wohlgerüche wie bei den griechischen Banketten. Bei seinem Schützling Terenz, der griechische Stücke übersetzte und bearbeitete, heißt es über die Eskapaden des jungen Aischines in dem Stück *Die Brüder* (Vers 117): »Er schmaust, trinkt, riecht nach feinem Öl? Von meinem Gelde!« Dreißig Jahre nach Catos Tod waren die orientalischen Aromata also nicht mehr nur den Göttern vorbehalten.

Wohlgerüche waren für die Römer nichts Fremdes, denn in ihren Gärten gab es Blumen in verschwenderischer Fülle, aus denen sie Girlanden oder Kränze zu Ehren der Schutzgottheiten und der Gäste wanden. Eine Auflistung dieser Blumen gibt Plinius der Ältere in Buch XXI seiner *Naturkunde*. Die seit etwa zehn Jahren in Rom, Pompeji und Kampanien angestellten Untersuchungen der Wandmalereien in den Villen und die Analysen von Wurzeln, Hölzern und Pollen haben ergeben, daß es sich um die gleichen Pflanzen wie bei der alexandrinischen Parfumherstellung handelt.

Die römischen Oberbefehlshaber und die Reichen bezogen ihre Vorstellungen von den persischen Parks oder »Paradiesen« großenteils aus der eigenen Anschauung des Musengartens in Alexandria und der Palastgärten Kleinasiens, vor allem in Sardes und Pergamon. In der Nachfolge von König Attalos III. (133 v. Chr. vermachte er dem römischen Volk das Königreich Pergamon) verwirklichten sie in Italien ihre Vorstellungen vom Leben eines Volkes, das die Rolle eines Königs übernimmt: Der Garten sollte kein Gemüsegarten sein, sondern den von geistiger Arbeit erfüllten Müßiggang, *otium*, ermöglichen, der Entfaltung aller Fähigkeiten in einer sorgsam verschönerten, natürlichen Umgebung dienen. In diesen Gärten gab es Fenchel bzw. Dill, Zitronenkraut, Gewürznelken, Safran (*Crocus sativus* L.), Steckenkraut, Helichrysum oder Immortelle, Iris, Kassia, Lavendel, Lilie, Narzissen, Rosen und Veilchen, Rosmarin, Thymian, Feldthymian und Baldrian – Zierpflanzen, aromatisch duftende Pflanzen sowie Heil- und Gewürzpflanzen. In dieser unserer Aufzählung fehlen noch die Sträucher mit duftenden Blättern, Myrten, Zitronenbäume aus Medien, die verschiedenen Lorbeergewächse und die Pinien, die heute noch die römischen Gärten schmücken. Nur die nach Styrax, Terpentin, Weihrauch und Myrrhe duftenden Pflanzen, für deren Gedeihen subtropisches Klima erforderlich ist, fehlten in Rom.

Die Blütezeit der rund siebzig Parkanlagen und Ziergärten Roms war zweifelsohne das Zeitalter der zwölf Kaiser nach der Annexion Ägyptens durch das Kaiserreich. Zu dieser Zeit dufteten die Gärten nach Mimosen und Jasmin. Unter den letzten Kaisern erfüllten diese Orte der Besinnung jedoch eine eher politische oder soziale Funktion. So verkamen die Gärten Neros nach dem Brand von Rom im Jahre 64 n. Chr. zu Vergnügungsparks.

Die Grünflächen waren für die immer zahlreicheren beschäftigungslosen Bürger – gegen Ende der Republik wahrscheinlich ein Drittel der Bevölkerung – eine Art ideale Natur, in der die Versöhnung der Götter mit der Menschheit gefeiert wurde, ein Vorzeichen für die Rückkehr des Goldenen Zeitalters. In Lukrez' *De natura rerum* wie in den gelehrten Gedichten von Catull, Vergil[134] und Horaz ist die Liebe zur blühenden Natur nicht nur ein literarisches Thema, sondern auch Ausdruck der epikuräischen Philosophie. All diese Dichter ziehen den unnatürlichen Düften der Salben- und Ölhändler Veilchen-[135] und Rosenduft vor.

Bereits zu Sullas Zeiten gehörte es zudem in Kreisen des Magistrats und der Finanzwelt zum guten Ton, ein Landhaus mit einer Pergola, Obstgärten, Fischweihern und Wäldern zu besitzen. Bekannt sind die Villen des Hortensius in Lauretum, Varros in Tusculum und Ciceros in Antium, Arpinum und Tusculum. »Salben mit intensivem und aufdringlichem Parfum gefallen uns weniger lange als dezente, und eher lobt man, was nach Wachs(?) als was nach Safran duftet«, heißt es in Ciceros *Über den Redner* III, 99,2 im Jahre 55 v. Chr.

Im übervölkerten Rom gab es also zu Beginn des Kaiserreichs neben einer Unmenge übler auch drei Quellen gesunder Gerüche: die traditionelle etruskisch-latinische Religion, die griechische Kultur und die »Paradiese« des Nahen Ostens. Den Römern ging es im wesentlichen darum, mit allen Mitteln den Gestank zu vertreiben: Mit allen möglichen künstlichen wie natürlichen Mitteln versuchten sie, den Gestank aus der Stadt zu bannen. Einen eigenständigen Beitrag leisteten sie denn auch vor allem auf dem Gebiet der Hygiene und der Aromatherapie.

Die Mißbilligung der Parfums in der republikanischen Zeit

In der Literatur der republikanischen Zeit stößt man überall auf Mißbilligung der »fremdländischen« oder »exotischen« Parfums. Nationalismus spielte da wahrscheinlich eine ebenso große Rolle wie Geiz oder wohlverstandene Sparsamkeit. Angefangen von den *Saturae* des Ennius gegen Ende des 3. Jahrhunderts v. Chr. bis hin zu den *Saturae* des Horaz gegen Ende des 1. Jahrhunderts v. Chr. begegnet man in der Dichtung nur sarkastischen und spöttischen Äußerungen über diejenigen, die die Dirnen und Lebemänner aus dem Nahen Osten nachahmen und sich schminken und parfümieren.

Den Maßstab dieser beißenden Kritik, die später oft wieder aufgegriffen wurde, formuliert Plautus um das Jahr 220 v. Chr. in seiner Gespensterkomödie *Mostellaria* (I/3, Vers 273), in der er sich, wie in so vielen anderen Komödien auch, über die griechischen Sitten lustig macht, folgendermaßen: »weil nur dann ein Mädchen gut riecht, wenn sie gar nicht riecht.«[136] Montaigne zitiert diesen Satz des Plautus in seinem Essay »Über Wohlgerüche« (I, 55) und fügt hinzu: »Daher haben mehr Dichter unter den Alten den Gedanken gesagt: Wo's riecht, da stinkt es.« (Michel de Montaigne, *Gesammelte Schriften*, S. 277)

In den einundzwanzig Komödien, die Plautus während des Zweiten Punischen Kriegs und zu Beginn des folgenden Jahrhunderts verfaßt hat, kommen die Wörter *odor* und *olere* etwa fünfzehnmal vor, das Wort *unguentum* zehnmal. Sofern es nicht um den Gestank des Fischmarkts, der Schweineställe und Schlammgruben geht, ist ausschließlich von erotischen Parfums die Rede: vom Duft der Prostituierten, alter Frauen und alternder Schönlinge, die in ihrem Alter noch verführerisch wirken wollen. Es gibt zwei Sorten Düfte: teure Salben und arabischen Weihrauch sowie die billigeren pflanzlichen Öle, mit denen man den schlimmsten Gestank zu übertönen versucht: »Du hast doch wohl / Nicht Lust, dich hinzudrängen zu dem Hurenpack, / Zu Bäckermetzen, Abschaum aus den Mühlen, zu den gemeinen, / Schmutzigen Sklavenliebchen mit ihrem üblen Duft, / Die nach ihrem Standort, nach dem Stall und der Latrine, riechen, / Die nie ein freier Mann berührt noch mit sich nimmt, / Zweipfennigshuren, schmutziger Sklaven Zeitvertreib.« (Plautus, *Poenulus* I/2, Vers 265 – 267. Vgl. auch die »Kästchenkomödie« *Cistellaria* II/1, Vers 407)

Wie in den alexandrinischen Komödien gehören zu einem galanten Mahl Blumengirlanden, Kränze und parfümiertes Öl; auch ist es üblich, die ausgehaltenen Frauen und die Liebeslust mit Blüten, Bändern und kostbaren Flakons zu bezahlen (Plautus, *Pseudolus*, Vers 1265).

Zur selben Zeit, als Plautus seine Komödien schrieb, die Konsuln und Zensoren die Gesetze gegen den Luxus bei Tisch und gegen luxuriöse Gewänder verschärften und die orientalischen Sitten ächteten – »weniger Kränze, weniger aromatisierten Wein, weniger Myrrhe und Narde!« lautete die Devise –, übersetzte Ennius (239 – 169 v. Chr.) den romanhaften Bericht des Euhemeros von Messene von einer Reise zu der unbekannten Insel Panchaia im östlichen Meer ins Lateinische. Der griechische Philosoph hatte etwa hundert Jahre zuvor in seinem utopischen Reisebericht behauptet, die Gottheiten des olympischen Pantheon seien Menschen, die sich auf der Insel Panchaia im Indischen Ozean, im Land des Weihrauchs und der Aromata, beweihräuchert und damit unsterblich gemacht hätten. Das war zum einen eine Kritik an der Vergöttlichung der Herrscher in der hellenistischen Epoche, zum anderen wurden die heiligen Düfte ihres sakralen Nimbus entkleidet.

Dieses kritische Buch, das noch von Diodor und Laktanz rezipiert wurde, bereitete den Boden für den Triumph des Christentums. Die Lehre Epikurs, die sich in der römischen Aristokratie im 1. Jahrhundert v. Chr. vieler Anhänger erfreute, kam Ennius' Moralphilosophie ebenfalls entgegen. Ihr zufolge gibt es Götter, aber die Gebete der Menschen stoßen bei ihnen auf taube Ohren, und sie brauchen weder kultische Handlungen noch Weihrauch. Der Philosoph oder Weise kann erst recht auf kostspieligen Luxus, Kaneel und Salben, verzichten, er findet den inneren Frieden auch ohne ihn und begnügt sich mit seinem einfachen Leben.

Cicero schreibt in Caesars Todesjahr (44 v. Chr.): »Und ebenso ist auch das Urteilsvermögen des Geruchs-, des Geschmacks- und z. T. auch des Tastsinnes hervorragend. Um diese Sinne fesseln und auskosten zu können, sind mehr Künste erfunden worden, als ich wünschte; es ist ja bekannt, wie weit man in der Zubereitung duftender Salben, in der raffinierten Würze der Speisen und in der Verführung durch körperliche Reize schon gekommen ist.« (M. Tullius Cicero, *Vom Wesen der Götter* II, 146)

Derselbe Autor, der den Geruch von Wachs dem des Safran vorzieht, versucht, der griechischen Philosophie praktische Moralvorschriften zu entnehmen, die Pflichten des Bürgers und das Verhalten des allseitig gebildeten Weltmanns miteinander in Einklang zu bringen. Er verdammt die Freundesschar von Catilina – »sie glänzen von Pomade und schimmern in Purpur« (2. Catilinarische Rede, 5 in: Cicero, *Sämtliche Reden*) –, Verres und die Mitglieder des Magistrats, die zur Trägheit neigen, desgleichen »die Parfumverkäufer, Tänzer und alles, was mit dem Würfeln zusammenhängt.« (Marcus Tullius Cicero, *Vom rechten Handeln* I, 150) Im übrigen waren die Parfümerieläden, die *unguentariae tavernae*, Plautus (*Epidicus* II, 2, Vers 99) zufolge ein Treffpunkt von Flaneuren, Müßiggängern und Homosexuellen (Varro, *De lingua latina* VIII, 55; Sueton, *Leben des Augustus*, 4)

Mit gesetzlichen Mitteln – *dura lex, sed lex* – wollte man Sitten ändern, die allerdings fester verwurzelt waren als das Gesetz,

Venus mit Salbgefäß
(römische Bronzeplastik)

gegen die Müllhaufen auf den Straßen wollte man damit ebenso angehen wie gegen den überhandnehmenden Gebrauch wohlriechender Masken. Kaum hatten die Zensoren P. Licinius Crassus und Lucius Julius Caesar jedoch den Verkauf »exotischer« Parfums, die Plautus bereits dreißig Jahre zuvor gefeiert hatte, in Rom verboten, mußten sie die Gesetze gegen den Luxus verschärfen und diejenigen streng bestrafen, die dagegen verstießen. Fraglich ist, ob die Mitglieder des Magistrats, so wie ehedem Cato, auch ihre eigenen Kinder oder Ehefrauen für schuldig befanden. Auch konnten sie wohl kaum verhindern, daß Puder, Pomaden, Öle, Essenzen gefälscht oder die Flaschen mit falschen Etiketten versehen wurden.

Vergebens beklagt Plinius der Ältere, daß der Gebrauch von Salben, diese »übelste Verkommenheit«, selbst in Regierungskreisen und beim Heer gang und gäbe sei, »die Adler jedenfalls und die mit Staub bedeckten und mit ihren Spitzen furchterregenden Feldzeichen werden an festlichen Tagen eingesalbt« (XIII, 23). Plinius ist der Auffassung: »Unter allen Grundstoffen des Luxus sind die Salben wohl das, was am meisten überflüssig ist. ... Ihre größte Empfehlung ist es, daß ihr Geruch, wenn eine Frau vorübergeht, sogar die anlockt, die anderweitig beschäftigt sind. Das Pfund kostet mehr als vierzig Denare (vierzig Tagelöhne eines Landarbeiters für 32 Zentiliter Öl!); so teuer erkauft man das Vergnügen für andere; denn wer den Duft an sich trägt, spürt selbst nichts davon.« (XIII, 20)

Die einzige Schranke, die dem übermäßigen Konsum von Wohlgerüchen entgegensteht, ist nach Plinius der Preis. Die ökonomischen Gesetze sind stärker als die des Staates, sie werden entweder ignoriert oder umgangen. Deswegen waren die Parfums und Aromata in Rom wie in Alexandria lange Zeit ein Privileg weniger, bis Rom die Herstellungsländer der Rohstoffe, Kleinasien, Syrien, Ägypten und Arabien, im Zeitalter der Antoninen unter seine Kontrolle brachte.

Das beste Mittel, üble Gerüche zu beseitigen oder zumindest in Grenzen zu halten bzw. einzudämmen, war immer schon fließendes Wasser. Im Unterschied zu den schlecht bis gar nicht bewässerten Städten Griechenlands und des Nahen Ostens, Athen, Jerusalem, Petra, Aleppo, Persepolis, war Rom, inmitten von Wasserfällen und Sümpfen, auf halbem Weg zwischen Tivoli und der Maremma gelegen, von Anfang an eine sehr wasserreiche Stadt.

In den zweihundert Jahren ihrer Herrschaft über Rom haben die Etrusker das *Forum romanum* trockengelegt und die erste Kanalisation gebaut, bei der die Abwässer in das große überwölbte Sammelbecken der *Cloaca maxima* flossen. Die ältesten Gottheiten der Stadt waren die der Erde und der Quellen: Saturnus, der Gott des Ackerbaus, und Vertumnus, die Götter der Jahreszeiten, die Quellnymphen Camenae, Carmenta und Iuturna. Die Bauern, die seit zweitausend Jahren gewohnt waren, ihre Felder zu bewässern und die Sümpfe durch ein System von Kanälen trockenzulegen, um die Malaria zu bekämpfen, bemühten sich vor allem darum, bei den fremden Einwanderern, die grundsätzlich als schmutzig und ansteckend galten, hygienische Maßnahmen durchzusetzen.

In *Wasser für Rom*[137], dem Werk des *curator aquarum* Frontinus, der im Jahr 97 n. Chr. für die Wasserversorgung zuständig war, sind die großen Leistungen der Ädilen und des Magistrats von Tarquinius und Agrippa bis Augustus und Traianus bei der Beseitigung der Abwässer und der Versorgung der Privathäuser mit fließendem Wasser durch 247 Wassertürme verzeichnet. Zur Regierungszeit Agrippas (33 v. Chr.) zählte man 170 *balnea*, öffentliche oder private Bäder, und der *Notitia Dignitatum Imperii* zufolge waren es zu Beginn des 5. Jahrhunderts, als die Wisigothen Rom eroberten, nicht weniger als 956.

Die typischen Bauwerke des römischen Kaiserreichs sind die Thermen, Amphitheater und Aquädukte. Um die 19 v. Chr.

erbauten Thermen des Agrippa mit Wasser zu versorgen, wurde ein eigener Aquädukt gebaut, die *Aqua Virgo*. Das mehr als 21 Kilometer lange Bauwerk führt durch das Giulia-Tal nach Rom und versorgt heute noch die Fontana di Trevi und die Piazza d'Espagna, Navona und Farnese mit Wasser. Nach Frontinus lieferte die *Aqua virgo* 100160 Kubikmeter Wasser pro Tag. Von 312 v. Chr. bis 226 n. Chr. wurden elf riesige Aquädukte erbaut, um Rom mit Wasser aus den Quellen des Anio, Subiaco, Tivoli und Frascati zu versorgen. Nach der Inbetriebnahme der Thermen des Agrippa sowie sechs weiterer ähnlich großer Bauten konnten sich dort auch die armen Römer auf Staatskosten waschen, unterhalten und bilden.[138] In den Schwimmbädern der größten Thermen, die 305 n. Chr. von den Kaisern Diokletian und Maximian eingeweiht wurden, war Platz für dreitausend Personen.

Heutige Besucher Roms erinnern sich eher an die grandiosen Ruinen der Caracalla-Thermen, mit deren Bau 206 begonnen wurde, die 217 eingeweiht und 223 fertiggestellt wurden. In den privaten Bädern und den allgemein zugänglichen Schwimmbecken hatten schätzungsweise sechzehnhundert Personen Platz. Vor lauter Begeisterung über die Vielzahl von Räumen, das Frauenbad, den Kaltbaderaum, das lauwarme Schwimmbad, das Warmwasserbad, das Schwitzbad, die Turnhalle, die Bibliothek und den Raum für Unterhaltung wird meist der Saal zwischen der Bibliothek und dem Ruheraum übersehen, in dem man sich salbte, schminkte und parfümierte. Die Badenden und Hausfrauen benutzten im übrigen seit dem 1. Jahrhundert das Reinigungs- bzw. Waschmittel *sapo*, die Seife.[139] Es handelte sich um eine schäumende Paste aus Ziegenfett und Seifenkraut- oder Birkenasche, mit der sich bereits die Kelten und Germanen die Haare wuschen. Außerdem kannten die Bewohner des Mittelmeerraums seit zweitausend Jahren das Gänsefußgewächs Salzkraut (*Salsola kali* L., auf arabisch *alkali*) und benutzten die Erde von der Insel Kimolos, um Kleider zu reinigen.

Allerdings war es mit der Sauberkeit nicht sehr weit her. Alles in den Ausguß schütten konnte man in Rom wie in den anderen großen Städten nur im Erdgeschoß der Stadthäuser (*domus*), wo das Wasser von den Aquädukten hingeleitet wurde. In den vier- bis fünfstöckigen Mietshäusern (*insula*) gab es im Treppenhaus Zuber oder *dolia*, in die die Mieter ihre Nachttöpfe und die Abwässer entleerten. Unter Vespasian erwarben die Düngemittelhändler das Recht, diese Abwässer weiterzuverwerten. Vor den Walkmühlen standen große Tonkrüge, die der Fiskus, selbstverständlich gegen Gebühr, zur Verfügung stellte. Männer, die es eilig hatten, und Geizhälse, die sich das Geld für die öffentliche Latrine sparen wollten, urinierten dort kostenlos.[140]

Cato der Ältere hatte die Müllabladeplätze in den Gassen, wo jedermann seine Hausabfälle ablud, pflastern lassen (Lukrez VI, 1022), manch einer schüttete sie aber auch einfach vom Balkon auf die Straße. Die reichverzierten, mit Duftwässern besprengten Marmor-Toiletten waren jedenfalls die Ausnahme.[141] Zur selben Zeit, als der reiche »Trimalchio, von Parfüm triefend, sich... abtrocknen ließ, nicht mit Leintüchern, sondern mit Frotteedecken aus samtweicher Wolle« (so der von Nero als *arbiter elegantiarum* geschätzte Petronius in den *Schelmengeschichten* 28 , 47), erließ Kaiser Claudius ein Edikt, demzufolge Furzen und Rülpsen bei Tisch erlaubt waren (Sueton, *Leben des Claudius*, 32).

Vor dem Brand, dem im Jahre 64 elf der vierzehn Stadtviertel Roms zum Opfer fielen und für die Neros Polizei die jüdischen Anhänger Christi verantwortlich machte, sah die Stadt folgendermaßen aus: »Große Straßen waren selten. In der gesamten Urbs drängten sich die Wohnhäuser in einem Wirrwarr von Stiegen, engen, krummen und dunklen Gassen und Gäßchen; der Marmor der Paläste leuchtete unmittelbar neben dem Dunkel der Räuberhöhlen.« (J. Carcopino, *Rom*, S. 75) Derselbe Historiker verweist zuvor auf eine Stelle im *Satyricon*, »wo einer

der schlechten Gesellen, unter seiner Lagerstatt versteckt, seinen Mund an die Wand drückt, die schwarz ist von Ungeziefer
(Wanzen).«

Am Ende seines Buchs *De rerum natura* (VI, 740 – 839) zählt
der Epikuräer Lukrez alles auf, was schrecklich roch: die Öllampen, Castoreum, Schwefel, Bitumen und die Werkstätten
der Handwerker. Um den Gestank zu überdecken, wurde in
Rom mit duftenden Hölzern geräuchert, beispielsweise dem die
Luft reinigenden Olivenholz, und es wurden Duftwässer, wie
Rosen- und Iriswasser oder Destillate aus der Kolokasia[142], der
keltischen Narde oder Safran, versprüht. Zudem waren bei der
Zubereitung der Speisen und als Zusatz zu Getränken starke
Gewürze weit verbreitet: Pfeffer, Gewürznelke, Ceylonzimt, Pyrethrum, Ingwer und Ingwergewächse mit dem brennenden,
aromatischen Geschmack. Die gestiegene Nachfrage nach Gewürzen aus dem Orient beruhte nicht zuletzt darauf, daß sich
damit Fisch und Fleisch konservieren ließen. Das galt auch für
die Kleidung, die Felle und die menschliche Haut: Die Öle und
intensiven Düfte überdeckten nicht nur die üblen Gerüche,
sondern wirkten auch schützend und konservierend.

Die Aromata in der römischen Küche

Die Rezeptsammlung *De re coquinaria* (»Kochrezepte«) vom
Ende des 4. Jahrhunderts geht auf den zu Beginn unserer Zeitrechnung in Rom lebenden Gastronomen Apicius[143] zurück. Sie
enthält ausführliche Angaben über die aromatischen Pflanzen,
deren Geschmack und Geruch den begüterten Römern gefielen.
Im folgenden seien daraus drei Texte zitiert, die vermutlich auf
den Küchenchef zurückgehen – das behauptet jedenfalls der
Kompilator Isidorus aus Sevilla (*Origines*, 20, 11). Der erste Text
ist ein Auszug aus der Abhandlung des Apicius, deren Origi-
nalmanuskript in der Bibliothèque Nationale in Paris aufbewahrt wird (*Lat.* 10318); es handelt sich um »die Liste der

Gewürze, die in einem Haushalt vorhanden sein müssen, auf daß es beim Würzen an nichts fehle«.

»Safran, Pfeffer, Ingwer, Silphium (*Ferula Tingitana?*), Nardenblatt (d.h. Baldrian), Myrtenbeeren, Costus (*Saussurea lappa* Clarke), Nelken, indischer Lavendel (*Nardostachys jatamansi,* d.h. Narde), Kardamom (Frucht der *Elettaria cardamomum,* eines Ingwergewächses), Nardenähren (Zitronenkraut).

Mohn- und Rautenkörner, Rauten- und Lorbeeren, Dill, Eppich (wilder Sellerie), Fenchel, Liebstöckel (*ligusticum* aus Ligurien und der Provence), Rauke (*Eruca sativa* L.), Koriander, Kümmel, Anis, Petersilie, Echter Kümmel und Sesam.

Trockenprodukte: Silphiumwurzeln, Minze, Steinquendel, Salbei, Zypressenfrüchte, Oregano, Wacholder, Hyazinthenzwiebeln, Thymianfrüchte, Koriander, Pyrethrum (-Rinde), Zitronatzitrone, Karottensamen, Knoblauchzehe aus Askalon, Binsenwurzel (aus Indien: Kurkuma?), Dill, Poleiminze, Zypergras, Knoblauch, Trockengemüse (Linsen, Erbsen, Bohnen, Griechischheu), Majoran, Echter Alant, Silphium (-Stengel und -Samen), Kardamom.

Nüsse und Mandeln: halbreife Nüsse, Pinienkerne, süße Mandeln, Haselnüsse.

Trockenfrüchte: Damaszenerpflaumen aus Damaskus, Datteln, Rosinen, Granatäpfel.

Alle Produkte an einem trockenen Ort lagern, damit sie weder an Duft noch an Geschmack verlieren.«

Sieht man von den Wiederholungen, der unübersichtlichen Gliederung und einigen Ungenauigkeiten ab, enthält der Text alle Aromata, die bereits die Ägypter, die semitischen Völker und die Griechen kannten, die sowohl für die Parfumherstellung als auch bei der Zubereitung der Speisen und als Arzneimittel Verwendung fanden. Einige kamen nur als Aphrodisiaka vor: (Trauben-)Hyazinthenzwiebeln, Raukensaft, Pinienkerne und Pfeffer. Mit Pfeffer erschließt sich dem Mann ohne weiteres das »*ostium Veneris*« (Apicius VII, 308), schrieb Varro in seiner Satire auf die feinen Mahlzeiten (*Saturae incertae* 581,

Leipzig 1985). In diesem Sinne äußerte sich auch der römische Dichter Catull: »Du erhältst eine Salbe, die mein Mädchen / Nur von Göttinnen hat und Liebesgöttern. / Wenn du nur an ihr riechst, du flehst, die Götter / Möchten ganz dich, Fabull, zur Nase machen.« (Catull, *Gedichte*, 13, Vers 11 – 14)

Es folgt ein Rezept, das nach Ansicht aller Kommentatoren auf Apicius persönlich zurückgeht.

Kräutersauce für gebratenen Fisch

»Nimm einen beliebigen Fisch, reinige, salze und brate ihn. Stampfe Pfeffer, Kümmel, Koriandersamen, Laserwurzel, Origanum, Raute, zerreibe dies, gieße Essig dazu, gib Jerichodatteln (*caryota*), Honig, *defrutum* (Wein aus eingedampftem Most), Öl und *liquamen* hinzu; rühre dies gut um, gieße es in eine Kasserolle und bringe es zum Kochen. Wenn es kocht, gieße die Sauce über den gebratenen Fisch. Bestreue ihn mit Pfeffer und serviere.« (*Das Kochbuch der Römer* X, 434, S. 137)

Das Rezept enthält keine Mengenangaben. Für die Sauce braucht man zwölf mehr oder weniger aromatische Ingredienzien, salzige, süße, saure und bittere. Die Sauce duftete blumig, nach Anis, Zitrone und Marinade – eine stark kontrastierende Mischung. Bei allen Gerichten wurden ganze Pfefferkörner und reichlich weißer und schwarzer, geschälter oder ungeschälter, zerstoßener oder fein gemahlener Pfeffer verwendet. Vierzig Jahre später schrieb Plinius: »Erstaunlich ist es, daß man an seiner Verwendung so sehr Gefallen gefunden hat. Denn bei einigen Gewürzen gefiel der angenehme Geschmack, bei anderen verlockte das Aussehen: der Pfeffer empfiehlt sich aber weder als Baumfrucht noch als Beere. Allein seine Schärfe gefällt und weil man ihn von den Indern herbeischafft!« (*Naturkunde* XII, 29)

Nicht unerheblich für die römische Außenpolitik und das weitere Vordringen nach Osten war das Bedürfnis, Koriander, Wacholder und Kapern durch schärfere Gewürze – Nelke, Muskat, Ingwer und Pfeffer – zu ersetzen. Zu Beginn des 2. Jahrhunderts gab es in Rom bereits die *via piperatica*, eine Straße oberhalb des Trajan-Forums, in der nur mit Gewürzen gehandelt wurde. Im Jahre 106 n. Chr. machte Kaiser Trajan denn auch das Königreich der Nabatäer zur Provinz Arabien mit der Hauptstadt Petra in der Nähe des heutigen Maan in Jordanien am Endpunkt der Gewürzstraße, auf der die Gewürze aus Arabien und vom Indischen Ozean nach Rom gelangten.

Plinius (XXXI, 93) zufolge fand die Zubereitung der Fischsauce folgendermaßen statt: In einen etwa dreißig Liter fassenden Tonkrug wurden abwechselnd Schichten von aromatischen Kräutern, frischem Fisch (oder auch nur Fischeingeweiden) und Salz gelegt. Sobald der Krug voll war, verschloß man ihn mit einem Deckel und ließ das Ganze eine Woche lang ziehen. Die nächsten drei Wochen rührte man die Mischung ab und zu durch. Die gefilterte Flüssigkeit, die Fischsauce, hieß auf lateinisch *garum* oder *liquamen*. In allen Hafenstädten des Römischen Reichs wurde sie hergestellt, mancherorts aus dem Fleisch großer Fische, anderswo aus wertlosen, kleinen Fischen und den Eingeweiden von Seepapageien. Der eigentümliche Geschmack und Duft der Fischsauce rührte von den aromatischen, aus der Parfum- und Arzneimittelherstellung bekannten Pflanzen her: Dill, Koriander, Fenchel, Eppich, Bohnenkraut, Muskatsalbei, Raute, Minze, Steinquendel, Liebstöckel, Poleiminze, Feldthymian, Oregano, Heilziest und dem Rosengewächs Odermennig. Würzte man die Gerichte mit dieser Sauce, so erübrigte sich das Salzen.

Und nun ein weiteres Zeugnis der römischen Kochkunst:

PATINA À LA APICIUS

»Man nimmt in Stücke geschnittenes gekochtes Schweineeuter, entgräteten Fisch, Hühnerfleisch, Feigenfresser (Gartengrasmücken) oder gekochte Brust von Turteltauben und was man sonst noch an guten Dingen im Hause hat. Alle diese Zutaten mit Ausnahme der Feigenfresser werden sorgfältig gehackt. Dann verrührt man rohe Eier mit Öl. Daneben stampft man im Mörser Pfeffer und Liebstöckel unter Zugießen von *liquamen*, Wein und *passum* (Trockenbeerauslese, süßem Wein), erhitzt diese Mischung in einem Topf und dickt sie mit *amulum* (einer Art Stärkemehl) an. Zuvor gibt man alle oben gehackten Zutaten hinein und bringt sie zum Kochen. Wenn die Mischung gar ist, nimmt man sie mitsamt der Sauce vom Feuer und gibt sie schichtweise, vermischt mit Pinienkernen und Pfefferkörnern, in eine Kasserolle (*patella*), und zwar in folgender Art: unter jede Schicht legt man als Grundlage einen flachen Ölfladen und auf jeden gibt man einen Schöpflöffel voll von der Fleischmischung. Zuletzt legt man einen Ölfladen auf, den man mit einem Rohrstengel durchlöchert hat. Bestreue das Ganze mit Pfeffer. Bevor man aber das gehackte Fleisch mit der Sauce in den Topf gibt, muß man es mit den Eiern binden.« (*Das Kochbuch der Römer* IV, 141, S. 48f.)

Bemerkenswert an diesem Rezept sind weder die verschiedenen Schichten aus Fleisch und stärkehaltiger Masse (nach diesem Prinzip werden heute noch Nudelaufläufe, die Füllungen von Blätterteigpasteten und Mussaka zubereitet) noch die Farce, denn sie muß nicht aus vier verschiedenen Fleischsorten sein, Apicius läßt dem Koch die Wahl. Wenn die Kunst, Saucen herzustellen, ein Gradmesser der Zivilisation eines Volkes bzw. des Geschicks seiner Köche ist, dann liegt das Verdienst des Apicius wie anderer römischer Gastronomen vor allem im zweiten Teil des Arbeitsvorgangs, bei der Zubereitung einer sämigen, aromatischen, mit Salzlauge gewürzten, schweren Füllung.

Das antike Rezept enthält keine Mengenangaben, denn diese hingen von Anzahl und Appetit der Gäste ab. Für sechs Personen benötigte man mindestens einen Suppenlöffel Pfeffer, ebensoviel kleingehacktes Liebstöckel, einen Suppenlöffel Garum, zwei Glas Wein, ein halbes Glas Olivenöl und zwei bis drei Löffel Mehl.

Die stark gewürzte, fette römische Küche entspricht ebensowenig dem heutigen Zeitgeschmack wie die damals bevorzugten Parfums. Vom Beginn des Kaiserreichs, dem Prinzipat des Augustus im Jahre 27 v. Chr., bis zur Regierungszeit Vespasians wetteiferten Senatoren, Leute aus dem Ritterstand und reiche Freigelassene um den größten Luxus, die opulentesten Speisen, die auffälligsten Gewänder und die eindrucksvollsten Schauspiele für das Volk.

Manchmal war ihnen der Kaiser ein Vorbild. Augustus und Tiberius ließen Tonnen Weihrauch und Aromata zu Ehren der Götter und toter Angehöriger verbrennen, Safranpuder verstreuen, um die Theater und Amphitheater mit Wohlgeruch zu erfüllen, und stifteten den Gymnasien und öffentlichen Bädern lieblich duftendes Öl. Bei den Begräbnisfeierlichkeiten für Neros Gattin Poppaea, deren Leichnam bekanntlich einbalsamiert wurde, gab Nero Millionen von Sesterzen für duftende Räucherungen aus (Plinius XII, 83; Tacitus, *Annalen* XVI, 6). Zur gleichen Zeit lud der Emporkömmling Trimalchio die ausgehungerten Literaten zu einem Mahl ein, bei dem sie folgendes erlebten: »Unversehens begann die Decke zu knacken, und der ganze Speisesaal erbebte. Ich sprang bestürzt auf die Beine und fürchtete, es werde irgendein Akrobat durch das Dach heruntersteigen. Nicht anders wunderten sich die übrigen Gäste, reckten also die Hälse und waren gespannt, was für eine Neuigkeit der Himmel zu melden habe. Da teilt sich die Decke, und plötzlich sinkt ein gewaltiger Reifen herab, an dessen ganzer Rundung entlang goldene Kränze mit Parfümflacons hingen!« (Petronius, *Satyrica* 60 , 1 – 3, S. 117) Dies war eine Parodie auf Neros Goldenes Haus und die lächerliche Verschwendungssucht eines seiner Freigelassenen, Narcissus oder Epaphroditos. Entlang des Tiber füllten sich die Lagerhäuser der Staatskasse mit afrikanischem Silphium (Plinius, *Naturkunde* XXII, 100ff.).

In allen größeren Städten Italiens lieferten die *pigmentarii* oder Farbenhändler, die *herbarii* oder Kräuterhändler und die *unguentarii* oder Salbenhändler die Requisiten für Gastmähler, Freudenhäuser, öffentliche und private Bäder, Theater, Bestattungen, auch schlossen sie sich zu aktiven Körperschaften zusammen.[144] In Pompeji hatten die auf den Wahlinschriften bezeugten *unguentarii* eigene Straßen und Viertel. Rund um Rom und in einigen Städten Galliens und Spaniens ließen sie sich Marmorgrabsteine mit ehrenvollen Inschriften aufstellen. Die orientalischen Düfte und Gewürze trugen den Sieg über die Strenge alter römischer Lebensart davon.

Die strengen Luxusgesetze wurden nicht eingehalten, Rom wurde immer abhängiger von ausländischen Lieferungen. Im neunten Jahr der Regierungszeit des Tiberius Caesar richtete der Kaiser folgendes Schreiben an den Senat:

»Was soll ich denn als erstes zu verhindern oder auf das in der alten Zeit übliche Maß zurückzuführen versuchen? Die grenzenlose Ausdehnung der Landgüter? Die Unzahl und das völkische Gemenge der Dienerschaften? Die Masse des Silber- und Goldgeschirrs? Die Wunderwerke aus Erz und die Tafelbilder? Die von Männern und Frauen ohne Unterschied getragene Kleidung und jene besonderen Wünsche der Frauen, die dazu führen, daß um der Edelsteine willen unser Geld zu fremden oder gar feindlichen Völkern abwandert? ... Warum also besaß ehedem die Sparsamkeit allgemeine Geltung? Weil jeder sich selbst Mäßigung auferlegte, weil wir Bürger einer einzigen Stadt waren; auch spielten Versuchungen nicht die gleiche Rolle, solange wir nur innerhalb Italiens herrschten. Erst durch die Siege über auswärtige Völker haben wir fremdes, durch die Bürgerkriege sogar unser eigenes Gut zu verprassen gelernt. ... niemand bringt den Umstand zur Sprache, daß Italien auswärtiger Hilfe bedarf, daß das Leben des römischen Volkes täglich ein Spielball für die unsteten Kräfte des Meeres und der Stürme ist; und wenn die Provinzen mit ihren Vorräten einmal für den Bedarf der Herren wie der Sklaven und den Ertrag der Äcker nicht hilfreich aufkommen, dann werden natürlich unsere

Dame füllt Parfum in einen Parfumbehälter
(römisch, 1. Jh. n. Chr.)

Parkanlagen und unsere Landgüter die Ernährung sicherstellen!« (Tacitus, *Annalen* III, Kap. 53 - 54)

Als Luxusgüter wurden nicht so sehr Edelsteine und Edelmetalle, sondern vornehmlich Gewürze, Aromata und Parfums eingeführt: »Nach der niedrigsten Schätzung rauben Indien, die Serer und jene Halbinsel (Arabien) unserem Reiche alle Jahre 100 Millionen Sesterzen: soviel kosten uns Luxus und Frauen! Wieviel kommt denn schon von alledem, frage ich, den Göttern des Himmels oder der Unterwelt zu?« (Plinius, *Naturkunde* XII, 84) Den Inschriften in Pompeji zufolge brauchten Plinius' Zeitgenossen am Tag eine Sesterze zum Leben, dies war der Mindesttagelohn für einen Arbeiter.[145] Danach kann man sich ausrechnen, wie teuer Rom die jährlich im Wert von hundert Millionen Sesterzen eingeführten Gewürze und Aromata wirklich kamen.

Eine neue Handelsstraße für Parfums und Gewürze

Kaum hatte Caesars Neffe Octavian, der Sieger über Ägypten, Augustus zum *Imperator* auf Lebenszeit erklärt und ihm alle zivile und religiöse Macht verliehen, da erteilte dieser Aelius Gallus, dem Präfekten Ägyptens, auch schon den Befehl, das *Imperium romanum* bis auf das »Glückliche Arabien« auszudehnen und alles, was über das Rote Meer nach Rom kam, dem Fiskus als Einnahmequelle zuzuführen. Dieser Auftrag galt als Erfüllung des Traums von einem neuen Goldenen Zeitalter, das Vergil im vierten Gedicht der *Bucolica* verkündet hatte: Endlich war man im Land der Königin von Saba, dem Paradies aus Gold, Azur und Purpur, wo ewig Balsam, Weihrauch und Myrrhe fließen!

In Ägypten gab es mehrere Häfen oder Ankerplätze am Roten Meer: Arsinoë (in der Nähe der heutigen Hafenstadt Suez), Myoshormos (vermutlich das heutige Port Safaga), Berenike (geschützt durch die Halbinsel Ras Banas), Ptolemaïs (Port Sudan). Dort landeten die Gummiharze, das Elfenbein und der Goldstaub aus der Arabischen Wüste und Nubien. Das Land an der äußersten Südspitze des Roten Meers war jedoch noch immer in Händen der *mukarrib* des »Glücklichen Arabiens« oder der *ras* Äthiopiens, Eritreas und des geheimnisvollen Lands der Troglodyten, der miteinander rivalisierenden Bewacher der Meerenge Bab el-Mandeb. Die Gewürze wurden großenteils auf dem Landweg transportiert, 1850 Kilometer von Sanaa bis Petra, da das Rote Meer als sehr unsicher galt.

Im Frühjahr des Jahres 24 v. Chr. versammelte sich auf Befehl des Aelius Gallus eine Flotte von fünfzig Schiffen mit zehntausend Mann Besatzung in der Nähe von Suez und segelte an die Küste des heutigen Nordjemen. Strabo (*Erdbeschreibung* XVI, 781), Plinius der Ältere (*Naturkunde* VI, 28) und Dio Cassius (*Römische Geschichte* LIII, 29) erzählen, die Legionäre hätten dort zunächst die kleinen, bislang vollkommen unbekannten Marktflecken in der Tihama und dem Himyar-Gebiet zerstört: »Mariala, das einen Umfang von 6000 Schritt hatte, und auch Caripeta, was der letzte Ort war« (Plinius, *Naturkunde* VI, 28). Dio Cassius behauptet, die Römer seien bis zur berühmten Festung »Athlulon« gekommen (Buch 53, 29). In den Handschriften des Xiphilinos, der Dio Cassius' ausführliche *Römische Geschichte* in Kurzform wiedergibt, heißt der Ort »Epibulon«. Die Siegesmeldungen nach Rom waren eine Sache, die Realität eine andere. Dio Cassius schreibt: »Aelius Gallus, der Statthalter von Ägypten, unternahm einen Feldzug gegen das sogenannte Glückliche Arabien... Zunächst begegnete Aelius kein einziger Mensch, doch kam er nur unter Schwierigkeiten vorwärts; denn die Wüste, die Sonne und die ganz eigentümliche Art des Wassers setzten den Soldaten derart zu, daß der größere Teil der Truppen starb. Die Krankheit glich dabei nicht einer der gewöhnlichen Beschwerden, sondern befiel den Kopf und dörrte ihn aus. Bei der Mehrzahl der Befallenen führte sie alsbald zum Tode, bei denen aber, die am Leben blieben, stieg sie in die Beine hinab und setzte ihnen... gar bös zu. Und jedes

Heilmittel versagte, außer wenn jemand ein Gemisch aus Öl und Wein entweder trank oder sich damit einrieb. Freilich konnten nur ganz wenige sich dieser Medizin bedienen; das dortige Land bringt ja keines der beiden Erzeugnisse hervor, und außerdem hatten sich die Feldzugsteilnehmer nicht rechtzeitig mit größeren Mengen davon versehen. Mitten in dieser Bedrängnis gingen nun auch noch die Barbaren zum Angriff gegen die Römer vor. ... Damals aber fanden sie (die Barbaren) in der Krankheit einen Bundesgenossen, so daß sie nicht nur ihren eigenen Besitz zurückgewinnen, sondern auch noch ihre Gegner, soweit sie überlebten, aus dem Lande vertreiben konnten.« (Dio Cassius, *Römische Geschichte*, Bd. IV, Buch 53, 29) Die Überlebenden bestiegen ihre Schiffe zwischen Hodeida und Aden und fuhren Ende des Sommers, zu der Zeit, als an beiden Ufern Weihrauch, Myrrhe und Balsam geerntet wurden, das Rote Meer nordwärts.

Doch war nicht alles umsonst. Die Teilnehmer des Feldzugs, Griechen, Ägypter, Syrer, Palästinenser, Römer und ihre Söldner, hatten durch die Erkundung des Landes einen direkten Weg vom Mittelmeer zum Golf von Aden ausfindig gemacht, ein erstes Teilstück des späteren Seehandelswegs für Gewürze. Und sie hatten von den Eingeborenen erfahren, wann der Monsun aus welcher Richtung wehte (im Sommer konnte man nämlich über Sokotra nach Indien segeln und im Winter zurück). So ersparte man sich den Weg über den Persischen Golf und Mesopotamien, die in den Händen der Parther und Perser waren. Die Karawanenstraßen wurden dadurch sehr viel kürzer, und es entfiel eine Menge Wegegelder.

Wie bedeutend diese Kenntnisse und der Tauschhandel waren, läßt sich an drei Tatsachen ermessen: Die südarabischen Königreiche wurden hellenisiert und gelangten im 1. Jahrhundert n. Chr. zu ungeahntem Reichtum (Strabo XVI, 778). In ganz Südindien, dem Zentrum des Pfefferanbaus, von der Malabar-Küste bis nach Virapatinam, drei Kilometer südlich von Pondichéry, finden sich römische Münzen, genauso weiter östlich auf der malaiischen Halbinsel bis hin zum Mekong-Delta.[146] Außerdem faßte das Christentum schon sehr früh an beiden Küsten des Roten Meers Fuß, Äthiopien und das »Glückliche Arabien« wurden spätestens im 6. Jahrhundert christianisiert.

Fünfundzwanzig Jahre nach dem Feldzug des Aelius Gallus schrieb Strabo (XVI, 781), eine Flotte von 120 Handelsschiffen segle jedes Jahr von Myoshormos (Port Safaga) am Roten Meer nach Indien. Hundert Jahre später sind im *Periplus maris Erythraei*, dem Werk eines anonymen Kaufmanns, das über die Handelsschiffahrt im Orient unterrichtet, die Häfen verzeichnet, wo man die Gewürze und Aromata beziehen konnte, die in Rom so dringend benötigt wurden, darunter Myrrhe, Kaneel, Ingwer, Pfeffer, Kurkuma, Benzoeharz. Dieser Seeweg, von dem Alexander auf dem Sterbebett träumte und der bis zur Renaissance bestehen blieb, war eine der wichtigsten Errungenschaften des Römischen Reichs und förderte die wirtschaftlichen und kulturellen Beziehungen zum Orient.

Über sechzig Aromata zur Zeit Vespasians

Woraus bestanden die Parfums, die in der Kaiserzeit in Mode waren, zu der Zeit, als Vespasian die Finanzen in Ordnung brachte, die großen Städte mit fließendem Wasser ausstattete und Hygienemaßnahmen einführte, als er im aufständischen Judäa und in Rom Ruhe schaffen wollte, also um 70 n. Chr.? Durch einen glücklichen Zufall sind die Schriften zweier zeitgenössischer Autoren erhalten: Plinius' des Älteren, eines enzyklopädisch gebildeten Gelehrten, der beim Vesuvausbruch im Jahre 79 starb, und Dioskurides' aus Anazarba (in der Nähe von Adana am Golf von Alexandrette), der unter Claudius und Nero Militärarzt und der berühmteste Pharmakologe des Altertums war.

Plinius d. Ä. hat die duftenden Bäume und aromatischen Pflanzen in den Büchern XII (§ 35 – 135), XIII (§ 1 – 26; 86; 103), XV (§ 24 – 32; 105 – 110), XXI (§ 1 – 57 »Natur der Blumen und Kranzgewächse«; 117 – 139) und XXIV (Arzneimittel aus Bäumen und Kräutern) seiner *Naturkunde* behandelt. Am Anfang eines jeden Buchs steht eine lange Liste der griechischen und römischen Autoren, die er als seine Quellen anführt. Die meisten Informationen gehen auf Theophrast zurück, Aristoteles' Nachfolger an der Spitze des Athener Lykeion, und auf Bolos von Mendes, einen Botaniker, der zu Beginn des 3. Jahrhunderts v. Chr. gelebt hat. Dioskurides' Hauptwerk *De materia medica* behandelt pflanzliche und tierische Genuß-, Nahrungs- und Heilmittel; das erste Buch enthält ein Dutzend Anmerkungen über die Eigenschaften von Bäumen, Sträuchern und aromatischen Kräutern, vom Zypergras (§ 4) bis zum Ladanum der Zistrose (§ 97).

Die Schriften des Plinius und Dioskurides sind sich in manchen Abschnitten so verblüffend ähnlich, daß man vermuten könnte, beide hätten von ein und demselben Autor, einem gewissen Sextius Niger abgeschrieben, der zu Beginn des Kaiserreichs eine Abhandlung über Medizin in griechischer Sprache verfaßt haben soll. Die Informationen, die wir Plinius und Dioskurides verdanken, bestätigen die Kompilatoren Pomponius Mela, Hyginus, Alianus, Solinus, Athenaios, der Agronom Columella, der unter Nero zwölf Bücher über die Landwirtschaft (*De re rustica*) verfaßt hat, und vor allem Galenos. Klaudios Galenos, 129 n. Chr. in Pergamon geboren, war der Leibarzt Marc Aurels und Verfasser zahlreicher Abhandlungen, in denen die pflanzlichen Arzneimittel und insbesondere die Aromata mehr Raum einnehmen als die Diätvorschriften und die Hydrotherapie.

Neu sind zunächst bestimmte Reflexionen über Gerüche und Geschmacksrichtungen. So kennt Plinius (XV, 106) »dreizehn gemeinsame Geschmacksarten sowohl bei den Obstarten wie auch bei allen Säften: süß, angenehm, fett, bitter, herb, beißend, scharf, streng (auf lateinisch *acutus*), sauer, salzig.« Daneben noch die von Wein, Milch und Wasser. Einige dieser Geschmacksrichtungen sind zudem mit angenehmen, wenn auch sehr flüchtigen Duftnoten verbunden. Der Parfumhersteller muß daher eine Auswahl treffen und in der Lage sein, die Aromen zu fixieren und Kompositionen herzustellen, wobei er gewisse Unverträglichkeiten zu berücksichtigen hat. Plinius schreibt:»Eine wohlriechende Substanz ist selten ohne bitteren Geschmack, süße Stoffe dagegen sind nur selten wohlriechend. Deshalb hat auch Wein mehr Wohlgeruch als Most und alle wildwachsenden Gewächse riechen besser als angebaute Pflanzen. Bei manchen ist der Geruch aus der Ferne angenehmer, in der Nähe schwächt er sich ab, wie beim Veilchen. Die frische Rose duftet aus der Ferne, die trockene in größerer Nähe. ... Der Geruch gewisser Blumen ist gleichzeitig angenehm und stark. ... Bei manchen Pflanzen duftet nur die Blüte angenehm, die übrigen Teile sind geruchlos.« (XXI, 35 – 37)

Seit Beginn unserer Zeitrechnung besteht jedes flüssige Parfum theoretisch aus fünf Ingredienzien: dem Saft oder öligen Anteil, dem Körper oder festen Anteil (d.h. der aromatischen Substanz, der natürlichen Essenz), dem Fixiermittel oder bitteren Element (d. h. dem Harz, das den Saft mit dem Körper verbindet), der salzigen Substanz zur Konservierung des Öls, schließlich dem Färbemittel, Krapp oder Schminkwurz, das die Zersetzung des Aromas verzögert oder verhindert. Bereits zu Aristoteles' Zeiten hatte man erkannt, daß ein farbloses Parfum weder Licht noch Hitze ausgesetzt und nicht in einem durchsichtigen Behälter aufbewahrt werden darf, da es durch die Photosynthese schnell verdirbt.

In der Praxis haben die Zeitgenossen des Columella, Plinius, Dioskurides und der Evangelisten, bei denen Weihrauch und Salbungen eine so große Rolle spielten, als Ausgangsprodukte fünf Öle benutzt, die durch einfaches Auspressen gewonnen wurden: Olivenöl, Behenöl oder Myrobalanöl (*Balanites aegyptiaca*), Dattelöl aus der *adipsos*-Dattel (von der ägyptischen

Dumpalme?), Mohnöl aus der Kulturpflanze Mohn oder Schlaf-
mohn sowie Mandelöl. Einfache Parfums gewannen sie durch
Einritzen der Rinde, Expression, Enfleurage à froid oder à
chaud, durch Verdampfen oder sogar durch Destillation der
Pflanzen, die auf nachstehender Tafel in alphabetischer Reihenfolge aufgelistet sind (nur bei uns nicht vertrauten Pflanzen
sind die lateinischen Namen aufgeführt).

Aromata zur Zeit Vespasians

Baccar (Muskatsalbei?)
Balsambaum (*Commiphora opobalsamum* Engl.)
Basilikum (*Ocimum basilicum* L.)
Bdellium (*Commiphora balsamodendron* Kunth)
Bergamotte oder Pomeranze?
Wohlriechende Binse (*Cymbopogon schoenanthus* Spreng.)
Costus (Korbblütler aus Indien, *Saussurea lappa* Clarke)
Fenchel
Galbanum oder Metopion (*Ferula galbaniflua* Boiss.)
Ginster oder »aspalathos« (*Genista horrida* D. C.)
Haselwurz (*Asarum* oder *Nardus sylvestris*)
Henna oder »kypros« (*Lawsonia inermis* L.)
Iris
Jungfernmoos (= Eichenmoos)
Kardamom (*Elettaria cardamomum* White)
Nepalesischer Kardamom (*Amomum subulatum* Roxb.)
Kassia (Lorbeergewächs, Chinesischer Zimtbaum)
Kiefer
Koriander
Ladanum (*Cistus creticus*)
Echter Lavendel (*Lavandula spica*)
Lentiske (*Pistacia lentiscus* L.)
Lilie
Lorbeerbaum
Majoran (*sampsuchum, amaracum*)

Malobathrum (*Cinnamomum tamala albiflorum*)

Metopon oder Asa foetida (*Ferula gummosa* Boiss.)

Minze

Muskatsalbei

Myrrhe, fest (*Commiphora simplicifolia*)

Myrte

Echte Narde (*Nardostachys jatamansi* D.C.)

Gallische Narde (*Lavandula stoechas* L.?)

Kretische Narde (*Valeriana tuberosa* L.)

Oinanthe oder Weinblüte

Omphakion oder Saft der unreifen Traube

Opium (Mohn)

Opopanax oder Panakes (Gummiharz des *Opopanax syriacum* Boiss.)

Oregano

Poleiminze (*Mentha pulegium* L.)

Quittenbaum

Rose

Rosmarin

Safran

Wohlriechendes Schilfrohr (*Acorus calamus*)

Stakte (= Myrrhe in Tropfenform)

Stein- bzw. Honigklee

Storax (*Styrax* oder *Liquidambar*)

Terebinthe (*Pistacia terebinthus* L.)

Wacholderstrauch

Weihrauch oder Olibanum (*Boswellia Carteri*)

Ysop oder das Heilige Kraut der Hebräer

Zeder

Zimt (Kaneel aus Ceylon)

Zitronatzitronenbaum (*Citrus*)

Zitronenbaum (*Malus Assyra*, »Assyrischer Apfelbaum«)

Zitronenkraut (*Cymbopogon citratus* Stapf.)

Zypergras (*Cyperus longus* L.)

Zypresse

Die Liste der sechzig Aromata, die damals zu Räucherungen und Salbungen verwandt wurden und aus denen die meisten Kompositionen bestanden, ist sicher nicht vollständig. Die antiken Autoren haben nämlich nicht alle Geheimnisse der Parfümeure und Priester verraten, für die im Morgen- wie im Abendland Weihrauch, Gummiharze und aromatische Öle etwas Heiliges waren. Auch gab es von einigen Produkten mehrere Arten, so wurden beispielsweise mit den Sammelnamen Weihrauch, Gummiharz, Narde oder Salbei Aromata sehr verschiedener Art, Herkunft und Qualität bezeichnet. Bei Plinius kommen allein zwölf Nardenarten vor (XII, 42 – 46). Umstritten ist heute noch, welche Pflanze beispielsweise Amomis, Baccar, *scordastus*, *stobrum* und *sisymbrion* waren. Hinzu kommen die Faux amis, so der *apsinthos*, bei dem es sich nicht um Absinth handelt, sondern um Beifuß, die Thuja, die die einen für eine Zeder halten, die anderen für einen Zitronatzitronen- oder Zitronenbaum, der *cedrus* oder *cedris*, ein Wacholderstrauch, der *cytisus*, der nicht etwa unser Goldregen ist, sondern eine Luzerne, der *lotos* oder *lotus*, mit welchem Wort fünf sehr verschiedene Pflanzen bezeichnet werden, darunter die Jujube, usw.

Die Liste muß um eine Anzahl von Gewürzen ergänzt werden, die sowohl zum Kochen als auch in der Aromatherapie verwandt wurden und deren ätherische Öle noch heute in die Komposition von Parfums eingehen: die an Phenol, Thymol und Terpenen reichen Gewürze Pfeffer, Thymian und Bohnenkraut. Neben den bereits genannten Gewürzen (Rosmarin, Salbei, Minze, Majoran, Oregano, Basilikum und Baldrian aus Ligurien und der Provence) haben die römischen Kräuterhändler wahrscheinlich auch mit Feldthymian (*Thymus serpyllum*) und Lavendel gehandelt, den sie keltische oder gallische Narde nannten[147]: »Die Keltische Narde wächst wohl in den Alpen Liguriens, wo sie landläufig Saliunca genannt wird. Sie wächst aber auch in Istrien. Es ist ein sehr kleiner Strauch, welcher samt den Wurzeln in Bündeln wie eine Handvoll gesammelt wird. Sie hat längliche, etwas gelbliche Blätter und eine hochgelbe Blüte. Nur die Stengeln und Wurzeln stehen im Gebrauch und haben Wohlgeruch. Deshalb muß man die Bündel, nachdem man das Erdige entfernt hat, am ersten Tage mit Wasser besprengen und sie an einem feuchten Orte auf unterlegtem Papier hinlegen und sie am folgenden Tage reinigen.« (Dioskurides, *Arzneimittellehre* I, 7, 1; 6; vgl. auch Pliniu̇s XII, 45 und XV, 30).

In der Antike hielt man die Saliunca für eine Art wildwachsenden Baccar, in der Neuzeit für ein Baldriangewächs (*Valeriana celtica* L.). Aufgrund der Beschreibungen der antiken Autoren und der antiseptischen sowie den Blutandrang herabmindernden Wirkungen, die ihr zugeschrieben werden, ist es durchaus wahrscheinlich, daß die Saliunca eine Art Lavendel war, der in der Provence *queirelet* genannt wird.

Die Liste der sechzig Aromata, die als Gewürz und Arzneimittel für die Parfumherstellung und die Magie verwandt wurden, ist also vermutlich nicht vollständig. Es sei hier auf einige Passagen in Buch XV von Plinius' *Naturkunde* (§ 24 – 31) hingewiesen, die eine Aufzählung der Pflanzen enthalten, aus denen seinerzeit ein Öl gewonnen wurde, das Plinius künstlich (*fictitium*) nennt – wohl im Gegensatz zum ›natürlichen‹ Olivenöl –, ein ätherisches Öl, Parfum oder Arzneimittel.

Plinius zählt die wohlriechenden Öle auf, die durch Mazeration in Olivenöl gewonnen wurden. Mazeriert wurden Pflanzenteile des »Laurustinus« der Gärtner, der Myrte, des (stacheligen) Mäusedorns, der Zitronatzitrone, Quitte, des knidischen Korns (oder Seidelbasts, ein den Darm reinigendes Mittel), der Lentiske, von Henna, Myrobalan, Weinblüten, Ginster (*aspalathos*), Kalmus, Balsam, Kardamom, Melilotenklee, gallischer Narde (= Lavendel), Heilwurz, Majoran, *helenion* (Plinius XXI, 59 und 159), Zimt, Rosen, wohlriechender Binse, Narzissen, Lilien. Das Pechöl wurde durch Verdampfen von Kiefernharz gewonnen. Der sogenannte »Ölhonig« (*elaiomeli*) war nichts weiter als ein lieblich schmeckendes Gummiharz, das den Stamm des Ölbaums hinabfloß und in der Medizin Verwendung fand.

Diese Aufstellung enthält vier Pflanzen, die das Verzeichnis der »Aromata zur Zeit Vespasians« nicht aufwies: Mäusedorn, Seidelbast, *helenion* und Ölhonig; diese galten als Arzneimittel, Tonika oder Kosmetika, weniger als Aromata.

Die Parfums am Ende des 1. Jahrhunderts

Welche Gerüche durchzogen Ende des 1. Jahrhunderts die Städte und Gärten der Ewigen Stadt? Im Hafenviertel roch es nach den sich auftürmenden Bergen von Gewürzen, die den Tiber aufwärts gebracht worden waren, am Monte Pincio roch es sicher anders als in dem dichtbevölkerten, von kleinen Gewerbetreibenden bewohnten und übel beleumundeten Viertel Subura. Die Damen der feinen Gesellschaft, die sich stundenlang herrichteten, dufteten nicht nach Safran oder Rosen wie ihre Liebhaber, die sich nach dem Bad und der Massage fein herausstaffierten; die Prostituierten in den Freudenhäusern, über die Martial und Juvenal sich lustig machten[148], rochen nach den billigen, grünen und malvenfarbenen orientalischen Parfums.

Die römischen Parfums waren nuancenreicher und qualitativ besser als die griechischen, wenn auch weniger intensiv; es überwogen die holzigen und fruchtigen Duftnoten sowie die nach Zitrone duftenden vom Indus und noch weiter östlich. Eichenmoos, das gemeinhin für eine Errungenschaft der Parfümeurskunst des 20. Jahrhunderts gehalten wird, zählte bereits zu den römischen Parfums, es hieß *bryon*, *sphagnos* oder *erysiskeptron* und bestand aus zwei Arten wohlriechender Flechten (*Evernia Prunastri* und *furfuracea*). Bemerkenswert ist auch die Vielfalt an Ingwergewächsen: Aus dieser Familie stammen zum Beispiel Kurkuma und Kardamom, am beliebtesten war der *costus* aus Kaschmir und dem Pandschab; dem Verfasser des *Periplus maris Erythraei* zufolge holten ihn die römischen Händler aus Minnagara (Tatta), Pattala und Barygaza am Unterlauf

Parfumflakon
(griechisch-römisch, 1. Jh. n. Chr.)

des Indus. Es handelt sich um ein hochgewachsenes Kraut mit
zweireihigen, lanzettförmigen Blättern, dichtem Blütenstand
und glockenförmigem Blütenkelch. Wegen seines »brennenden
Geschmacks« und »ausgezeichneten Geruchs« (Plinius XII, 41)
wurde der Wurzelstock verarbeitet, der »einen kräftigen und
angenehmen Geruch hat« (Dioskurides, *Arzneimittellehre* I, 15,
1). Aus den Drüsenzellen des Wurzelstocks haben die Chemiker
zwei Bestandteile ätherischer Öle – Cineol und Phellandren –
gewonnen.

Die keltische Narde, über die die antiken Schriftsteller berichten, war wahrscheinlich deshalb so billig, weil sie in großen
Mengen vorhanden und vielseitig verwendbar war – als leichtes
Parfum und Adstringens, als Insektenvertilgungs- sowie als Arzneimittel, wie heute noch der Lavendel.

Bereits zu Beginn der christlichen Zeitrechnung waren die
Römer in der Lage, Pflanzensäfte zu destillieren. So soll dies
beim »echten Nardenöl« der Fall gewesen sein, mit dem Maria
aus Bethanien Jesus salbte. Hinweise darauf gibt auch eine
Abhandlung des Alchimisten Zosimos von Panopolis, der zu

245

Beginn des 3. Jahrhunderts mehrere Arten von Röhren und Alambiks beschrieb und darstellte.[149]

In seiner Blütezeit duftete Rom nach Amber, Safran und Zitronenkraut. Einige Rezepte aus der Zeit des Vespasian und Titus, der den Beinamen »Liebe und Ergötzen des menschlichen Geschlechts« hatte, mögen im folgenden diese Düfte vergegenwärtigen:

DAS *KYPHI*-REZEPT

Galenos gibt es in *De antidotis* II, 2 wieder. Es handelt sich um die römische Version des ägyptischen *kupi-t*. Das Rezept stimmt mit den Angaben bei Dioskurides (*De materia medica* I, 25) und Plutarch (*Isis und Osiris*, 80) überein. Den Harzen und anderen Grundsubstanzen des ägyptischen Rezepts fügten die Römer die exotischen Aromata hinzu, die Ende des 1. Jahrhunderts bei den Römern besonders beliebt waren: arabischen Kaneel und Ceylonzimt, Kardamom oder Ingwer aus Malabar, Narde, Safran und Sesel (Plinius XX, 36; XXIV, 177), ein Gewürz aus den Ligurischen Alpen. Galenos schreibt dazu:

»Man nehme weiße, recht fleischige Trauben, ziehe die Haut ab und entferne die Kerne. Man wiege zweimal 12 attische Drachmen (zwischen 103 und 104 g) Trauben ab, gleich viel gereinigtes Terpentinharz, 12 Drachmen Myrrhe, 4 Drachmen Zimt, 12 wohlriechende Binse, 1 Safran, 3 Drachmen Bdellium-Nägel, 2 Semias (= 2 Unzen à 27,25 g ?) Ginster, 3 Drachmen Nardostachys, 3 Kassia von reiner, guter Qualität, 3 Drachmen Zypergras, die gleiche Menge großer, fleischiger Wacholderbeeren, 9 Drachmen wohlriechenden Schilfrohrs, angemessen viel Honig, ganz wenig Wein. ... Manche mengen, wenn sie keinen Zimt haben, die gleiche Menge Kardamom bei, ansonsten bleibt das Rezept gleich. Manche geben den *kyphi* in einer Dosis von einer Drachme (zwischen 4,32 und 4,36 g) denen zu trinken, die an der Leber, Lunge oder anderen Eingeweiden leiden.« (Bd. XIV, S. 117ff.)

[Rezept für Irisparfum nach Dioskurides, DE MATERIA MEDICA, BUCH I, 66]

»Die Verdichtung des Schwertlilienöls. 6 Pfund 5 Unzen (ca. 2,2 kg) möglichst fein zerschnittener Spatha, 73 Pfund 5 Unzen (ca. 3,1 kg) Öl mische mit 10 Kotylen (ca. 2,25 Liter) Wasser, gib sie in einen kupfernen Kessel und koche, bis das Öl den Geruch davon angenommen hat, dann koliere es in einen mit Honig ausgestrichenen Krug (kratera). Mit diesem parfümierten Öl wird das erste Schwertlilienöl bereitet, indem die Schwertlilie mit dem verdichteten Öl mazeriert wird, wie es unten angegeben wird, oder so: 9 Pfund 5 Unzen (ca. 3,1 kg) Öl, 5 Pfund 2 Unzen (ca. 1,7 kg) zerschnittenes Balsamholz, wie berichtet wird, koche zusammen; dann nimm das Balsamholz heraus und wirf 9 Pfund 10 Unzen (ca. 3,2 kg) zerschnittenen Kalmus, ein Stückchen in altem gewürztem Wein zerlassener Myrrhe hinein, dann nimm von dem verdichteten und parfümierten Öle 14 Pfund (ca. 4,6 kg), mazeriere darin ein gleiches Gewicht zerschnittener Schwertlilie zwei Tage und Nächte hindurch, dann presse kräftig und stark aus; und wenn du es kräftiger haben willst, so mazeriere auf gleiche Weise ein zweites und drittes Mal dasselbe Gewicht und presse aus. Als bestes erweist sich dasjenige, welches keinen anderen Geruch als den der Schwertlilie verrät.«

Bei Plinius ist über die Iris folgendes zu lesen: »Auch einzelne Säfte ergeben hervorragende Salben:... die illyrische Schwertlilie.« (XIII, 14) »Am meisten schätzt man die aus Illyricum und auch dort nicht im Küstengebiet, sondern im Waldgebiet der Drina (in Bosnien) und von Narona (an der Narenta in Dalmatien); die nächstliegende ist die in Makedonien... Am besten ist die rötliche, die beim Berühren Niesen verursacht.« (XXI, 40 – 41) »Wenn man sie kaut, vertreibt die Iris den üblen Mund- und Achselgeruch.« (XXI, 142)

Plinius interessiert sich weniger für die Farben und den Duft der Schwertlilie als für die Verwendung des Wurzelstocks als

Arzneimittel und die abergläubischen Vorstellungen: »Vor allem wird empfohlen, nur keusche Personen sollten sie sammeln.« (XXI, 42) Hier gibt es Berührungspunkte zwischen Parfümeurskunst und Magie. Vierhundert Jahre vor Plinius schrieb Theophrast: »Wenn man aber die Iris gräbt, so soll man der Erde einen Honigkuchen aus Sommer-Weizenmehl, als Lohn (der Erde) geben. Man soll ferner mit einem zweischneidigen Schwert drei Kreise beschreiben, und, was man zuerst geschnitten, in die Höhe heben, dann aber das übrige ausgraben.« (*Naturgeschichte der Gewächse* IX, 8, 7) Welche rituellen Sühneopfer brachten die Parfümeure insgeheim in ihren Offizinen dar? Sprechen wir nicht heute noch zu Recht von der Magie der Düfte?

»Die am leichtesten herzustellende Salbe, wahrscheinlich auch die erste, war die aus *bryon* und dem Öl der Behennuß. ... Danach erhielt die Salbe von Mendes weitere Zusätze von Behenöl, Harz, Myrrhe, und jetzt noch mehr vom *metopion* (Salbe aus dem Saft des *metopon* oder aromatischen Steckenkrauts). Dieses ist ein Öl, das in Ägypten aus bitteren Mandeln gepreßt wird, dem man noch *omphákion*, Kardamome (aus der Familie der Ingwergewächse), Binse, Kalmus, Honig, Wein, Myrrhe, Balsamsamen, Galbanum und Terpentinharz zugefügt hat.« (Plinius XIII, 8)

Diese Komposition aus zehn Ingredienzien konkurriert mit dem *kyphi*, sie enthält einen hohen Anteil an Kohlehydraten als Gegengewicht gegen die Bitterkeit der Resinoide und vor allem des Ombelliferon des Galbanum. Die dominierende Note war sicher aromatisch, kräftig und lieblich zugleich. Das folgende Parfum ist in Mode gekommen, als die Römer den Balsambaum (*Commiphora opobalsamum* Engl.) aus Judäa nach Rom einführten.

»Allen Riechstoffen wird aber der vom Balsambaum vorgezogen, der Judäa allein von allen Ländern vorbehalten ist und einst nur in zwei Gärten (in En-Gedi und Jericho) gezogen wurde, beide in königlichem Besitz, von denen der eine nicht mehr als zwanzig Jucharte groß, der andere noch kleiner war. Die beiden Kaiser Vespasianus zeigten zuerst Rom diesen kleinen Baum (nach der Eroberung Jerusalems im September 70 n. Chr.), ... Jetzt dient uns der Baum und leistet uns gemeinsam mit seinem Volk Abgaben; ... Die Juden haben gegen ihn gewütet wie auch gegen ihr eigenes Leben; die Römer verteidigten ihn dagegen, und so hat man um einen Strauch gekämpft; jetzt wird er auf Staatskosten gepflanzt, und nie gab es ihn häufiger. ... Auch die Zweige sind im Handel (zu sechs Denar das Pfund). Der Schnitt allein und der Schößling wurden innerhalb von fünf Jahren nach der Eroberung Judäas um 800000 Sesterzen verkauft; man nennt jenen Holzbalsam *(xylobálsamon)* und kocht ihn für die Herstellung von Salben.« (Plinius XII, 111 – 113; 118) Da sage noch einer, Vespasian habe nur aus den üblen Gerüchen Gewinn gezogen!

»Nun soll der Gipfel der Üppigkeit und die höchste Geltung dieses Gegenstandes besprochen werden. Es handelt sich also um den Königsbalsam, der so genannt wird, weil man ihn derart für die Könige der Parther herstellt. Er besteht aus Behenbalsam, Kostwurz, Amomum, Zimt, Comacum (somalischer Mokor), Kardamom, Nardenspitzen, *máron (Teucrium marum*, Katzengamander, ein Lippenblütler), Myrrhe, Kassia, Storax, *ládanum*, Opobalsam, Kalmus und Binse aus Syrien, *oinánthe*, *malóbathron*, *serichatum*, Henna, *aspálathos*, Heilwurz, Krokus, Zypergras, Majoran, Lotos, Honig und Wein. Nichts in dieser Hinsicht wächst in dem über alle Völker siegreichen Italien.« (Plinius XIII, 17 – 18)

Sieben bis acht der aufgezählten Ingredienzien kamen vermutlich aus Indien, von der zwischen Südostasien und Neuguinea gelegenen Inselflur, Insulinde genannt, und aus China; sie landeten in Ktesiphon, der Hauptstadt der Partherkönige, unweit von Bagdad, wohin sie über den Indischen Ozean und den Persischen Golf gekommen waren.

Auf der Suche nach den Düften der Glückseligkeit schickte Rom seine Legionäre, Seeleute, Kaufleute und Forschungsreisenden immer weiter nach Osten, mußte sich am Ende jedoch eingestehen, daß die nach Balsam duftenden Paradiese für immer in den Händen seiner Feinde bleiben sollten.

Die Parfumpreise in Rom im 1. Jahrhundert

Die Wohlgerüche hatten ihren Preis, einige Parfums waren sogar verhältnismäßig teuer. Der Preisunterschied zwischen dem Binsenöl der Prostituierten für zwei Sesterzen und dem Nardenöl zu 300 Denaren für 30 Zentiliter, mit dem Maria aus Bethanien (*Evangelium nach Johannes* XII, 1 – 5) Jesus die Füße salbte und dessen Duft das Haus erfüllte, war auffallend groß. Plinius hat uns die Parfumpreise seiner Zeit pro Pfund in Denaren überliefert. Damals entsprach ein Silber-Denar (3,4 g) vier Sesterzen. Dies war der Maximallohn eines Handarbeiters, davon konnte er sich 2 kg Brot bzw. 8 kg Weizen kaufen, um daraus Grießbrei oder Polenta zu kochen – soweit die Marktberichte aus Pompeji im Jahre 79. Zur selben Zeit gab es in Rom dreihunderttausend Arbeitslose. Ein Pfund betrug damals 327 Gramm, ein Pfund wohlriechendes Öl entsprach also ungefähr einem Drittel Liter. In seiner *Naturkunde* (XII) nennt Plinius die auf dem Markt von Rom im Jahre 75 n. Chr. üblichen Preise von zwanzig der sechzig bekannten Aromata.

Das teuerste Parfum war Balsam aus Judäa, für den man den Zwischenhändlern bis zu 592 Denare das Pfund bezahlen mußte, mehr als das Dreifache des Preises, zu dem sie ihn der Staatskasse abkauften, »denn man verkauft den Sextarius (0,54 l), den die Staatskasse für 300 Denare abläßt, zu 1000 Denaren: solchen Gewinn bringt es, den Saft zu strecken.« (XII, 123) Wahrscheinlich war Betrug nirgendwo sonst so alltäglich, gefälscht wurde der Balsam mit Ölen, Gummiharz, Honig und Wachs. Der echte Balsam »muß mild, nicht säuerlich« (XII, 121) sein und »von außerordentlicher Süßigkeit« (XII, 116). Für einen halben Liter Parfum mußte man ein Jahr lang arbeiten.

An zweiter Stelle kamen die verschiedenen Kaneelarten, Salben aus Zimt, Kassia, Malobathrum und Serichatum oder auch einfach nur Kaneel (XIII, 1); 1 damaliges Pfund (327 Gramm) kostete bis zu 300 Denaren, den Arbeitslohn für zehn Monate. Die verschiedenen Nardensalben (aus Baldrian, Zitronenkraut oder Lavendel) kosteten höchstens 75 Denare. Da die indische Narde (Speik?) nur 10 Denare kostete, dürfte das 300 Denare teure Fläschchen, mit dessen Inhalt Jesus die Füße gesalbt wurden, wohl durch Destillation gewonnenes, echtes Nardenöl, und kein gewöhnliches Öl enthalten haben. An fünfter Stelle folgte Amomum mit 60 Denaren, an sechster die flüssige Myrrhe, *stakte*, mit 50 Denaren.

Zwischen diesen Luxusparfums, die hauptsächlich würzig und pomeranzenartig dufteten, und den gewöhnlichen Parfums gab es große Preisunterschiede, Styrax kostete 17 Denare, Mastix aus Chios (Terpentinharz) 10 Denare, Weihrauch 6 Denare, Costus 5 1/2 Denare, Henna, Galbanum, Ginster und wohlriechende Binse 5 Denare, Kardamom 3 Denare, Comacum (eine *Moringa*, der somalische »Mokor«), Ladanum und Metopon aus der afrikanischen Wüste 2 1/2 Denare, Myrobalan 2 Denare und wohlriechendes Rohr 1 Denar. Dabei handelt es sich um die Höchstpreise. Fälschungen und Parfums minderer Qualität konnten sich auch ärmere Leute leisten. Die Reichen konnten ohnehin verschwenderischen Gebrauch davon machen. »Kenner versichern, daß der jährliche Ertrag nicht so hoch sei, wie Kaiser Nero beim Leichenbegängnis seiner Poppaea verbrannt habe.« (Plinius XII, 83) Der Leichnam von Neros Gattin wurde im übrigen einbalsamiert, wie dies bei den orientalischen Königen üblich war (Tacitus, *Annalen* XVI, 6).[150]

Auf diesem Gebiet leisteten sich die Herrscher unzählige Extravaganzen, manche salbten sich die Fußsohlen, andere benetzten die Wände und Wannen ihrer Bäder mit Salbe (Plinius XIII, 21 – 22), während die überwiegende Mehrheit des Volkes mit dem frischen Wasser der Schwimmbäder vorliebnehmen mußte.

Zwei Arten von Parfums kommen in Plinius' Tabelle nicht vor, *rhodinum* und *crocinum*, die Rosen- und die Safransalbe. Erstere war die am weitesten verbreitete Salbe; aber nachdem die Roseninsel Rhodos, die an der Ostküste Lykiens von Griechen angelegte Siedlung Phaselis (in der Nähe des heutigen Tekir Ova) und die um die Bucht von Neapel gelegenen Städte damit ein Vermögen gemacht hatten, verlor die Rosensalbe bei der besseren Gesellschaft an Ansehen. Als Bestandteil von Duftkompositionen wurde sie jedoch nach wie vor verwandt. Rosensalbe wurde »durch Zutat von *omphákion*, Rosenblüte, Safran, Drachenblutharz, Kalmus, Honig, Binse, reinem Salz oder Schminkwurz und Wein« gewonnen (Plinius XIII, 9).

Seit dem 1. Jahrhundert n. Chr. wußten die Gäste bei Banketten sehr wohl zwischen Rosenöl, Rosensalbe, Rosenwasser und Rosenessenz zu unterscheiden. Der in Sadis Erzählsammlung *Rosengarten* geschilderte Palast der persischen Könige diente als Vorbild. Dort wurden nämlich seit Jahrhunderten Rosenöl hergestellt und Rosenessenzen zerstäubt. Die Damen wuschen sich das Haar mit Ton, der mit Rosenwasser geknetet war.

Unter den Sassaniden, die von 227 bis 651 über Persien herrschten, fanden zu Ehren des Religionsstifters Zarathustra Prozessionen mit etwa zweihundert Frauen statt, die aus kleinen, goldenen Gießkannen die Vorübergehenden mit Duftwässern besprengten.[151]

Zur gleichen Zeit zogen die Römer, die die Schwimmbäder, Gymnasien und Thermen besuchten, Safranwasser und -öl dem Rosenduft vor. In den Theatern duftete die Bühne festlich nach Safran (Lukrez, *De rerum natura* II, 416; Properz, *Elegien* IV, 1, 16), man zerstäubte sogar süßen Wein, der mit Safranpulver vermischt war. Letzteres stammte aus den drei Staubgefäßen eines Anfang Herbst blühenden Schwertliliengewächses mit Knolle, des *Crocus sativus* L. Für ein Kilo Safranpulver benötigte man 80 000 – 85 000 Blüten. Deshalb wurde er auch mit

Bleiglätte und eingedampftem Most gefälscht. Der weiße Safran der Kulturpflanze Krokus wurde geringgeschätzt, am beliebtesten waren der gelbe Safran aus Soles in Kilikien (bei Tarsos, der Heimatstadt des Apostels Paulus) und der stark duftende, orangefarbene Safran aus Kyrene in Libyen.

Die Vorsteher der Gymnasien belieferten die Gymnasien auf eigene Kosten mit parfümierten Ölen. Um das Jahr 120 v. Chr. gingen für achtunddreißig Wettkämpfe 11000 Liter Öl ans Gymnasium von Taormina. Zwischen 50 und 60 n. Chr. ehrte die lykische Konföderation die in Korinth lebende Junia Theodora mit einer goldenen Krone und 5 Minen (2,160 kg) reinen Safran.[152] Safran wurde überdies als Duft bei Leichenbegängnissen, als Gewürz in der Küche, als Arzneimittel gegen erschwertes Harnlassen und grauen Star und als Färbemittel in Färbereien verwandt sowie als Aphrodisiakum Getränken zugesetzt.

Über die Eigenschaften des Safrans geben Dioskurides (I, 26) und Plinius (XIII, 5; 10; XXI, 32 – 37; 137 – 138) erschöpfend Auskunft. Echten Safran könne man von gefälschtem leicht unterscheiden, wenn man sich Safranpulver auf die Hand streue und damit übers Gesicht fahre; sei der Safran echt, so brenne es leicht auf der Haut und in den Augen. Lukrez, Horaz, Properz und Martial bezeichnen den Geruch und Geschmack des Safran als »feierlich«, da bei Feierlichkeiten die Luft von Weihrauch und Safran[153] geschwängert war und da reichlich *crocomagma* (d. h. Safran, dessen Öl ausgepreßt wurde) zum Würzen von Saucen und Wein verwendet wurde.

Diokletians Preisedikt aus dem Jahre 301

Der sogenannte *Maximaltarif*[154] wurde zwischen dem 20. November und dem 9. Dezember 301 von Kaiser Diokletian, seinem Mitregenten Maximian und seinen Unterregenten Constantius Chlorus und Galerius erlassen. Das Edikt, eine der wichtigsten Reformen des römischen Kaiserreichs, war die Folge einer Münzreform, bei der das Goldgewicht des *aureus* auf 5,3 Gramm festgesetzt worden war und die 3,2 Gramm schwere Silbermünze (*nummus argenteus*) den Wert von 100 Bronzedenaren erhalten hatte.

Zur Behebung der schweren Wirtschaftskrise legte dieser Erlaß, der auf griechisch und lateinisch in Stein gemeißelt in allen Teilen des Kaiserreichs bekanntgegeben wurde, für den Preis sehr vieler Waren und Dienstleistungen Höchstbeträge fest, die nicht überschritten werden durften. Bei Überschreitung wurden gegen den Verkäufer oder Schuldner der Dienstleistung strenge Strafen bis hin zur Todesstrafe angedroht. Als sein Motiv gab das 2000 Artikel umfassende Edikt Diokletians die Habsucht der Verkäufer an. Der wahre Grund war jedoch die Geldentwertung, die durch staatliche Münzverschlechterung und den wirtschaftlichen Verfall der Spätzeit hervorgerufen war (die Preise waren in den letzten fünfzig Jahren um das Zehnfache gestiegen).

Der letzte Teil des Erlasses, *De plantis*, enthält 112 Posten. Sieht man von den Färbemitteln, den reinen Arzneimittelpflanzen, Metallen, Amuletten sowie Wasch- und Reinigungsmitteln ab, bleiben nur die Aromata bzw. aromatisch duftenden Öle übrig. Bei nachstehender Liste mit den jeweiligen Höchstpreisen darf nicht außer acht gelassen werden, daß ein Landarbeiter nicht mehr als 25 Bronze-Denare pro Tag verdienen durfte. Die Preise beziehen sich jeweils auf ein Pfund (damals 327 Gramm).

V, 34	6	Kassienholz	125 Denare
	7	Balsam	100 Denare
	8	Balsam aus Petra	175 Denare
	10	Weihrauch erster Güte	100 Denare
	11	Kilikischer Styrax	500 Denare
	12	Antiochenischer Styrax	200 Denare
	13	(Arabischer?) Weihrauch	500 Denare

14	Arabischer Safran	2000 Denare
15	Kilikischer Safran	1000 Denare
16	Afrikanischer Safran (aus Libyen):	600 Denare
17	Afrikanischer Mastix aus Chios	175 Denare
18	Schwarzer Mastix	24 Denare
19	Echtes Amomum	500 Denare
37	Amomis (oder Amomum-Ersatz)	35 Denare
38	Balsamsaft erster Güte	600 Denare
39	Diptam(?) erster Güte.	250 Denare
40	Diptam(?) zweiter Güte	200 Denare
41	Myrrhe in Tropfenform (*stakte*)	600 Denare
42	Nardensalbe	200 Denare
43	Rosenöl erster Güte	80 Denare
44	Rosenöl zweiter Güte	50 Denare
45	Styraxöl	30 Denare
46	Irisöl	30 Denare
47	Hennaöl aus Kanope	50 Denare
49	Parthisches Öl (= Zypressenöl nach Plinius XII, 78)	20 Denare
53	Majoranöl	100 Denare
54	Mohnöl	20 Denare
55	Behandelter Ingwer	400 Denare
56	Trockener Ingwer	250 Denare
57	»Euphorbia« (= flüssiger Amber?)	300 Denare
58	Myrrhe von den Troglodyten	100 Denare
59	Stakte (= Myrrhe in Tropfenform)	400 Denare
68	Pfeffer	800 Denare
69	Balsamholz aus Alexandria	40 Denare
70	Balsamholz aus Judäa	20 Denare
71	Ginster	25 Denare
72	Klematisöl	50 Denare
73	Kardamom	40 Denare
80	Terpentinharz	50 Denare
81	Ladanum erster Güte	100 Denare
82	Ladanum zweiter Güte	50 Denare

83	Iris	25 Denare
96	Wohlriechende Binse	50 Denare
100	Terpentinharz aus Chios	150 Denare
101	Terpentinharz zweiter Güte	80 Denare
102	Kieferharz	20 Denare
103	Kolophonium	16 Denare
104	Opium aus der Thebais	1000 Denare
105	Opium aus der Cyrenaika	1250 Denare

In dieser Aufzählung fehlen viele Namen, vor allem Baccar, Costus, Galbanum, die verschiedenen Nardenarten und der Opopanax. Unter Nr. 4 ist vermutlich eine persische Narde aufgeführt, aber der Preis ist, wie an so vielen anderen Stellen, unleserlich. Insgesamt lassen sich nur noch die Namen und Höchstpreise von sechsundzwanzig Parfums oder Aromata und etwa zwanzig Salben zumeist arabischer, ägyptischer und kleinasiatischer Herkunft entziffern.

Einige Jahre später verlegte Konstantin die Hauptstadt und die Verwaltung des Kaiserreichs nach Byzanz, in den Ostteil des römischen Kaiserreichs. Dafür waren eher wirtschaftliche als militärische Gründe ausschlaggebend. Denn in der Liste der Ausgaben der Machthaber nahmen die Luxusgegenstände den fünften Rang ein nach den Nahrungsmitteln, den Werkzeugen, der Kleidung, den Sklaven und Lasttieren; sie kamen kurz vor den Kosten für Transport und Verkehrsverbindungen.

War das ein Indiz für die schwindende Bedeutung von Parfums und Gewürzen? Wohl kaum, eher ein Zeichen für die schwindende Kaufkraft des römischen Reichs. Zwischen dem reichen Orient und dem armen Okzident tat sich eine Kluft auf. Die Denare des Maximaltarifs waren nicht mehr aus Silber, sondern aus Bronze. Seit der Zeit Plinius' des Älteren, also im Verlauf von zweihundertfünfzig Jahren, war der Wert der gewöhnlichen Parfums theoretisch nicht oder kaum gestiegen. Der Preis von Styrax, der ehedem dem Lohn von siebzehn Arbeitstagen eines Landarbeiters entsprach, erforderte zu Beginn des 4. Jahrhunderts zwanzig Arbeitstage. Die *stakte* oder Myrrhe in Tropfenform und der Weihrauch kosteten nur noch etwa die Hälfte des früheren Preises. Die Preise von Henna, wohlriechender Binse, Ginster, Iris und Kardamom waren noch niedriger festgesetzt, weil die Produktionsstätten in den Herstellungsländern vor Ort kontrolliert wurden. Der Versuch der Regierung, die Löhne und Preise festzusetzen, führte zur Entstehung eines Schwarzmarkts. Man kann sich also lebhaft vorstellen, was geschah, als das Partherheer 363 n. Chr. die Truppen des Julianus Apostata, des Neffen Konstantins d. Gr., schlug und durch seinen Angriff auf die Ostgrenzen des byzantinischen Reichs den Nachschub an Gewürzen und Aromata behinderte.

Schönheitsmittel

Bei Plinius, Dioskurides, Galenos, Athenaios und im Preisedikt des Diokletian aus dem Jahre 301 zählen die Kosmetika oder Schönheitsmittel, selbst die mineralischer Herkunft, zu den Aromata. Zu den besten Kunden der Apotheker und Kräuterhändler in den großen Städten des römischen Kaiserreichs zählten selbstverständlich die Frauen, die, vom Vorbild der Kaiserinnen und Hetären mit ihren wohlriechenden Gipsmasken angespornt, bestrebt waren, gut zu riechen und jugendlich auszusehen. Niemals zuvor wurden so viel Schminke, so viele Salben und so viele verschiedene Glasflakons verkauft wie in Rom in den ersten beiden nachchristlichen Jahrhunderten. Von Catull bis Martial erfanden die Dichter neue Wörter: *fragrare* (stark riechen, duften), *flagrare* (brennen, lodern), *olfacere* (riechen, spüren), und machten sich über die alternden, zu stark parfümierten und geschminkten Schönlinge beiderlei Geschlechts lustig. All die Bemühungen, die die berühmten, reichen Römerinnen unternahmen, um die Spuren des Alters zu tilgen, lassen sich hier nur andeuten. Aufschluß darüber gibt Ovids fragmentarisch erhaltenes Lehrgedicht *Gesichtspflege (De Medicamine*

faciei femineae)[155], eine versifizierte Kosmetiklehre, in der Ingredienzen, Dosierung und Herstellung von Sommersprossen-
salben, Gesichtscremes, Schönheitswässern und Schminken beschrieben werden.

Dieses Brevier der Schönheitspflege enthält neben Warnun-
gen der Art: »Trauet den Kräutern nicht, Mädchen, und trauet
nicht Wundermixturen, /lasset vom giftigen Schleim rossiger
Stuten die Hand.« (Vers 37 und 38), auch einige Rezepte. Das
folgende soll erschlaffter Haut Spannkraft verleihen:

> »Mag auch der Weihrauch die Götter und zornigen Mächte
>   besänften,
> wirf in die Glut des Altars doch nicht alles hinein.
> Mischest du also mit Weihrauch Geschwülste vertreibendes
>   Natron,
> sorge, daß jedes davon wiege ein Drittel vom Pfund.
> Füge ein Viertel so viel an sauber entrindetem Baumharz
> samt einem mäßigen Stück fettiger Myrrhe hinzu.
> Dieses verreibe und laß es danach durchs Haarsieb passieren,
> knetbar jedoch wird es erst, träufelst du Honig hinein.
> Weiter empfiehlt es sich, Fenchel mit duftender Myrrhe zu
>   mischen
> (nimm vom ersteren fünf Skrupeln, von letzterer neun)
> und mit getrockneten Rosen (soviel in die Hand geht)
> männlichen Weihrauch und Salz aus dem ammonischen
>   Sand;
> endlich gieße den schleimigen Absud von Gerste darüber –
> Weihrauch, Rosen und Salz, jedes sei gleich an Gewicht.
> Schmierst du dir damit, und wär's auch nur kurz, das zarte
>   Gesichtchen,
> haftet und bleibt auf dem Teint kräftiges Rot dir zurück.«
>   (Ovid, *Gesichtspflege*, Vers 83 – 98)

In diesem Rezept werden acht Zutaten aufgezählt, davon vier
Adstringenzien (Salz aus dem ammonischen Sand oder Natron,
Weihrauch, Myrrhe, Baumharz oder Tragantgummi) und vier

den Blutandrang herabmindernde Mittel (Rosen, Fenchel, Honig, Gerstenschleim); fünf Skrupel entsprachen 5,70 Gramm, neun 10,26 Gramm. Das fertige Produkt (zwei Pfund = 654 Gramm) sollte mehrere Male als Maske aufs Gesicht aufgetragen werden. Die teils aromatischen und leicht duftenden, teils pharmazeutisch wirksamen Substanzen werden noch heute von Kosmetikern verwendet. Der Gebrauch »männlichen« Weihrauchs gegen das Erschlaffen des Gewebes verweist allerdings auf die magische Komponente des Schönheitsmittels.

Auch bei Apuleius (125 – 170 n. Chr.) ist die magische Wirkung der Düfte belegt. Die zauberkundige Pamphile in *Der goldene Esel – Metamorphosen* ist sterbenskrank vor Liebeskummer, denn der junge Mann, den sie liebt, erwidert ihre Liebe nicht. Da sie »für ihren Schwarm mit ihren übrigen Künsten nichts zuwege« bringt, will sie sich »in der nächsten Nacht als Vogel befiedern und so zu ihrem Angebeteten davonfliegen«. Lucius, der Held aus Apuleius' *Goldenem Esel*, beobachtet daraufhin folgende Szene: »Erst einmal entledigt sich Pamphile aller Gewänder, dann schließt sie ein Kästchen auf und entnimmt ihm mehrere Büchsen; sie hebt den Deckel von einer, holt da eine Salbe hervor, reibt sie lange zwischen ihren Händen und bestreicht sich damit ganz und gar vom Kopf bis zur Zehe; dann, nach mancher geheimen Zwiesprache mit ihrer Lampe, rüttelt und schüttelt sie ihre Glieder hin und her. Wie sie gelinde wogen, schimmert weicher Flaum hervor, schon wachsen starke Federn, steift und biegt sich die Nase, ziehen sich krumme Krallen zusammen. Zum Uhu wird Pamphile!« (Apuleius, *Der goldene Esel* III, 21) Nachdem Lucius dieser Verwandlung zugesehen hat, läßt er sich von seiner Geliebten, Pamphiles Dienerin, auch etwas Salbe besorgen. Er wird jedoch in einen Esel verwandelt. Die gleiche Handlung liegt auch der romanhaften Erzählung *Lukios oder Der Esel* zugrunde, einer unter den Werken des Lukian von Samosata überlieferten, von einem unbekannten Redakteur (Pseudo-Lukian) angefertigten Kurzfassung der verlorenen griechischen Vorlage zu Apuleius'

Werk. Dort wird der in einen Esel verwandelte Lucius von Korinth wieder zum Menschen, nachdem er einen Rosenstrauß verspeist hat.

Dreihundert Jahre später erzählt Nonnos von Panopolis in Anlehnung an Ovids Geschichte im XV. Buch seiner *Metamorphosen* (Vers 392 – 407), wie Phönix[156] aus der Asche wiederersteht (*Dionysiaka* XL, 394ff.). Durch die Magie der Düfte werden Tiere zu Menschen und Menschen zu Fabelwesen oder Göttern, Adonis oder Phönix, Iris oder Jasmina. Solchen phantastischen Vorstellungen liegt zweifelsohne der Glaube an die heilende und verschönernde Wirkung der Pflanzen, die jugendliches Aussehen zu verleihen imstande sind, zugrunde.

Diesen Glauben dokumentieren auch die Jungbrunnen, mit deren Wasser sich Hetären und schöne Jünglinge wie Antinoos, der Liebling Hadrians, verjüngten. Zur gleichen Zeit nahmen in den persischen Palästen die Jungfrauen, die für den Harem des Herrschers bestimmt waren, ein Jahr lang jeden Tag ein Bad in Duftwässern. Ladanum-, Styrax- und Benzoedämpfe, die aus den Räucherfässern emporstiegen, machten die Mädchen durch ihren Duft nur noch begehrenswerter.

Heilmittel und Gegengifte

Schon bei Hippokrates Ende des 5. Jahrhunderts v. Chr. und insbesondere im *Corpus hippocraticum* des folgenden Jahrhunderts wurde zwischen Heilkräutern und Amuletten unterschieden. Es war bekannt, daß einige wohlriechende Lippenblütler die Körpertemperatur erhöhen und damit zur Heilung von Lungenkrankheiten beitragen, und daß das Gummiharz einiger Umbelliferen bei der Behandlung von Verdauungsstörungen hilfreich ist. Theophrasts *Naturgeschichte der Gewächse* und die *Abhandlung über die Gerüche* enthalten viele aufschlußreiche Feststellungen über die Eigenschaften der Aromata. Am Anfang jedes Buchs seiner *Naturkunde* führt Plinius eine Liste seiner Quellen auf, in den Büchern XII, XIII, XXI und XXIV erwähnt er zahlreiche griechische und römische Ärzte, die erfolgreich Kranke mit Heilmitteln aus wohlriechenden Bäumen, Sträuchern und Kräutern behandelt haben.

Einer von ihnen, Sextius Niger, der Verfasser einer griechischen Abhandlung über Medizin zu Beginn der christlichen Zeitrechnung, war vermutlich die wichtigste Quelle für Plinius und Dioskurides. In den folgenden Jahrhunderten bezogen sich zahlreiche Autoren auf Dioskurides, so Galenos in den Büchern über *Heilmittel* sowie *Gegengifte*, Oreibasos von Pergamon, Aëtios[157], Isidoros und der Pseudo-Oreibasos in seiner Schrift über Heilkräuter. Galenos zitiert seinerseits Abhandlungen, die heute nicht mehr erhalten sind, wie etwa die vier Bücher des Kriton, eines Arztes aus der Regierungszeit Trajans, der sich vor allem mit Aromatherapie befaßt hat. In Abschnitt V, 34 von Diokletians Preisedikt sind Parfums, Gewürze und Heilpflanzen nacheinander aufgeführt: Auf die Aufzählung von achtzehn Sorten Räucherwerk und aromatischer Gummiharze folgen die Preise von zehn Arzneimitteln, darunter Beifuß, Alaun und Poleiminze. Auf zwanzig aromatische Öle folgen Gewürze wie Ingwer und Pfeffer, dann die Färbemittel und am Ende zweiunddreißig einfache Drogeriewaren.

Die Lehren der Ärzte des Altertums wurden durch die arabischen Ärzte aus Alexandria, Kairouan, Palermo und Granada tradiert und kamen im Mittelalter in das Abendland. So ist die Aromatherapie, ein Bereich der modernen Medizin, in der Antike begründet. Zur Veranschaulichung sei das Beispiel des Zimts aus Ceylon, China und Arabien angeführt, der die Namen *casia, cinnamum, cinnamomum, lada, malobathrum* und *serichatum* trug und in der Blütezeit des römischen Kaiserreichs ein sehr beliebter Aromastoff war.

Theophrast, A. Cornelius Celsus, Plinius, Dioskurides und Galenos äußern sich wie folgt über die Heilkraft des Zimts: Wenn man die Rinde dieses Lorbeergewächses in Pulverform einem Getränk beimischt, es in Wasserdampf inhaliert oder als

Salbe aufträgt, dann wirkt der Zimt erwärmend, verdauungsfördernd, harntreibend und menstruationsfördernd. Sie empfehlen ihn aufgrund seiner austrocknenden und leicht adstringierenden Wirkung als Mittel gegen Husten und Katarrh, Nierenentzündung, Sehstörungen, Schlangenbisse und Sommersprossen. Da Nieren- und Blasenkrankheiten zu den Erkrankungen der Harn- und Geschlechtsorgane zählten, wurden all diese Krankheiten ähnlich behandelt. Zur Bekämpfung von Erkältungskrankheiten wurden erwärmende Mittel verwandt.

Die Tradition, Schlangenbisse mit Zimt zu behandeln, ist auch sehr alt. Schon Herodot (*Historien* III, 110 – 111) und Theophrast (*Naturgeschichte der Gewächse* IX, 5) berichteten, die Kassia und die Zimtbäume würden von »geflügelten Tieren« bewacht, »die den Fledermäusen ähnlich sind. Sie schwirren sehr laut und wehren sich stark.« Chemiker haben bei der Analyse der Zimtessenz, die durch Destillation mit Wasserdampf aus der Rinde des Ceylonzimts gewonnen wird, festgestellt, daß sie zwischen 65 und 75 Prozent Zimtaldehyde und 4 bis 10 Prozent Eugenol enthält, daneben einen kleinen Anteil an Terpenalkoholen, Phellandren, Zucker und Tannin. Die Essenz aus den Blättern des Zimtbaums enthält dagegen 70 bis 75 Prozent Eugenol und nur 3 Prozent Zimtaldehyde. Aufgrund dieser Zusammensetzung bewirkt Zimt eine leichte Erhöhung der Körpertemperatur und stimuliert die Kreislauf-, Herz- und Atemtätigkeit. Aromatherapeuten raten, bei grippaler Ermattung, Fieber, Erkältungen, Gliederschmerzen und Magenverstimmung Zimt in gezuckertem Glühwein aufzulösen. Zimt wirkt antiseptisch, antiparasitär und fäulnisverhütend.

Philosophische und religiöse Einwände

Die Stoiker Seneca, Epiktet und Marc Aurel, die Platoniker Plutarch und Fronto, die Satiriker Aulus Persius, Juvenal und Martial kritisierten den Luxus und die Verschwendungssucht.

Wie die alten Römer prangerten sie den Sittenverfall ihrer Epoche an und gaben diejenigen, die sich zu stark parfümierten oder stark gewürzte Speisen verzehrten, der Lächerlichkeit preis. Sie waren sich auch darüber einig, daß Weihrauch nur den Göttern und Toten gebührte, daß nur die natürlichen Düfte unverdorben seien und frische Blumen genügten, um sich bei Gastmählern oder kultischen Zeremonien zu bekränzen.

In den *Tischgesprächen* VII und VIII erinnert Plutarch daran, daß Sokrates den Genuß von Wohlgerüchen ablehnt und gewürzten Wein für gepanscht hält. In seinem Essay über das *Daimonion des Sokrates* läßt er Timarchos sagen, daß diejenigen, die das Orakel in der Höhle des Trophonios in Böotien befragten, die Dämpfe des Styx einatmen und sich deshalb im Delirium befinden würden. Plutarch, der das altägyptische *kyphi*-Rezept der Nachwelt überlieferte, plädierte dafür, *kyphi* solle Isis vorbehalten bleiben, so wie er das *castoreum* oder Bibergeil den Ärzten überließ, während die ausschweifenden Bewohner von Alexandria und Rom es als besonders wirksames Aphrodisiakum verwendeten. Die schärfste Kritik übte Plinius, dem die meisten Informationen über die römische Parfümeurskunst zu verdanken sind:

»Die Speisen kochen die Sabäer mit Weihrauchholz, andere Völker mit Myrrhenholz, und ihre Städte und Dörfer durchzieht der gleiche Rauch und Duft wie bei uns von den Altären. Um nun diesen zu beseitigen, verschaffen sie sich Storax in Bocksfellen und räuchern damit ihre Häuser. Es gibt ja keinen Genuß, der nicht durch Gewöhnung Ekel hervorruft. . . . Glücklich hat dieses Land die noch im Tode deutliche Verschwendungssucht der Menschen gemacht, indem sie das, was, wie man wußte, für die Götter geschaffen war, zum Verbrennen der Leichen verwendeten. . . . Und doch waren diese denen, die noch gesalzenes Schrotmehl opferten, nicht weniger gnädig, ja sogar, wie offenbar ist, noch freundlicher gesinnt.« (*Naturkunde* XII, 81; 83)

Diese Haltung unterscheidet sich kaum von der Auffassung der Urkirche, derzufolge – wie schon im Buch *Exodus* – Räucherwerk, heiliges Salböl, Balsam und Aromata nur zu Gottes Ehren verwandt werden durften.

Für die strenggläubigen Juden waren Ysop, Oregano und Wermut (Beifuß) weiterhin keine Gewürze, sondern Bestandteil von Reinigungsritualen. Zu Ostern aßen sie zum Gedenken an die Flucht aus Ägypten die fünf bitteren Kräuter, die zugleich die Bitterkeit ihres Schicksals symbolisierten. Den von Balsamduft erfüllten Garten im *Hohenlied* deuteten sie als Allegorie des verlorenen und wiedergefundenen Jerusalem. In ihren Läden verkauften sie Narde, Kurkuma, wohlriechendes Schilfrohr, Kassia und Zimt als Arzneimittel für die Lebenden und Schmuck für die Toten. Nach pharisäischer Tradition zahlten sie den Zehnten ihrer Erträge aus dem Verkauf von Anis und Kümmel. Und mit dem hebräischen Wort *pilpul* (»Pfeffer«) wurde später die scharfsinnige, dialektische Methode des Talmudstudiums bezeichnet.

Bis zu Konstantins Toleranzedikt von 313 wurden Juden wie Christen im römischen Kaiserreich verfolgt, weil sie sich weigerten, den heidnischen Götzen Weihrauchopfer zu bringen und stark gewürztes Fleisch und parfümierte Getränke zu sich zu nehmen, die bei den Banketten zu Ehren der heidnischen Götter verzehrt wurden.

Da die Christen sich darüber hinaus weigerten, an blutigen Wettkämpfen, obszönen Schauspielen, dem freizügigen Baden in den Thermen, Orgien und Räucherungen teilzunehmen, noch die Usus-Ehe vollzogen noch etwas von Safran, Zimt und indischen Parfums wissen wollten, galten sie dreihundert Jahre lang als nicht assimilierbare Fremde: »Sie wurden einer haßerfüllten Einstellung gegenüber dem Menschengeschlecht schuldig gesprochen« (Tacitus, *Annalen* XV, 44). Nardenöl und einige andere Aromata verwendeten sie nur, weil Maria aus Bethanien Jesus damit gesalbt hatte. Zum Begräbnis Jesu brachte Nikodemus »eine Mischung aus Myrrhe und Aloe, etwa

Parfumbehälter (Gladiatorenhelm) aus farblosem Glas mit
Schlangenfädenverzierung
(3. Jh. n. Chr.)

hundert Pfund« (*Evangelium nach Johannes* 12, 1 – 5; 19, 39 – 40). In diesen Zusammenhang gehören auch die neunundvierzig zum Teil aus Palästina stammenden Pollenarten, die Max Frei 1973 auf dem in Turin aufbewahrten Schweißtuch der Veronika[158] entdeckt hat.

Der göttliche Duft des Christentums

In der christlichen Religion, die viele Elemente der jüdischen übernommen hat, gilt das Gebet ebensoviel wie das Weihrauchopfer; schon im Alten Testament hieß es in einem Psalm Davids: »Wie ein Rauchopfer steige mein Gebet vor dir auf« (Psalm 141,2). Für die neue Religion ist Christus der göttliche Duft, der sich auf dem Altar opfert und Gott wohlgefällig ist. Der Wohlgeruch von Myrrhe ist der des Fleisch gewordenen Gottessohns. Die Salbung mit dem bitteren Myrrhenöl symbolisiert die Abtötung des Fleisches und den Übergang in ein neues Leben. Gregor von Nyssa deutet Vers 3 des *Hohenliedes*

Köstlich ist der Duft deiner Salben,
dein Name hingegossenes Salböl,

als Metapher der Dreifaltigkeit. Die Wohlgerüche gelten als Vorboten der mystischen Vereinigung der Seele des Gläubigen mit Christus, sie nehmen die Hochzeit des himmlischen Jerusalem im wiedergefundenen Paradies vorweg. In seiner *Hymne auf das Paradies* preist der heilige Ephraïm ›der Syrer‹ aus Nisibis den Garten Eden, in dem nur wohlriechende Bäume wachsen, »die allezeit alle Lebewesen ernähren«. Im Mittelpunkt steht der Lebensbaum, unter dem Gott ruht.

Die Behauptung, die christliche Philosophie habe nur für strenge Askese, Abstinenz und Fasten plädiert und deshalb den Gebrauch von Aromata und Gewürzen verdammt, ist also zweifelsohne nicht zutreffend. Im Zweiten Buch des *Erziehers* führt der in platonischer Philosophie und in Mythologie bewanderte,

180 n. Chr. zum Christentum konvertierte Clemens von Alexandria in Kapitel VIII aus, wie die Christen sich im Alltag verhalten sollen. Die Kapitelüberschrift lautet: »Ob man Salben und Kränze verwenden soll«. Der Autor verweist auf das Beispiel der Sünderin, die die Füße Jesu salbte und der vergeben wurde, sowie auf die mit Juwelen besetzte Krone der jüdischen Könige. Seiner Auffassung zufolge sollten Aromata und Kränze nur zu religiösen Zwecken oder aufgrund medizinischer Indikation verwendet werden: »Und es tut auch gar sehr not, daß die Männer bei uns nicht nach Salben, sondern nach Rechtschaffenheit duften; das Weib aber soll nach Christus duften, der königlichen Salbe, nicht nach wohlriechenden Streupulvern und Salben; immer aber soll sie mit der ambrosischen Salbe der Keuschheit bestrichen sein und sich an dem heiligen Öle, dem Geiste, erfreuen.« (65, 2) »Nun genügt das Öl für sich allein, um die Haut einzufetten und das Nervensystem zu entspannen und eine lästigere Ausdünstung des Körpers zurückzudrängen, falls wir dazu überhaupt das Öl nötig haben.« (67, 2) »Auch das Einreiben der Füße mit dem Fett der wärmenden und kühlenden Salben geschieht des Nutzens wegen, damit nämlich bei denjenigen, denen das Blut zu Kopfe gestiegen ist, das Blut vom Kopfe zu den weniger wichtigen Körperteilen weggezogen und abgelenkt werde.« (68,3) Weihrauch kommt im *Erzieher* nicht vor. In der christlichen Liturgie wird er erst seit dem 5. Jahrhundert n. Chr. verwendet, so zum Beispiel der Balsam des heiligen Chrisam[159] oder etwas später bei der Salbung von Priestern und Königen. Schließlich meint Clemens, man dürfe die Schönheit der Blumen genießen, wie sein Schüler Origines in Alexandria »den feinen Wohlgeruch« der Zypresse: »Wie also die Schönheit, so ergötzt auch die Blume nur dadurch, daß man sie sieht, und man muß das Schöne nur durch das Anschauen genießen und seinen Schöpfer preisen.« (70, 5)

Im Jahr 476 n. Chr. setzte der germanische Heerführer Odoaker aus dem Stamm der Skiren Romulus Augustus ab und schickte den kaiserlichen Ornat nach Konstantinopel. So schloß sich nach 1129 Jahren der Kreis: Der letzte weströmische Kaiser hatte den gleichen Namen wie der Gründer und erste König von Rom. Dem Einfluß Roms im ganzen Mittelmeerraum ist es zu verdanken, daß die natürlichen Düfte für wohlriechender gehalten werden als die künstlichen und täglich Wasch- und Reinigungsmittel gebraucht werden nach der Devise *mens sana in corpore sano*. Die römischen Thermen waren noch bis zum 6. Jahrhundert n. Chr. in Betrieb; die duftenden Gärten gibt es zum Teil heute noch. Nach über sieben Jahrhunderten römischer Geschichte trat ein Galiläer auf, der das Ideal des *mens sana in corpore sano* durch das Ideal der reinen Seele in einem reinen Körper ersetzte.

»Ich habe alles, was ihr an Tauben, Parfums und Aromata braucht«, sagte der Tempelhändler im Tempel der römischen Gottheiten in Cäsarea. »Ich brauche nichts«, antwortete der heilige Basileos[160], der Begründer des oströmischen Mönchstums zur Zeit Kaiser Julians: »Wie die duftende Taube die anderen Tauben anzieht, so möget Ihr die Flügel Eurer Seele salben.«

Epilog

Bis Mitte der fünfziger Jahre war Frankreich führend auf dem Gebiet der Luxusparfümerie. Grasse war zweihundert Jahre lang für die ganze Welt das Zentrum der Parfumindustrie. 1980 wurden dort »*3000 Jahre Parfümeurskunst*« mit einer großen Ausstellung gefeiert. Hunderte von Flakons, Schatullen und Schachteln waren dort ausgestellt – zum Teil gefüllt mit den Düften früherer Zeiten –, man konnte den Duft der Gummiharze aus Arabien, Indien und Malaysia vergleichen und an den antiken Essenzen schnuppern. Einzelne Exponate sind nun im *Musée international de la parfumerie* in Grasse zu sehen.

Zur Verfeinerung des Geruchssinns bieten die großen Kaufhäuser Parfumproben an, und zahlreiche europäische und amerikanische Institute bieten jungen Leuten die Möglichkeit, ihren Geruchssinn zu schärfen. Sie werden dazu angeleitet, nach dem Geruch über die Qualität von Nahrungsmitteln zu urteilen. Die Parfumindustrie ist ständig auf der Suche nach »guten Nasen«, die imstande sind, Tausende von Essenzen voneinander zu unterscheiden. In der Psychologie wird allgemein die Auffassung vertreten, die auf dem Christentum beruhende abendländische Kultur habe die Bedeutung der sinnlichen Wahrnehmung verkannt und unterbewertet, dadurch sei seit dem 5. Jahrhundert n. Chr. der Geruchssinn im Abendland abgestumpft. Stadtkultur und moralische Tabus hätten das Empfindungsvermögen der Menschen verkümmern lassen. Um ihnen zu größerer Lebensfreude zu verhelfen, sei die Schärfung der Sinne unbedingt erforderlich.

Alle zeitgenössischen Romanciers schildern den betörenden

Duft ihrer Geliebten. Bei der Beschreibung schwer faßbarer Duftnoten entwickeln einige eine wahre Virtuosität in der Kunst, Bilder, Metaphern und Vergleiche zu erfinden, die mit Worten den Duft, den sie schildern, heraufbeschwören sollen. Nicht erst Schriftsteller wie Marcel Proust, Joseph Malègue oder Patrick Süskind haben in ihren Romanen Duft-Empfindungen analysiert, exotische, sinnliche Düfte waren vielmehr schon von alters her Gegenstand zahlreicher Untersuchungen. Die Magie der Düfte hat ihre Wurzeln bereits in der Antike.

Die französischen Schriftsteller Sidonie-Gabrielle Colette und Blaise Cendrars waren sozusagen Priester der Sinne und des Körpers und vermochten, viele Länder an ihrem Duft zu erkennen. Wir alle erinnern uns an die Düfte unserer Kindheit oder unserer Ferienorte. Jedes Haus, jede Siedlung, jedes Stadtviertel hat seinen eigenen Geruch. So sagt man, Athen sei staubig, Jerusalem rieche innerhalb der Festungsmauern nach Hammel und Öl, Palermo nach Zitrusfrüchten, Kairo nach billigem, gegerbtem Leder, Sanaa nach Gewürzen, Delhi nach feuchter Erde, Bangkok nach Baumharzen und Weihrauch und Djakarta nach Blumen.

Wie verhielt es sich mit den Gerüchen zur Gründungszeit dieser Städte? Wer die Souks der nordafrikanischen oder arabischen Städte kennt, kann sich wahrscheinlich am ehesten vorstellen, wonach die Agoras in Alexandria oder die Foren in Rom gerochen haben. Der heimelige, pikante Duft der Gewürze vermischt sich dort mit dem Duft der schweren Essenzen aus den Parfümerie-Werkstätten, mit dem Geruch von siedendem Öl oder Fett, mit dem Gestank von Fleisch, auf dem sich die Fliegen tummeln, mit dem Aroma der Früchte, mit dem muffigen Geruch der Läden und Hinterzimmer, mit dem Gestank der Sackgassen, mit dem Geruch von Leder und alten Kleidern, mit den Ausdünstungen des menschlichen Körpers, mit den Dämpfen, die aus der Holzkohlenglut emporsteigen.

Die Läden der Weihrauchhändler in Tunis, der Salbenverkäufer in Kairo oder Damaskus ähneln denen der Antike weitaus mehr als unsere Parfümerien. Man wird gebeten, im Laden Platz zu nehmen, man bekommt Pfefferminztee oder Fruchtsaft und unterhält sich über Gott und die Welt. Die Essenzen sind in bunten Glasfläschchen aufgereiht. In einer Schale oder einem Flakon werden Mischungen ausprobiert, ein paar Tropfen eines bestimmten Parfums mit Öl vermengt. Man wird beraten, und man läßt sich Zeit. Erst am Schluß setzt man sich über den Preis auseinander und beginnt zu feilschen. Das speziell auf einen Menschen abgestimmte Parfum ist wie ein dienstbarer, guter Geist aus uralten Zeiten. *Redolet antiquitatem* – ein Widerhall der Antike.

Die meisten Historiker halten es für genauso phantastisch wie die *Totengespräche*, die Lukian aus Samosata geführt haben will, wenn man eine Erklärung der Orient-Politik der Pharaonen der 18. Dynastie, Salomos, Alexanders des Großen oder des Marcus Antonius mit dem übermäßigen Bedarf an Räucherwerk und parfümierten Ölen sucht. Nicht weniger verpönt ist es, die Vermutung zu äußern, eine ganze Reihe von Staatsoberhäuptern Ägyptens, Persiens, Syriens, Alexandrias oder Roms seien in der Blüte des Lebens gestorben, weil sie sich mit Betäubungsmitteln, Aphrodisiaka, Opium oder parfümiertem Wein vergiftet hatten. Ungeklärt bleibt dennoch: Was waren *saoma* in der altiranischen Religion zur Zeit der Sassaniden, der Palmwein des Tutanchamun und die Flüssigkeit, die Alexander in einem Horn bei sich trug und die, mit aromatisiertem Wein vermengt, ihn im Alter von zweiunddreißig Jahren dahinraffte? Wozu wurden die vorgeschichtlichen Pfeifen verwendet, die man bei Ausgrabungen auf Zypern fand?

In Geschichtsbüchern liest man, daß arabische Ärzte im 8. nachchristlichen Jahrhundert den Alambik »mit Mohrenkopf« aus Kupfer sowie die Destillation erfunden haben, Avicenna (980 – 1037) das Kühlrohr und die Herstellung von Rosenessenz, den Mönchen des Spätmittelalters die Schnäpse und Orangenblütenwasser oder Neroliöl zu verdanken seien. Aber in Nachschlagewerken zur Naturwissenschaft und Technik findet sich weder ein Hinweis auf die antiken Parfums, Schönheitsmittel, Gewürze und Arzneimittel noch auf die Geräte aus dem 3. Jahrtausend v. Chr., die in Mohenjo Daro in Indien entdeckt wurden, noch auf die Geräte aus der Zeit der israelitischen Könige noch auf die in Italien und Gallien vom 1. Jahrhundert an verwendeten Dampfdome. Auch das griechische Gefäß aus der vorklassischen Zeit, *ambix* oder *ambikos*, Aristoteles' Erfahrungen mit der Verdunstung, die Texte des Poseidonios, Maria, der Jüdin, oder Dioskurides über die Destillation werden nicht erwähnt. Bei den Römern spielten Aromata und Parfums in Religion, Politik, Wirtschaft, Medizin und Gastronomie eine große Rolle. Nicht einmal die Historiker, die die Geschichte des römischen Alltags geschrieben haben, halten dies für erwähnenswert. Unsere Untersuchungen haben dagegen ergeben, daß alle Völker des östlichen Mittelmeerraums bereits im 2. Jahrhundert n. Chr. mehr über natürliche Wohlgerüche und die Verwendung von Aromata wußten als die meisten unserer Zeitgenossen und daß sie im Lauf ihrer Geschichte ihren Geruchs- und Geschmackssinn sehr verfeinerten, auch wenn ihre Schönheits- und Arzneimittel, ihre scharf gewürzten Speisen dem heutigen Geschmack nicht entsprächen.

Ihr Wissen ist beeindruckend. Von den Pharaonen bis zu Romulus Augustus, dem letzten Kaiser Roms, waren in der Antike vier Funktionen der Aromata bekannt: die religiöse Funktion, die Funktion als Gewürz für Speisen und Getränke, die Funktion als Arzneimittel und als Aphrodisiakum. Diese vier Funktionen waren jedoch nicht immer genau voneinander geschieden. Bei den Ägyptern atmete Osiris den Weihrauchduft ein, und die Toten sorgten sich um den Geruch ihres Namens. Bei den Israeliten war Elohim die Bezeichnung für alles Göttliche, und der Gott des Alten Testaments saß unter einem duftenden Baum im Garten Eden, als er zu den Menschen sprach. Bei den Griechen erfreuten sich die zwölf Götter des Olymps am Duft von Nektar und Ambrosia. Bei den Madagassen heißt der Schöpfer, »der die Füße und Hände« der Menschen formt,

Andriamanitra, was soviel bedeutet wie der Wohlriechende. Zu Beginn der Geschichte all dieser Völker gibt es einen göttlichen Duft, sei es den Duft von Weihrauch oder Früchten, sei es den eines berauschenden Tranks oder der Liebe. Die göttliche Macht manifestierte sich also in vier verschiedenen Formen. Allen alten Kulturen war die Vorstellung gemeinsam, das Paradies liege im Osten, dort, wo die Sonne aufgeht, und alle suchten dort das Land Gottes und das Land der Aromata. Vor etwa hundert Jahren haben Archäologen und Anthropologen nachgewiesen, daß der Ursprung der Menschheit, der Wohlgerüche und der Gewürze im Fernen Osten, im Indischen Ozean oder in Zentralafrika angesiedelt ist.

Das Interesse an aromatisch duftenden Pflanzen oder animalischen Düften wie Castoreum, Moschus, Amber oder Zibet war nach Zeit und Ort verschieden. In Ägypten, Arabien, Griechenland und Rom stand die Verwendung für religiöse und heilende Zwecke jedoch zunächst im Vordergrund. Mit dem Städtebau und der Entwicklung des Handels nahm der profane Gebrauch der Aromata als Gewürze und Aphrodisiaka zu. In allen Religionen spielen auch heute noch die Düfte eine große Rolle. Und selbst in unserer materialistisch orientierten Gesellschaft sind die schlechten Gerüche nach wie vor mit Tabus belegt und die guten geheimnisumwoben – und wenn auch nur noch die Rezepturen geheimgehalten werden.

In der Medizin steht unser Denken und Handeln ganz in der Tradition der Antike. Schon die alten Ägypter kannten die euphorisierende, beruhigende, desinfizierende oder antiseptische Wirkung bestimmter Säfte und Harze und etwa ein Dutzend Methoden, um sie zu gewinnen und zu mischen. Die Araber verarbeiteten vorwiegend die Säfte der bitteren Pflanzen, die durch ihre schockartige Wirkung auf die Drüsen tonisch und appetitanregend wirken und den Organismus auf die Aufnahme von Heilmitteln vorbereiten. Die griechischen Gelehrten aus der Schule des Hippokrates und aus Aristoteles' Lykeion kannten die menstruationsfördernden, harntreibenden und adstringie-

renden Eigenschaften der tanninhaltigen Aromata, die verdau-
ungsfördernde Wirkung von Koriander und Anis, die desinfizierende von Kümmel, die harnteibende von Beifuß und Wacholder, die schleimlösende des Aronstabs sowie die stimulierende
Wirkung der aromatisch duftenden Lippenblütler als Heilmittel
gegen Bronchitis. Von Sextius Niger bis Galenos haben die
römischen Ärzte all diese Erkenntnisse nur genauer gefaßt und
bestätigt, wozu vor allem die Versuche zur Destillation ätherischer Öle beitrugen. All diesen Forschern fehlten nur die Meß-
instrumente und Präzisionsgeräte, um aus der Aromatherapie
eine Wissenschaft zu machen.

Die antiken Texte geben Aufschluß über die Parfumherstel-
lung, ihre Gründe und Zwecke, ja sogar über die Psychologie
der Düfte. So haben beispielsweise die Epikuräer Demokrit und
Lukrez als erste die Fernwirkung von Düften mit der Emission
von Atomen begründet. Die Abhandlungen des Theophrast und
Dioskurides enthalten viele richtige Feststellungen über die
Verarbeitung, Mischung und Verbreitung von Parfums durch
Wärme, ihre Zersetzung durch organische Substanzen und
Lichteinfluß, ihre Konservierung durch mineralische Salze. Die
antiken Gelehrten wußten zwar nicht, warum beispielsweise ein
wohlriechendes Wolfsmilchgewächs aus der Gegend von Jericho bei der Destillation seinen Duft verliert: Der Grund liegt
nicht darin, daß sich das Molekül zersetzt, sondern die Hitze
verändert dessen Aufbau. Sie wußten auch nicht, daß bestimmte Moleküle, vor allem die von Parfums, in unterschiedli-
chen Konfigurationen auftreten oder Isomere bilden können,
die jeweils verschieden riechen. Sie gewannen sie mit Verfahren, die sich von denen der modernen Parfumindustrie unterscheiden, und lagerten die fertigen Parfums so, daß sie vor der
Photosynthese geschützt waren. Sie wußten genau, welches
Mittel für welche Haut in welchem Alter gut ist, welche Substanzen die Poren zusammenziehen und welche sie erweitern,
welcher Duft leicht verfliegt, welcher lang anhält, welcher zuletzt verfliegt und welches Aroma bei aller Harmonie die ande-

ren dominiert. Und wie die großen Künstler unserer Tage hielten auch die Parfümeure von damals die Rezepte, Dosierungen und Formeln ihrer Kreationen geheim.

Am bemerkenswertesten ist wohl die Kritik der Philosophen in Griechenland und Rom, der Priester des semitischen Kulturkreises und der christlichen und islamischen Theologen. Von Moses bis zu den Kirchenvätern fragten sie alle nach dem Zweck der Aromata: Wozu sind sie nütze? Sind sie gefährlich oder heilkräftig? Sind sie Luxus oder eine Botschaft ans Jenseits? Soll man ihren Gebrauch gestatten, wie in Athen, oder sie ganz verbieten, wie in Sparta? Dienen sie der Abwehr oder dem Angriff, oder sind sie Ausdrucksmittel wie die Sprache, die Schrift oder die Kunst? Ist es eine zivilisatorische Errungenschaft, sie bei Tisch, im Bad oder Bett zu verwenden, oder der Triumph der Animalität? Wird der Mensch nicht zum Tier, wenn er nur der Sinnenlust frönt, wenn er wie Fabull die Götter anfleht, sie »möchten ganz Fabull zur Nase machen«?

Dabei lehnten die antiken Moralisten den Gebrauch von Parfums, Gewürzen und Aromata nicht grundsätzlich ab, denn sie befürworteten ihn durchaus für die Götter, die Toten, Frauen und Kranke. Ihre Betrachtungen unterschieden sich nicht wesentlich von den Ansichten heutiger Mediziner über Genußmittel wie Tabak, Kaffee, Tee oder Schokolade, die anfänglich wohltuend sind, im Übermaß genossen aber gefährlich wirken.

Der Mohn ist ein anschauliches Beispiel dafür. Bekanntlich konsumierten schon die Priester in der Antike den Samen, gewannen daraus Opium für Räucherungen und versetzten sich damit in ekstatische Zustände. Wenn mit dem Drogenkonsum jedoch ausschließlich der Zweck verfolgt wird, paradiesische Glücksgefühle zu erleben und dem Alltag zu entfliehen, kann man behaupten, daß es in der Antike eine ganze Reihe von Drogensüchtigen gab: Sardanapal, Kroisos, Darius III., Alexander, die letzten Ptolemäer, Nero, Elagabal. Sie alle schwelgten in Weihrauchwolken, tranken mit Kaneel oder Wacholder versetzte Weine und trieften von Baccar, Costus und Nardenöl.

Mit Weihrauch, Aromata, mystischen Giften und heiligem Rausch stillten wohl viele Menschen ihre Sehnsucht nach einem Paradies. Trugen die vielen anregenden und euphorisierenden Mittel, derer man sich in der Antike bediente, zur Entfaltung oder zum Untergang der antiken Kulturen bei? Läßt sich das Bedürfnis nach Entrücktheit, nach Glücksgefühlen, nach Wiedererlangung des ungetrübten Zustands der Kindheit, die der Duft von Tabak oder Qat befriedigen, mit dem Willen zum Fortschritt vereinbaren? Ist eine solche Bewußtseinserweiterung unbedingt ein Fortschritt der Menschheit, oder birgt sie nicht auch die Suchtgefahr in sich?

In der schöngeistigen Literatur der Antike – in den Epen, Hymnen, Theaterstücken, der Geschichtsschreibung, den Reden und philosophischen Traktaten – spielten die Parfums und Gewürze keine große Rolle, weil die Parfumherstellung und die Kunst des Würzens als handwerkliche Fertigkeit und nicht als Kunst galten. Abhandlungen über Aromata einschließlich Rezepten gab es dagegen zur Genüge, von den Schrifttäfelchen des Tukulti Ninurta im 13. Jahrhundert v. Chr. in Assyrien zu den ägyptischen Inschriften in Edfu und den naturkundlichen Schriften des Plinius, Dioskurides und Galenos im 2. Jahrhundert n. Chr. Theophrasts *Abhandlung über die Gerüche* ist erhalten geblieben, weitere griechische und lateinische Texte sind hingegen nicht mehr überliefert.

Die bedeutendste Rolle spielten Räucherwerk und Salbungen in den antiken Religionen. Das belegen Zahl und Art der Texte: In 15 Prozent der in Linear B-Schrift verfaßten mykenischen Täfelchen aus dem 13. Jahrhundert v. Chr., der Hälfte der ägyptischen Bestattungsrituale, einem Großteil der in Keilschrift niedergelegten mesopotamischen Rituale, in 70 Bibelstellen und etwa der gleichen Zahl von Äußerungen griechischer und römischer Moralphilosophen sowie der Kirchenväter geht es um Räucherwerk und Salbungen.

Noch bedeutender war jedoch die Rolle der Parfums und Aromata für die Wirtschaft. Sie fanden immer breitere Verwendung, wurden immer zahlreicher, und damit nahmen auch die Fälschungen oder Surrogate zu. Da die Gewürze Getränken Geschmack verleihen und da die Düfte das Leben mit Wohlgeruch erfüllen, waren sie sehr begehrt. Deshalb waren die Herrscher Ägyptens, Kanaans und Kleinasiens bestrebt, die Gewürz– und Weihrauchstraßen unter ihre Kontrolle zu bringen. *Das erste Buch der Könige* und *Das zweite Buch der Chronik*, Plinius' *Naturkunde*, das Preisedikt des Diokletian aus dem Jahre 301 zeugen davon, wie groß das Interesse aller Mittelmeervölker war, sich zu niedrigen Preisen die Rohstoffe zu beschaffen, die ihre Lebensqualität erhöhten und nach den Glaubenslehren einiger Religionen sogar für das Weiterleben nach dem Tod unerläßlich waren.

Dem Strukturalismus zufolge sind die Parfums innerhalb des Zeichensystems der Gesellschaft Zeichen für die Zugehörigkeit zu einer Kaste oder einem Klan. Diese These ist nur partiell gültig. Zwar gab es immer Luxusgegenstände, die nur den Göttern, Kaisern und Königen vorbehalten waren, aber auch das Volk wollte ihnen in nichts nachstehen. Auch waren die Aromata sozusagen Vorläufer des Geldes, wie Salz, Muscheln, Bernstein oder Lapislazuli, und als solche allgemein verfügbar. Zudem übten Schönheitsmittel, Gewürze und magische Düfte schon immer einen unwiderstehlichen Reiz auf die Frauen aller Gesellschaftsschichten aus. Die mit Gold, Weihrauch und Edelsteinen beladene Karawane der Königin von Saba ist zur Legende geworden und symbolisiert damit die Allgemeinheit des Bedürfnisses nach Aromata. Und über Maria aus Bethanien, die Jesus mit teurem Nardenöl die Füße salbte, heißt es im Evangelium: »Amen, ich sage euch: Überall auf der Welt, wo dieses Evangelium verkündet wird, wird man sich an sie erinnern und erzählen, was sie getan hat.«

Die Parfümeurskunst war die achte Kunst in den großen Städten des Mittelmeerraums, und sie zeugt mehr als die anderen Künste von der tiefen Religiosität dieser Völker. Denn wenn der Gesang ein zweifaches Gebet ist – durch den Gesang sind die Worte weithin zu hören und damit näher an Gottes Ohr –, dann ist auch das Weihrauchopfer ein doppeltes Opfer: Gelöbnis und Duft, der zur Gottheit emporsteigt. »Die Blume ist irdischer Natur und der Duft des Himmels«, schrieb Victor Hugo am 16. September 1834 (*Les Chants du crépuscule*, »Date Lilia«). Zweifelsohne waren die meisten Menschen in der Antike religiöser als heute und deshalb auch empfänglicher für mystische Vorstellungen über Wohlgerüche.

Doch spielt die Magie der Düfte selbst bei der profanen Verwendung von Parfums eine Rolle. So haben die Alten in den Aphrodisiaka ein Andenken an ihre Art zu lieben, ihre Illusionen in Liebesdingen hinterlassen. Außer bei Moschus- und Zibet-Parfums, außer bei einigen Lippenblütlern, Ingwer und Zimt, die das Nervensystem anregen und tonisch auf Herz und Kreislauf wirken, beruht die erotisierende Wirkung nämlich vor allem auf dem Glauben an ihre Wirksamkeit.

Der köstliche Duft mit Oregano gewürzter Lammspieße und mit Sesam und Kümmel bestreuten Kuchens erfüllt die Gassen von Athen, Damaskus und Isfahan; in den Kultstätten, Bädern und Souks riecht es wiederum anders – alle diese Düfte enthalten Botschaften aus der Vergangenheit dieser Städte. So ist nicht auszuschließen, daß die großen Kulturen der Antike ihre Einheit nicht auch der Tatsache verdankten, daß sie den gleichen Geschmack hatten und die gleichen Düfte genossen. Im Römischen Reich entstand sogar so etwas wie ein internationaler »Wortschatz« der Aromata. Düfte waren und sind Kommunikations- und Verständigungsmittel der Menschen untereinander und mit dem Jenseits.

War diese nach Balsam duftende Welt der Antike ein Schritt auf dem Weg ins Paradies? Ist sie der Wunschtraum all derjenigen, die in den mit Abgasen und anderen üblen Gerüchen erfüllten modernen europäischen Städten leben? Oder ist es die nostalgische Sehnsucht nach dem Duft der Harze, der bittersüßen Aromata, nach der bunten Vielfalt an Früchten und nicht zuletzt nach dem Lustgarten, in dem

Granatbäume mit köstlichen Früchten,
Hennadolden, Nardenblüten,
Narde, Krokus, Gewürzrohr und Zimt,
alle Weihrauchbäume,
Myrrhe und Aloe,
allerbester Balsam

sprossen?

ANHANG

Sieben Aromata im Spiegel
antiker Schriftsteller

BACCAR ODER BAKKARIS
(*Salvia sclarea* L.,
Muskatsalbei, Scharlei oder Muskatellerkraut)

In den ältesten Texten heißt er Duft des *bakkos* oder *bakkis*, d.
h. »des Herrn« über Lydien, der in Sardes, 94 Kilometer östlich
von Smyrna, residierte.

Hipponax, *Jamben*, Fragment 104 der Masson-Ausgabe, Vers
21 – 22 (geschrieben um 540 v. Chr.): »Ich rieb mir die Nase mit
Bakkaris ein, von derselben Qualität wie die von Kroisos [...],
das war in Daskyleion.«

Folgendes Fragment der *Jamben* des Semonides aus Amorgos zitieren Athenaios, *Das Gelehrtenmahl* XV, 690c und Clemens von Alexandria, *Der Erzieher* II, 64, 3: »Ich rieb mich mit
Düften, Balsam und Bakkaris, ein: der Kaufmann war nicht
weit.« (Das Fragment stammt aus dem 6. Jahrhundert v. Chr.)

Verschiedene griechische Schriftsteller des 5. Jahrhunderts
erwähnen die Wörter Baccar oder Bakkaris, siehe auch Hippokrates, *Natur der Frau*, 6. Die Pflanze galt als aromatisch, erwei-
chend, menstruationsfördernd und die Entbindung erleich-
ternd.

Der nächste Beleg ist erst vierhundert Jahre später datiert.
Für Vergil, *Idyllen* IV, 19; VII, 27 ist der Baccar eine mythische
Pflanze. Der Lexikograph Hesychios schreibt in Anlehnung an
Diogenianos, einen Grammatiker aus dem 2. Jahrhundert n.
Chr., über das Wort *bakkaris*: »Art Duft aus einer gleichnami-

gen Pflanze. Manche sagen, er sei aus der Myrte gewonnen. Andere nennen ihn den Duft aus Lydien. Es gibt auch einen Puder, der aus der Wurzel gewonnen wird.« (Hesychios aus Alexandria, *Lexikon*, hg. K. Latte)

Dioskurides aus Anazarba, *Arzneimittellehre* III, 44 (die *bakkharis* kommt nach verschiedenen wohlriechenden Lippenblütlern): »Die Bakcharis ist eine wohlriechende Kranzpflanze; ihre Blätter sind rauh und stehen an Größe zwischen denen des Veilchens und der Königskerze. Der Stengel ist knotig, von der Größe einer Elle, etwas rauh mit Nebenzweigen. Die Blüten sind purpurfarben, weißlich und wohlriechend. Die Wurzeln sind ähnlich denen der schwarzen Nieswurz und haben einen zimtartigen Geruch. Sie liebt rauhen und trockenen Boden.« Es folgen die heilkräftigen Wirkungen. »Schon der Geruch ist schlafmachend.«

Plinius der Ältere, *Naturkunde* XXI, 29: »Auch das *baccar*, von manchen Feldnarde genannt, riecht nur an der Wurzel. Daß man bei den Alten aus dieser Wurzel Salben zu machen pflegte, bezeugt Aristophanes, ein Dichter des alten Lustspiels (Athenaios XV, 690d: »O verehrter Zeus, welch einen Duft, welchen Bakkar verströmte dieses verdammte, gerade erst abgezogene Fell!«), weshalb es ein beträchtlicher Irrtum ist, wenn einige diese als barbarischen Ursprungs bezeichnen. Der Geruch kommt dem des Zimts am nächsten. Es gedeiht auf magerem und nicht feuchtem Boden.... Es sei jedoch der Irrtum derer berichtigt, die das *baccar* als Bauernnarde bezeichneten. Denn es gibt eine andere Pflanze mit dieser Bezeichnung, welche die Griechen *ásaron* nennen, deren Aussehen und Gestalt wir bereits bei den Arten der Narden besprochen haben (XII, 47). Ja, ich finde sogar, daß man sie ›Unbehagen erregend‹ [*ásaron*] nennt, weil man sie nicht Kränzen beifügt.« In Wirklichkeit handelte es sich um die Haselwurz, eine kriechende Pflanze, die im Unterholz wächst und einen pfefferartigen Geruch verbreitet; der Stamm enthält eine toxische Substanz, das Asaron, das dem Nervensystem schadet.

Die Ärzte Oreibasos (6. Jh.) und Paulus von Ägina (7. Jh.) geben nur das wieder, was Dioskurides und Plinius geschrieben haben.

Im Jahre 1555 fügt der spanische Naturforscher Don Andres de Laguna seiner Ausgabe der *Materia medica* von Dioskurides beim Stichwort *la bacara* ein Bild des Salbei bei (Kap. 47, S. 297).

Evangelia Frangaki, *Beitrag zu den volkstümlichen Pflanzennamen in Kreta*, S. 202, schreibt im Artikel *phaskomilia*: »phaskomilia (subst. f.) = fruchttragender Salbei. Langlebige, aromatische, buschartige Pflanze. Im Osten Kretas ein erwärmender Kräutertee für den Winter. In Kreta wächst sie so üppig, daß man sie selbst im Backofen mit verbrennt, denn dadurch schmecken die Kekse besser. Die dunkle gilt als besser als der Salbei mit den breiten Blättern.« Es folgen die heilkräftigen Eigenschaften. Aus der *phaskomilia* wird ein ätherisches Öl gewonnen, in den Texten in syllabischer Schrift aus dem 13. Jahrhundert v. Chr. steht bereits das Öl *pakowe*, auf griechisch *sphakeon*, Salbeiöl.

In der Antike hielt man das *baccar* des legendären Kroisos irrtümlich für das *Asarum europeum* L. bzw. die *Valeriana celtica* oder *officinalis*, die Botaniker des 19. Jahrhunderts haben ihn fälschlicherweise als *Helichrysum sanguineum* L., *Gnaphalium sanguineum* L., *Cyclamen hederaefolium* oder *persicum* bezeichnet, die Eigenschaften dieser Pflanzen haben jedoch kaum etwas mit den bei Dioskurides und Plinius beschriebenen Pflanzen gemein.

ZIMT

Den Quellen zufolge gibt es vier verschiedene Arten:

– die Kasia oder Kassia, auf hebräisch *qesia*, die Rinde der Kassia oder des falschen Zimtbaums aus Arabien, Äthiopien und Somalien, *Cinnamomum iners*,

– den Zimt, auf hebräisch *qinnamon*, die Rinde des Zimtbaums aus Ceylon oder von den Küsten Indiens, *Cinnamomum zeylanicum* Breyn,

– das Malobathrum, auf sanskritisch *tamalapattra*, ein Lorbeergewächs aus Nordindien, *Cinnamomum malobathrum* Meissner, *C. tamala* oder *C. albiflorum*,

– das Serichatum oder den Kaneel aus Seres, d. h. Südchina (Plinius, *Naturkunde* XII, 99 und XIII, 18), *Cinnamomum cassia* Blum oder *C. aromaticum*. Zur gleichen Familie gehört auch der chinesische Kampferbaum.

Die Alten unterschieden die Zimtarten also nach ihrer Herkunft, Kassia und Zimt wurden oft verwechselt, zumal beide Aromata über Arabien oder die Meerenge Bab el-Mandeb nach Europa kamen.

Erstmals erwähnt wird die *kasia* in einem Papyrusfragment von Sapphos Liedern, *Supplementum lyricum*, hg. v. E. Diehl, Bonn ³1917, Nr. 20 c 2.

Herodot, *Historien* III, 107 – 112 kennt nur phantastische Legenden über Arabien, das Land, wo »einzig und allein von allen Ländern Weihrauch, Myrrhe, Kasia, Kinamomon und Ledanon wächst«. Er berichtet von geflügelten Schlangen, Vampiren, Masken aus Rinderhäuten, Nestern (auf semitisch: *qin*) aus Kaneel, Böcken, die herrlich duften ... Darüber hinaus vermerkt der Autor jedoch, daß der *kinamomon* einigen Autoren zufolge aus dem Land komme, wo der Gott Dionysos aufgewachsen sei, d. h. aus Nysa in Ostafrika oder Indien. Um 450 v. Chr. unterschied man in Griechenland also schon den falschen vom echten Zimtbaum, den von den Ufern des Roten Meeres von dem aus Ceylon.

Theophrast schreibt in der *Naturgeschichte der Gewächse* IX,5: »Vom Zimt und der Kasia berichtet man folgendes. Beide sollen keine großen Sträucher, sondern dem Keuschbaum (*Vitex agnus-castus* L., Mönchspfeffer) ähnlich sein, und viele holzige Zweige haben. Wenn man den Zimtbaum schält, so soll man ihn in fünf Teile teilen. Der erste Teil von den jungen Trieben soll der beste sein; diesen schneidet man eine Spanne (ca. 25 cm) lang oder wenig länger. Was folgt, ist die zweite Sorte, welche kürzer geschnitten wird; dann folgt die dritte und vierte; die letzte an der Wurzel ist die schlechteste, denn sie hat wenig Rinde. Die Rinde nämlich wird allein gebraucht, nicht das Holz;... Andere sagen, es seien Sträucher, oder vielmehr Staudengewächse; aber von zwei Arten, eine schwarze und weiße.... Von der Kasia sagt man, daß sie dickere rutenförmige Zweige habe, die so faserig seien, daß die Rinde nicht abgeschält werden könne; doch sei auch von dieser die Rinde im Gebrauch. Wenn nun die Ruten geschnitten, so zerschneide man sie in Stücke von der Länge zweier Finger (4 - 5 cm) oder etwas länger. Diese nähe man in frisch abgezogenes Leder. Aus diesem und dem faulenden Holz erzeugen sich darauf Würmer, welche das Holz zernagen, die Rinde aber nicht anrühren, wegen der Bitterkeit und des scharfen Geruchs.«

Dioskurides, *Arzneimittellehre* I, 11: »Einige nehmen an, das Malabathron sei das Blatt der indischen Narde, verleitet durch die Ähnlichkeit im Geruch;... Die Sache verhält sich aber nicht so. Es ist eine besondere, in den indischen Sümpfen wachsende Art, indem es ein Blatt ist, welches auf dem Wasser schwimmt, gerade so wie die auf den Sümpfen sich findende Linse, ohne daß es eine Wurzel hat. Die Sammler ziehen es rasch auf eine Leinenschnur zum Trocknen und bewahren es auf. ... Gut ist es, wenn es frisch, beim Einweichen weißlich, nicht zerbrechlich und ganz unversehrt ist, wenn es einen durchdringenden Duft mit lange anhaltendem nardenartigem Wohlgeruch und dabei keinen salzigen Geschmack hat. Das schwache und zerbröckelte, welches einen muffigen Geruch von sich gibt, ist unbrauchbar. ... Es wird auch unter die Zunge gelegt zum Wohlgeruch des Mundes und zwischen die Kleider, denn diese schützt es vor (Motten-) Fraß und macht sie wohlriechend.« Entsprechend Oreibasos XI und Galenos XII, 66.

Plinius der Ältere, *Naturkunde* XII, 86 – 87 (über den Zimt aus dem Fernen Osten, der auch *serichatum* heißt, was soviel bedeutet wie »aus China stammend«): »Das *cinnamomum* oder das *cinnamum* wächst in Äthiopien, dessen Bewohner sich durch Heirat mit den Troglodyten vermischt haben. Die letzteren kaufen es von ihren Nachbarn und fahren es über weite Meere auf Flößen, die weder durch Steuer gelenkt noch durch Ruder bewegt und angetrieben werden und keine Segel, noch irgendein anderes Hilfsmittel haben: allein der Mensch und sein Wagemut ersetzen dort all dies. Obendrein befahren sie das Meer im Winter zur Zeit des kürzesten Tages, weil dann zumeist die Südostwinde (der Wintermonsum) wehen. Diese treiben sie auf geradem Wege durch die Buchten. ... die Kauffahrer sollen kaum vor dem fünften Jahre wieder zurückkommen und viele von ihnen den Tod finden. Im Austausch dagegen bringen sie gläserne und metallene Gegenstände, Kleider, Fibeln samt Armringen und Halsbändern zurück.« »Nach der niedrigsten Schätzung rauben Indien, die Serer und jene Halbinsel (Arabien) unserem Reiche alle Jahre 100 Millionen Sesterzen.« (XII, 84) »Durch das Gebiet der nabatäischen Troglodyten hindurch, die sich hier aus dem der Nabatäer angesiedelt haben«, werden Zimt und Kassia eingeführt. »Dorthin bringt man auch das *serichatum* und *gabalium*, welche die Araber unter sich verbrauchen und die in unserem Land nur dem Namen nach bekannt sind, jedoch mit dem Zimt und der Kassia zusammen vorkommen. Manchmal gelangt jedoch das *serichatum* zu uns und wird von einigen den Salben zugegeben. Das Pfund wird zu sechs Denaren verkauft.« (XII, 98 – 99)

Diese Texte entstanden zur gleichen Zeit wie der *Periplus maris Erithraei* (vgl. § 56 und 65) oder nur wenig früher. Die Funde von Phiolen und römischen Münzen aus der Zeit der Flavier und Antoninen an der Malabarküste und der Ostküste der Halbinsel Hinterindien bestätigen die Aussagen von Dioskurides und Plinius.

(Ölharz verschiedener Zistrosen, vor allem des *Cistus
villosus* var. *cyprius* und *creticus* Boissieri)

Der Terminus aus der syrisch-phönizischen Parfümeurskunst
ist vom semitischen Wort *ladan* (»Leimkraut«) abgeleitet. Im
Griechischen erstmals im 5. Jahrhundert v. Chr. erwähnt, war er
bis ins 19. Jahrhundert in der europäischen Parfumherstellung
gebräuchlich.

Herodot, *Historien* III, 112: »Das Ledanon – die Araber sagen
Ladanon – ist noch seltsamer. Es entsteht an einem übelriechenden Ort und riecht doch sehr angenehm. Es findet sich
nämlich im Bart der Ziegenböcke, wo es wie Harz von Holz
abträufelt. Man verwendet es für viele Salben; die Araber benut-
zen es besonders zum Räuchern.«

Theophrast, *Naturgeschichte der Gewächse* VI, 2, 1: »Vom
Cistus nimmt man zwei Gattungen an, die männliche und die
weibliche; jener hat ein größeres, härteres und fettigeres Blatt
und eine rötliche Blume. Bei beiden ist die letztere den wilden
Rosen gleich, nur kleiner und geruchlos.«

Dioskurides, *Arzneimittellehre* I, 97 - 1 - 4: »Der Kistos, welchen einige Kistharon oder Kissaron nennen, ist ein in steinigen
Gegenden wachsender zweig- und blattreicher Strauch, nicht
hoch, mit rundlichen, herben, rauhen Blättern. Die männliche
Blüte ist wie die der Granate, bei der weiblichen ist sie weiß. Sie
hat zusammenziehende Kraft; daher sind die zerriebenen Blüten – zweimal des Tages in herbem Wein getrunken, ein gutes
Mittel gegen Dysenterie.... Es gibt aber noch eine andere Art
Kistos, von einigen Ledon genannt, ein Strauch, welcher unter
denselben Verhältnissen wächst wie der Kostos; er hat aber
größere und dunklere Blätter, welche im Frühjahr eine gewisse
Fettigkeit absondern. Die Kraft der Blätter desselben erweist
sich als adstringierend, heilsam gegen das, wogegen auch der
Kistos wirkt. Von ihm wird das sogen. Ladanum gewonnen.« Es
folgen zwei Methoden seiner Gewinnung: durch Kämmen der

Ziegen und Böcke oder mit Schnüren, die über die Zweige hingezogen und dann abgeschabt werden. Diese Methoden finden sich bei allen Autoren, desgleichen die heilkräftigen Eigenschaften des Ladanon. Siehe dazu Plinius (XXIV, 81), Oreibasos, Celsus, Galenos (XII, 28), Aëtios und Paulus von Ägina. Dioskurides schreibt zudem: »Am besten davon ist das wohlriechende, grünliche, leicht erweichende, fette, sand- und schmutzfreie, harzige. Ein solches ist das auf Zypern gewonnene, das arabische und libysche ist minderwertiger.«

Plinius, *Naturkunde* XII, 74: »Neuere Schriftsteller nennen dieses *ládanon stórbon.*« Wahrscheinlich ist dieses »arabische« Wort eine Verballhornung von *tsori[on]* (Harz). »Einige nennen das Kraut aus Zypern, aus dem es entsteht, *léda.*« (XII, 75) »Der Preis für die beste Ware beträgt 40 Asse je Pfund (etwa der Monatslohn eines Arbeiters). Man verfälscht es mit Myrtenbeeren und anderem Unrat, vor allem von Tieren. Der Geruch der reinen Ware muß herb sein und auf gewisse Art den der Einöde verbreiten, sie selbst muß trocken aussehen, beim Berühren sofort erweichen, angezündet mit angenehmem Geruch hell aufbrennen; am heftigen Geruch erkennt man die mit Myrte verfälschte, und diese knistert im Feuer. Außerdem hängen in der reinen Ware mehr Steinchen vom Felsen als Staub.« (XII, 76)

MYRRHE IN TROPFENFORM ODER STAKTE
(Ölharz vom Stamm der *Commiphora simplicifolia* Engl.,
auf griechisch auch nach Myrrhe duftendes Öl)

Theophrast, *Abhandlung über die Gerüche*, 29: »Wenn Myrrhe geschrotet wird, fließt Öl; es heißt *stakte* (in Tropfenform), weil es langsam tropft. Einige sagen, dies sei das einzige einfache Parfum, alle anderen seien aus verschiedenen Bestandteilen zusammengesetzt, die einen aus mehr, die anderen aus weniger, und Iris-Parfum sei dasjenige mit den wenigsten Ingredienzien.

Einige sagen dies auch, aber andere behaupten, *stakte* (Myrrhen-Öl) werde wie folgt hergestellt: Nachdem die Myrrhe geschrotet und in Behennußöl (*balanos*) über schwachem Feuer gelöst wurde, wird heißes Wasser darauf gegossen; Myrrhe und Öl sinken dann als Satz zu Boden; und sobald dies geschehen ist, wird das Wasser abgeseiht und der Bodensatz ausgepreßt.«

Dioskurides, *Arzneimittellehre* I, 73: »Stakte heißt das Fette der frischen Myrrhe, wenn sie mit wenig Wasser angerieben und in der Presse ausgepreßt wird. Sie ist sehr wohlriechend und kostbar und wird an und für sich ein Salböl genannt. Am besten ist sie, wenn sie nicht mit Öl gemischt ist und in der geringsten Menge die größte Kraft besitzt, wenn sie erwärmt und der Myrrhe und den erwärmenden Salben entsprechend wirkt.«

Plinius, *Naturkunde* XII, 68: »Auch in die Bäume der Myrrhe macht man zweimal und zur gleichen Zeit Einschnitte, aber von der Wurzel bis zu den kräftigeren Zweigen. Sie schwitzen jedoch, bevor man die Einschnitte macht, von selbst die sogenannte Tropfenmyrrhe [*stakté*] aus, der keine andere Art vorgezogen wird.«

Plinius XIII, 17: »Die Myrrhe ergibt bereits allein, ohne Öl, eine Salbe, jedoch nur die *stakté*, denn alles andere bringt zu große Bitterkeit.«

In den semitischen Sprachen bedeutet Myrrhe, *mor, mur* denn auch »Bitteres«.

Athenaios von Naukratis, *Das Gelehrtenmahl* XV, 688 c: »Salbe (*smyrna*) ist bei den Äoliern (Archilochos und Sappho) gleichbedeutend mit Myrrhe, da die meisten Parfums mit dieser Salbe bereitet wurden und da, was man *stakté* nennt, reine Myrrhe war.«

Seit Beginn der christlichen Zeitrechnung behaupten die antiken Kompilatoren also durchaus zu Recht, es gebe zahlreiche Arten von Myrrhe, sie würde auf vielfältige Weise gefälscht und die Preise würden stark differieren (z. B. Plinius XII, 69 – 71).

Die griechischen Wörter *nardos* (f.) und *nardon* (n.) sind von dem westaramäischen Wort *nerd* abgeleitet, das ein Baldriangewächs aus Nordindien bezeichnete – die *nalada, Nardostachys jatamansi*, von Candolle 1848 so genannt –, das noch heute in Nepal als Aromastoff Verwendung findet. *Nardos* war bei den Griechen die *Valeriana tuberosa* L., die in Kreta und Kleinasien wild wuchs und auch *phu* genannt wurde (von der Wurzel *phu, der Trieb, das Kraut?). Die Römer nannten *nardum celticum* eine wohlriechende Pflanze aus Istrien, den Ligurischen Alpen und der Provence, die *saliunca*, wahrscheinlich Schopflavendel (*Lavandula stoechas* L.) Diese drei Pflanzen wurden oft mit Asarum, Baccar, Neris, Pseudo-Nardus und Thylachitis verwechselt. Im Mittelalter wurde mit dem Wort Narde ein frischer, lieblicher Duft bezeichnet, der sicher nichts mit dem Geruch von Baldrian oder Katzenkraut zu tun hatte.

Dioskurides, *Arzneimittellehre* I, 7, 2: »Eine Art der indischen (Narde) heißt Gangitis von einem gewissen Flusse mit Namen Ganges, welcher an dem Gebirge, wo sie wächst (dem Hindukusch), vorbeifließt. Sie ist an Kraft schwächer (als die aus Medien, dem heutigen Afghanistan), weil sie aus feuchten Gegenden stammt, ist auch länger und hat viele aus derselben Wurzel sprießende vieldoldige und unter sich verflochtene Ähren mit stinkendem Geruch.« Die Essenz wurde aus der Zwiebel und dem Stengel gewonnen. Wegen der Ähren hieß sie in der Antike *nardostachys* und heute im Englischen *spikenard*.

Dioskurides I, 10: »Das Phu – einige nennen auch dieses wilde Narde – wächst in Pontus (Nordanatolien) und hat Blätter ähnlich denen der wilden Pastinake oder des Pferdseppich, einen ellenlangen oder höheren Stengel, glatt, weich, etwas purpurfarbig, innen hohl und durch Gelenke etwas abgeteilt. Die Blüte kommt auf die der Narde hinaus, ist aber größer und zarter und vom weißen Grunde aus purpurartig gefärbt. Die Wurzel hat am oberen Teile die Dicke des kleinen Fingers, sie hat aber daran querlaufende Würzelchen wie etwa die Binse oder die schwarze Nieswurz, untereinander verflochten, gelblich, wohlriechend, an Duft der Narde ähnelnd, aber mit einer gewissen stinkenden Strenge.« Siehe auch Plinius XII, 45.

Dioskurides I, 7, 1 - 3: »Die Keltische Narde wächst wohl in den Alpen Liguriens, wo sie landläufig Saliunca genannt wird. Sie wächst aber auch in Istrien. Es ist ein sehr kleiner Strauch, welcher samt den Wurzeln in Bündeln wie eine Handvoll gesammelt wird. Sie hat längliche, etwas gelbliche Blätter und eine hochgelbe Blüte. Nur die Stengel und Wurzeln stehen im Gebrauch und haben Wohlgeruch. Deshalb muß man die Bündel, nachdem man das Erdige entfernt hat, am ersten Tage mit Wasser besprengen und sie an einem feuchten Orte auf unterlegtem Papier hinlegen und sie am folgenden Tage reinigen; denn mit der Spreu und Nichtdazugehörigem wird durch den Einfluß der Feuchtigkeit das Brauchbare nicht zugleich mit hinweggenommen. ... Sie hat dieselbe Kraft wie die syrische, ist aber noch harntreibender und magenstärkender. Sie hilft auch bei Leberentzündungen, bei Gelbsucht und Aufblähen des Magens ... bei Milz-, Blasen-, Nierenleiden und gegen den Biß giftiger Tiere, ... Auch wird sie den erwärmenden Umschlägen, Tränken und Salben zugesetzt.« Zu den heilsamen Wirkungen vgl. auch Plinius, *Naturkunde* XII, 45 (danach wird sie »mit Wein gewaschen«) und XXI, 135 (sie wird »mit Wasser oder Wein« eingenommen); Galenos XII, 85; Oreibasos XII; Isidorus aus Sevilla, *Orig.* VII, 9, 3; die drei letztgenannten machen Anleihen bei Dioskurides.

Safran
(Stigmata verschiedener Arten des *Crocus sativus* aus der Familie der Schwertliliengewächse)

Das griechische Wort *krokos* bezeichnet eine Pflanze – den Krokus –, einen Aromastoff – den Safran – und die Farbe orange. Das hebräische Wort lautet *karkom*, das akkadische *kurkanu.* Wahrscheinlich sind die Pflanze und das Wort durch die phönizischen Parfümeure aus Zypern nach Griechenland gelangt; das Wort *krokos* gab es jedenfalls schon vor Homer und wahrscheinlich schon bei den Mykenern im 14. Jahrhundert v. Chr. (in Pylos hieß eine Frau Krokia). Das lateinische Wort *crocus* wurde im 8. Jahrhundert n. Chr. von den Botanikern und Ärzten Andalusiens durch das arabische Wort *al zahafaran* ersetzt. Daher stammen das kastilianische *açafran*, das katalanische *safra*, das deutsche und französische *Safran*, das englische Wort *saffron* und das italienische *zafferano*.

Theophrast, *Naturgeschichte der Gewächse* VI, 6, 10: »Der Safran ist, wie die vorigen (Narzisse und Lilie) krautartig, aber die Blätter sind schmal und fast haarförmig. Er blüht und treibt sehr spät, oder auch früh, wie man die Jahreszeit nimmt. Mit der Plejade (September /Oktober) blüht er, aber wenige Tage, und zugleich mit dem Blatt treibt er die Blüte. Auch scheint sie selbst früher zu kommen. Die Wurzeln sind zahlreich, fleischig und dauerhaft. Es ist gut, wenn man sie fest tritt, ja die Blume wird schöner, wenn man die Wurzel mit Füßen fest tritt. Daher gedeiht der Safran auch am besten an Wegen und auf viel betretenen Stellen.«

Dioskurides, *Arzneimittellehre* I, 25: »*Safran*.... Der bessere ist der korykische in Kilikien (Landschaft im südlichen Kleinasien), von dem dortigen Korykos, dann kommt der lykische von dem Olymp dort, der dritte ist der von Ägis in Äolien. Der kyrenäische aber und der sizilische sind schwächer in der Wirkung, obwohl saftreicher und leicht zu zerquetschen, deshalb täuschen sich auch viele. Zum medizinischen Gebrauch ist am besten der frische und der eine hübsche Farbe und wenig Weißes hat, der etwas länglich, ganz unverletzt, voll, beim Reiben wohlriechend ist, aber beim Befeuchten der Hände färbt, der nicht schimmlig und etwas bitter ist. Der nicht so beschaffene ist entweder unreif oder veraltet oder aufgeweicht. Er wird verfälscht durch untermischtes Krokomagma oder indem er nach dem Befeuchten mit eingekochtem Most, durch zerriebene Bleiglätte oder Molybdaina, um das Gewicht zu erhöhen, gemischt wird.« Danach zählt Dioskurides die vielfältigen Verwendungsweisen des Safran als Gewürz und Heilmittel auf.

Plinius, *Naturkunde* XXI, 31 - 33 (zitiert wird nur, worin Plinius sich von seinen Vorgängern unterscheidet): »Der wilde Safran ist der beste. In Italien ihn zu säen, ist sehr wenig sinnvoll, da die Beete den Samen bis auf einzelne Skrupel schwinden lassen. Man zieht ihn aus der Wurzelknolle.... Den echten Safran erkennt man, wenn er, legt man die Hand darauf, knistert, als wäre er zerbrechlich; in feuchtem Zustand, was durch die Verfälschung bewirkt wird, gibt er nach. Eine andere Prüfung besteht darin, daß er, wenn man die Hand an den Mund bringt, Gesicht und Augen leicht brennt.... erstaunlich gut eignet er sich zum Wein, ganz besonders zum süßen, und in zerriebenem Zustand, um das Theater mit Wohlgeruch zu erfüllen.«

Plinius XIII, 5 und 10: »Lange wurde der Safranbalsam aus Loloi in Kilikien (Pompeiopolis, 10 Kilometer südwestlich von Mersin in der südlichen Türkei) am meisten gelobt, nachher der aus Rhodos.... Ähnlich (wie mit der Rosensalbe) verhält es sich mit der Safransalbe durch Zutat von Drachenblutharz, Schminkwurz und Wein.« Das Rezept enthält also Rosenblätter, Safranpulver, Pulver aus wohlriechendem Rohr und wohlriechender Binse, Honig, Wein, Salz zum Konservieren und zwei Farbstoffe.

STYRAX ODER STORAXBALSAM
(wohlriechendes Harz des Storaxbaums,
Styrax officinalis L. und *Liquidambar orientalis* Mill.)

Die Griechen lernten das Harz durch die Phönizier kennen; den ursprünglichen Namen *sori* (*Genesis* 37, 25) verwandelten sie in *stor* und fügten die in der Botanik übliche Endung -*ax* hinzu, wahrscheinlich in der archaischen Epoche, 7. – 6. Jahrhundert v. Chr., als sie die Küsten Südanatoliens und Zyperns kolonisierten, wo viele Storaxbäume wachsen.

Herodot, *Historien* III, 107: »Den Weihrauch sammeln sie, während sie Storax verbrennen, den die Phoiniker nach Griechenland einführen; beim Verbrennen gewinnen sie ihn. Die Weihrauchbäume werden nämlich von geflügelten Schlangen bewacht, die klein und buntfarbig sind und sich in Menge in der Nähe jedes Baumes aufhalten.... Nichts anderes kann sie von den Bäumen vertreiben als der Rauch des Storax.«

Strabos *Erdbeschreibung* XII, 7, 1-3: »Ringsherum (um die Stadt Selge) auf den Höhen stehen Wälder von verschiedenen Baumarten. Dort wächst auch viel Storax, ein nicht hoher, gerader Baum,... In den Stämmen aber erzeugt sich eine Art Holzwürmer, welche, das Holz bis zur Oberfläche zerfressend, anfangs ein den Kleien oder Sägespänen ähnliches Holzmehl auswerfen, wovon sich an der Wurzel ein Haufe ansammelt, hernach aber fließt ein Saft heraus, welcher leicht eine dem Gummi ähnliche Verhärtung annimmt. Ein Teil desselben, welcher auf das Holzmehl an der Wurzel hinabfließt, vermischt sich mit diesem und der Erde, außer was sich an der Außenseite ansetzend rein bleibt; ein anderer Teil aber gerinnt auf der Oberfläche des Stammes, an welchem er hinabfließt, und auch dieser bleibt rein. Aber auch aus dem nicht reinen macht man eine mit Holzmehl und Erde vermischte Masse, wohlriechender als der reine, übrigens jedoch an Kraft ihm nachstehend (was aber freilich die meisten nicht wissen), dessen sich die Gottesfürchtigen am meisten als Räucherwerk bedienen.« Herodots »geflügelte Schlangen« werden im übrigen bei Plinius zu »kleinen geflügelten Würmern«; dazu hat sicher der Rationalismus des gelehrten Poseidonios von Apamea (135 – 50 v. Chr.) beigetragen.

Dioskurides, *Arzneimittellehre* I, 79: »Der Styrax ist die Träne eines gewissen, der Quitte ähnlichen Baumes. Den Vorzug verdient der gelbe und fette, harzähnliche, welcher weißliche Körnchen enthält, möglichst lange den Wohlgeruch behält und beim Kneten eine eigene honigähnliche Feuchtigkeit abgibt. Ein solcher ist der gabalitische (aus Dschebail in Syrien), pisidische (aus dem westlichen Taurus) und kilikische. Schlecht ist der schwarze, zerreibliche und kleienartige. Es findet sich aber auch eine Träne, ähnlich dem Gummi, durchscheinend, myrrhenartig; diese bildet sich aber wenig. Sie verfälschen ihn durch Vermischen mit dem Holzmehl des Baumes, welches von Würmern aufgebohrt wird, mit Honig und dem Bodensatz des Schwertlilienöls und anderen Substanzen. Einige parfümieren Wachs und Talg, kneten es in der brennenden Sonnenhitze unter den Styrax und drücken es durch einen weitlochigen Durchschlag in kaltes Wasser, indem sie so gleichsam Würmchen bilden, und verkaufen es als sogen. Wurzmstyrax. Die Unkundigen lassen einen solchen als echt gelten, indem sie nicht auf die Stärke des Geruchs ihr Augenmerk richten, denn der unverfälschte ist sehr scharf. Er hat erwärmende, erweichende, verdauende Kraft, ist wirksam gegen Husten, Katarrh, Erkältung, Heiserkeit und Verlust der Stimme, ist ferner ein gutes Mittel gegen die Verstopfungen und Verhärtungen in der Gebärmutter und befördert, innerlich genommen und in Zäpfchen, die Menstruation, erweicht auch, eine Kleinigkeit mit Terpentinharz genommen, sanft den Leib. Mit Nutzen wird er auch den verteilenden Umschlägen und den stärkenden Salben zugemischt. Er wird aber auch angezündet, gedörrt, verbrannt und zu Ruß gemacht, wie der Weihrauch. Sein Ruß eignet sich zu allem dem, wozu der des Weihrauchs angezeigt ist. Das aus ihm in Syrien bereitete Styraxsalböl erwärmt und erweicht kräftig, jedoch verursacht es Kopfschmerzen, Schwere der Glieder und Totenschlaf.« Ähnliches schreiben Galenos XII, 151 und XIII, 954; Oreibasos XII (unter dem Stichwort Styrax); Aëtios II, 196; Isidorus XVII, 8, 5.

Plinius, *Naturkunde* XII, 124 – 125: »Syrien erzeugt dort, wo es oberhalb von Phönikien Judäa am nächsten liegt, in der Gegend von Gabala, Marathos und des Berges Kasion (Dschebel Akra) bei Seleukeia den Storax. Der Baum hat den gleichen Namen (wie das Harz) und ist der Quitte ähnlich; seine Harztränen haben zuerst einen herben, dann einen angenehmen Geschmack; im Innern hat er Ähnlichkeit mit einem Rohr (*cala-mus*) und ist voll von Saft (daher der Styrax *calamita* in der antiken Pharmakopöe). Zu ihm fliegen um den Aufgang des Hundssterns kleine geflügelte Würmer und nagen ihn an, weshalb er mit Holzmehl verunreinigt ist. Außer dem an den oben genannten Orten vorkommenden Storax lobt man noch den von Pisidien, Sidon, Zypern, Kilikien und Kreta. Der vom Amanos in Syrien wird am wenigsten von den Ärzten verwendet, aber mehr von den Salbenhändlern. Gleich, wo er herstammt, man bevorzugt den, welcher eine rötliche Farbe hat und fettig zäh ist; schlechter ist der bräunliche und mit einer grauen Schicht überzogene. Man verfälscht ihn mit dem Zedernharz oder Gummi, auch mit Honig und bitteren Mandeln; alle diese Zusätze bringt man durch den Geschmack heraus. Der Preis für den besten beträgt 17 Denare. Auch in Pamphylien kommt er vor, ist aber trockener und weniger saftreich.«

Plinius, *Naturkunde* XXIV, 24. Den von Dioskurides genannten Eigenschaften fügt Plinius noch hinzu: »In kleinen Dosen als Getränk eingenommen vertreibt der Styrax Traurigkeit, in großen Dosen macht er traurig.... Wenn man sich damit einreibt, verschwinden skrofulöse Tumoren und Knoten. Er dient als Gegengift gegen die Gifte, die den Körper erstarren lassen und infolgedessen auch gegen den Schierling.«

Glossar

»Absolue« oder *»essence absolue«:* das reine Blütenöl, das man durch Entfernung der letzten Spuren des Lösungsmittels aus dem Konkret erhält.

Anosmie: Ausfall des Geruchssinns.

Aromastoff /Aromata: pflanzliche Substanz, die zum Würzen von Speisen oder Getränken, als Heilmittel, Parfum oder Aphrodisiakum verwendet wird.

Aroma: Wohlgeruch und -geschmack meist pflanzlicher Genußmittel, verursacht durch ätherische Öle; würziger Duft.

aromatisch: würzig, wohlriechend, wohlschmeckend.

Ätherische Öle, »essences« oder »huiles essentielles«: flüchtige pflanzliche Öle mit charakteristischem, oft angenehmem Geruch, die auf Papier keine fetten Flecken hinterlassen. Es sind komplizierte Gemische von Aldehyden, Alkoholen, Estern, Ketonen, Terpenen und anderen Verbindungen.

Balsam: angenehm riechendes, flüssiges bis harziges Sekret aus den Stämmen von Balsambaumgewächsen und Balsampflanzen, im allgemeinen Lösungen von Harzen in Terpentinöl und anderen ätherischen Ölen.

Diffusion: physikalischer Ausgleichsprozeß.

Digestion: in der Pharmazie *Extraktion* (siehe dort).

Dekantieren: Flüssigkeit vom Bodensatz abgießen, z. B. bei älteren Rotweinen.

Duftnote: Duft von besonderer Prägung, Eigenart.

Elektuar, Latwerge: teigförmiges Arzneimittel aus pulverisierten Aromata und Honig.

Enfleurage: Absorption von Blütenriechstoffen durch Fett. Bei der Absorption mit kaltem Fett, der *Enfleurage à froid,* wird tierisches Fett in einem besonderen Reinigungsverfahren präpariert und mit frisch geernteten Blüten bestreut. Am nächsten Morgen werden die alten Blüten entfernt und durch neue ersetzt, ein Vorgang, der während der ganzen Ernte täglich wiederholt wird, so daß das Fett mit den ätherischen Ölen und den feinen Wachsen der Blüten gesättigt ist.

Enfleurage à chaud siehe *Mazeration*.

Expression (Auspressen): Verfahren zur Gewinnung ätherischer Öle (z. B. aus den Schalen von Zitrusfrüchten).

Extraktion (Auslaugung, Auswaschung): Trennverfahren, bei dem durch geeignete Lösungsmittel aus festen oder flüssigen Stoffgemischen selektiv bestimmte Bestandteile herausgelöst werden.

Fixateur, Fixiermittel: schwere, lang haftende pflanzliche oder tierische Duftstoffe (z. B. Harz, Amber, Moschus), durch die komplexe Kompositionen eine Verankerung bekommen.

Infusion: Einweichen einer festen Substanz in eine Flüssigkeit, um selektiv bestimmte Bestandteile herauszulösen, eine Art der *Mazeration*.

Inzensation: kultische Beräucherung von Personen und Gegenständen mit Weihrauch.

Konkret (»*concrète*« oder »*essence concrète*«): Name der duftenden, salben- oder wachsartigen, manchmal nahezu harten Masse, die nach dem Destillationsprozeß übrigbleibt, bei dem das Lösungsmittel verschwindet.

Komposition: harmonische Mischung aus einer Grundsubstanz, dem Duftstoff und einem Fixateur.

Linie: Produktreihe (Eau de parfum, Eau de toilette, Seife mit der gleichen Duftnote).

Mazeration oder *Enfleurage à chaud*: Dabei werden Blüten oder Pflanzenteile in gereinigte Fette oder Öle von etwa 50 – 70 Grad eingeweicht. Nachdem die Blüten längere Zeit eingeweicht sind, wird das heiße Fett abgegossen und mit neuen Blüten versetzt.

Pheromone, Ektohormone: von Tieren in kleinsten Mengen produzierte hochwirksame Substanzen, die, nach außen abgegeben, Stoffwechsel und Verhalten anderer Individuen der gleichen Art beeinflussen.

Salbe: Mischung aus fettigen Substanzen und Duftstoffen, zum Einreiben.

Terpene: Im Pflanzen- und Tierreich häufig vorkommende, gesättigte oder ungesättigte Kohlenwasserstoffe.

Terpentinharz: Harz der Terebinthe oder Terpentinpistazie, der Lärche, Strandkiefer oder Tanne; in der Parfumherstellung wird es als Fixateur verwendet.

Anmerkungen

1 *Das Hohelied* (hebräisch *schir haschschirim*) und alle weiteren Bibelstellen werden in der Regel zitiert nach *Die Bibel. Altes und Neues
Testament. Einheitsübersetzung*, Freiburg, Basel, Wien (Herder)
1980.

2 Die Annahme, daß das *Hohelied* als Sammlung einzelner Lieder
und Liedfragmente so spät zu datieren sei (Ed. Dhorme, *La Bible*,
Bd. II, S. CXLVI), beruht darauf, daß in 3, 9 das Wort *appiriyon*
vorkommt, das sich aus dem griechischen *phoreion*, Palankin, Trag-
sessel, ableitet. Dies unterstellt die Herrschaft Alexanders oder seiner unmittelbaren Nachfolger über Judäa. Der Gebrauch des persischen Wortes *pardes*, »Paradies«, königlicher Park, in 4, 13, das
ansonsten in der Bibel nur im Buch *Nehemia* 2, 8, und im *Prediger
Salomo* 2, 5, zwei Texten aus der hellenistischen Epoche, vorkommt, verrät, daß Kapitel 4, aus dem wir zitieren, entweder nach
der Rückkehr aus dem Exil oder erst zu Zeiten von Artaxerxes I.
(465 – 423) entstanden ist. Aus Gründen der Tradition datiert
André Chouraqui die Abfassung dieser Texte auf das Ende des 6.
Jahrhunderts v. Chr.: *Le Cantique des Cantiques suivi des Psaumes*,
Paris (Presses Universitaires de France) 1970, Einleitung, S. 15 –
16. Im übrigen sind sich die Experten heutzutage einig, daß das
gesamte *Hohelied* erst später Salomo, auf den in Vers 1, 5 und 3, 7 –
11 Bezug genommen wird, zugeschrieben worden ist.

3 Plutarch, *Alexander und Caesar*, 20, 13 (wahrscheinlich nach Cha-
res von Mytilene, der später ein wichtiges Hofamt innehatte und
den Plutarch sechsmal zitiert, vor allem beim Sieg von Issos im
November 333 v. Chr., bei dem Alexander die Habe des Darius
erobert hat).

4 Paul Chauchard, *Les messages de nos sens*, Paris (PUF, Que sais-je?
Nr. 138) 1944, Kap. III.; J. Le Magnen, *Odeurs et parfums*, ebenda,
Nr. 344, 1951; ebenda, »Les mécanismes de l'odorat«, *Atomes*, Nr.
254 (Mai 1968); A. Holley, Artikel »Olfaction« in *Universalia*, 1976,
S. 343 – 345, Supplement-Band der *Encyclopaedia Universalis*.

5 Ruth Winter (die für den Wissenschaftsteil der *Los Angeles Times* zuständige Journalistin), *Le livre des odeurs*, übers. v. M.-F. de Paloméra, Paris (Le Seuil) 1978, insbesondere Kap. IV, »Le nez et le sexe«, S. 47 – 70. Durch Laborversuche konnten einige der intuitiven Annahmen europäischer Ärzte und Philosophen zwischen 1690 und 1820, so z.B. von R. Boyle, Bordeu, Condillac, Jaucourt, Hallé, J.J. Virey (des Verfassers von Aufsätzen über Osmologie, die Geruchslehre, und über Gerüche), bewiesen werden. Alain Corbain zitiert sie in seinem Buch *Le miasme et la jonquille*, Paris (Aubier-Montaigne) 1982, S. 41 – 82. Der weit verbreitete Aberglaube von der *aura seminalis* wurde durch die Theorie der Pheromone ersetzt. Allgemein verständlich ist das Buch von E. Monin, *Les odeurs du corps humain dans l'état de santé et dans l'état de maladie*, Paris 1880.

6 René Cerbelaud, *Formulaire de la parfumerie*, Paris (Ed. Opéra) 1951, Bd. I (Einteilung der Düfte); Edmond Roudnitska, *Le parfum* (1980), S. 11; D. Bott – M. Monestier, *Dis-moi quel est ton parfum* (1981), S. 165 – 179; *8ᵉ Dictionnaire des parfums et des lignes pour hommes* (1983 – 1985), Hrsg. Sermadiras, S. 14 – 15; *Société technique des parfums de France*, Klassifizierung der Parfums (Okt. 1984), S. 6 – 9; Marcel Billot und F. V. Wells, *Perfumery, Technology, Art, Science, Industry* kennen nur vier Serien von Naturprodukten: die blumigen, die holzigen, die balsamischen und die animalischen. Ruth Winter, a.a.O., S. 145 – 146 teilt die Parfums in acht Kategorien ein, von denen die erste die *orientalische* ist.

7 Remy de Gourmont, *Simone, poème champêtre*, Paris (Mercure de France) 1901, wiederveröffentlicht anläßlich des fünfzigjährigen Jubiläums des Symbolismus in den *Nouvelles Littéraires* vom Juni 1936. Meine Vorliebe gilt dem folgenden Haiku des Japaners Otsonyu (1675 – 1739):

Ich kann heute nacht nicht schlafen,
Denn durch das halboffene Fenster
Dringt der Duft des Pflaumenbaums.

und dem Gedicht *Das Haar* von Baudelaire (*Revue française*, 20. Mai 1859):

O Vlies, in Wellen bis hinab zum Nacken sinkend! . . .
So berge ich mein Haupt, von höchster Liebe trunken,
In dieser schwarzen Flut, die Meere in sich schließt, . . .
Endloses Wiegen, das balsamisch sich genießt!

Charles Baudelaire, *Die Blumen des Bösen. Les Fleurs du Mal*, München (Winkler) 1979, S. 73.

8 Siehe die Bibliographie II. Die Entsprechungen, die der englische

300

Parfumhersteller George William Septimus Piesse in *The Art of Perfumery and the Method of Obtaining the Odours of Plants*, London 1855, zwischen den Parfums und den f- und g-Tonleitern aufgestellt hat, sind rein subjektiver Natur und von daher irrelevant. Vgl. Santini de Riols, *Les parfums magiques*, Paris 1903, S. 140 – 144; D. Bott und M. Monestier, a.a.O., S. 180 – 185; Montesquiou-Fezensac, *Pays des aromates, Collection d'objets relatifs aux parfums* (vor allem die von Huysmans gerühmte Orgel), Paris (H. Floury) 1900.

9 Baudelaire, *Die Blumen des Bösen*, »Entsprechung«, a.a.O., S. 25, ein Gedicht, das anscheinend um 1855 verfaßt wurde; siehe hierzu *Les Fleurs du Mal*, Hrsg. von Antoine Adam, Paris (Garnier) 1961, S. 270 – 277.

10 Es handelt sich um den Duft von Mandarinen, Gewürznelken, Koriander, Rosen, Jasmin, Nelken, Vetiver (eine Art Bartgras), Sandelholz, Zedern, Benzoe, Opoponax, Castoreum (Bibergeil), Ladanum und Myrrhe. Die dominanten Duftnoten sind orientalisch, animalisch, würzig, holzig. Das Parfum wird als geheimnisvoll, sinnlich und äußerst feminin beschrieben: *8ᵉ Dictionnaire des parfum...*, a.a.O., Hrsg. Sermadiras, S. 123.

11 Marylene Delbourg-Delphis, *Le Chic et le »Look«*, Paris (Hachette) 1982; *Le sillage des élégantes*, Paris (Lattès) 1983. Die Autorin stellt darin fest, daß seit 1880, seit die französische chemische Industrie Parfums aus synthetischen Duftstoffen und Düfte kreiert, die stärker riechen als die natürlichen, zu jedem neuen Parfum verschiedene Dinge gehören: Duft, Flakon, ein phantasievoller Name, eine Werbekampagne, die eine diffus romantische Aura schafft, kurzum eine »imaginäre Konstellation«. Die Namen einiger Parfums, so z.B. »Faisons un rêve« oder »Un jour viendra« aus dem Hause Arys, sind denn auch sehr vielsagend und appellieren an das Bedürfnis, der Realität zu entfliehen.

12 Ruth Winter, a.a.O., Kap. IX (»comment vous sentez vous?« auf französisch ein Wortspiel, da ›sentir‹ sowohl ›fühlen‹ als auch ›riechen‹ bedeutet); siehe auch die Artikel »parfums« und »sociétés animales« (Lebensformen der Tiere) in der *Encyclopaedia Universalis*.

13 Plutarch, *Alexander und Caesar* 4,4; *Tischgespräche* I, 6, 623, E; nach dem »Fragment über den Körpergeruch Alexanders« des Aristoxenos von Tarent, eines Schülers von Aristoteles.

14 Ein Scherz von Humoristen und Chansonniers aus dem 20. Jahrhundert; sie stellen einfach zwei bekannte Tatsachen aus der Geschichte nebeneinander, Joséphines Aufenthalt im Heilbad von

Plombières und die Ungeduld des jung vermählten Napoleon. Siehe Napoleon, *Liebesbriefe an Joséphine*, Hrsg. von Jean Tulard und Chantal de Tourtier-Bonazzi, (Ullstein) 1985. Dieselben Äußerungen werden auch Heinrich IV. zugeschrieben, siehe Bott und Monestier, a.a.O., S. 26.

15 Über die lieblichen Düfte, die die Körper der Toten verströmen, und über den Geruch der Heiligkeit im allgemeinen vgl. Jean-Noël Vuarnet, *Extases féminines*, Paris 1980, S. 38 - 45. Was das Gegenteil anbelangt, den Geruch des Lasters, den Geruch Satans bzw. den Hauch des Wahnsinns, braucht man sich nur an das Lob des Gesangs des Narren in Shakespeares *Was ihr wollt* zu erinnern: »*Eine honigsüße Stimme,... Eine reine Kehle! Recht süß und rein, wahrhaftig! Ja, wenn man sie durch die Nase hört, süß zum Übelwerden.*« William Shakespeare, *Sämtliche Dramen und Komödien*, Bd. I: Komödien, München (Winkler) 1967, Übers. von A. W. Schlegel, Dorothea Tieck und Wolf Graf Baudissin, S. 936; oder auch an den »süßen Pesthauch«, den Baudelaires *Flacon* (1857) enthält, die Erinnerung an den »düstren Leichnam« der »alten Liebe«:

> *Es gibt Gerüche, die so starken Duft verhauchen,*
> *Daß sie durch jeden Stoff und selbst durch Glas verrauchen.*
> *Du teures Gift, gebraut von Engeln! du zerfrißt*
> *Mein Herz, darin du Tod zugleich und Leben bist!*

Baudelaire, *Die Blumen des Bösen*, a.a.O., S. 141. Der dämonische Geruch kann im übrigen genauso lieblich sein wie der Geruch der Heiligkeit. Er hat nichts gemein mit Rimbauds »puanteurs cruelles« (dem gräßlichen Gestank) in *Voyelles* (1871), *Oeuvres Complètes*, Paris (Bibliothèque de la Pléiade, Gallimard) 1946, *Poésies*, S. 103, Notes et variantes, S. 657 - 660). Letzterer wird einfühlsam und detailliert geschildert in dem soziologischen Essay von Alain Corbin *Le miasme et la jonquille*, Paris (Aubier/Montaigne) 1982, S. 11 – 81) und in Patrick Süskinds Roman *Das Parfum. Geschichte eines Mörders*, Zürich (Diogenes) 1985, dessen Handlung 1738 – 1767 in Paris und Grasse spielt, den beiden (ekelerregenden) Zentren der Parfumherstellung.

16 P. Barguet, *Le Livre des morts des anciens Egyptiens*, Paris (Ed. du Cerf) 1967; S. Sauneron, *Rituel de l'embaumement*, Kairo 1952; J.-Cl. Goyon, *Rituels funéraires de l'Ancienne Egypte*, Paris (Ed. du Cerf) 1972, S. 18 – 84.

17 Victor Loret, *La résine de térébinthe (sonter) chez les anciens Egyptiens*, Kairo, IFAO. Recherches d'archéologie, de philologie et d'histoire, Bd. XIX, 1949. Derselben Ansicht ist Fr. Daumas, *La Civilisation de l'Egypte pharaonique*, Paris (Arthaud) 1965, S. 599 (das

Terpentinharz, *sontjer*); über Weihrauch und Terpentinharz siehe A. Lucas und J. R. Harris, *Ancient Egyptian Materials and Industries*, London ⁴1962, S. 91, 95 – 96. Zur Botanik vgl. V. Loret, *La flore pharaonique d'après les documents hiéroglyphiques et les spécimens découverts dans les tombes*, Paris 1887; Louis Emberger, *Traité de botanique systématique*, Bd. II (1), Paris (Masson) 1960, S. 622 – 753 (Pistazien), insbesondere S. 637 – 639 (Burseraceae), S. 647 – 650 (Anacardiaceae oder Pistazien: *Pistacia* L., darunter die beiden Arten *P. lentiscus* L. und *P. terebinthus* L.) Siehe außerdem, was Theophrast in seiner *Hist. Plant.* I, 9, 3; III, 2, 6 und 15, 3 – 4; IX, 1, 2; 1, 6; 2, 2 und 3, 4 über die sogenannte syrische Terebinthe *terminthos* und deren Harz bzw. Pech um 300 v. Chr. geschrieben hat.

18 Von den in der Bibliographie zitierten Werken siehe das von Valnet, S. 324 und das von P. Delaveau, S. 59 – 61.

19 Die Griechen scheinen dieses Wort zu *aention* vokalisiert zu haben, welches das Lexikon von Hesychios im Anschluß an Diogenianos, einen Grammatiker aus dem 2. Jahrhundert, als »ägyptische Myrrhenart« definiert.

20 V. Loret, *La résine de térébinthe...* , a.a.O.; P. Montet, *La vie quotidienne en Egypte au temps des Ramsès*, Paris (Hachette) 1956 (Neuauflage), Kap. VII (die Reisen), S. 180 - 186; A. Lucas und J. R. Harris, a.a. O., S. 92 – 93; D. Martinez und K. Lohs, »Vom geweihten Rauch des Olibanums. Zur Kulturgeschichte des Weihrauchs«, *Neue Zürcher Zeitung*, Nr. 297 (23. Dezember 1981), S. 35 mit chemischen Analysen; es handelt sich um den Wiederabdruck eines Artikels aus der Zeitschrift *Wissenschaft und Fortschritt* 31 (1981) der Akademie der Wissenschaften der DDR. – In Lynn Abercrombies Artikel im *National Geographic*, Bd. 168, Nr. 4 (Okt. 1985), S. 484 und 500 finden sich Fotos des Weihrauch- und des Myrrhebaums.

21 Text und Illustration im Werk von Edouard Naville, *The Temple of Deir el Bahari*, London 1898, III, S. 12 – 20 und S. 69 – 86. Vgl. P. Montet, a.a.O., S. 183. Die drei neben *anti* (Myrrhe) und *sonte* (Weihrauch) genannten Parfums heißen *tj. schepes, chesjt* und *jhemet*; es sind möglicherweise zwei Zimtarten, *cinnamomum* und *cassia* (Herodot, *Historien* III, 110 - 111, Theophrast, *Hist. Plant.* IX, 5, 2; Plinius, *Naturkunde* XII, 85 – 95), oder eine Styraxart (*Liquidambar orientalis* Mill.), eines der Harze, die sich in den ägyptischen Gräbern nachweisen lassen: vgl. A. Lucas und J. R. Harris, a.a.O., S. 89; Naves und Mazuyer, *Les parfums naturels*, S. 296 – 297.

22 Peter Waser, »Manipulation des Menschen durch chemische Stoffe und Pharmaka«, *Neue Zürcher Zeitung*, Nr. 166 (9. April 1973), S. 35 behandelt ausführlich die Wirkung aromatischer und betäubender Substanzen auf das Verhalten von Mensch und Tier; Jean-Marie Pelt fragt sich in *Les drogues et plantes magiques* (1971), S. 218 – 225 sowie *Les drogues, leur histoire, leurs effets* (1980) nach der tieferen Bedeutung, warum der Mensch zu Räucherwerk und die Sinne betäubenden Getränken greift; ist es die Rückkehr zum Primitiven und Irrationalen, eine Flucht vor der Wirklichkeit?

23 Neben den bereits erwähnten Werken von S. Sauneron und J.-Cl. Goyon (1971) vgl. das *Lexikon der Ägyptologie*, 1973, Bd. I, 4, Sp. 610 – 617; Galeries nationales du Grand Palais, 7. Mai – 9. August 1982, *Naissance de l'écriture*, S. 293, Nr. 247, »Einbalsamierungsritual«.

24 Museum national d'Histoire Naturelle , Musée de l'Homme, Paris 1976 – 1977: *La momie de Ramsès II. Contribution scientifique à l'égyptologie*, Paris (Ed. Recherche sur les civilisations) 1985, insbesondere Kap. V, S. 154 – 200, »Les végétaux de la momie« (von Arlette Leroi-Gourhan über die Pollen und A. Plu über die Hölzer und Samen).

25 *Catalogue des Antiquités égyptiennes exposées au Musée des Arts décoratifs* (die Exponate stammten von der Grabungskampagne Raymond Weills im Jahre 1913), Paris 1913, S. 26, Nr. 189; *Trois mille ans de parfumerie*, Grasse 1980, Ausstellungskatalog, Abb. 2, S. 18 (Anmerkung von A. M. Loyrette); Gustave Jéquier, *Les frises d'objets des sarcophages au Moyen Empire*, MIFAO, Bd. XLVII (1921), S. 146 – 152.

26 Siehe den Artikel »Zypresse« von Olck, *RE*, Bd. IV (1901), Sp. 1909 – 1938.

27 Annales du Service des Antiquités de l'Egypte, Bd. XIII (1914), S. 49 – 78.

28 W. Wrezinsky, *Atlas zur altägyptischen Kulturgeschichte* I, 2, Leipzig 1923, Tafel 356 (thebanisches Grab eines Unbekannten aus der Regierungszeit von Thutmosis IV., 1397 - 1384?); B. Porter und R. L. B. Moss, *Topographical Bibliography of Ancient Hieroglyphic Texts, Reliefs and Paintings*, Bd. I, Oxford 1960, S. 210 und 274 (Grab von Rechmire); S. Lloyd, *The Art of the Ancient Near East*, New York und Washington 1961, S. 179, Abb. 141 (Grab von Nacht, 18. Dynastie, um 1400 v. Chr., wo eine Parfümerie-Offizin dargestellt ist). Schlechte Reproduktion der Tafel von Wrezinsky durch Forbes, *Studies in Ancient Technology* III, S. 13, Abb. 1.

29 Reproduktion in der monatlich von Le Seuil /La Recherche heraus-

gegebenen Zeitschrift *L'Histoire*, Paris, Nr. 65 (März 1984), S. 47 in einem Artikel von Paul Faure über die »Parfums in Griechenland«. Dieses sogenannte *lirinon*-Relief wird auf den Beginn der hellenistischen Epoche (Ende des 4. Jahrhunderts v. Chr.) datiert.

30 Siehe insbesondere bei V. Loret, *La résine de térébinthe*, a.a.O., S. 26 die vier Zeichen in syllabischer Schreibung und die 2 Hieroglyphen, die den Namen des Gottes Schesemu darstellen. Eines dieser Symbole steht über einem Säckchen, aus dem es in einen Napf zwischen zwei Trägern hinabtropft.

31 *Altägyptische Liebeslieder.* Mit Märchen und Liebesgeschichten. Eingel. u. übertr. v. Siegfried Schott, Zürich (Artemis) ²1950; P. Montet, a.a.O., S. 96 – 101 (die Festlichkeiten); François Daumas, *La civilisation de l'Egypte pharaonique*, a.a.O., Kap. VIII, S. 356 – 367; Caroline Möhring, »Weihrauch und Myrrhe«, *Frankfurter Allgemeine Zeitung*, 6. Januar 1986 zitiert das »Lied des Harfners«; Laurence Van Sichelen, »La femme au temps des pharaons« (Ausstellung der Musées royaux d'Art et d'Histoire in Brüssel), *Archéologia*, Nr. 210, Februar 1986, S. 24 – 25, zitiert aus den »Lebenslehren des Ptahhotep« und den »Gedanken des Ani«.

32 Mémoires de l'IFAO, Bd. LXVI, 2, Kairo 1935, S. 853 - 877.

33 Das Griechischheu (*Trigonella foenumgraecum*) ist ein Schmetterlingsblütler bzw. eine Hülsenfrucht, die aus dem östlichen Mittelmeer stammt und seit jeher als Futterpflanze, Heilkraut und Gewürz verwendet wird. Man benutzte vor allem die ölhaltigen Samen, die in den langen, schmalen Hülsen enthalten sind. Sie sind reich an Vitaminen, Nitraten und Kalzium. In der Medizin ersetzen sie den Lebertran. Aufgeweicht oder zu Mehl verarbeitet wurden sie auch als Kataplasma gegen Hautentzündungen verwendet. Siehe hierzu in der Bibliographie Sarah Garland, S. 110, J. de Sillé, S. 71, P. Delaveau, S. 84, 129.

34 Die Texte aus Edfu stehen in den Sammlungen von G. Steindorff und E. Chassinat, die in der Bibliographie genannt sind. V. Loret hat sie übersetzt und in dem Aufsatz »Le kyphi, parfum sacré des anciens Egyptiens«, *Journal Asiatique* 1887, S. 76 – 132 mit den griechischen Texten verglichen. Im Fünften Kapitel dieses Buches folgt die vollständige Übersetzung des Textes von Galenos (*De Antidotis* II,2). Von den Ingredienzien, die die griechischen Autoren häufig erwähnen, wird der *aspalathos* sehr verschieden interpretiert: als Stechginster, Kameldorn (*Alhagi Maurorum*), *Convolvulus scoparius*, eine Windenart, Holz aus Rhodos oder vom Rosenstock. Am besten hält man sich meines Erachtens an den heutigen Sprachgebrauch in Griechenland; der *aspalathos* bezeichnet dort den Stech-

ginster (*Genista horrida* oder *Calycotome spinosa*), einen Schmetterlingsblütler aus derselben Familie und von ähnlichem Aussehen
wie der Stechginster (*Ulex europaeus*), der auch als Heilpflanze (das
Öl aus seinen Samen hilft gegen Ekzeme) wie als Futterpflanze
verwendet wird. Aus seinen Blüten gewinnt man eine wohlriechende Essenz. Siehe Gaston Bonnier, *Les noms des fleurs*, Paris
(Librairie Générale de l'Enseignement) 1911, Tafel 13, 1, 2, 3;
P. Fournier (verantwortlicher Herausgeber von *Monde des Plantes*)
in einer Anmerkung zu Plinius, *Hist. Nat.* XII, 110 (Ed. des Belles
Lettres) 1949, S. 99 – 100; Evangelia Frangaki, *Beiträge zu den
volkstümlichen Pflanzennamen* (auf griechisch), Athen 1969, S. 59 –
60; Pierre Delaveau, *Histoire et renouveau des plantes médicinales*,
a.a.O., S. 272 – 274 (*Spartium junceum*, Binsenginster, und *Saro-
thamnus scoparius*, Besenginster). Die uns von den Botanikern der
Antike überlieferten, einander widersprechenden Beschreibungen
beziehen sich offenkundig auf zahlreiche Arten von Hülsenfrüchten
mit gelben Blüten, die auf felsigem Boden wuchsen.

35 Der Radiosender »France Inter« verkündete am 18. Oktober 1985
um 11.30 Uhr, daß der große Pariser Parfümeur Jean-Paul Guer-
lain sich anschickt, mit Freunden das berühmte ägyptische Parfum
nach der Formel, die auf einer Tempelmauer in Philae zu lesen ist,
nachzuschaffen.
Wenn wir die beiden ägyptischen Texte und die drei griechischen
miteinander vergleichen, lassen sich 16 Ingredienzen dieser aromatischen Paste identifizieren; danach besteht der Kyphi aus 4 wohlriechenden Beeren, 6 Säften aus pflanzlichen Fasern und 2 stark
zucker- und alkoholhaltigen Grundsubstanzen (oder Lösungsmitteln?) sowie vier Harzen, die als Fixiermittel dienten.

36 E. Ebeling, B. Meißner, W. von Soden, *Reallexikon der Assyriologie
und Vorderasiatischen Archäologie*, Berlin – Leipzig – New York
1932 – 1983; bislang sind 6 Bde. erschienen bis zum Stichwort
»Libanon«; siehe insbesondere Bd. III (1971, S. 340 – 344 den
Artikel »Gewürze« (auf akkadisch *schim*, Aromata) von J. Bottéro,
ergänzend auch den entsprechenden Eintrag im *Reallexikon für
Antike und Christentum*, Bd. X (1978), Sp. 1190 – 1208 von Herbert
Dittmann; R. C. Thompson, *A Dictionary of Assyrian Botany*, London 1949; Harold und Alma Maldenke, *Plants of the Bible*, New
York 1952; W. Walker, *All the Plants of the Bible*, New York 1957; P.
Fournier, »Les plantes de la Bible«, *L'Ami du Clergé*, 1958, S. 704 –
708; Béatrice André-Leickman, »Plantes odoriférantes et parfums
en Mésopotamie ancienne d'après les textes sumériens et assyro-
babyloniens«, *3000 ans de parfumerie*, Grasse 1980, S. 30 – 36;

Dossiers Histoire et Archéologie, Nr. 51 (März 1981), »Sumer et Babylone«; Nr. 80 (Februar 1984) »Mari sur l'Euphrate«; Nr. 83 (Mai 1984) »Ebla retrouvée«; Nr. 103 (März 1986) »la Babylonie«; Jean Margueron, »Emar, une ville sur l'Euphrate«, *Archéologia*, Nr. 176 (März 1983), S. 20 – 36.

37 Forbes, a.a.O., Tafel III, S. 11; J. Bottéro und B. André-Leickman, a.a.O.; zum »Kanaanäischen« (Hebräisch, Aramäisch, Phönizisch) siehe Samuel Bochard, *Chanaan*, Caen 1646, S. 792; zum Akkadischen siehe Wolfram von Soden, *Akkadisches Handwörterbuch*, Bd. I – III, Wiesbaden 1965 – 1981.

38 Neben den Abhandlungen über Botanik von Costantin und Faideau (1922) und L. Emberger (1960) vgl. Jacques Brosse, *Atlas des arbustes, arbrisseaux et lianes de France et d'Europe occidentale*, Paris (Coll. Bordas, Nature) 1979, S. 221 über den Storaxbaum, *Styrax officinalis* L., der 1597 im jetzigen Departement Var heimisch geworden ist.

39 Die fünf genannten Pflanzen (vgl. P. Delaveau, a.a.O., S. 62; J. Palaiseul, a.a.O., S. 218) entsprechen nur teilweise den Angaben der Mischna (*Pessachim*, 2, 6) über den Exodus und das Gedenken an das Passahfest. Die Rabbiner im Mittelalter behaupteten, die sieben bitteren Kräuter seien Lattich, Chicorée, Wegwarte, Meerrettich und Gänse- oder Saudistel (*maror*, bitterer Saft) gewesen; vgl. H. Dittmann, *Reallexikon*, a.a.O., Sp. 1196 – 1197. Vielleicht war die Gänsedistel der Ersatz für eine andere sehr bittere Pflanze, den Andorn (auf hebräisch *marob*), einen Lippenblütler, der jahrtausendelang als Heilkraut angepflanzt wurde.

40 Täfelchen aus dem Louvre, das in dem Buch *3000 ans de parfumerie*, Grasse 1980, reproduziert und teilweise übersetzt ist unter Nr. 45, S. 34 und 36.

41 Mathieu Huguenet, *Minute*, Nr. 1218 (10.– 16. August 1985), S. 29.

42 *Encyclopaedia Judaica*, Jerusalem (The Macmillan Company) 1971 – 1972, unter den Stichworten *cosmetics* (Bd. V, Sp. 978 - 982), *frankincense* (Bd. VII, Sp. 99 – 100), *incense and perfumes* (Bd. VIII, Sp. 1310 – 1316), *oils* (Bd. XII, Sp. 1347 – 1351) und *spices* (Bd. XV, Sp. 267 – 269).

43 E. Ebeling (Professor in Berlin), »Mittelassyrische Rezepte zur Zubereitung (und Herstellung) von wohlriechenden Salben«, *Orientalia* Bd. XVII (1948), S. 129 – 145 und 299 – 313; Bd. XVIII (1949), S. 404 – 418; Bd. XIX (1950), S. 265 – 278 (Lexikon). Den sieben wesentlichen Arbeitsgängen bei der Herstellung stellt der Autor (Bd. XVII, S. 144) die Angaben aus dem *Talmud* gegenüber, der nur vier Arbeitsschritte nennt: Erhitzen, heiße Mazeration, Filtern, Ver-

packen, wobei der zweite Vorgang so oft wiederholt werden kann, bis die fette Grundsubstanz gesättigt ist.

44 In dem äußerst bemerkenswerten Artikel »Evidences of Ancient Distillation, Sublimation and Extraction in Mesopotamia«, *Centaurus*. International Magazine of the History of Science and Medecine, Kopenhagen, Bd. IV (1955), S. 23 – 33, den die Historiker trotzdem häufig ignorieren, erbringt Martin Levey den Nachweis, daß die Bewohner von Tepe Gawra im oberen Tigris-Tal bereits am Ende des 4. Jahrtausends v. Chr. Töpfe mit einer Rille im oberen Rand benutzt haben. Am kuppelförmigen Deckel kondensierten die Dämpfe der Pflanzen, die man in den Topf gegeben hatte, und die Tropfen rannen in die Rille des Topfrandes. Zu Recht vergleicht der Autor dieses Gefäß mit den Apparaten, in denen Metall (z. B. Quecksilber) von den Sumerern, Assyrern, Arabern (Al Razi, Al Kindi, Geber) sublimiert und flüchtige Öle verfeinert wurden, Apparate, die in den Abhandlungen der mittelalterlichen Alchimisten reproduziert sind. Auf syrisch heißt sublimieren *assaka*, was dem assyrischen *isikku* entspricht. Den von Ebeling in den *Orientalia* wiedergegebenen Text übersetzt M. Levey, a.a.O., S. 27 – 28, wie folgt: »You do not remove the (botanical) material or take away the charcoal. The fire rises, throws up foam. You repeatedly wipe up the *betanu* (or *bitan*, ›the inner structure‹) of the *diqaru* pot with a handcloth, then stir and cover. For four days it remains in its *diqaru* and on the following morning, you kindle a fire which is not permitted to become too intense.« Der Text aus Assur KAR 222, linke Spalte 1, 15, nennt den Rand des *diqaru schaptu scha diqaru*.

45 Bezüglich der Legenden über die Königin von Saba vgl. Roger Caillois, »Les démons du midi«, *Revue de l'Histoire des Religions*, Bd. 116 (1937), S. 54 – 83 und 143 – 186; Maurice und Paulette Déribéré, *Au pays de la reine de Saba*, Paris (Edition France-Empire) 1977, insbes. S. 31 – 71 (über Marib, die Stadt der Königin von Saba) und 92 – 93 (Zeittafel nach Albright und Wendell Philipps).

46 Über Sextius Niger siehe die »Testimonia vitae et doctrinae« in der Wellmann-Ausgabe von Dioskurides, *De Materia Medica*, Bd. III, Berlin (Weidmann) 1914 (Nachdruck 1958), S. 146 – 148.

47 Die wichtigsten Funde wurden teils sogar von den Archäologen selbst beschrieben in: 1) *Les dossiers de l'archéologie*, Nr. 33 (März – April 1979) »Au pays fabuleux de la reine de Saba«; 2) *Archéologia*, Nr. 160 (November 1981), Dossier »La recherche française au Yémen«, S. 26 – 53; 3) *Archäologische Berichte aus dem Jemen*, Bd. I, II, Deutsches Archäologisches Institut Sanaa, Mainz (von Zabern-Verlag) 1982 – 1983; Thomas und Lynn Abercrombie, »Arabia's Fran-

kincense Trail«, *National Geographic*, Bd. 168, Nr. 4 (Oktober 1985), S. 474 – 513.

48 A. Schmidt, *Drogen und Drogenhandel im Altertum*, Leipzig 1924; 1927; R. Steuer, *Myrrhe und Stakte*, Wien (Schriften der Arbeitsgemeinschaft der Ägyptologen und Afrikanisten in Wien) 1933; Gus W. Van Beek, »Frankincense and Myrrh in Ancient South Arabia«, *Journal of the American Oriental Society*, Bd. 78 (1958), S. 141 – 152; W. F. Leemans, *Foreign Trade in the Old Babylonian Period*, Leiden (Brill) 1960.

49 *pilpul* – ein Ausdruck, der von *pilpel* »Pfeffer«, »pfeffern« abgeleitet ist und soviel heißt wie »geistreich streiten« in der Tradition der Haggada der Talmudim und Midraschim unseres Mittelalters.

50 Neben den in der Bibliographie unter IV. zitierten Wörterbüchern, den Anmerkungen zu den neuesten Ausgaben der Bibel, der weiter oben in Anmerkung 42 schon zitierten *Encyclopaedia Judaica* habe ich das Talmud-Wörterbuch von Jastrow zu Rate gezogen, und zwar bezüglich der Wörter *sipporän* »Nagel« (S. 1296, Sp. II, 3) und *schehelät* (»onycha«/Nagel?) (S. 1548, Sp. II). Ich bedanke mich bei meinen Freunden, die sich in den semitischen Sprachen auskennen, Professor Yves Millet in Paris und dem Rabbiner Raymond Furth in Jerusalem, für ihre Hinweise, obwohl ich mich letzten Endes doch der Auffassung von Ed. Dhorme, *La Bible*, Paris (NRF) 1962, Bd. I, S. 266, Anmerkung zu Exodus 30, 34, angeschlossen habe; vgl. P. Rovesti, *Alla ricerca dei profumi perduti*, Venedig 1980, S. 172 »Die Parfums der Bibel«.

51 Benjamin Mazar, Artikel »Engaddi« in *Bible et Terre sainte*, Le Monde de la Bible, Paris (Bayard-Presse) Juni 1974, S. 8 - 11.

52 Das Ölharz ist eine Verbindung zwischen einem Harz und einem flüchtigen ätherischen Öl. Das Gummiharz unterscheidet sich dadurch vom Ölharz, daß es Stärke oder Gummi enthält. Von Balsam spricht man, wenn das pflanzliche Sekret aromatische Säuren, vor allem Benzoe- und Zimtsäure enthält.

53 Der fünfte Gesang des Gedichts *Dieu*, eines postum erschienenen, unvollendeten Teils der *Légende des siècles*, trägt den Titel *L'Aigle*; es ist 1855 geschrieben und 1891 veröffentlicht worden (Verlag Ollendorff, Imprimerie Nationale, Paris 1911, S. 439).

54 Robert Halleux, *Les textes alchimiques*, Turnhout (Belgien) 1979, S. 61 sowie *Les alchimistes grecs*, eine Neuauflage der von M. Berthelot und C. E. Ruelle herausgegebenen *Collection des anciens alchimistes grecs*, Paris 1888 – 1889 (Nachdruck Osnabrück 1967).

55 Entgegen den verschiedenen Interpretationen, die die Verfasser der Lexikon-Artikel zum Neuen Testament (W. Bauer, Grimm – Wilke

– Thayer, Moulton – Milligan, F. Zorell) und die in unserer Bibliographie zitierten Interpreten vorschlagen, schließe ich mich Ceslas Spicq an (*Notes de Lexicographie néotestamentaire*, Reihe Orbis biblicus et orientalis, Bde. 22 / 1 + 2, Editions Universitaires + Vandenhoeck & Ruprecht, Fribourg/Schweiz 1978, Bd. II, S. 695 – 696). Seine Korrektur lautet, ein echtes, ganz reines, unverfälschtes Narden-Parfum, welcher Übersetzung sich im übrigen die Einheitsübersetzung der Bibel anschließt, *Evangelium nach Johannes* 12, 3.

56 Über die Libanomantie oder Weihrauch-Wahrsagerei sowie über die Weissagungen aufgrund von Gerüchen vgl. E. N. Santini de Riols, *Dictionnaire des parfums magiques*, S. 189 – 190 (Neuauflage 1981).

57 Wenn die »Könige aus dem Morgenland« (die im *Evangelium nach Matthäus* 2, 1 weder Könige noch drei an der Zahl sind) Marias Kind Balsam, Weihrauch und Myrrhe, drei heilige Harze (vgl. *Exodus* 30, 34) bringen, dann kann das sowohl ein Tribut an den König, die Huldigung an Gott und eine Anspielung auf die vergängliche menschliche Natur Jesu sein, wie es z. B. Bruckberger, *L'Evangile*, Paris (Albin Michel) 1976, S. 230, unter Bezugnahme auf den traditionellen griechischen Text deutet.

58 P. Faure, *Kreta. Das Leben im Reich des Minos*, Stuttgart (Reclam) 1976. Die zehn wichtigsten Quellen der Minos-Legende von Homer bis Pausanias finden sich in Anmerkung 1 zur Einleitung o. g. Buchs.

59 Jean Vercoutter, *L'Egypte et le monde égéen préhellénique*, Kairo 1956, S. 159 -184.

60 P. Faure, *Ulysse le Crétois*, Paris (Fayard) 1980, 1986.

61 Siehe die Sammlungen in der Bibliographie I. 3. Alle Zitate aus kretisch-mykenischen Dokumenten stammen daraus.

62 O. Schrader – A. Nehring, *Reallexikon der indogermanischen Altertumskunde*, 2. Aufl., Straßburg – Berlin – Leipzig (W. de Gruyter) 1917 – 1929, insbesondere die Stichwörter »Aromata«, »Butter«, »Weihrauch« (Bd. II, S. 639 – 642); Carl Darling Buck (und Mitarbeiter), *A Dictionary of Selected Synonyms of the Principal Indo-European Languages*. A contribution to the history of ideas, Chicago University 1949. Es gibt keinen gemeinschaftlichen Oberbegriff zur Bezeichnung von Weihrauch, Duft und Parfum. Dem griechischen Verb *odzo* (riechen) entspricht das lateinische *olere* (id.), derselbe Begriff (*smell*) wird im Sanskrit mit *gandha-*, im Russischen mit *pachnút*, im Schwedischen mit *lukta*, im Germanischen mit *stincan* und *riechen*, im Irländischen mit *bolad* ausgedrückt. Der Ausdruck »gut riechen« wird in jeder dieser Sprachen von dem genannten

Verb abgeleitet. »Schlecht /übel riechen« wird mit einem Adverb oder bildlich ausgedrückt; so stammt zum Beispiel das französische Verb »puer« von »pus« (Eiter) (vgl. S. 1025 - 1028). Die Indoeuropäer (des 2. Jahrtausends v. Chr.) hatten zumindest vier Wortstämme für die Salbung: *lip-, anj-, salb-, tep* (S. 452, Rubrik 6, 94: Ointment). Dazu gehört vielleicht auch die Gruppe *khris-, khra-, khro-* des ältesten Griechisch, die flüchtig berühren, salben bedeutet und eine Vorstellung von der Körperoberfläche beinhaltet, über deren Etymologie gibt es bislang jedoch nur Vermutungen. Bei all diesen Formen handelt es sich um sakrale oder medizinische Termini, also technische Spezialausdrücke. Der Fall des Hethitischen, der Sprache der indoeuropäischen Eroberer der mittleren Bronzezeit (18. – 16. Jahrhundert v. Chr.), ist etwas anders gelagert. Von ihnen ist das Wort *tuhhu(w)ai*, »der Rauch« (und das Verb »rauchen«) überliefert, das mit der indoeuropäischen Wurzel *dhu-* »rauchen« verwandt ist, und ein Substantiv *tuhhue/issar* »(Brenn-) Stoff« für die kultische Reinigung. Wie ihre Vorfahren benutzten die Hethiter nämlich das Räuchern in der Mantik, bei religiösen Ritualen und für therapeutische Zwecke, ohne daß man näher wüßte, ob sie dazu etwas anderes als den Rauch des Hanfes und der Harze von der anatolischen Hochebene verwendet haben. Das Hethitische hatte auch ein Verb *iski(ya)*, das vor allem für die Rituale des 14. und 13. Jahrhunderts belegt ist, es bedeutete »verteilen, verstreichen auf, beschmieren, einschmieren, ölen, salben«. In den ältesten Belegen wird es für Salbungen mit Lammfett, Butter und »gutem Öl« verwendet (zusammen mit den sumerischen Determinativen YA. DUG. GA). Gesalbt wurden die Priester, die Opferpriester, die Götterstatuen, die Pferde sowie erkrankte Körperteile. In seinem *Hittite Etymological Dictionary*, Berlin, New York, Amsterdam (Mouton) 1984, S. 420 – 424 leitet Jaan Puhvel das Wort *iski(ya)* von der Wurzel *is + ske* oder *ish + ske*, der Schwachstufe der Wurzel *yes-* (+ Laryngal h 1) »eine Salbe auftragen, heilen, retten« ab; er meint, sie liege dem griechischen Wort für Arzt *iater, iatros* zugrunde, das in einem mykenischen Text (PY Eq 146) aus dem 13. Jahrhundert v. Chr. belegt ist. In einem Bericht an die Académie des Inscriptions stellt Emmanuel Laroche jedoch wieder in Frage, ob es im Anatolischen überhaupt Laryngale gegeben habe (CRAI, Januar - März 1986, S. 134 – 140), zum anderen ist die Salbung nicht gerade das Charakteristikum der griechischen Medizin. Vielleicht ist die Wurzel des hethitischen Wortes *iski(ya)* »verteilen, ein-reiben, abreiben«, die ausdrucksvolle Konsonantenverbindung *sk*, die in einer Vielzahl von Wörtern vorkommt, die schaben, kratzen, leichte Linien ziehen und später schreiben bedeuten. Trank- und Räucheropfer gehören zu den Ritualen der Churriter, an die sich die Hethiter anlehnten, man konnte dort aber nur das Wort für »Weihrauch«, *ah(ar)ri*, bestimmen: E. Laroche, *Glossaire de la langue hourrite*, Paris (Klinksieck) 1978 – 1979 = *Revue hittite et asianique*, Bd. 34, S. 11 – 161 sowie Bd. 35, S. 163 – 323.

63 P. Faure, *Les légumineuses de la Crète minoenne*, Actes du Ve Congrès d'Etudes Crétoises in Agios Nikolaos, Sept. – Okt. 1981 (in griechischer Sprache) veröffentlicht in Heraklion im Jahre 1985 (erstmals vertrieben im August 1986), Bd. I, S. 108 -121 (enthält eine Übersicht über die Zeichen).

64 Außer den allgemeinen, in der Bibliographie in Abschnitt III. (Botanik und Aromatherapie) genannten Werken (von Rechinger, Kavvadas, Polunin) beziehe ich mich laufend auf folgende fünf Werke, die allein die Flora von Kreta behandeln: Pierre Belon du Mans, *Les observations de plusieurs singularités et choses mémorables trouvées en Grèce*, Paris 1554 (mit verbesserter Nomenklatur ins Griechische übersetzt von El. Platakis, *Kretologia*, IV, 1977, S. 123 – 128); Victor Raulin, *Description physique de l'île de Crète*, Paris 1869, Bd. II (sie basiert auf einem Manuskript von Theodor Heldreich, *Enumeratio plantarum quas in Creta... 1846 legit*); Michel Gandoger, *Flora Cretica*, Paris 1916 (und Lyon 1920); Eleutherios Platakis, *Die Pflanzen Kretas* von der minoischen Zeit bis zur Renaissance in Archiv für Arzneimittelkunde 1 – 4, Athen 1966; Evangelia Frangaki, *Beitrag zu den volkstümlichen Pflanzennamen in Kreta*, Athen 1969 (in kretischem Dialekt).

65 Jose Melena, »Olive Oil and Other Sorts of Oil in the Mycenaen Tablets«, *Minos* XVIII (1983), S. 89 – 123; sowie vom selben Autor *Ex oriente lux*, Universidad del pais vasco, Vitoria/Gasteix 1984, S. 15 – 26, über die möglichen Anleihen der Mykener bei den Kulturen des Nahen Ostens, das gilt vor allem für Sesam und Kümmel. Hara S. Georgiou, Aromatics in Antiquity and in Minoan Crete, *Kretika Chronika*, 1973.

66 Hara S. Georgiou, *Ayia Irini: specialized domestic and industrial pottery*, Mainz (von Zabern-Verlag) 1986 (Bd. VI der Veröffentlichungen der Universität Cincinnati in Keos). Bezüglich der Namen, Formen und des Gebrauchs der antiken Gefäße sei auf folgende 5 Werke verwiesen: Gisela M.A. Richter – M. J. Milne, *Shapes and Names of Athenian Vases*, Washington (Mc Grath) 1935, 1973; A. Furumark, The Mycenaen Pottery, Bd. I, *Analysis and Classification*, Stockholm 1941; F. Chapouthier, »La vaisselle commune et la vie de tous les jours à l'époque minoenne«, *Revue des*

Etudes Anciennes (REA, Bd. 43 (1941), S. 5 – 15; Gerda Bruns, G. Jöhrens, »Küchenwesen und Mahlzeiten«, *Archaelogia Homerica*, Bd. II, Kap. Q, Göttingen 1970 (insbes. S. 63 – 64); F. Vandenabeele und J. P. Olivier, »Les idéogrammes archéologiques du linéaire B«, Ecole Française d'Athènes, *Etudes crétoises*, XXIV, 1979, Kap. V »Vases«, S. 181 – 273 und Tafeln CIV – CXXXVII.

67 J. P. Olivier, *Le disque de Phaistos. Edition photographique*, Ecole Française d'Athènes, 1975 (Auszug aus dem *Bulletin de Correspondance hellénique*, BCH, Bd. 99, 1975, S. 5 – 34).

68 Die Untersuchung von Professor I. Politis ist in der *Revue des Etudes Anciennes* (REA), Bd. 43 (1941), S. 11 (vgl. Tafel II) erschienen. Über die Paläobotanik des östlichen Mittelmeerbeckens vgl. Isabelle Cerceau, *Les ressources végétales et leur utilisation dans les régions égéennes au néolithique et à l'Age du Bronze*, Habilitationsschrift, vorgelegt am 23. März 1985 an der Universität Paris I (maschinenschriftliche Exemplare sind über die Sorbonne und das Institut d'Art et d'Archéologie zu beziehen). Auf Seite 86 schreibt sie, daß es in der frühen Bronzezeit auf Zypern in Apliki Koriander gegeben hat und auf Thera (Santorin) darüber hinaus Anis, Fenchel und Kümmel. Dafür haben die Ausgrabungen in Knossos, Mykene und Pylos keine Hinweise auf den Gebrauch von Gewürzen für das 13. Jahrhundert v. Chr. ergeben. Vor 50 Jahren und in der Zeit davor hat man nämlich noch nicht die organischen Überreste, Samen und Pollen untersucht, wie man dies seit 1980 macht. I. Cerceau und M. Chauvet, *La parfumerie à l'époque mycénienne*, Studi Micenei ed Egeo Anatolici, Rom 1986. Auf den knossischen Tafeln ist dagegen viel von Koriander (*koriadnon* auf griechisch), Fenchel- (oder Anis-)Früchten, wildem Majoran und *kritanos*, den Pistazienkernen oder dem Harz der Pistazie, die Rede. Siehe Jose Melena, »Coriander on the Knossos Tablets«, *Minos* (Salamanca), Bd. XV (1974), S. 133 – 163.

69 L. Godart und J. P. Olivier, »Ecriture hiéroglyphique«, *Etudes crétoises*, Bd. XXIII (1978), S. 91 – 92 mit Verweisen auf die *Etudes crétoises*, Bd. XXII (1976), S. 76 – 83 und Tafel XI sowie XXVII (mit einigen Fehlern bei der Transkription).

70 P. Darcque und J. Cl. Poursat, *Actes de la Table Ronde d'Athènes* (21. – 22. April 1983): *L'iconographie minoenne*, insbes. S. 181 – 184 (I. Cerceau, »Les représentations végétales dans l'art égéen«), *BCH*, Supplementband XI, 1985.

71 Was die Veröffentlichung dieser Dokumente anbelangt, siehe im Anhang die Bibliographie I. 3.

72 L. Godart, J. Killen, C. Kopaka und J. P. Olivier, »43 raccords et

313

quasi raccords de fragments inédits dans le vol. I du CoMIK I«,
BCH, CX, 1986, S. 21 – 39.

73 J. P. Olivier, *Les scribes de Cnossos*. Essai de classement des archives
d'un palais mycénien, Rom (Ateneo) 1967, insbes. S. 85 – 87 über
den Schreiber 141 der Serie Fh; L. Godart, *Les quantités d'huile de
la série Fh de Cnossos*, Actes du Ier Congrès international de mycéno-
logie, Rom (Ateneo) 1968, S. 598 – 610; ders., »La série Fh de
Cnossos«, *SMEA* 8 (1968), S. 52 – 56; ders., *La série Fh de Cnossos,
vingt ans après*, Minos XX, S. 201 – 210. Freundlicherweise wurde
die Festschrift für J. Chadwick P. Faure am 7. April 1986 übermit-
telt. Durch die 61 Verbindungsstücke der Täfelchenfragmente, die
jetzt 1984 und 1985 im Museum von Heraklion eingefügt wurden,
sieht die Serie jetzt ganz anders aus: vgl. *BCH*, 1986, S. 26 – 29.

74 Das Sigel BU steht auf Fh 347, 371, 5452, die beiden ersten Male in
Verbindung mit dem Namen eines Parfümeurs und einem bestimmten Quantum (Oliven-)Öl; die Menge des Produkts MU ist 25
bis 33 Prozent geringer als die des gelieferten Öls, dies kommt vom
Gewichtsverlust durchs Sieden. Trotz des Artikels von A. Sacconi in
den *Studi in onore di Piero Meriggi* (Athenaeum, Bd. 47, 1969), den
Isabelle Cerceau in Kapitel IV ihrer Habilitationsschrift (vgl. Anm.
68) zustimmend zitiert, kann es sich nicht um Myrrhe handeln, und
zwar weil die für MU angegebenen Mengen – zwischen 144 und
288 Liter – viel zu groß sind, als daß sie in Öl aufgelöst werden
könnten. Außerdem ist die Myrrhe den mykenischen Epen fremd,
die Homer wiedergibt. Ebensowenig verdankt die im 10. Jahrhundert v. Chr. gegründete Stadt Smyrna in Ionien ihren Namen der
arabischen Myrrhe, er geht vielmehr auf die indoeuropäische Wurzel *smer/*smur zurück, die ein Fett, eine Salbe bezeichnet. Smyrna
war die Stadt der parfümierten Öle, die duftende Stadt, so wie
Myrina »die Stadt der Myrten« war.

75 J. L. Melena, »Ponikijo in the Knossos Ga Tablets«, *Minos*, Bd. XIV
(1975), S. 77 – 84 (»Produkt der Palme«); Caroline Murray und
Peter Warren, »Ponikijo Among the Dye-Plants of Minoan Crete«,
Kadmos, Bd. XV (1), S. 40 – 60 (die rote Farbe des Saflor); Ellen D.
Foster, »Ponikijo in the Knossos Tablets Reconsidered«, *Minos*,
Bd. XVI (1977), S. 52 - 66 (eine rote Substanz, wahrscheinlich
Schminkwurz, *Anchusa tinctoria* L., zum Parfümieren von Öl und
Textilien). Unberücksichtigt bleibt hier der vorhergehende Artikel
(Minos, 1977, 19 – 51), der aus dem *kupirijo* einen Gott macht, aus
dem Schreiber 136 einen »supervisor« (Inspektor, Kontrolleur, Ver-
teiler), aus dem *kitano* ein Ingredienz der Textilindustrie etc. etc.
»Grammatici certant!

76 Ev. Frangaki, a.a.O. zu den Wörtern *aladania, ankisaros* oder *atzi-karos*, vgl. S. 32 – 35.

77 Sinclair Hood, *The Arts in Prehistoric Greece*, Penguin Books (The Pelican History of Art), 1978, Abb. 32, S. 51; Fresko, frühminoisch Ia (Ende des 16. Jahrhunderts v. Chr.) mit Verweisen auf die Arbeiten von M. Cameron und die Fotos von L. von Matt.

78 Vgl. »Le dossier Fp de Knossos« (Text und Übersetzung in *Ulysse le Crétois*, a.a.O., S. 358 – 363).

79 P. Warren, »Knossos: Stratigraphical Museum Excavations, 1978 – 1982. Part II«, *BSA, Archaeological Reports* 29 (1982 - 1983), S. 65.

80 Ev. Frangaki, a.a.O., S. 150 unter dem Stichwort *myrolada*; vgl. S. 77 über das Lorbeeröl; S. 98 über das Thymianöl; S. 202 über das Salbeiöl (*phaskomilia*). Vgl. auch Dioskurides, I, 40 sowie Plinius, XV, 26.

81 *Kreta. Das Leben im Reich des Minos*, a.a.O., S. 393.

82 Weder die *Verbena officinalis*, das heilige Kraut der Latiner, Kelten und Germanen, noch die *Lippia citriadora*, Zitronenstrauch (auf neugriechisch *louiza*), zählen zu den einheimischen Pflanzen von Kreta; es scheint, als sei die Verbene erst im 19. Jahrhundert n. Chr. in Kreta eingeführt worden. Das Dorf Aloides im Bezirk Mylopotamos verdankt seinen Namen auch nicht der Aloe (*Aloe vera* oder *Erythraia*), dem orientalischen Liliengewächs, das für sein Aroma, seine heilsamen Eigenschaften und als Färbemittel bekannt ist (vgl. Dioskurides, »agalochon«, *Mat. med.*, I, 22; *Die Bibel*, »achaloth«, Psalmen, 45, 9; Buch der Sprichwörter, 7, 17; Das Hohelied, 4, 14; Evangelium nach Johannes, 19, 39), sondern einer venezianischen Familie aus dem 14. oder 15. Jahrhundert, den Nachfahren eines gewissen Aloys oder Aloissos.

83 Galenos, *De compositione medicamentorum*, hrsg. v. Kühn, Leipzig, Bd. VIII (1827), S. 778 – 779; 820 – 822.

84 Der Text steht in der von J.-L. Leclanche übersetzten Sammlung von G. Spyridakis und D. Petropoulos, *Anthologie des chansons populaires grecques*, Paris (Gallimard) 1967, S. 188. In diesem Band wie auch in den *Aubades et Chants montagnards (Rizitika)* aus Kreta ist nur sehr selten von Parfums die Rede. Geschah dies aus Schamgefühl, oder war das Thema tabu?

85 P. Faure, *Fonctions des cavernes crétoises*, Paris (De Broccard) 1964, Kap. III, S. 51 – 80.

86 Über die Ausgrabungen in Bairia nahe Gazi (Malevyziou, Kreta) siehe *Ephèméris Arkh.*, 1937, S. 278 – 291; und über die Göttin mit dem Mohn siehe St. Alexiou, *Krètika Khronika*, 1958, S. 188 – 192. Über den Gebrauch von Mohn und Opium im Altertum siehe auch

P. Delaveau, a.a.O., S. 110 – 112, der Steiers Artikel über den Mohn in *RE*, Bd. XV (2) (1932), Sp. 2433 – 2446 ergänzt, sowie weiter unten Anm. 98 über das Opium auf Zypern.

87 Siehe das *Corpus delle iscrizioni in lineare B di Micene* von Anna Sacconi (Rom 1974), eine Art »editio maior« von *The Mycenean Tablets* IV von J. P. Olivier, Leiden (Brill) 1969, und M. Wylock, »Les aromates dans les tablettes Ge de Mycènes«, *SMEA*, 15 (1972), S. 105 – 146.

88 Theodoros B. Spyropoulos und J. Chadwick, *The Thebes Tablets II*, including Indexes of the Thebes Tablets by Jose L. Melena, *Suppl. zu Minos*, Nr. 4, Salamanca 1975 (Rezension durch P. Faure in *REG*, 1979, S. 243 -244). Dieses Werk bestätigt die Untersuchungen von Jacques Raison, *Les vases à inscriptions peintes de l' âge mycénien et leur contexte archéologique*, Rom (Ateneo) 1968, S. 5 – 118: das »Kadmeion« in Theben wird auf das Ende von Spätmykenisch III b datiert.

89 J. T. Killen, »The Wool Ideogramm in Linear B Texts«, *Hermathena* 96 (1962). Meiner Meinung nach bedeutet das Zeichen MA + RU oder RE, das sich unter den Parfümerie-Ingredienzien findet, weder Wollfilter (auf griechisch *mallon*) noch Wollfett (Wurzel *smer, das Fett*). Es handelt sich vielmehr um die Anfangsbuchstaben des Wortes *maratuwo*, auf griechisch *marathos*, Fenchel (oder Anis?).

90 Herodot schreibt in *Geschichten und Geschichte*, I, 202 (über die Skythen östlich des Kaspischen Meeres) und IV, 75 (über die Skythen zwischen Don und Donau), die Skythen berauschten sich am Rauch der Früchte eines unbekannten Baumes bzw. an den Dämpfen des Hanfsamens, den sie auf eine glühendheiße Steinplatte legten – zwei Beispiele traumähnlichen Deliriums.

91 Cynthia W. Shelmerdine und T. G. Palaima (Universität von Texas, Austin), The Perfumed Oil Industry at Pylos. Beitrag zum Kolloquium des Lincoln Center in New York im Mai 1984 mit dem Titel »Pylos Comes Alive. Industry and Administration in a Mycenaean Palace«, S. 84 – 95; dies., *The Perfume Industry of Mycenaean Pylos*, Studies in Mediterranean Archaeology, Pocketbook 34, Göteborg (Paul Åströms Förlag) 1985. Aus sprachwissenschaftlichen Gründen weichen meine Interpretationen der pylischen Täfelchen deutlich ab von denen der genannten Autoren. Was sie über die Buchhaltung schreiben, halte ich gleichfalls für illusorisch. Am besten hält man sich an E. L. Bennett Jr und J. P. Olivier, *The Pylos Tablets Transcribed*, Part I: Texts, Part II: Hands, Concordances, Indices (+ Plans S. 24 – 25), Rom (Ateneo) 1973 – 1976.

92 Zur Herstellung dieser drei Parfums siehe Michel Wylock, »La

fabrication des parfums à l'époque mycénienne d'après les tablettes Fr de Pylos«, *SMEA* XI (1970), S. 116 – 133. Zur Mazeration vgl. Süskind, a.a.O., S. 222 ff.; zur kalten Enfleurage S. 228 ff.

93   Ich schließe mich hier der Interpretation von J. Chadwick, *we-a-re-pe* = *u-aleiphes*, »zum Salben«, an, denn das zypriotische *u* entspricht dem *epi* des klassischen Griechisch. *Documents in Mycenaean Greek*, Cambridge 1973², S. 477 und 590 (Glossar).

94   Alfred C. Andrew, »Marjoran as a Spice in the Classical Era«, *Classical Philology*, Bd. 56 (1961), S. 73 – 82.

95   Ovid erzählt in den *Metamorphosen*, IV, 195 – 255 die Geschichte von Leucothoë alias Leukothea, der in Rhodos, Kreta und Korinth wohlbekannten »hellen Göttin«, deren Name eine Übersetzung des semitischen Worts *Libna*, »die Weiße« (= der weiße Weihrauch) ist und die der letzte Sprößling des antiken Belus (= des Bel oder Baal der Phönizier) war. Sie wurde die Geliebte des Sonnengottes (= Schamasch) »in dem Land der duftenden Stauden« (Vers 209) und von ihrem Vater deswegen lebendig begraben. Daraufhin »besprengt« ihr Geliebter »Körper und Stätte mit duftendem Nektar, .../Alsbald zerfließt der Leib, durchtränkt von dem himmlischen Nektar, / Feuchtet mit eigenem Duft die Erde – es treibt eine Weihrauch-/Staude allmählich ihr Wurzelgeflecht durch die Schollen.« (Verse 249 – 254) Diese griechische, offenkundig posthomerische Interpretation eines phönizischen Mythos, der dem zypriotischen Mythos von Adonis, des Sohnes von Myrrha, die in den Myrrhenbaum verwandelt wurde, ähnelt, zeigt, auf welchen Seewegen der Weihrauch und die Myrrhe nach Griechenland gelangten zu einer Zeit, als die phönizischen Flotten das ganze Mittelmeer beherrschten, d.h. im 8. und 7. Jahrhundert v. Chr., einer Epoche, die in der Kunstgeschichte »die orientalisierende« heißt.

96   Paul Claudel, »Réflexions et Propositions sur le vers français«, Artikel in der *Nouvelle Revue Française* vom 1. Oktober 1925. Er trägt das Datum »Tokio, 7. Januar 1925« und ist in *Positions et Propositions I* (1928) wiederabgedruckt.

97   Unsere Etymologie des Namens Helena, ausgehend vom mykenischen Wort für Moor (*erei* und *eree* auf den pylischen Täfelchen Jn 829, 19 und Jo 438, 19 etc.) unterscheidet sich nur in dem Buchstaben »l« von der Henri Grégoires in »L'étymologie du nom d'Hélène«, *Bulletin de l'Académie Royale de Belgique*, Classe des Lettres, 5. Serie, Bd. XXXII (1946, 10 – 12), S. 255 – 265: *Félène, Dissimilation von *Fénénè wäre danach der indoeuropäische Name der Göttin der Liebe (vgl. auf lateinisch *Venus* und *venenum*, der Zauber, der Zauber- bzw. Liebestrank und das Gift!).

98 Im Jahre 1974 hat man in Kition auf Zypern in der dritten Schicht von Raum C des 4. Tempels (der zwischen 1190 und 1150 v. Chr. datiert wird) das früheste bekannte Exemplar einer Opiumpfeife entdeckt. Es handelt sich um ein 14 cm langes, mit geometrischen Mustern verziertes, elfenbeinernes Rohr. Vgl. Vassos Karageorgis, *Archéologia*, Mai 1976, S. 25; *Antiquity*, Bd. 50 (1976), S. 125 – 129 und Tafel XIV – XV (hier wird der Gegenstand zwischen 1220 und 1190 datiert); *CRAI*, 1976, Abb. 5; P. Faure, *Die griechische Welt im Zeitalter der Kolonisation*, Stuttgart (Philipp Reclam jun.) 1981, Abb. 6, S. 126. Neben der Pfeife und den Behältern zum Transport des Opiums hat man auf dem Boden der Heiligtümer von Kition, Eukomi und Hala Sultan Tekke zahlreiche Kügelchen aus gebranntem Lehm mit einem Durchmesser von 2 – 3 cm gefunden, sie tragen kyprominoische Schriftzeichen vom Ende der Bronzezeit, die mit der Spitze eines knöchernen Stäbchens in den noch weichen Ton eingeritzt wurden: Siehe Emilia Masson, *Alasia* I, Paris 1971, S. 479 – 504. Es handelt sich um die Namen der Spender. Die mit dem Saft des Mohns getränkte Lehmkugel wurde in die Glut geworfen, die emporsteigenden Dämpfe trugen den Wunsch und den Namen des Gläubigen hinauf zur Göttin, der sie in die Nase stiegen. Der herbe Geruch verwirrte auch die Sinne der Priesterinnen (und Priester?). Alle Welt glaubte, in ihrer Ekstase oder ihren Halluzinationen sei die verborgene Gestalt der Gottheit zu sehen oder gar zu hören.

99 Saara Lilja, *The Treatment of Odours in the Poetry of Antiquity*, Helsinki (Societas Scientiarum Fennica. Commentationes Humanarum Litterarum, Bd. 49) 1972. Dieses Werk, eine regelrechte Datensammlung, behandelt nicht die Wohlgerüche, sondern vor allem die schlechten Gerüche, über die sich die griechischen und lateinischen Dichter lustig gemacht haben. Deshalb wird es in der Bibliographie nicht erwähnt. Die Autorin kommt zu dem Schluß, daß Gerüche in der antiken Poesie relativ selten erwähnt werden und daß von den antiken Dichtern nur Aristophanes, Plautus, Catull, Horaz und Martial für gute bzw. schlechte Gerüche empfänglich waren. Über Ambrosia und Nektar im allgemeinen, siehe ebenda, S. 19 – 25; über Weihrauch und Räucherungen zu religiösen wie profanen Zwecken, siehe ebenda, S. 31 – 57.

100 Wernicke schloß im Artikel *Ambrosia* der *RE* 1 (1894), Sp. 1809 – 1811 daraus, daß *nektar* und *ambrosia* ursprünglich dasselbe bedeuteten. A. B. Cook, *Zeus*, Bd. III (Cambridge 1940), S. 496, stützt sich auf das Werk von H. M. Ransome, *The Sacred Bee*, London 1937, er sieht im Nektar etwas dem Honig Ähnliches. Giuseppe

Maria Querci, *Del gusto degli antichi Romani per gli odori*, Rom (Pagliarini) 1764, vertrat bereits die gleiche Auffassung wie wir, daß Nektar und Ambrosia nichts anderes als »soavissimo odore«, der lieblichste Wohlgeruch, seien.

101 Die Alten erkannten die Anwesenheit einer Gottheit an folgenden sieben Merkmalen: an der Levitation oder Aufhebung der Schwerkraft, der Durchdringung der härtesten Materie, der leuchtenden Aura, daran, daß sie keinen Schatten wirft und kein Spiegelbild hat, in unseren Träumen präsent ist und unsäglich gut duftet – lauter Negationen der Stofflichkeit, der Schwerkraft, des Schattens, von Tod und Verfall.

102 Was den Rausch und die Ekstase anbelangt, in die sich die Skythen durch Räucherungen versetzten, so haben wir bereits in Anmerkung 90 auf die betreffenden Stellen in Herodots *Geschichten und Geschichte* verwiesen. Über die Rauschzustände der Thraker, der Nachbarn bzw. Erben der Skythen, die zugleich die wilden Nachbarn der Griechen waren, sei Pomponius Mela zitiert mit seiner *Chorographia* II, 2, 21 (um das Jahr 50 n. Chr.): »Der Geruch der verbrannten Hanfsamen versetzte sie in einen Zustand der Heiterkeit, der dem Rausch ähnelt.«

103 *Odyssee* 9, 210 – 211 (ein Text, der um 700 v. Chr. für den Sohn von Chersikrates, den Gründer der Kolonie im Jahre 733 v. Chr., gedichtet und vor ihm gesungen wurde).

104 Von den Fragmenten des umfangreichen Werks der Sappho von Mytilene (640? – 580? v. Chr.) gibt es verschiedene Ausgaben, diejenige von E. Lobel (Oxford 1925), von D. Page (Oxford 1955), Gallavotti (Neapel 1957 und 1962), Th. Reinach und A. Puech (Les Belles Lettres, Paris 1960), Treu (München 1968), Eva-Maria Voigt (Amsterdam 1971) und zusammen mit den Werken von Archilochos und Alkman diejenige von G. Davenport (Berkeley, Los Angeles, London 1980). Die Richtigkeit meiner nach dem Berliner Papyrus 9722 angefertigten Übersetzung wird durch ein Zitat von Athenaios, *Das Gelehrtenmahl* XV, 690 e, bestätigt. Ich habe auch die Übersetzungen von R. Brasillach, *Anthologie* (1950) und von M. Yourcenar *La couronne et la lyre* (1979) herangezogen. Sappho hat als erste Adonis und die Myrrhe Arabiens erwähnt, ihr Zeitgenosse Archilochos zum ersten Mal das Wort *myron*, »Duft«, »parfümiertes Öl«. Was Sapphos Liebschaften anbelangt, sei auf die Richtigstellung von Claude Mossé in *L'Histoire* Nr. 63 (Januar 1984), S. 20 – 23 verwiesen.

105 Siehe das Hipponax-Zitat im Text und die Glosse von Hesychios zum Wort *brenthon*: »Sorte Salbe (von fetter Art) so wie *bakkaris*.

Andere sagen: *anthinon myron*, (d.h. der Duft einer Blüte).« (Hesychios, hg. v. K. Latte, Bd. I, S. 346, Nr. 1099, Kopenhagen 1953) Siehe auch die griechischen und lateinischen Belegstellen zum *baccar* oder *bakkaris* im Anhang; allem Anschein nach handelte es sich um eine Kreuzung von Scharlei oder Muskatsalbei und einem Kraut aus Lydien (Dioskurides I, 9, 10; III, 44; Plinius XII, 45 – 47; XXI, 29, 135). Ist es ein Aronstabgewächs, ein Baldriangewächs oder eine (persische) Zyklame mit aromatischen Wurzelstöcken oder Knollen? Vielleicht ist es auch eine Pflanze, die der »keltischen Narde« ähnelt, also einer Art Lavendel, was der Text von Plinius nahelegt.

106 Bernard Grillet, *Les femmes et les fards dans l'Antiquité grecque*, Lyon II (CNRS, Sciences Humaines) 1975.

107 Das griechische Wort für Henna *kypros* ist das gleiche wie der Name der Insel Zypern *Kypros*. S. Bochart, *Chanaan*, a.a.O., S. 373 D (Henna, auf arabisch *al henna*, heißt auf hebräisch *kofer*); J. Ed. Dugand, *Chypre et Canaan*, Nizza (Universität) 1973, S. 94 – 118.

108 B. Hemmerdinger, »Noms communs grecs d'origine égyptienne«, *Glotta*, Bd. 46 (1968), S. 238 – 247; Bd. 48 (1970), S. 53 – 55.

109 O. Masson, *Les fragments du poète Hipponax*, Paris (Klincksieck) 1962, S. 105. In den 51 verstümmelten Versen des Papyrus von Oxyrhynchos Nr. 2175 geht es neben dem Wort *bakkaris* um Kroisos (der 546 v. Chr. entthront wurde) und die Stadt Daskyleion (die vom Vater des Lydiers Gyges zwischen Ergili und Brussa gegründet wurde) anläßlich der Morgentoilette. Das Wort *bakkaris* galt als typisch lydisch; es bedeutet der Duft »des Herrn«, auf lydisch *bakkos*.

110 In P. Amandry, *La mantique apollinienne à Delphes*, Paris (E. de Brocard) 1950 sind alle antiken Texte über die Eingebung der Pythia und den angeblichen Hauch (*pneuma*) aus dem nicht vorhandenen Spalt abgedruckt. Über das Wasser in den Kassotis-Brunnen siehe G. Roux, *Delphi*, München (Hirmer) 1971, S. 126 – 133 sowie Abb. 9.

111 Plinius, *Naturkunde* XXI, 1 – 12; Plutarch, *Tischgespräche* III, 645 d – 648 a; V, 675 d – 677 b; Clemens von Alexandria, *Paedagogus*, II, VII, 70 – 76; Athenaios, *Das Gelehrtenmahl* 669c – 686c; S. Lilja, a.a.O., S. 170 – 189; Michael Blech, *Studien zum Kranz bei den Griechen*, Berlin (Religionsgeschichtliche Versuche und Vorarbeiten, Bd. 38) 1982.

112 Fragmenta Hesiodea, hg. von Merkelbach-West, Oxford (Clarendon) 1967, Nr. 139 (ein Zitat aus Apollodors *Bibliothek* III, 14,4):

»Als Adonis noch ein Kind war, zog er sich den Zorn von Artemis zu. Er starb, nachdem ihn auf der Jagd ein Wildschwein verletzt hatte. Hesiod schreibt, er sei der Sohn des Phoinix (= des Phöniziers) und der Alphesiboia (einer Nymphe aus Asien).« J. Schwartz, *Pseudo-Hesiodea*, Leiden (Brill) 1960, S. 379, sieht darin eine Erzählung aus der Zeit nach Hesiod, die nichts mit der Geschichte Europas, der Tochter des Phoinix und Mutter des Minos, zu tun hat. Er hält sie für eine auf das 6. Jahrhundert zu datierende zypriotische Version eines syrisch-phönizischen Mythos.

113 W. Atallah, *Adonis dans la littérature et l'art grecs*, Paris (Klincksieck) 1966; N. Weill, »Adonizousai ou les femmes sur le toit«, *BCH* XC (1966), S. 664 – 698; M. Détienne, *Les jardins d'Adonis. La mythologie des aromates en Grèce*, Paris (Gallimard) 1972, ²1979, behandelt vor allem die Myrrhe als Aphrodisiakum und die entgegengesetzte Funktion von Minze und Lattich. Es fragt sich allerdings, ob mit *thridax* und den davon abgeleiteten (zypriotischen?) Wörtern für »Lattich« wirklich unser »Salat« gemeint ist? *Thridakias* bezeichnet bei Dioskurides IV, 75, eine Alraune, also ein Aphrodisiakum. Zutreffend ist die Kritik des Werks von M. Détienne von G. Germain, *REG* 1973, S. 425 – 435. Adonis wird nach seinem Tod manchmal in eine Anemone oder Rose verwandelt. Der um das Jahr 200 v. Chr. geborene Nikander, der in einer Scholie zu Theokrits *Idyllen* V, 92, zitiert wird, ist Ovids Quelle für seine *Metamorphosen* X, 735 – 739; Hyginus, *Fabulae*, 58.

114 Marie-Annette Maurel, »Les plantes médicinales dans le Corpus hippocratique«, TRAMES, Etudes Antiques, Université Limoges, Nov. 1985, S. 34 – 45 mit Verweisen insbesondere auf die Abhandlungen über *Die Natur der Frau*, über *Frauenkrankheiten* und *Die Unfruchtbarkeit der Frauen*. Die Pflanzen mit ätherischen Ölen und mit Harz (Anis, Koriander, Diptam) werden am häufigsten empfohlen. Hinzu kommt noch die Abhandlung über *Die Zerstückelung des Kindes im Mutterleib*.

115 Athenaios, a.a.O., XV, 691 c – d.

116 Alexis, Frg. 62. Kaibel; vgl. Antiphanes, Frg. 202 K: der König von Zypern (ein Untertan des Königs von Persien) läßt sich bei einem Bankett durch Tauben Wind zufächeln.

117 P. Faure, *Alexandre*, Fayard 1985, S. 493 – 503.

118 Kurz erwähnt werden Ambra, Moschus, Kampher im *Alexanderroman*, den der arabische Autor Nisami aus Bagdad durchgesehen und Firdausi (Abu al Qasem) um das Jahr 970 n. Chr. ins *Buch der Könige (Schah-nameh)* übernommen hat. Siehe das *Livre des Rois*,

hrsg. von Mohl 1838 – 1878, Bd. V, S. 253 – 255: Ende der Geschichte von Iskender.

119 Vgl. außerdem zu diesem Produkt, das als Heilmittel und Aphrodisiakum galt, Nikander, *Theriaca*, Vers 565; Lucretius, *De natura rerum* VI, 794 – 796.

120 Die Rue du Petit Musc in Paris im Quartier des Halles wurde im 17. Jahrhundert zu »la pute y musse« (die Hure verbirgt sich hier! von afrz. musser, sich verbergen) verballhornt. – A. Corbin, *Le miasme et la jonquille*, a.a.O., S. 78 – 82 zur »Denunziation des Moschus« im 18. Jahrhundert, weil er als Exkrement galt (ebenda, S. 87 – 88). Über die exokrinen oder für den Genital-Anal-Trakt und die Achseln spezifischen Drüsen, die die Haarfollikel versorgen und den sexuellen Anreiz ausmachen, vgl. Ruth Winter, a.a.O., S. 51 - 59. Vgl. hierzu auch Cl. Roux, *Les produits odorants d'origine animale*, Lyon (Ed. Scientifiques: Parfumerie moderne) 1924.

121 C. Bradford Welles, *Royal Correspondence in the Hellenistic Period*, New Haven 1934, Nr. 5, S. 33 – 40; der Text ist wiederabgedruckt bei J. Pouilloux, *Choix d'inscriptions grecques*, Paris (Les Belles Lettres) 1960, Nr. 37.

122 Das *metopion* aus *metopon* wird von Plinius XIII, 5 und 8 erwähnt; außerdem bei Dioskurides I, 55; III, 83; Athenaios XV, 688f, nach Apollonios Mys, dem Verfasser einer verlorengegangenen Abhandlung über die Wohlgerüche (3. Jahrhundert v. Chr.). S. Bochart, *Chanaan*, a.a.O., S. 792 D, meint, das Wort *netopon* (= *metopon* »Bittermandelöl«) sei von dem semitischen Wort *nataph* (*Exodus* 30, 34) abgeleitet, das mit »Harz« oder »Styrax« übersetzt wurde. Plinius versichert in XIII,8, daß die Salbe, die in der Stadt Mendes im hellenistischen Ägypten hergestellt wurde, »Terpentinharz« enthielt.

123 Claire Préaux, *Le monde hellénistique, la Grèce et l'Orient (323 – 146 av. J.-C.)*, Paris (P.U.F.) 1978, Bd. II, S. 504 – 505, ergänzt das Werk von R.J. Forbes, a.a.O., S. 36.

124 Voltaire, *Satires*, »Le Mondain« (1736), Vers 22. Zitiert nach Zoozmann, *Zitatenschatz der Weltliteratur*, (Athenäum) Königstein 1980.

125 Marcel Détienne, *La panthère parfumée*. Arbeitsdokumente und Vorabdrucke. Universität von Urbino, Nr. 53, April 1976, S. 13, einem bei Aristoteles (*Hist. Anim.* IX, 6, 612a, Zeile 12 – 15) und seinem Schüler Theophrast (*De causis plantarum = Von den Ursachen der Pflanzen* VI, 17, 9) verbreiteten Glauben zufolge. »Tarsos hatte einst auch ein ›*pardalium*‹ (= Pantherduft), dessen Formel

und Rezept verlorengegangen sind.« (Plinius, *Naturkunde* XIII, 6; vgl. VIII, 62; XXI, 39; XXXVII, 90). Vielleicht war es eine Komposition aus animalischen Sekreten wie etwa Zibet, das in der Tat denen des Panthers ähnelt. »Wild, unbändig wie die Weiber ist kein Tier auf Erden mehr, / Unbezwingbar gleich dem Feuer, frecher als das Panthertier!« sagte schon Aristophanes (*Lysistrate*, Vers 1014f.)

126 Robert Halleux, *Les textes alchimiques*, Turnhout (Belgien) (Brepols) 1979, S. 60 – 64; ders., *Les alchimistes grecs*, Bd. I (Papyrus X aus Leiden und Papyrus graecus aus Stockholm, Rezepte zur Herstellung von Gold, Silber, Edelsteinen und Purpur, die bis ins 1. Jahrhundert v. Chr. zurückreichen), Paris (Les Belles Lettres) 1980. In den bibliographischen Anmerkungen zu Plinius (Buch XII, XIII, XV) ist zu lesen, daß der Verfasser dieser Rezepte, der Pseudo-Demokrit (d. h. Bolos von Mendes, um 100 v. Chr.), sich auch mit aromatisch duftenden Pflanzen und anderen Wohlgerüchen befaßt hat. Das *Corpus chemicum graecum*, das im wesentlichen im 4. Jahrhundert n. Chr. erstellt worden ist, wurde von M. Berthelot und C. E. Ruelle unter dem Titel *Collection des anciens alchimistes grecs*, Paris 1888 – 1889 herausgegeben (im II. Bd. befinden sich die Texte, im III. die Übersetzung); Nachdruck Osnabrück 1967 (Sigel *CAAGr*). Das Prinzip der Destillation (entsprechend den Ausführungen in Kapitel III über die Gefäße in Mohenjo-Daro, Tepe Gara, Assur, Kreta und wahrscheinlich auch in Persien unter Darius III.) kannten Aristoteles und der Pseudo-Demokrit, und für die Folgezeit gibt es viele weitere Belege. Nur die Verfahrensweisen lassen sich nicht mit Sicherheit rekonstruieren, da sie geheimgehalten wurden. Erst gegen Ende des Mittelalters wurde bekannt, daß die Araber, die Erben der alexandrinischen Techniken, und die Venezianer, die Beziehungen zu den islamischen Lieferanten des östlichen Mittelmeerraums pflegten, Destillationsgefäße *per ascensum* und *per descensum* benutzten; vgl. neben den Abhandlungen, die in Abschnitt II und III der Bibliographie genannt sind, und dem spannenden Artikel von Martin Levey (siehe oben, Anmerkung 44): 1. Hieronymus Brunschwig (Braunschweig), *Liber de arte distillandi de simplicibus*, Straßburg (J. Grüninger) 8. Mai 1500; 2. ders., *Liber de arte distillandi de compositis*, ebenda 1512 (Beide Werke wurden ins Deutsche, Flämische und Englische übersetzt und bis 1531 neu aufgelegt); 3. Pietro Andrea Mattioli, *Commentaires de M. Pierre André Matthiole . . . zu den 6 Büchern des Ped. Dioskurides . . . Davantage y a sur la fin divers pourtraits de fourneaux et alembics pour distiller et*

tirer les eaux de toutes plantes... ins Französische übertragen von Jean Des Moulins, Lyon (G. Rouillé), 1572; 4. Giambattista della Porta, *De Distillatione libri IX*, Rom 1608; 5. Antoine Déjean, *Traité raisonné de la distillation*, Paris 1753; 6. R. J. Forbes, *Short History of the Art of Distillation from the Beginning up to the Death of Cellier Blumental*, Leiden (Brill) 1948; ²1970; 7. G. Vindry, *3000 ans de parfumerie*, Grasse 1980, S. 56 (gläserne Alambiks in Gräbern?), S. 68 (9. Jahrhundert), S. 82 (persischer Alambik), S. 88 (zliziya aus dem Maghreb), S. 102 (die Alambiks aus dem Buch von Ph. Ulstad, 1544), S. 162 und 163 (verschiedene Alambiks und Gefäße für Essenzen aus dem 18. Jahrhundert). Vgl. auch die Illustrationen der CAAGr, Bd. I, S. 132 – 142: die *chrysipoiia*, ein Gefäß zum Goldmachen, von Kleopatra und der Alambik *tribicos* von Maria, der Jüdin.

128 Jérôme Carcopino, *Rom. Leben und Kultur in der Kaiserzeit*. Mit einem Vorwort von Raymond Bloch neu hg. v. Edgar Plack, Stuttgart (Reclam) 1977, S. 31 – 38 (Das Anwachsen der römischen Bevölkerung). Über die Verteilung von 60 Denaren an jeden der 320 000 Angehörigen der Stadtbevölkerung im Jahre 5 v. Chr. (nach der Volkszählung im Jahre 8) siehe Augustus, *Meine Taten. Res Gestae Divi Augusti*, nach dem Monumentum Ancyranum, Apolloniense und Antiochenum, Lat.– Griech. – Dt., hg. v. Ekkehard Weber, Kap. 8, 3 und 15, 2.

129 Jacques Heurgon, *La vie quotidienne chez les Etrusques*, Paris (Hachette) 1961, S. 27 – 30 und S. 270 – 293; ders. und Raymond Bloch, »L'origine d'un peuple: débat autour d'une énigme non résolue«, *Les Dossiers de l'archéologie*, Nr. 24 (Sept. – Okt. 1977), S. 10 -15; Massimo Pallottino, »La langue étrusque«, ebenda, S. 18 – 21; ders., *La langue étrusque. Problèmes et perspectives*, übers. v. J. Heurgon, Paris (Les Belles Lettres) 1978; A. Hus, *Les Etrusques et leur destin*, Paris (Picard) 1980; R. Bloch, *Les Etrusques*, Paris (PUF) ⁷1984; Michel Gras, »Les Etrusques«, *La Recherche*, Nr. 182 (Nov. 1986), S. 1310 – 1320.

130 Siehe unter anderen Beispielen, *Münzen und Medaillen A.G.*, Liste 487, April 1986, Basel, S. 20.

131 J. Heurgon, a.a.O., S. 201 – 212.

132 *Testimonia Linguae Etruscae* (TLE), Florenz 1954, Nr. 131; J. Heurgon, a.a.O., S. 291 – 293, die Zusammenfassung einer Mitteilung an die Société des Etudes Latines und die Association des Etudes Grecques vom 1. April 1957 in der Sorbonne (*R.E.L.* 35, 1957, S. 106 ff.).

133 Giuseppe Maria Querci, *Del gusto degli antichi Romani per gli*

odori, Rom (M. Pagliarini) 1764; ders., *I profumi nell'antica Roma*, Vortrag vor der Accademia Quirina in Rom im Jahre 1763, 1938 in Rom veröffentlicht in der Biblioteca dei Curiosi II, 4; G. Rovesti, »Profumi, cosmetici ed essenze d'Italia attraverso i secoli«, *Riv. Ital. d. Essenze e Profumi* XIII (1931), S. 355 – 378 (Sigel R.I.E.P.).

134 G. Rovesti, »Vergilio e le piante aromatiche«, *R.I.E.P.* XII (1930), S. 271 – 276. Über die Sensibilität der römischen Dichter siehe das Werk von S. Lilja, a.a.O., S. 71 – 73; 76 - 82.

135 Mauriz Schuster, »Veilchen«, *RE* (1958), Sp. 591 – 600.

136 Vgl. Cicero, *ad Atticum* II, 1: »Ut mulieres ideo bene olere, quia nihil olebant, videbantur.«

137 Sextus Iulius Frontinus, *Wasser für Rom*. Die Wasserversorgung durch Aquädukte, übers. u. erl. v. Manfred Hainzmann, Artemis, Zürich und München 1979, Kap. IV, 3: »Jetzt aber führen folgende Wasserleitungen in die Stadt: Die Appia (– 312), der Alte Anio (– 272), die Marcia (– 144), Tepula (– 125), Julia (– 33), Virgo (– 19), Alsietina (+2) – sie wird auch Augusta genannt –, die Claudia (+7) und der Neue Anio (+52).« Hinzu kamen im Jahre 106 n. Chr. die Aqua Traiana und 226 die Aqua Alexandriana (nach Alexander Severus benannt), der letzte der elf antiken Aquädukte der Stadt.

138 J. Carcopino, a.a.O., S. 348 – 360 (Die Thermen).

139 R. J. Forbes, *Studies in Ancient Technology* III, Leiden (Brill) 1955, S. 180 – 181. Das griechische Wort für seifenartige Paste war *smama* (vom Verb *smao*, »reiben«, »putzen«, abgeleitet): Theokrit, *Idyllen* XV (»Die Syrakuserinnen am Adonisfest«), V. 30. – Herodot, *Historien* IV, 75 berichtet über die Schönheitsmasken der Skytherinnen in der Ukraine um 450 v. Chr.: »Ihre Frauen gießen Wasser zu dem, was sie von Zypressen- und Zedern- und Weihrauchholz auf einem rauhen Stein zerreiben, und dann streichen sie dieses Geriebene, eine dicke Masse, fest auf ihren ganzen Leib und ihr Gesicht. Und erreichen zweierlei: Davon haftet ihnen ein Duft an, und wenn sie's am folgenden Tag abnehmen, ist ihre Haut rein und glänzend.« Über Seife und Waschmittel siehe auch *3000 ans de parfumerie. Grasse 1980*, a.a.O., S. 170 – 173.

140 Dio Cassius, *Historia romana*, LXVI, 14, 5 (hg. v. Boissevain, Berlin 1925). Anläßlich der Besteuerung des Urins, die die Walkmühlen traf, soll Vespasians Sohn Titus seinem Vater Vorwürfe gemacht haben, »daß er auf die Idee gekommen sei, auch den Urin zu besteuern, da hielt ihm Vespasian die ersten Geldstücke unter die Nase und wollte wissen, ob ihn der Geruch störe, und als dieser (der Sohn) verneinte, sagte er: ›Und doch kommen sie vom Urin.‹«

(Gaius Suetonius Tranquillus, *Leben der Caesaren*, Eingel. u. übers. v. André Lambert, Artemis, Zürich und Stuttgart 1955, S. 432f.) Ein paar Jahre später schrieb Juvenal (*Satiren* XIV, 204): «... nicht fasse dich Ekel vor irgendeinem Artikel, sobald der nur über den Tiber zu senden, glaub auch nimmer daran, es wären besonders verschieden Häute und Salbengemisch. Hat alles doch, was dir Gewinn bringt, guten Geruch: Den Spruch magst immer im Munde du führen.« (*Römische Satiren*. Ennius. Lucilius. Varro. Horaz. Persius. Seneca. Petron. Juvenal. Sulpicia, hg. v. Werner Krenkel, Artemis, Zürich und Stuttgart 1962).

141 J. Carcopino, a.a.O., S. 67 – 75.

142 Mit dem Namen Kolokasie wurden im alten Rom zwei verschiedene Pflanzenarten bezeichnet, die rosa Lotusblume aus Ägypten (*Nelumbo nucifera*) und ein Aronstabgewächs (*Arum colocasia* L.); beide Pflanzen sind eßbar, wirken magenstärkend und sollen »Scharfes im Körper mildern« (Plinius, *Naturkunde* XVIII, 121 – 122; XXI, 87 und 174; XXIV 142). Vergil erwähnt die Kolokasie in den *Bucolica* IV, 20 wegen der Anmut der Wasserrosen in den Wasserbecken der römischen Villen und nicht wegen ihres Dufts oder Geschmacks.

143 Apicius, *Das Kochbuch der Römer*. Eingeleitet, übertragen u. erläutert von E. Alföldi-Rosenbaum, Artemis, München und Zürich [8]1988. Zur Interpretation der Rezepte des Apicius siehe Pierre Drachline und Claude Petit-Castelli, *A table avec César*, Paris (Sand) 1984.

144 Die *unguentarii* oder Salbenhändler werden bereits während der Republik erwähnt (Cicero, *De officiis* I, 42, 150; Varro, *De lingua latina* VIII, 55), im Kaiserreich haben sie eine eigene Straße, *unguentarius vicus*; im *Corpus Inscriptionum Latinarum* (CIL) VI, Nr. 1974, wird ein *unguentarius de Via Sacra* erwähnt und in der *Notitia Urbis* ein *collegium aromatariorum* mit einem *magister quinquennalis*. G. Mancino (*Boll. Commun.*, 39, 1911, S. 259) spricht von einem *collegium thurariorum et unguentariorum* in Rom. Die *thurarii* und *unguentarii*, die im ersten Band des *CIL* (hg. von Theodor Mommsen, Berlin 1863) unter Nr. 1065, 1210, 1268 und in Band X (ders., 1883) unter Nr. 3966, 3968, 3974, 3975, 3979, 3982 genannt werden, sind entweder Geschäftsführer von Läden oder Verwalter im Dienste von Großhändlern. Was die Wahlinschriften in Pompeji in der Straße der Freudenhäuser anbelangt, siehe *CIL* IV (hg. v. C. Zangemeister, Berlin 1871) Nr. 609, 2184. Einen Überblick über das Leben in Pompeji bietet

Robert Etienne, *La vie quotidienne à Pompéi*, Paris (Hachette) 1966, S. 132 – 146: »Die Wahlkampagnen«. Über den Handel mit Gewürzen und Salben in Madaura in Nordafrika siehe *CIL* VIII, Nr. 16878.

145 R. Etienne, a.a.O., S. 229 – 233 (Preisliste der Lebensmittel). Im Jahr 79 n. Chr. war 1 Denar = 6 Sesterzen = 16 As, ein Pfund Brot kostete etwas weniger als 1 As.

146 Pierre Lévêque, *Empires et barbaries. IIIe s. av. J.-C. - 1er s. ap. J.-C.*, Paris (Larousse) 1968, S. 351 – 355; 386 - 390; ders., »Une chronologie nouvelle des royaumes sud-arabes et du Périple de la Mer Erythrée«, *REG*, Bd. 75 (1962), S. 231 – 235; ders., »La date du Périple de la Mer Erythrée« (gegen Ende der Regierungszeit der Severer ?), ebenda, 76 (1963), S. 428 – 429; derselbe, »Nouvelles contestations sur le Périple de la Mer Erythrée« (gegen Ende des 1. Jahrhunderts ?), ebenda, 79 (1966), S. 730 – 732; J. Innes Miller, *The spice trade of the Roman Empire*, Oxford 1969, mit einer Karte der Handelsstraßen im 3. Jahrhundert n. Chr. (= *Oxford Atlas*, 1966, S. 52 – 53).

147 Suzanne Amigues, »Phytonymes grecs et morphologie végétale«, *Journal des Savants*, Juli – Dezember 1984, S. 159 – 160: Anmerkung über den Schopflavendel, *Lavandula stoechas* L., der Strabos Quellen zufolge üppig auf den Hyèrischen Inseln wächst.

148 Martial, *Epigramme* VI, 93. Das Epigramm »Es hilft kein Mittel« beginnt mit den Versen: »Schlecht riecht Thaïs, wie selbst das Gefäß nicht des geizigen Walkers, / das schon lang im Gebrauch, nun auf der Straße zerbrach.« Die Schlußverse lauten: »Diesen Dunst will sie schlau mit andrem Geruche vertauschen; / darum geht sie ins Bad, legt dann dort die Kleider ab, / dann ist von Salben sie grün, steckt ganz in sauerer Erde, / ist auch mit Bohnenmehl dreimal und viermal bedeckt, / Glaubt sie sich dann ganz sicher durch tausend listige Mittel, / Hat sie alles, so riecht Thaïs – nach Thaïs doch nur.« (Martial, *Epigramme*, eingel. u. im antiken Versmaß übertr. v. Rudolf Helm, Artemis, Zürich und Stuttgart 1957) Vgl. dazu auch den Kommentar von S. Lilja, a.a.O.

149 M. Berthelot und C. E. Ruelle, *CAAGr*, Bd. I, S. 132 - 142; 161 – 164; Bd. II, S. 224 – 238.

150 J. M. C. Toynbee, *Death and burial in the Roman World*, London 1971. Aischylos, *Choephoren*, 268 bezeugt, daß die Griechen die Toten auf Scheiterhaufen harziger Hölzer verbrannten, in der klassischen Epoche wird jedoch nirgendwo Weihrauch erwähnt; die Dichter sprechen nur davon, daß der Leichnam oder das Grab gesalbt wird. Der Gebrauch von Weihrauch und Safran bei Toten-

feiern scheint nur bei den Römern üblich gewesen zu sein (hatten sie ihn von den Ägyptern?).

151 Teresa Battesti, »Iran: nez, odeur, parfum. La Rose et le Rossignol«, in *3000 ans de parfumerie*. *Grasse 1980*, a.a.O., S. 72 – 82, mit der Abbildung eines Alambik zur Destillation von Rosenblüten, verzinntes Kupfer aus Kerman, Musée de l'Homme (Paris).

152 Louis Robert, »Recherches épigraphiques VII. Décret de la Conféderation lycienne à Corinthe«, *REA*, 62, 1960, S. 332 - 340. Der in *BCH*, 1959, S. 496 – 508, erschienene Text soll einem Epigramm von der Insel der Astypalaia (*IG* XII, Suppl., Nr. 152) aus dem 1. Jahrhundert ähneln, in dem sich die Tote als Geschenke für ihr Begräbnis nur Safran und Weihrauch wünscht.

153 Lukrez II, 416; Horaz, *Episteln* II, 1, 79; Properz IV, 1, 16; Martial V, 27, 7 usw.

154 Marta Giacchero, *Edictum Diocletiani et Collegarum de pretiis rerum venalium*, Genua 1974. Im folgenden wird der Text von Abschnitt V,34 übersetzt, der in den Ruinen von Delphi gefunden wurde und der in o.g. Publikation auf den S. 214 - 219 reproduziert ist.

155 Ovid, *Gesichtspflege*, in: ders., *Heilmittel gegen die Liebe*, Übertragung, Einführung und Anmerkungen v. Josef Eberle, Artemis, Zürich und Stuttgart 1959. Zwischen Vers 51 und 81 stehen zwei weitere Rezepte, um dem Teint Glanz zu verleihen: 1. Gemahlene, geschälte Gerste und Weizenmehl + Baumharz + neunmal soviel Honig; 2. Lupinen + Bleiweiß + Natron + zerstoßene Iris + Meerschaum.

156 Über den Feuervogel oder den Roten Vogel (*phoinix*), siehe Herodot II, 73; Ovid, *Metamorphosen* XV, 392 – 407; Plinius, *Naturkunde* X, 2; Tacitus, *Annalen* VI, 28 sowie das Laktanz zugeschriebene *Gedicht über den Phönix*. Vgl. dazu Hubaux und M. Leroy, *Le mythe du Phénix*, Lüttich 1939 und M. Détienne, *Les Jardins d'Adonis*, a.a.O.

157 Aëtios von Amida (Mesopotamien), ein Zeitgenosse des Alexander von Tralleis und des Justinian (527 – 565), studierte in Alexandria und wurde dann Hofarzt in Konstantinopel. Er ist der Verfasser eines großen medizinischen Sammelwerks in 16 Büchern, das er vor allem aus den Werken des Dioskurides und Galenos zusammenstellte, der *Biblia Iatrika*. Vgl. den Artikel *Aetius*, Nr. 8 von Wellmann, *RE*, Bd. I (1894), Spalte 703 - 704.

158 Siehe dazu Kenneth E. Stevenson und Gary R. Habernas, *La vérité sur le Suaire de Turin. Preuves de la mort et de la résurrection du Christ*, übers. v. Fr.-M. Watkins, Paris (Fayard) 1985.

159 Der Heilige Chrisam, der seit dem 6. Jahrhundert bei Konsekrationen und Salbungen der römisch-katholischen und orthodoxen Kirche verwandt wurde, besteht im wesentlichen aus Olivenöl und Styraxbalsam (*Liquidambar orientalis*) oder Balsam vom Balsambaum aus Gilead (*Opobalsamum gileodendron*).

160 Saint Basile, *Lettres*, hg. v. Yves Courtonne, Paris (Les Belles Lettres) 1957, Bd. I, Brief 10 (An eine Witwe): »Nachdem ich Deinen Sohn Dionysius zu mir genommen habe, der früher ein Held war wie Diomedes, und nachdem ich die Flügel seiner Seele mit dem Duft Gottes gesalbt habe, habe ich ihn zu Deiner Exzellenz geschickt, damit Du Deinerseits mit ihm fortfliegst und in das Nest gelangst, das er bei uns gebaut hat« (geschrieben zwischen 360 und 364 vor den Toren von Neocaesarea zur Regierungszeit des Julianus Apostata).

Auswahlbibliographie

I. Antike Quellen und Dokumente

ÄGYPTEN

G. Steindorff, K. Sethe, H. Schäfer, *Urkunden des ägyptischen Altertums*, Leipzig 1902 – 1904 (insbes. Bd. IV, Heft 13, Dokumente der 18. Dynastie, S. 1027 – 1225, und Bd. II, Hieroglyphen aus der Zeit der Griechen und Römer).

Edouard Naville, *The Temple of Deir el-Bahari*, London 1898 (insbes. Teil III, Tafeln 69 – 86 und S. 12 – 20 »The Land of Punt«).

J.Cl. Goyon, *Rituels funéraires de l'Ancienne Egypte*, Le Rituel de l'Embaumement. Le Rituel de l'Ouverture de la Bouche. Les Livres des Respirations, Paris (Les Editions du Cerf) 1972.

J. Vercoutter, *L'Egypte et le Monde égéen préhellénique*, Kairo (Coll. IFAOC, Bibl. d'Etudes) 1956.

E. Chassinat und Rochemonteix, *Le Temple d'Edfou*, Bd. II (Mifao, Bd. XI), Paris 1918, S. 189 – 230: das Laboratorium (Z).

V. Loret, »Le Kyphi... «, *Journal Asiatique*, 8ᵉ série, Bd. X (1887), S. 76 – 132: Wiedergabe und Übersetzung zweier Texte aus Edfu, 2. Hälfte des 2. Jahrhunderts v. Chr.

Couyat und P. Montet, *Les Inscriptions du Ouadi Hammamat*, Kairo 1912.

Alexandra Nibbi, *Nestor*, Program in Classical Archaeology, Indiana University 1985 – 87.

Altägyptische Märchen, Düsseldorf, Köln (Diederichs) 1963.

Altägyptische Liebeslieder, eingel. u. übertr. v. Siegfried Schott, Zürich (Artemis) 1950.

Das Totenbuch der Ägypter, eingel., übers. u. erl. v. Erik Hornung, Zürich und München (Artemis) 1971.

Pierre Montet, *Das alte Ägypten*, Zürich (Kindler) 1964.

Urkunden der 18. Dynastie, Übersetzung zu den Heften 5 – 16, hg. v.

Elke Blumenthal, Ingeborg Müller, Walter F. Reineke unter der Leitung v. Adelheid Burkhardt, Berlin (Akademie-Verlag) 1984.

Plutarch, *Über Isis und Osiris*. Nach neu verglichenen Handschriften mit Übersetzung und Erläuterungen hg. v. Gustav Parthey, Berlin (Nicolaische Buchhandlung) 1850.

Akkadische, assyrische und hebräische Dokumente

Revue d'Assyriologie, die seit 1904 publizierten und übersetzten Texte.

Ed. Dhorme, *Choix de textes religieux assyro-babyloniens*, Paris 1907.

F. Thureau-Dangin, *Rituels accadiens*, Paris 1921.

ders., *Textes cunéiformes du Louvre* VI, 1922.

A. Falkenstein und W. von Soden, *Sumerische und akkadische Hymnen und Gebete*, Zürich 1953.

J. B. Pritchard (und Mitarbeiter), *Ancient Near Eastern Texts relating to the Old Testament*, 3. Auflage »with Supplement«, Princeton – New Jersey 1969.

R. Labat, A. Caquot, M. Sznycer, M. Vieyra, *Les Religions du Proche-Orient asiatique. Textes babyloniens, ougaritiques, hittites*, Paris (Fayard/Denoël) 1970.

A. Caquot, M. Sznycer, Andrée Herdner, *Textes ougaritiques*, Bd. I: Mythen und Legenden, Paris (Les Editions du Cerf) 1974, Wörterverzeichnis, S. 585 – 602.

Die Bibel. Altes Testament. Mit den Originaltexten in klassischem Hebräisch, hellenistischem Griechisch und Aramäisch wurden folgende französische Übersetzungen verglichen: L. Segond (1877 – 1897), A. Crampon (1894 – 1904), Bible du Centenaire (1917 – 1948), Bible de Jérusalem (1947 - 1955), Ed. Dhorme und Mitarbeiter (1961 – 1962), Abbaye de Maredsous (1969), A. Chouraqui (1965 – 1985) sowie die *Traduction Oecuménique de la Bible* (TOB; Société Biblique Française et Editions du Cerf, Paris 1975).

Neues Testament. Griechischer Text der British and Foreign Bible Society, Cambridge 1904 (nach den Editionen von Nestle, 1898, und Weiss, 1902).

Les Evangiles, griechisch-französisch, übers. u. hg. v. Schwester Jeanne d'Arc, 4 Bde, Paris (Desclée de Brouwer und Les Belles Lettres) 1986 – 88.

Abraham Cohen, *Le Talmud.* Exposé synthétique du Talmud et de l'enseignement des rabbins . . . , übers. v. J. Marty, Paris (Payot) 1933, Nachdruck 1970.

Die Bibel. Altes und Neues Testament. Einheitsübersetzung, Freiburg, Basel, Wien (Herder) 1980.

Das Gilgamesch-Epos. Übers. u. mit Anm. vers. v. Albert Schott, neu hg. v. W. v. Soden, Stuttgart (Reclam) 1988.

Der Koran, übers. v. Max Henning, Einl. v. Ernst Werner u. Kurt Rudolph, Leipzig (Philipp Reclam jun.) 1986.

Michael Zohary, *Pflanzen der Bibel*, Stuttgart (Calwer Verlag) ²1986.

Kreta und Mykene

L. Godart und J.P. Olivier, *Receuil des inscriptions en linéaire A*, Ecole Française d'Athènes, Etudes Crétoises, XXI, 5 Bde, 1976 – 85.

J. Raison und M. Pope, *Corpus transnuméré du linéaire A*, Louvain-la-Neuve (Cabay) 1980.

J. Chadwick, L. Godart, J.T. Killen, J.P. Olivier, A.Sacconi, I. Sakellarakis, *Corpus of Mycenean Inscriptions from Knossos* I (1 – 1063), Cambridge 1986.

E.L. Bennett Jr. und J.P. Olivier, *The Pylos Tablets Transcribed.* Part I: Texts and Notes, *Incunabula Graeca*, Bd. LI, Rom (Ed. dell Ateneo) 1973.

Anna Sacconi, *Corpus delle iscrizioni in lineare B di Micene*, *Incunabula Graeca*, Bd. LVIII, Rom 1974.

J. Chadwick, »Linear B Tablets from Thebes«, *Minos* 10, S. 115 – 137, und *Supl.* 4, Salamanca 1969 und 1975.

Frieda Vandenabeele und J.P. Olivier, *Les idéogrammes archéologiques du linéaire B*, Ecole Française d'Athènes, Etudes Crétoises XXIV, 1979.

Fritz Schachermeyer, *Die minoische Kultur des alten Kreta*, Stuttgart 1964.

Paul Faure, *Kreta. Das Leben im Reich des Minos*, Stuttgart (Reclam) 1976.

Griechenland

Hérodote, *Historiè* (= Enquête) III, 107 – 112, hg. v. Ph.E. Legrand, Paris (Les Belles Lettres) 1939.

Theophrast, *Enquiry into Plants and Minor Works*, griechisch/englisch, hg. u. übers. v. Arthur Hort, 2 Bde, London- New York (W. Heinemann, Sammlung Loeb) 1916.

Georg Kaibel, *Comicorum Graecorum Fragmenta*, Bd. I, Berlin 1899.

Margaret H. Thomson, *Textes grecs inédits relatifs aux plantes*, Paris

(Les Belles Lettres) 1955, insbes. Kap. 19, S. 54 – 59 (über den Styrax und das Gebet).

Athenaios, *Banquet of savants*, griechisch-englisch, hg. v. Ch. Burton Gulick, Buch XV 686b – 692f und 701f – 702a, Bd. VII, London (W. Heinemann) 1941.

F. Durrbach, *Choix d'inscriptions de Délos* I, Paris (E. Leroux) 1921, S. 134 – 135, 194, 229, 259.

I.G. (Inscriptiones Graecae), Bd. IX und XII (Griechische Inseln), hg. v. Hiller von Gärtringen, Berlin 1912 - 1920.

Plutarch, *Vom Verschwinden der Orakel*, in: Plutarque, *Oeuvres morales*, Bd. IV, Dialogues pythiques, hg. u. übers. v. Robert Flacelière, Paris (Les Belles Lettres) 1974.

Griechische Inschriften als Zeugnisse des privaten und öffentlichen Lebens. Griechisch-deutsch, hg. v. Gerhard Pfohl, München (Artemis, Tusculum) ²1980.

Griechische Sagen. Apollodoros, Parthenius, Antoninus Liberalis, Hyginus. Eingel. u. neu übertr. v. Ludwig Mader, Zürich und Stuttgart (Artemis) 1963.

Archilochos. Griechisch und deutsch, hg. v. Max Treu, München (Artemis) 1959.

Aristophanes, *Die Wolken, Die Vögel, Die Ritter*, in: ders., *Sämtliche Komödien*. Übertr. v. Ludwig Seeger, Einleitung zur Geschichte und zum Nachleben der griechischen Komödie nebst Übertragungen von Fragmenten der alten und mittleren Komödie v. Otto Weinreich, Zürich und Stuttgart (Artemis) 1968.

Aristophanes, *Lysistrate*, in: *Antike Komödien*, hg. v. Hans Joachim Mewiger, Neubearbeitung der Übers. v. Ludwig Seeger, Bd. I, München (Winkler) ²1976.

Aristoteles, *Meteorologie*, Buch II, in: ders., *Werke* in deutscher Übersetzung, hg. v. Ernst Grumach, fortgef. v. Helmut Flashar, Bd. 12: Teil I, Berlin (Akademie-Verlag) 1970.

Aristoteles, *Der Staat der Athener*, übers. u. hg. v. Peter Dams, Stuttgart (Reclam) 1970.

Arrianus Flavius, *Der Alexanderzug. Indische Geschichte*, Griech. u. dt., hg. u. übers. v. Gerhard Wirth u. Oskar von Hinüber, München und Zürich (Artemis, Tusculum) 1985.

Athenaeus Naukratita, *Das Gelehrtenmahl*, Leipzig 1985.

Diogenes Laërtius, *Leben und Meinungen berühmter Philosophen*, übers. u. erl. v. Otto Apelt, Leipzig (Felix Meiner) 1921 (Bd. I über Diogenes).

John Maxwell Edmonds, *The Fragments of Attic Comedy*, Bd. II, Leiden (Brill) 1959.

Euripides, *Alkestis, Medeia, Hippolytos*, übers. v. Ernst Buschor, hg. v. Gustav Adolf Seeck, München (Artemis) 1972.

Heraklit, *Fragmente*. Griechisch und deutsch, hg. v. Bruno Snell, München und Zürich (Artemis, Tusculum) ¹⁰1989.

Herodot, *Historien*, Bd. I, griechisch-deutsch, hg. v. Josef Feix, München (Artemis) ⁴1988.

Hesiod, *Sämtliche Gedichte*. Theogonie, Erga, Frauenkataloge, Zürich und München (Artemis) ²1984.

Hippokrates, *Fünf auserlesene Schriften*, eingel. u. neu übertr. v. Wilh. Capelle, Zürich und München (Artemis) ²1984.

Homer, *Ilias*. Griechisch-deutsch, übertr. v. Hans Rupé, München und Zürich (Artemis, Tusculum) ⁹1989.

ders., *Odyssee*. Griechisch-deutsch, hg. v. A. Weiher, München und Zürich (Artemis, Tusculum) ⁹1990.

Sappho, *Lieder*. Griechisch und deutsch, hg. v. Max Treu, München und Zürich (Artemis) ⁷1984.

Sophokles, *Dramen*, Griechisch-deutsch, hg. u. übertr. v. Wilhelm Willige, überarb. v. Karl Bayer, München und Zürich (Artemis, Tusculum) ²1985.

Strabos *Erdbeschreibung*, Berlin (Langenscheidt) 1930.

Theophrasts *Naturgeschichte der Gewächse*. Übers. u. erl. v. K. Sprengel, Hamburg-Altona (Hammerich) 1822.

Theokrit, *Die Syrakuserinnen am Adonisfest*, in: ders., *Gedichte*. Griechisch-deutsch v. F.P. Fritz, München (Artemis) 1970.

ders., *Die echten Gedichte*. Deutsch v. Emil Staiger, Zürich und Stuttgart (Artemis) 1970.

Vergil, *Bucolica*, in: ders., *Landleben*, hg. v. Johannes und Maria Götte, München und Zürich (Artemis, Tusculum) ⁵1987.

Xenophanes, *Die Fragmente*, hg., übers. u. eingel. v. Ernst Heitsch, München und Zürich (Artemis) 1983.

Xenophon, *Das Gastmahl*. Griechisch/Deutsch. Übers. u. hg. v. Ekkehard Stark, Stuttgart (Reclam) 1986.

ders., *Oikonomikos. Die Hauswirtschaftslehre*, in: Xenophon, *Die sokratischen Schriften*, übertr. u. hg. v. Ernst Bux, Stuttgart (Kröner) 1956.

ders., *Der Zug der Zehntausend. Cyri Anabasis*. Griechisch-Deutsch, hg. v. Walter Müri, München (Artemis, Tusculum) 1990.

Hellmut Baumann, *Die griechische Pflanzenwelt in Mythos, Kunst und Literatur*, München 1982.

Gerda Bruns, G. Jöhrens, Küchenwesen und Mahlzeiten, *Archaeologia Homerica*, Bd. II, Göttingen 1970.

Pline l'Ancien, *Histoire naturelle*, Buch XII und XIII, hg. v. A. Ernout, XV, XXI, XXIII – XXIV, hg. v. J. André, Paris (Les Belles Lettres) 1949 und 1956; 1960 – 1972.

Dioskurides aus Anazarba, *De materia medica*, lib. I., hg. v. Max Wellmann, Berlin (Weidmann) 1907.

Claudius Galenus, *De instrumento odoratus*, hg. v. Kühn, Bd. II, Leipzig 1821. Nachdr. der Ausgabe von Kühn, Hildesheim (Olms) 1965.

ders., *De antidotis*, hg. v. Kühn, Bd. XIV, Leipzig 1827.

C.I.L. (Corpus Inscriptionum Latinarum), Bd. I und X, hg. v. Theodor Mommsen, Berlin 1863 und 1883; Bd. IV und Supplementband, hg. v. C. Zangemeister, Berlin 1871 und 1909.

Marta Giacchero, *Edictum Diocletiani et Collegarum de pretiis rerum venalium*, Genua 1974, insbes. Bd. I, S. 214 – 219 (der lateinische und griechische Text über den Handel mit Pflanzen).

Clément d'Alexandrie, *Le Pédagogue*, Buch II, hg. v. Mondésert und Marrou, *Sources chrétiennes* n° 108, Paris (Les Editions du Cerf) 1965.

Antike Komödien. Plautus /Terenz. München (Winkler) 1966, Bd. III.

Das Kochbuch der Römer. Rezepte aus der »Kochkunst« des Apicius. Eingel., übertr. u. erl. von E. Alföldi-Rosenbaum, München und Zürich (Artemis) [8]1988.

Der Arzt im Altertum. Griechische und lateinische Quellenstücke von Hippokrates bis Galen. Griech.- lat.- deutsch, hg. u. übers. v. Walter Müri, München und Zürich (Artemis, Tusculum) [5]1986.

Apuleius, *Der goldene Esel – Metamorphosen*. Lat. u. dt., hg. u. übers. v. Edward Brandt und Wilhelm Ehlers, München (Artemis, Tusculum) [4]1989.

Catull, *Gedichte*. Eingel. u. übers. v. Rudolf Helm, Stuttgart (Reclam) 1981.

Catull, *Sämtliche Gedichte*. Lateinisch-deutsch, hg. v. W. Eisenhut, München und Zürich (Artemis, Tusculum) [9]1986.

M. Tullius Cicero, *De oratore. Über den Redner*. Lat.-dt., übers. u. hg. v. Harald Merklin, Stuttgart (Reclam) 1978.

ders., *Orator*. Lateinisch-deutsch, hg. v. B. Kytzler, München und Zürich (Artemis, Tusculum) [3]1988.

ders., *Vom Wesen der Götter*. Drei Bücher. Lat.-dt., hg., übers. u. erl. v. Wolfgang Gerlach u. Karl Bayer, München und Zürich (Artemis, Tusculum) [3]1990.

ders., *Vom rechten Handeln. De officiis.* Lat. u. dt., hg. u. übers. v. Karl Bücher, München und Zürich (Artemis, Tusculum) [3]1987.

Des Clemens von Alexandria Mahnrede an die Heiden, *Der Erzieher.* Aus d. Griech. übers. v. Otto Stählin, München (Kösel & Pustet) 1934 (Bibliothek der Kirchenväter - BKV).

Dioskurides, *Arzneimittellehre,* hg. u. übers. v. J. Berendes, Stuttgart 1902.

Sextus Iulius Frontinus, *Wasser für Rom.* Die Wasserversorgung durch Aquädukte, übers. u. erl. v. Manfred Hainzmann, Zürich und München (Artemis) 1979.

Horaz, *Sämtliche Werke.* Lateinisch-deutsch, hg. v. H. Färber u. W. Schöne, München und Zürich (Artemis, Tusculum) [10]1985.

Titus Livius, *Römische Geschichte,* Buch 39 – 41. Lat.-dt., hg. v. Hans Jürgen Hillen, München und Zürich (Artemis, Tusculum) 1983.

Lukrez, *Welt aus Atomen. De rerum natura.* Lat. u. dt., neu übertr. u. eingel. v. Karl Büchner, Zürich und Stuttgart (Artemis) 1956.

Petronius, *Satyrica. Schelmengeschichten.* Lat.-dt. v. Konrad Müller und Wilhem Ehlers, München und Zürich (Artemis, Tusculum) [3]1983.

Plinius Secundus d. Ä., *Naturalis historia / Naturkunde,* hg. v. R. König und G. Winkler, München und Zürich (Artemis, Tusculum) 1975ff.

Plutarch, *Alexander und Caesar.* Mit einer Einf. v. Manfred Fuhrmann, übers. v. Konrat Ziegler u. Walter Wuhrmann, Zürich und München (Artemis) [3]1986.

Pompeius Trogus, *Weltgeschichte von den Anfängen bis Augustus* im Auszug des Justin. Eingel., übers. u. erl. v. Otto Seel, Zürich und München (Artemis) 1972.

Properz und Tibull, *Liebeselegien.* Lateinisch und deutsch. Neu hg. u. übers. v. G. Luck, Zürich und Stuttgart (Artemis) 1964.

Ovid, *Heilmittel gegen die Liebe – Gesichtspflege.* Übertragung, Einführung und Anmerkungen v. Josef Eberle, Zürich und Stuttgart (Artemis) 1959.

ders., *Metamorphosen.* In deutsche Hexameter übertr. u. hg. v. Erich Rösch. Mit e. Einf. v. Niklas Holzberg, München und Zürich (Artemis) [12]1990.

P. Cornelius Tacitus, *Annalen.* Lat. u. dt., hg. v. Erich Heller, München und Zürich (Artemis, Tusculum) 1982.

Jérôme Carcopino, *Rom. Leben und Kultur in der Kaiserzeit,* Stuttgart (Reclam) 1977.

Karl Bücher, Übersetzung der Diokletianischen Taxordnung, in: ders., *Beiträge zur Wirtschaftsgeschichte,* Tübingen 1922.

II. Geschichte der Parfums und Aromata

Marie-Armande Gacon-Dufour (Jeanne d'Humières), *Manuel du parfumeur*, enthält Rezepte zur Zubereitung wohlriechender Pasten, Paris (Roret) 1825.

George William Septimus Piesse, *The Art of Perfumery and the Methods of obtaining the odours of plants*, London 1855, 1856, 1862, 1879, 1891. Die Übersetzung ins Französische besorgte O. Réveil »unter Mitarbeit des Autors«, sie erschien unter dem Titel *Des odeurs, des parfums et des cosmétiques*, Paris 1865.

ders., *Chimie des parfums et fabrication des savons, odeurs, essences, sachets, eaux aromatiques, pommades*, Paris (Baillière) 1890.

ders., *Histoire des parfums et hygiène de la toilette:* poudres, vinaigres, dentifrices, fards, teintures, cosmétiques, französische Ausgabe auf dem neuesten Stand der Wissenschaft, Paris (J.B. Baillière et fils) 1905.

Santini de Riols, *Les parfums magiques*, Paris 1903. Neu hg. v. Pierre Belfond unter dem Titel *Dictionnaire des pierres et des parfums magiques*, Paris 1981.

O. Uzanne, *Les parfums et les fards à travers les âges*, Genf (C. Blanc) 1927.

R. Cerbelaud, »Les parfums dans l'Antiquité«, *Aesculape*, Januar 1935, S. 12 – 19.

Y.R. Naves und G. Mazuyer, *Les parfums naturels*, Paris (Gauthier-Villars) 1939, mit einem Abriß über die Geschichte der natürlichen Parfums, S. 11 – 74.

R.J. Forbes, *Studies in Ancient Technology*, Bd. III: »Cosmetics and Perfumes in the Antiquity«, S. 1 – 49, Leiden (E.J. Brill) 1955; 1965.

Jacques Pinset, Yvonne Deslandres, *Histoire des soins de beauté*, Paris (P.U.F., coll. Que sais-je? n° 873) 1960.

Leslie G. Matthews, *The Antiques of Perfume*, London (G. Bell and Sons) 1973.

Y.R. Naves, *Technologie et chimie des parfums naturels*, Paris (Masson) 1974.

Marcel Billot und F.V. Wells, *Perfumery: technology, art, science, industry*, Chichester (Ellis Horwood) 1975 (Kap. 2: Geschichte; Kap. 3: Die Rohstoffe von damals).

J.P. Fleurimon und Geneviève Martin, *Produits de beauté sans mystère. Introduction à la cosmétologie*, Paris (Maloine) 1975, S. 20 – 27 (Geschichte der Schönheitspflege).

G. Donato, M.E. Branca, A. Rallo, *Sostanze odorose del mondo classico*, Venedig (Erizzo) 1975.

Paolo Rovesti, *Alla ricerca dei cosmetici perduti*, Venedig (Marsilio Editori) 1975, S. 13 – 137: Aufsatz von G. Bonetti, »Von der Vorgeschichte bis zum Islam«.

ders., *Alla ricerca della cosmesi dei primitivi*, Venedig (Marsilio) 1977.

ders., *Alla ricerca dei profumi perduti*, Venedig (Marsilio) 1980.

ders., »Alla scoperta del primo alambico del mondo: la distillazione ha cinquemila anni«, (*Rivista Italiana* E. P. P. O. S., LXII, Nr. 7, Nov. – Dez. 1980, S. 342 – 345).

Ruth Winter, *Le livre des odeurs*, aus dem Englischen übers. v. M.F. de Palomera, Paris (Ed. du Seuil) 1978, Kap. 2: »Historische Parfums«.

Franco Brunello, *Arti e mestieri a Venezia nel medioevo e nel rinascimento*, Vicenza (Neri Pozza) 1980, S. 169 – 182: »Parfümerie und Kosmetik«.

Georges Vindry (und Mitarbeiter), *3000 ans de parfumerie*: parfums, savons, fards et cosmétiques, de l'Antiquité à nos jours, Grasse (Musée d'Art et d'Histoire) 1980.

Edmond Roudnitska, *Le parfum*, Paris (P.U.F., »Que sais-je?« n° 1888) 1980, Kap. 1: Geschichte des Parfums.

Danièle Bott und Martin Monestier, *Dis-moi quel est ton parfum*, Paris (Ed. du Pont Neuf) 1981.

Sylvie Girard, *Le livre du parfum*, Paris (Messidor), Dezember 1986. Kurze Einführung in die Geschichte des Parfums.

Jacqueline Blanc-Monchet und Mitarbeiter, *Odeurs, essence d'un sens*, *Autrement* n° 92, Sept. 1987.

M. Seu-Salerno und J. Blakeway, »La mousse de chêne, une base de la parfumerie«, *Pour la Science*, Mai 1987, S. 82 – 92, 113.

Heinrich Hirzel, *Toilettenchemie*, Leipzig 1857 (bezieht sich teilweise auf G.W.S. Piesse).

Effi Horn, *Parfum. Zauber und Geheimnis der schönen Düfte*, München (Verlag Mensch und Arbeit) 1967.

Hugo Janistyn, *Handbuch der Kosmetika und Riechstoffe*, Heidelberg 1969 – 1978.

Eugene Rimmel, *Das Buch des Parfums*. Die klassische Geschichte des Parfums und der Toilette, Frankfurt/Main, Berlin (Ullstein) 1988.

III. Botanik und Aromatherapie

Ibn el Beïthar (Abd Allah ibn Ahmad al-Malaki), *Traité des simples*, mit einer Einleitung v. L. Leclerc, Paris (Impr. Nat.) 1877 – 1883, 3 Bde mit Anmerkungen und Auszügen aus den Schriften arabischer Ärzte aus dem 6. – 14. Jahrhundert n. Chr.

Harald Othmar Lenz, *Botanik der alten Griechen und Römer*, Gotha 1859 (Nachdruck Wiesbaden 1966).

Edmond Boissier, *Flora Orientalis*, Genf und Basel 1879.

Antonin Rolet, *Plantes à parfum et plantes aromatiques*, Paris (J. Baillière et fils) 1918; 1930.

Constantin und Faideau, *Les Plantes*, Paris (Larousse) 1922.

Raymond Delange, *Essences naturelles et parfums*, Paris (A. Colin, Section de chimie n° 115) 1930.

A.L. Guyot, *Origine des plantes cultivées*, Paris (P.U.F., coll. Que sais-je? n° 79) 1942.

K.H. Rechinger, *Flora Aegeae*. Wien, Akademie der Wissenschaften, Denkschriften 105, 1, 1943.

Dimitrios S. Kavvadas, *Eikonographèménon Botanikon-Phytologikon Lexikon*, 9 Bde, Athen 1956 ff.

T. Bassiri, *Introduction à l'étude des parfums. Matières premières aromatiques d'origine naturelle et de synthèse*,Paris (Masson) 1960.

Louis Emberger, *Traité de botanique systématique*, Bd. II: Die Gefäßpflanzen, Paris (Masson) 1960.

Johannes Cornelis Theodorus Uphoff, *Dictionary of economic plants*, 2. durchgesehene und erweiterte Auflage, New York (Stechert-Hafner) 1968.

Oleg Polunin und Anthony Huxley, *Fleurs du Bassin Méditerranéen*, übers. v. Gérard Aymonin, Paris (Nathan) 1967.

Oleg Polunin, *Flowers of the Mediterranean*, London ³1970.

Maurice Mességué, *Des hommes et des plantes*, Paris (Robert Laffont, coll. »Vécu«) 1970.

Tom Stobart, *Herbs, Spices and Flavourings*, London (The International Wine and Food Society's Guide) 1970.

Jean-Marie Pelt, *Drogues et Plantes magiques*, Paris (Horizons de France. Coll. »La plante et l'homme«) 1971.

Edward Solomon Hyams, *Plants in the service of man: 10 000 years of domestication*, London (Dent) 1971.

Jean Palaiseul, *Nos grand-mères savaient. La vérité sur les plantes et la vie naturelle*, Paris (France Loisirs) 1972.

Sarah Garland, *Le livre des herbes et des épices*, aus dem Englischen von Janine Cyrot, Paris (Nathan) 1980.

Pierre Delaveau, *Histoire et renouveau des plantes médicinales*, Paris (Albin Michel, coll.»Sciences d'aujourd'hui«) 1982.

Paul Ozenda, *Les végétaux dans la biosphère*, Paris (Doin) 1982 (über Biozönologie und Ökologie).

Jean de Sillé, *Des aromates pour vous guérir*, St. Jean de Braye (Dangles, coll. Santé naturelle) 1982.

Jean Valnet, *Aromatherapie. Traitement des maladies par les essences des plantes*, 10. verbesserte und erweiterte Auflage, Paris (Le Livre de Poche) 1985.

M.-A. Mulot, *Secrets d'une herboriste* (Dauphin) 1984.

Hansjörg Küster, *Wo der Pfeffer wächst*. Ein Lexikon zur Kulturgeschichte der Gewürze, München (Beck) 1987.

Tom Stobart, *Gewürzlexikon*, Ravensburg (Otto Maier) 1987.

Jean Valnet, *Aromatherapie*. Gesundheit und Wohlbefinden durch pflanzliche Essenzen, München (Heyne) [5]1989.

Robert Zander, *Handwörterbuch der Pflanzennamen*, Stuttgart (Ulmer) [13]1984.

IV. Nachschlagewerke, Lexika, Enzyklopädien

ÄGYPTEN

Adolf Erman und Hermann Grapow, *Wörterbuch der ägyptischen Sprache*, Berlin [2]1957.

Posener, Sauneron, Yoyotte, *Dictionnaire de la civilisation égyptienne*, Paris (F. Hazan) [2]1970.

Lexikon der Ägyptologie, 3 Bde, Wiesbaden 1973 – 1980.

Dictionnaire archéologique des techniques, Bd. II (Stichwort Parfumerie), Paris (Ed. de l'acceuil) 1964.

ASSYRIOLOGIE, SEMITISTIK

I. Gelb (und Mitarbeiter), *The Assyrian Dictionary... of Chicago*, 6 Bde, (Gluckstadt) 1956 – 1977.

Reallexikon der Assyriologie und vorderasiatischen Archäologie, insbes. Bd. I, III, VI, Berlin (W. de Gruyter) 1932 – 1983 (das Lexikon endet beim Stichwort »Libanon«).

F. Vigouroux, *Dictionnaire de la Bible*, Paris (Letouzey) 1912, Bd. IV, Spalte 2163 – 2168.

L. Pivot, A. Robert, H. Cazelles (und Mitarbeiter), *Dictionnaire de la Bible, Supplément*, Bd. VI (1960), Spalte 1291 – 1331 (E. Cothenet).

Dictionnaire Encyclopédique de la Bible, aus dem Niederländischen, Turnhout, Paris (Brepols) 1960.

Encyclopaedia Judaica, Jerusalem (The Macmillan Company) 1971 – 1972, insbes. Bd. 7, 8, 12.

O. Odelain, R. Séguineau, *Dictionnaire des noms propres de la Bible*, Paris (Ed. du Cerf und Desclée de Brouwer) 1978.

Griechen und Römer

Hesychios aus Alexandria, *Lexicon*, hg. v. Mauricius Schmidt, 5 Bde, Jena 1858; hg. v. Kurt Latte, 2 Bde (bis zum Buchstaben O), Kopenhagen 1953 – 1966.

Jacques André, *Lexique des termes de botanique en latin*, Paris (Klincksieck, Etudes et Commentaires n° 23) 1956.

J.P. Olivier, L. Godart, C. Seydel, C. Sourvinou, *Index généraux du linéaire B*, (Stand des Wortschatzes bis zum 30.Sept. 1970), Rom (Ateneo) 1973.

John Chadwick, »Mycenaean Glossary«, in: *Documents in Mycenaean Greek*, Cambridge (University Press) ²1973, S. 527 - 594.

P. Chantraine (und Mitarbeiter), *Dictionnaire étymologique de la langue grecque*, 5 Bde, Paris (Klincksieck) 1968 - 1980.

A. Ernout, A. Meillet, *Dictionnaire étymologique de la langue latine*, 2 Bde, Paris (Klincksieck) 1959 – 1960.

Dictionnaire des Antiquités grecques et romaines (Sigel *DA*), unter der Leitung von Ch. Daremberg, A. Saglio und Ed. Pottier, 10 Bde, Paris (Hachette) 1874 – 1919; Nachdruck Graz (Akad. Verlag) 1962; insbes. die Artikel »Condimenta« von Pottier und »Unguentum« von V. Chapot.

Real-Enzyklopädie der classischen Altertumswissenschaft (Sigel *RE*), Stuttgart 1893 ff. Im Supplementband XV (1978) findet sich der Artikel »Weihrauch« von W.W. Müller.

Pierre Grimal, *Dictionnaire de la Mythologie grecque et romaine*, Paris (P.U.F.) ³1963.

Dictionnaire des mythologies et religions des sociétés traditionnelles et du monde antique, 2 Bde, unter der Leitung von Yves Bonnefoy, Paris (Flammarion) 1981.

Gertrude Jobes, *Dictionary of Mythology, Folklore and Symbols*, New York 1962.

Reallexikon für Antike und Christentum, das Lexikon endet bei Bd. X (V° Gigant), Stuttgart 1978 (siehe insbes. den Artikel »Gewürz« , Spalte 1172 – 1209 von A. Lallemand und H. Dittmann).

MITTELALTER UND NEUZEIT

D'Alembert, Diderot und Mitarbeiter, *Encyclopédie ou Dictionnaire raisonné des sciences, des arts et des métiers*, Ed. de Neuchâtel, Bd. XI (1765) unter den Stichworten »Odeurs«, »Parfums«, »Parfumeurs« des Chevalier de Jaucourt.

J. Hastings, Hg. der *Encyclopaedia of Religion and Ethics*, Bd. I – IX, Edinburgh 1908 – 1917.

Dictionnaire des parfums de France, 8 Bde, Paris (Les Editions 26) 1964 – 1985. Im wesentlichen geht es um moderne Parfums und Linien für Männer, die Texte enthalten jedoch eine ganze Reihe von Zitaten aus Romanen und Gedichten über die Parfümeurskunst und den Zweck der Parfümerie.

Dictionnaire encyclopédique Quillet, Stichwort »Parfums et Essences«, Paris (Libr. Aristide Quillet) 1970, Bd. VIII, S. 4933 – 4935.

W. Schneider, *Lexikon zur Arzneimittelgeschichte*. Frankfurt am Main 1974 – 1976.

Mireille Vernhes, *Encyclopédie du maquillage*, Théorie et pratique de base, Lignes et modelage, Paris (N. Vernhes) 1980 – 1983 (bislang sind 14 Hefte erschienen).

J. Chevalier, A. Gheerbrant, *Dictionnaire des symboles*, Paris (R. Laffont-Jupiter) ²1982.

Grand dictionnaire encyclopédique Larousse, Bd. VII zum Stichwort »Odeur«, Paris 1984.

Encyclopaedia Universalis (1968 ff.), Thesaurus (1974 – 1975), Universalia (1974 – 1986), Ergänzungsbände: Corpus 14 (1985) mit den Stichwörtern »Aromaticité«, »Olfaction«, »Parfums«, »Phérormones«, »Sensibilité«, »Sociétés animales«.

V. MUSEEN UND BIBLIOTHEKEN

Musée International de la Parfumerie, im alten Dominikanerkloster von Grasse. Bibliothek und archäologische Funde befanden sich im

Jahre 1987 im Musée d'Art et d'Histoire de la ville de Grasse, 2 rue Mirabeau.

Musée de la Parfumerie Fragonard, 20 bd Fragonard, Grasse.

Musée des Parfums Fragonard, 9 rue Scribe, Paris (I).

Bibliothèque Forney, Hôtel de Sens, 1 rue du Figuier, Paris (IV): In Sachkatalog und Handapparat (Fach 668) finden sich 47 Werke aus dem 20. Jahrhundert über Parfums.

Service documentaire de la Fédération française de la Parfumerie, 46 rue Fortuny, Paris (XVII).

Bibliothèque centrale du Museum d'Histoire Naturelle, 38 rue Geoffroy Saint-Hilaire, Paris (V).

BILDNACHWEIS

Namenregister

Abraham 52 f., 58, 75 f.
Adonis 32, 109, 143, 172, 174, 200, 211, 260
Aelius Gallus 207, 234 f., 237
Aëtios v. Amida 205, 261, 288, 295
Agesilaos 188
Agrippa 223
Aischines von Sphettos 177
Alexander der Große 17 f., 39, 50, 62, 74, 78, 178, 186, 188–198, 202 f., 237, 271, 275
Alexis von Thurioi 176, 188
Alianus 238
Alkaios 159, 162, 165
Alkibiades 166
Alkinoos 156
Alkman 159
Amenophis 26, 52
Amun 29, 39
Andromache 157
Antimachos 174
Antiphanes 167
Antiochus III. 214
Antonius 50, 205, 208, 214
Aphrodite 84, 136, 141, 143 f., 148, 151, 154, 156 f., 161, 167, 170, 172, 174, 206
Apicius 226 ff.
Apollo 144, 151, 164, 170, 198, 206, 214
Apollodoros 111, 123, 161, 198
Apollonios Mys 198
Apuleius 259
Aristipp von Kyrene 180, 200
Aristobul 189

Aristophanes 166 f., 169 ff., 176 ff., 282
Aristoteles 93, 126, 181 ff., 186, 189, 195, 203, 238 f., 272 f.
Arrianus Flavius 190, 194
Artemis 113, 135, 139, 165, 170, 213
Asinius Pollio 206
Astarte 84 f., 91, 172
Athenaios 166, 169, 176 f., 182, 186, 198, 205, 238, 257, 281 f., 289
Athene 101, 128, 138 f., 152
Attalos III. 216
Augustus 207 f., 223, 231, 234
Aulus Persius 262
Avicenna 271

Baal 85, 92
Bacchus 211, 214
Basileos 268
Battos II. von Kyrene 171
Baudelaire, Charles 10, 13, 19
Bendis 174
Bolos von Mendes 31, 204, 205, 238

Caesar 50, 208, 220, 234
Caracalla 224
Catilina 220
Cato 215, 222, 225
Catull 217, 228, 257
Celsus, A. Cornelius 288
Cendrars, Blaise 270
Christus 8, 225, 266 f.
Cicero 217, 220

Cincius Alimentus 213
Claudius 225, 237
Clemens von Alexandria 166, 175,.
177, 200, 267, 281
Colette, Sidonie-Gabrielle 270
Columella 238 f.
Constantius Chlorus 253

Dädalos 99, 113
Damophilos 213
Darius III. 8, 188, 203, 275
David 69, 72, 84, 147, 266
Demosthenes (Redner) 177
Demosthenes (Augenarzt) 93, 205
Dio Cassius 235 f.
Diodor von Sizilien 34, 164, 219
Diogenes 181
Diogenes Laërtius 181, 200
Diokletian 224, 253 f., 257, 277
Dionysos 127, 174, 200, 214, 284
Dioskurides 31, 35, 42, 45, 60 f.,
74, 88, 93, 111, 126, 193 f., 198,
205, 237 ff., 243, 245 ff., 253,
257, 261, 272, 274, 276, 282 f.,
285 ff., 290 ff., 296
Duhamel, Georges 20

Eidothea 18
Elagabal 275
Ennius 218 ff.
Ephraïm aus Nisibis 266
Epiktet 262
Epikur 219
Euripides 165
Eurydike 123, 172

Fabius Pictor 213
Flavius Josephus 73, 88
Frontinus 223 f.
Fronto 262

Galenos 45 f., 88, 120, 238, 246,
257, 261, 274, 276, 285, 288, 291,
295
Galerius 253

Gorgasos 213
Gourmont, Remy de 12
Gregor von Nyssa 266

Hadrian 260
Hathor 22
Hatschepsut 14, 28, 70
Helena 48, 50, 106, 113, 118, 122,
126, 130, 144 f., 151, 154
Hektor 136, 151, 156
Hera 128, 139, 151 f.
Heraklit 163
Hermes 118, 128, 139, 144, 172
Herodot 34, 74, 99, 111, 136,
186 f., 193, 195, 262, 284, 287,
294
Hesiod 123, 143, 154, 157
Hesychios 177, 281 f.
Hikesios 168
Hippolytos 165, 167
Hippokrates 126, 129, 137, 175,
196, 260, 273, 281
Hipponax 163, 281
Homer 9, 18, 48, 136, 144, 147 f.,
150 f., 153 f., 156, 159, 162, 188,
292
Horaz 214, 217 f., 253
Hugo, Victor 91, 278
Huysmans, Joris-Karl 45
Hyginus 123, 238

Ibykos 162
Isidoros von Sevilla 226, 261, 291,
295
Isis 32, 45, 47
Ismael 75

Jahwe 72
Jakob 27, 51, 54, 83, 91
Jesus 94 ff., 245, 250 f., 264, 277
Johannes 91, 94 f., 250, 266
Josia 88
Judas Iskariot 94 f.
Julianus Apostata 257, 268
Juvenal 244, 262

Kallias 180
Kalypso 151 f., 156, 172
Kephisodoros 169
Kinesias 169 f., 178
Kleopatra 146, 198, 203–208
Konstantin 256 f., 264
Kriton 261
Kroisos 159, 275, 283
Kybele 214
Kyros 187

Leonidas 189
Leviathan 92
Livius, Titus 211, 215
Lucullus 208
Lukas 91, 95
Lukian 259, 271
Lukrez 217, 225 f., 252 f., 274
Lysander 187
Lysias 177
Lysistrate 169 f., 178

Machaon 157
Malègue, Joseph 270
Marc Aurel 238, 262
Maria, die Jüdin 93, 204, 272
Maria von Bethanien 245, 250, 264, 277
Markus 32, 91, 94 f.
Martial 244, 253, 257, 262
Matthäus 32, 91, 94 ff.
Megasthenes 191
Megallos 177
Meleagros 201
Menelaos 19, 50, 106 f., 118, 126, 157
Mentuhotep V. 28
Minos 98, 101, 106, 108, 123
Montaigne, Michel de 26, 218
Moses 51, 53, 55, 85 ff., 275
Myrrha 13, 143, 172
Myrrhine 170

Napoleon 19, 49
Nearchos 197
Neferet-iyit 34
Nero 205, 217, 225, 231, 237 f., 251, 275

Nestor 107, 130, 148, 156 f.
Nikodemus 264
Nonnos von Panopolis 260
Nossis 201
Nut 22

Octavianus 205 f., 208, 234
Odoaker 267
Ödipus 71, 127 ff.
Odysseus 99, 118, 151 f., 156 f.
Onesikrites 197
Oreibasos von Pergamon 261, 283, 285, 288, 291, 295
Orpheus 174
Osiris 23, 32, 34, 36, 47, 53, 272
Ovid 143, 257 f., 260

Parmenion 188
Panyassis 172
Paris 13, 151, 154, 156
Paulus von Ägina 283, 288
Penelope 152, 156
Pepi I. 34
Perikles 166, 172
Petronius 225, 231
Phädra 113, 167
Philipp von Makedonien 188, 213
Phönix 172, 260
Photios 177
Phryne 172
Plangon 177
Platon 180
Plautus 218 ff., 222
Plinius der Ältere 10, 14, 31, 41 f., 57, 60 ff., 68 f., 73 f., 88, 95, 102, 109, 111, 125, 159, 166, 189 ff., 198, 202, 211, 214, 216, 222, 228 f., 231, 234 f., 238 f., 242 f., 245 ff., 250 ff., 256 f., 260 ff., 276 f., 282 ff., 288 f., 291, 293 ff.
Plutarch 32, 45 ff., 127, 164 ff., 188 f., 204 f., 246, 262 f.
Pollux 113, 177
Pompeius 208
Pompeius Trogus 213
Pomponius Mela 238

346

Poppaea 231, 251
Poseidon 138 f.
Poseidonios von Apamea 205, 272, 294
Praxiteles 172
Prometheus 154, 165
Properz 253
Proteus 18 f., 153
Proust, Marcel 270
Pseudo-Hesiod 172
Pseudo-Lukian 259
Pseudo-Oreibasos 261
Ptolemäus VIII. 45
Ptolemäus XIV. 203
Pyrrhos 210, 213
Pythagoras 163
Pythia 164 f.

Racine 15
Ramses II. 26, 34, 36, 48, 52
Ramses III. 26, 48
Romulus Augustus 267, 272

Saba, Königin von 70, 72, 78, 234, 277
Sabazios 174
Sahure 27
Salomo 7, 51, 53, 55, 61, 66, 70 ff., 76, 81, 83 ff., 91, 147, 271
Sanherib 76
Sappho 146, 158 ff., 165, 172, 177, 186, 193, 284, 289
Sardanapal 275
Sargon 76
Schamasch 58
Scheherazade 70
Schesemu 42
Schulamith 7
Scipio 215
Scipio Aemilianus 215
Seleukos 198
Seleukos Nikator 191
Semiramis (Sammuramat) 70
Semonides aus Amorgos 163, 281
Seneca 262
Servius Tullius 208

Sextius Niger 74, 111, 194, 238, 261, 274
Solinus 238
Sokrates 177 f., 180, 263
Strabo 59, 142, 164, 187, 190 f., 235 ff., 294
Strepiades 166
Sueton 220, 225
Süskind, Patrick 270
Sulla 208, 217

Tacitus 88, 231, 234, 251, 264
Tarquinius der Ältere 210, 213, 223
Telemachos 156 f.
Terenz 215
Theokrit 174, 201 f.
Theophrast 10, 31, 61, 69, 109, 125, 134, 137, 167, 171, 183 ff., 190, 193 f., 238, 248, 260, 262, 274, 276, 284, 287 f., 292
Thot 23
Thukydides 146
Thutmosis 26
Tiberius 231 f.
Titus 246
Trajan 223, 229
Trimalchio 225, 231
Tukulti Ninurta 66, 87
Tutanchamun 26, 32, 34, 271

Utanapischtim 69

Valerius Maximus 210
Varro 217, 220, 227
Vergil 123, 195, 206 f., 217, 234, 281
Verres 220
Vespasianus 225, 231, 237, 240, 244, 246, 249

Xenophanes 126, 160, 168
Xenophon 175, 180, 187
Xerxes 70

Zeus 98, 109, 113, 144, 154, 166, 170
Zosimos von Panopolis 245

347

Sachregister

Akazie 21

aladania, -nos 111 f.

Alant, Echter 144, 227

Aloe 66, 79, 184, 264, 279

Alraune (*moly*) 14, 48, 83

Amber 8, 61, 121, 159, 161, 177, 195, 197, 204, 246, 255, 273

Ambrosia 16, 19, 150–156, 272

Amomum 74, 193, 215, 240, 249, 251, 255

Amomis (Amomum-Ersatz aus Armenien) 242

Andorn 63

Anis 21, 36, 59, 63, 89, 93, 95, 106, 110, 118, 124, 128, 131 f., 139, 186, 205, 227 f., 264, 274

Aronstab 126, 162, 274

Asa Foetida 59, 241

Baccar, Bakkaris 158 f., 163, 177, 212, 215, 240, 242 f., 256, 275, 281 ff., 290

Baldrian 61 f., 206, 216, 227, 242, 251, 290

Balsam, Balsambaum (*boschem*) 8, 23, 39, 44, 47, 57 f., 65, 70, 73, 76, 81, 84 f., 88 ff., 96, 114, 118, 122, 162, 185 f., 203, 206 f., 215, 234, 236, 240, 243, 247 f., 250, 254, 264, 267, 278

Basilikum 63, 84, 120, 240, 242

Bdellium (*bedolah, budhulchu*) 57, 72 ff., 96, 240, 246

Beifuß (*apsinthos*) 175, 242, 264, 274

Behen- oder Bennuß(öl) 35, 38, 40, 65, 134, 162, 183, 239, 248 f., 289

Benzoeharz, -baum 8, 11, 59 f., 177, 192, 194 f., 204, 237, 260

Bergamottenbaum 191, 240

Bergminze 144 f.

Binse, Wohlriechende (*Cymbopogon schoenanthus*) 46, 137, 240, 243, 246, 248 f., 251 f., 256 f., 291, 293

Bohnenkraut 119, 163, 175, 229, 242

Castoreum (*kastor*) 195 f., 226, 263, 273

Comacum 249, 251

Commiphora 27, 29 f., 32, 73, 88, 190

Dattelpalme (Palmöl und -wein) 134, 162, 167, 227

Dill 59, 64, 100, 158, 162, 216, 227, 229

Diptam 119 f., 175, 255

Ebenholz 28, 162, 191

Eichenmoos (*bryon, sphagnos*) 142, 240, 244

Eppich (*Apium graveolens*) 100, 106, 124 f., 156, 166, 227, 229

Euphorbia 255

Fenchel 21, 59, 64, 89, 93, 95, 106, 110, 124, 131 f., 139, 205, 216, 227, 229, 240, 258 f.

Galbanum (*chälbenah*, Panakes) 11, 32, 36, 57 f., 75, 86, 89 f., 105, 185, 198, 240, 248, 251, 256

Ginster (*aspalathos*) 12, 46, 84, 102, 122, 184 ff., 240, 243, 246, 251, 255, 257

Granatapfel, -baum 85, 227, 279

Griechischheu 44, 169, 227

Haselwurz (*Asarum*) 175, 240, 282, 290

Heilziest (*malotira*) 119 ff., 175, 229

Henna, Kypros 14, 36, 41, 46, 57, 84, 161, 184, 198, 240, 243, 249, 251, 255, 257, 279

Hyazinthe 119, 122, 167, 227

Ingwer 65, 81, 226, 229, 237, 246, 248, 255, 278

Ingwergewächse (Amomum, Kardamom, Costus, Kurkuma, Ingwer) 46, 194, 226 f., 244

Iris, Schwertlilie 84, 102, 131 f., 139, 159, 168, 177, 183, 185 f., 198, 201, 216, 226, 240, 247, 255 ff., 288

Jasmin 122, 134, 217

Kalmus (*Calamus odoratus*) 46, 65, 74, 86, 124 f., 137, 139, 184, 186, 243, 247 ff., 252

Kapern 84, 228

Kassia (Chines. Zimtbaum) 65, 75, 79, 81, 185, 187, 216, 240, 246, 249, 251, 254, 262, 264, 283 ff.

Kiefer 58, 89, 166, 240, 256

Klematis 255

Königsbalsam (*brentheion, labyzos*) 249

Kolokasia 122

Koriander 64, 89, 105, 110 f., 114, 118, 124 f., 131 f., 139, 227 ff., 240, 274

Kostwurz (*costus, kostos*) 185,
192 ff., 198, 227, 240, 244, 249, 251, 256, 275, 287

Kreuzdorn 102, 139

Kümmel, Echter 36, 59, 106, 163 f., 227 f., 264, 274, 278

Kurkuma 227, 237, 244, 264

kyphi, kupit 45 ff., 131, 137, 198, 246, 248, 263

Kypros, siehe Henna

Ladanum (*ladanon, ledanon*) 14, 32, 38, 57 f., 60, 75, 84, 90, 111, 118, 187, 238, 240, 249, 251, 255, 260, 284, 287 f.

Lavendel 61, 121, 159, 163, 216, 240, 242 f., 251, 290

Lentiske 46 f., 240, 243

Liebstöckel 125, 163, 227, 229 f.

Lilie (*ertis*) 50, 85, 93, 96, 106, 134, 138, 162, 167, 205, 216, 240, 243, 292

Lorbeer 86, 102, 117, 161, 165 f., 227, 240

lotos 48, 81, 156, 162, 242, 249

Lotus 21, 36, 41, 50, 186, 242

Majoran 63, 84, 102, 118, 120, 139 f., 168, 186, 194, 198, 227, 240, 242 f., 249, 255

Malobathrum (*cinnamomum tamala albiflorum*) 14, 240, 249, 251, 284 f.

Mandeln 40, 65, 102, 114, 161, 227, 248, 296

Mäusedorn 243 f.

Mastix (-pistazie) 24, 87, 102, 251, 255

metopon 35, 198, 240 f., 248, 251

Minze 46, 65, 84, 117, 120, 129, 145, 168, 227, 229, 241 f.

Mohn, siehe auch Opium 63, 102, 123, 139, 175, 202, 227, 255, 275

Moringa oleifera, siehe Behennuß und Comacum

Moschus 121, 195 f., 273, 278

Muskat (-nuß) 196, 228

349

Myrobalan 40, 243, 251
Myrrhe 8, 11, 13 f., 27–32, 36, 39,
    42 f., 46 f., 57 ff., 63, 69, 71, 74 ff.,
    81, 85 f., 89 f., 96, 109 f., 144,
    158, 161 f., 168 f., 174, 176 f.,
    185 ff., 189 f., 196, 198, 200, 204,
    207, 216, 219, 234, 236 f., 241,
    246 ff., 258, 263 f., 266, 279, 284,
    288 f.
Myrte 58, 63 f., 69, 84, 102, 158,
    167, 216, 227, 241, 243, 282, 288

Nachtviole 119
Narde 11, 14, 27, 46, 61 f., 74, 79,
    85, 94 f., 102, 169, 177, 185, 190,
    194, 198, 201, 219, 242, 246, 249,
    255 f., 264, 275, 279, 282, 290 f.
    Keltische oder gallische Narde
    226, 241 ff., 291
    Echte, indische Narde (Nardosta-
    chys) 65, 95, 194, 227, 241, 246,
    285, 290
Nektar 16, 150–155, 202, 272

Ölhonig (elaiomeli) 243 f.
Oinanthe (Weinblüte) 241, 248
Olibanum, »weißer« Weihrauch (le-
    bonah) 27, 89, 96, 241
Omphakion (Saft der unreifen
    Traube) 241, 248, 252
Opium 49, 123, 241, 256, 275
Opobalsamon 249
Opopanax (Panakes) 241, 256
Oregano 102, 109 f., 113, 117,
    227 ff., 241 f., 264, 278

Palmöl und -wein, siehe Dattel-
    palme
Panakes, siehe Galbanum
Pfeffer 9, 226 ff., 236 f., 242, 255,
    264
phaskomilia (kretischer Salbei)
    102, 121 f., 283
Pistazie 24, 47, 58, 110, 241
Poleiminze 120, 124 f., 139, 175,
    227, 229, 241

Pomeranze 63, 191, 240
ponikijo, »phönizischer« Duft 61,
    110 f., 118

Qat 79
Quitte 59, 119, 134, 168, 184 f.,
    198, 241, 243, 294 f.

Rohr, Wohlriechendes, siehe auch
    Kalmus 241, 246, 251, 264, 293,
    296
Rose 64 f., 68 f., 84, 93, 95, 102,
    122, 134, 136, 151, 156, 158, 162,
    167 ff., 185 f., 192, 198, 201, 205,
    216 f., 226, 239, 241, 243 f., 252,
    255, 258 f., 293
Rosinen 46, 132, 227
Rosmarin 63, 163, 175, 216, 241 f.

Saflor (Färberdistel) 40, 65, 102,
    110, 124 f., 139
Safran (crocus, krokos) 46, 63, 139,
    158, 169, 177, 186, 192 f., 198,
    201, 215 ff., 220, 226 f., 231, 241,
    244, 246, 252 f., 255, 264, 291 ff.
Salbei 84, 117, 119, 121 f., 129,
    134 f., 175, 227, 242, 283
Sandelholz 68, 191
scordastus (Gamander) 185, 242,
    249
Seidelbast 243 f.
Seife 224
Sellerie, Wilder, siehe Eppich
serichatum (Kaneel aus China) 249,
    251, 284, 286
Sesam 40, 63, 65, 102, 114, 124 f.,
    227, 278
Sesel 46, 246
Silphium 36, 163, 172, 227 f., 231
sonte(r) 16, 24, 27, 32
stakte (Myrrhe in Tropfenform)
    30 f., 90, 168 f., 178, 241, 251,
    255, 257, 288 f.
Steckenkraut, siehe auch Galbanum,
    Metopon, Silphium 57 ff., 89 f.,
    105, 156, 194, 216, 248

Stein- bzw. Honigklee 241
Storaxbaum (Styrax, *Liquidambar*)
  11, 32, 35 f., 49, 57 ff., 69, 86 f.,
  89, 119, 122, 177, 185 ff., 195,
  216, 241, 249, 251, 254 ff., 260,
  263, 293 ff.

Tanne 35
Terpentinharz 46, 139, 216, 246,
  248, 251, 255, 295
Thymian, Feldthymian 68, 84, 117,
  120, 124, 140, 163, 167, 168, 216,
  227, 229, 242
Tragant, Tragakant (*nekot*) 27, 36
tsor, tsori, siehe auch Styrax 27, 31,
  57, 59, 87

Veilchen 156, 158, 167, 216 f., 239
Verbena, Indische, siehe auch Zitronenkraut 62

Wacholder (*cedris*), Gin 42, 46 f.,
  57 f., 63, 69, 71, 75, 84, 102, 105,
  110, 117 f., 122, 131 f., 134, 139,
  152, 227 f., 241 f., 246, 275
Weihrauch, -baum (*Boswellia Carteri*) 8, 11, 14, 16, 19, 23, 26 ff.,
  36, 39, 47, 57 ff., 63, 69, 71, 73 ff.,
  78, 81, 84, 89 ff., 96, 104, 107 ff.,
  111, 114, 139, 155, 162, 165, 174,
  176, 187 ff., 194 f., 198, 200,
  203 f., 207, 215 f., 219, 231, 234,
  236, 239, 241 f., 251, 254, 257 f.,
  263 f., 266 f., 275, 278 f., 284,
  294 f.
Weinblüte, siehe auch Oinanthe
  85, 168, 198, 241, 243

Xylocasia, siehe Kassia

Zeder 32, 36, 42, 57 f., 64 f., 69, 71,
  84, 151, 161, 241 f.
Zibet 195 f., 273, 278
Zimt (Kaneel) 46 f., 60, 79, 85 f.,
  90, 177, 185 f., 193, 198, 226,
  241, 243, 246, 249, 251, 262, 264,
  278 f., 282 ff.
Zitronatzitrone 191, 227, 241 ff.
Zitrone, Zitronenbaum 161, 167,
  191 f., 194, 216, 228, 241 f., 244
Zitronenkraut (*cymbopogon* oder
  Andropogon citratus) 168, 190,
  192, 194, 216, 227, 241, 246, 251
Zistrose, siehe auch Ladanum 27,
  32, 57 f., 60, 111 f., 118, 142, 238
Zypergras 21, 46, 62, 65 f., 110,
  131 f., 134, 137, 152, 159, 184,
  186, 227, 238, 241, 246, 249
Zypresse 36, 58, 69, 75, 84, 102,
  122, 151, 156, 159, 227, 241, 267

Lesen, was zu lesen lohnt: Kulturgeschichte

Norbert Ohler
Sterben und Tod im Mittelalter
320 Seiten, mit 20 Abbildungen. Leinen

Paul Faure
Magie der Düfte
Eine Kulturgeschichte der Wohlgerüche. Von den Pharaonen zu den Römern. Aus dem Französischen von Barbara Brumm. 351 Seiten, mit 19 Abbildungen und 1 Karte. Leinen

C. W. Ceram
Der erste Amerikaner
Die Entdeckung der indianischen Kulturen in Nordamerika. Überarbeitete und erweiterte Neuausgabe von H. Marek. 392 Seiten, mit 17 Farbtafeln, 17 Schwarzweiß-Abbildungen, 80 Zeichnungen und 10 Karten. Gebunden

Heinrich Schliemann
Bericht über die Ausgrabungen in Troja in den Jahren 1871 bis 1873
Mit einem Vorwort von Manfred Korfmann, Zeittafel und kommentiertem Register. Mit 70 Abbildungen und 48 textbezogenen Tafeln aus dem »Atlas trojanischer Alterthümer«. XXIX, 312 Seiten. Leinen

Shulamith Shahar
Kindheit im Mittelalter
Deutsch von B. Brumm. 392 Seiten, mit 15 Abbildungen. Gebunden

Heinrich Schipperges
Der Garten der Gesundheit
Medizin im Mittelalter. 296 Seiten, mit 56 Abbildungen. Leinen

Karl Wilhelm Weeber
Smog über Attika
Umweltverhalten im Altertum. 224 Seiten. Leinen
– Die unheiligen Spiele
Das antike Olympia zwischen Legende und Wirklichkeit. 220 Seiten, mit 18 Abbildungen. Leinen

Trude Ehlert
Das Kochbuch des Mittelalters
140 Rezepte aus alter Zeit, eingeleitet, erläutert und ausprobiert. 248 Seiten, mit 11 Farbtafeln und 16 Vignetten. Leinen

Bronislaw Geremek
Geschichte der Armut
Elend und Barmherzigkeit in Europa. Aus dem Polnischen von F. Griese. 328 Seiten. Leinen

Artemis & Winkler

Artemis & Winkler Verlag, München und Zürich